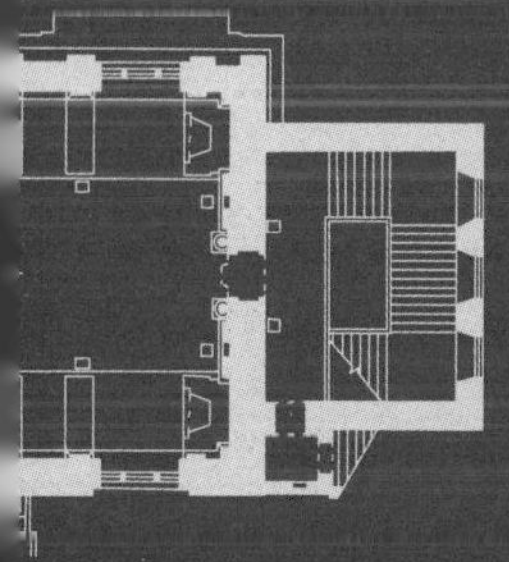

빈, 호프비블리오테크

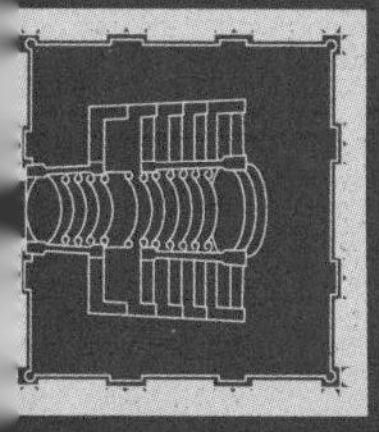

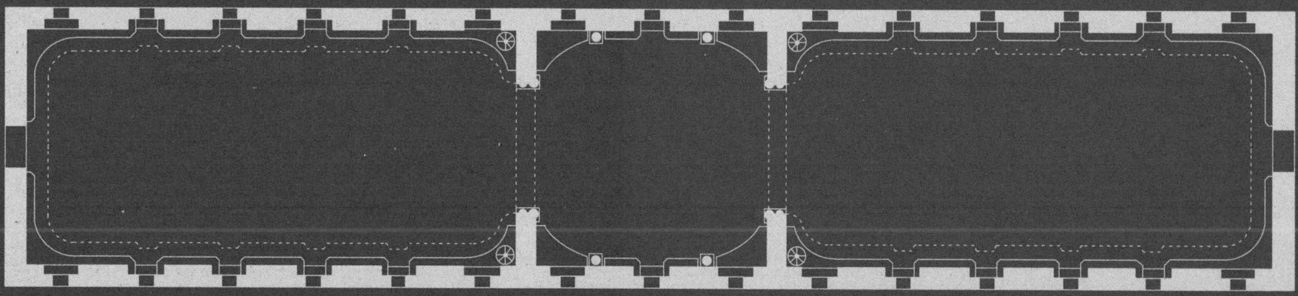

아드몬트 수도원

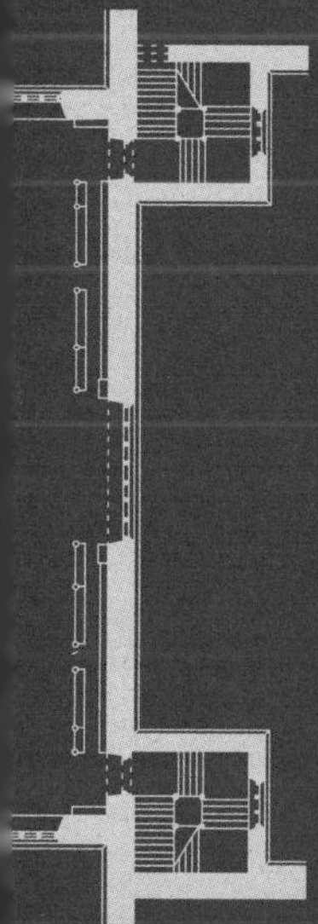

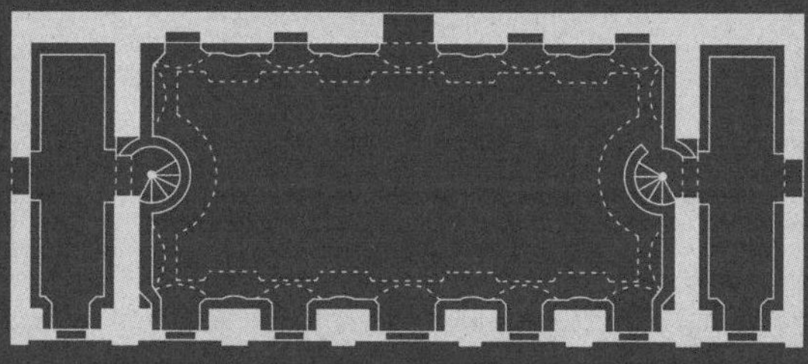

장크트 플로리안 수도원

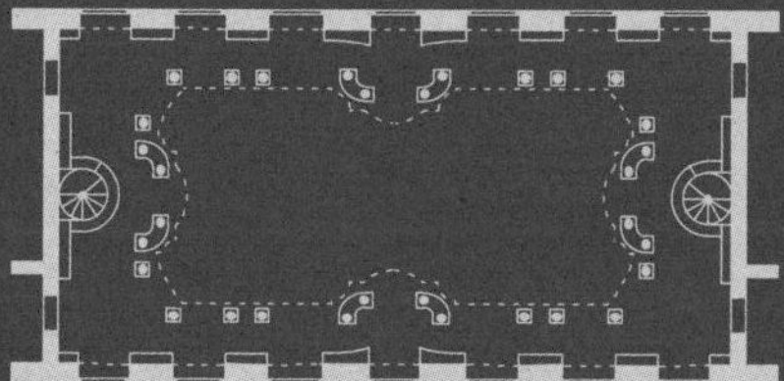

비블링겐 수도원

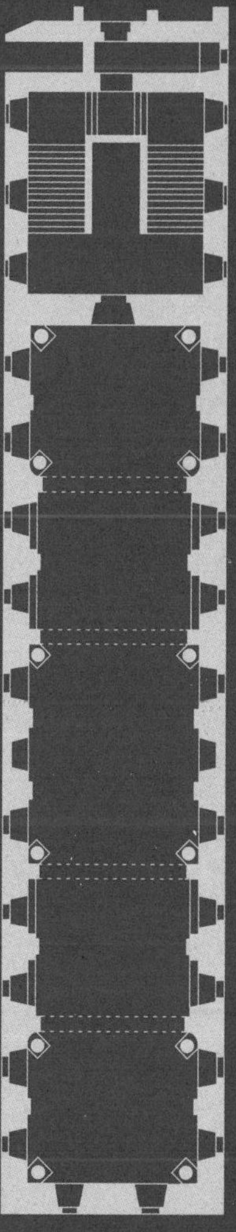

알텐부르크 수도원

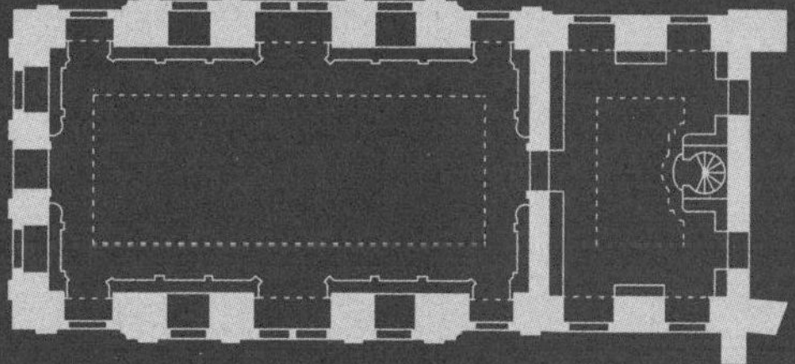

멜크 수도원

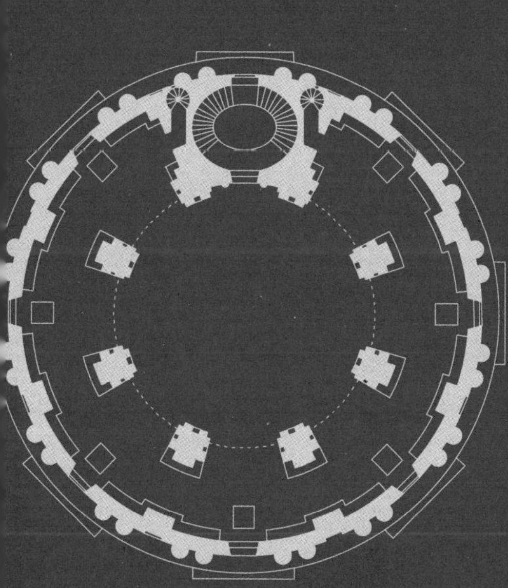

래드클리프 카메라

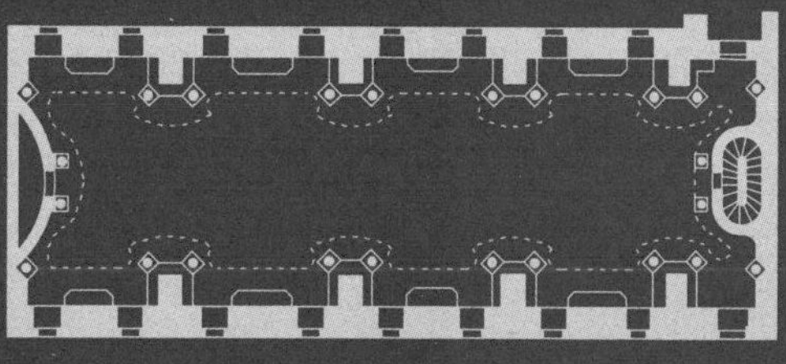

장크트 갈렌 수도원

세계의 도서관

THE LIBRARY: A WORLD HISTORY

C·IVLIO

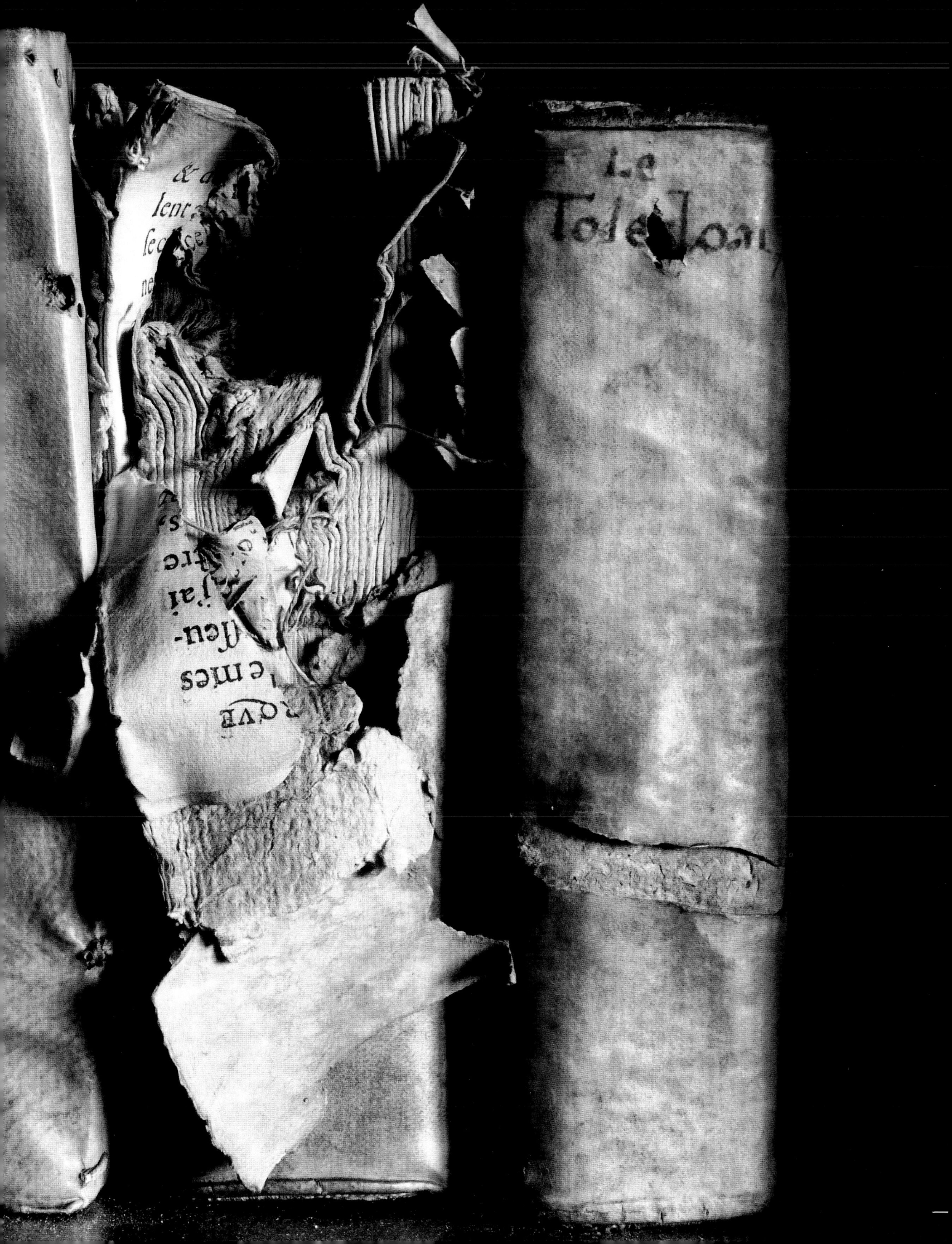

세계의 도서관

THE LIBRARY: A WORLD HISTORY

제임스 W. P. 캠벨 지음 · 윌 프라이스 사진
이순희 옮김

사회평론

Published by arrangement with Thames & Hudson, London.
The Library: A World History

Designed by Maggi Smith
Printed and bound in China by C & C Offset Printing Co. Ltd
This edition first published in Korea in 2015
by Sahoi Pyoungnon Academy, Seoul

세계의 도서관

2015년 7월 15일 초판 1쇄 찍음
2015년 8월 7일 초판 1쇄 펴냄

지은이 제임스 W.P. 캠벨
사진 윌 프라이스
옮긴이 이순희
펴낸이 윤철호
펴낸곳 (주)사회평론아카데미
편집 고하영, 김천희
디자인 김진운, 황지원
본문조판 디자인 시
마케팅 하석진, 이경화, 조서연

등록번호 2013-000247(2013년 8월 23일)
전화 02-2191-1133
팩스 02-326-1626
주소 서울시 마포구 월드컵북로12길 17
이메일 editor@sapyoung.com
홈페이지 www.sapyoung.com
ISBN 979-11-85617-39-8 03900

감사의 글
엄청나게 큰 규모와 범위를 다룬 이 책은 수많은 사람들이 오랜 세월에 걸쳐 기울인 노력이 없었다면 탄생할 수 없었을 것이다. 전문적인 기술을 아낌없이 베풀어준 템스 앤드 허드슨 출판사 직원들에게 고마움을 전한다. 이 책의 첫 기획안을 열성적으로 응원해준 이안 서튼은 결과물을 보지 못한 채 유명을 달리했으니 안타까울 따름이다. 그의 재치와 학식을 다시 볼 수 없는 것 또한 안타까운 일이다.

이 책의 제작 과정에 오랜 시간 노력을 기울여준 이들에게 감사의 뜻을 전한다. 스티븐 로빈슨은 사진 디지털 작업을, 니얼 버드는 라인 드로잉을, 매기 스미스는 책의 디자인을, 마이클 홀은 편집을 맡아 열성적으로 진행해주었다.

이 책은 출간 과정에서 상당히 많은 국제적인 협조가 필요했는데, 이를 얻어내기 위한 교섭 활동으로 수고해준 안젤라 케인, 마르타 카사레즈, 레베카 클레멘츠, 소피 데스카트, 마누올로 구에르치, 더스튼 해슬러, 스테판 홀처, 정보윤, 정진우, 미아오 리, 워너 로렌츠, 애너 마틴스, 롤랜드 메이, 이팅 판, 대프네 티센스, 홍빈 챙에게 고마움을 전한다. 일본 취재 과정에서는 마틴 모리스와 미요코에게 큰 도움을 받았다. 숙소를 비롯하여 편안한 환경을 제공해준 디애나 그리핀, 사이먼 쿠퍼, 탐신 아스피널, 바나비 프레더개스트, 캐시 롱, 글렌 호튼, 세실리 힐스데일, 조너선 삭스 등 여러 사람들의 친절 또한 더없이 고마울 따름이다.

이 책에서 다루는 모든 도서관들을 취재할 때 취재를 허락하고, 지원과 조언으로 도움을 준 도서관장들과 직원들에게도 깊은 감사를 전한다(이들의 이름은 영어로 표기한다).
D. Abulafia, M. Agosta, R. Aiello, M. Allen, M. do Amaral, E. Andersson, N. Aubertin-Potter, A. Bambery, A. Baumann, M. Beckett, S. Bohnet, O. Braides, F. Buchmayr, J. van Burk, S. Cannady, A. Cappa, I. Ceccopieri, Z. Cerkvenik, L. Comstock-Tirrell, E. Desrochers, A. Diffley, T. Eggington, K. Ekholm, P. Errani, P. Espinosa, E. Fighiera, S. Frigg, K. Fujii, Y. Fujii, A. Gamerith, D. Giuliani, M. Le Goff, P. A. Groiss, F. Gruss, P. Hansaghy, A. Heijn, M. Heikkilä, S. Helfferich, K. Hildebrandt, S. Jones, W. Keller, J. Lam, P. Leroy, M. Lubing, I. Maclean, R. Martz, D. McKitterick, K. Molloy, G. Morgan, C. Nicholson, R. Ovenden, J. Parez, V. Perry, C. Peters, A.-M. Pietilä-Ventelä, J. Pollard, M. Prüller, J. Quinn, D. Ruhlmann, Lord Salisbury, D. Scialanga, E. Sonnleitner, S. Soulignac, K. Spears, K. Spence, M. Statham, J. Taylor, K. Tollkühn, J. Tomaschek, P. Trowles, M. Uemura, J. Walworth, I. Yglesias de Oliveira and N. Zins.

도서관을 아끼고 사랑했던 우리 선조들과 앞으로 도서관을 아끼고 사랑해줄 우리 후손들에게 이 책을 바친다.

1쪽: 말라테스타 도서관의 독서대, 이탈리아 체세나, 1452

2-3쪽: 부속실에서 바라보는 마르치아나 도서관 열람실의 전경, 베네치아, 1564

4-5쪽: 폭격으로 손상된 장서, 누아용 성당 참사회 도서관 소장, 1506-7

6-7쪽: 말라테스타 도서관, 이탈리아 체세나, 1452

8쪽: 요아니나 도서관, 포르투갈 코임브라, 1728

오른쪽: 장크트 갈렌 수도원 도서관, 스위스 장크트 갈렌, 1765

NON
PRÆVALEBUNT.

Contents

서문

왼쪽
조지 피바디 도서관
1866년, 미국 볼티모어
에드문드 린드가 설계했으며 19세기 미국에서 특징적으로 나타났던 철재 서가 도서관 가운데 지금까지 남아 있는 가장 훌륭한 도서관이다.

이 책의 첫 구상이 떠오른 것은 내가 건축학 전공 학생으로 옥스퍼드 대학 래드클리프 카메라에 대한 논문을 쓸 때였다. 나는 가장 먼저 도서관 건축의 역사 전반을 다루는 책을 찾는 일에 뛰어들었다. 당시에는 중요한 위상을 지닌 영어권 저작으로 꼽을 수 있는 것은 클라크의《책의 관리》(1901)와 니콜라우스 펩스너의《건물 유형의 역사》중에서 길이는 짧지만 알찬 내용으로 도서관의 역사를 다룬 장뿐이었다. 20년이 흘렀는데도 나는 도서관 건축의 역사를 다룬 책을 찾을 수 없었고, 결국 직접 책을 쓰기로 결심했다.

참으로 공교롭게도 지금은 책의 존재, 그리고 도서관이 위기를 맞고 있다는 이야기까지 나오고 있다. 그렇다면 이 연구는 더 이상 기능할 수 없는 건물 유형을 더듬는 기념 저작으로 남게 되는 건 아닐까? 아니, 아직은 때가 이르다. 요즘은 매년 출간되는 책이 늘어가는 추세다. 유럽에서는 문을 닫는 공공도서관들이 많지만, 중국을 비롯한 다른 지역에서는 공공도서관을 새로 짓고 있다. 종이책 판매량은 줄어드는 게 아니라 오히려 늘고 있다. 영국만 따져도 2010년에 2억 2천9백만 권이 팔렸는데, 1억 6천2백만 권이 팔렸던 2001년에 비하면 엄청나게 높은 증가율이다. 언젠가는 전 세계가 전자책만을 생산하게 되겠지만, 가까운 미래에는 보관해야 하는 종이책이 그 어느 때보다 많아질 것이다. 도서관의 역할이 변화함에 따라서 도서관 건축도 변화하고 있다. 일부에서는 이처럼 변화 요구가 제기된 것은 처음이라고, 다시 말해서 지금까지는 도서관 건축물의 형태가 비교적 고정되어 있었다고 주장하기도 한다. 그러나 결코 그렇지 않으며 도서관의 역사는 끊임없는 변화와 적응의 역사라는 게 이 책의 핵심적인 주장이다.

건축의 역사를 다룬 책들은 도판에 크게 의존한다. 다행스럽게도 윌 프라이스가 처음부터 모든 도판 사진을 찍어주겠다고 동의해주었다. 윌과 나는 함께 21개국을 여행하며 82개 도서관을 찾아다녔다. 나는 도서관에서 도서관의 역사를 탐구하는 더없이 행복한 시간을 누렸고, 영광스럽게도 평시에는 일반인에게 공개되지 않는 도서관도 여러 곳 방문했다. 직접 건물을 체험해보는 것은 그 어떤 것으로도 대체할 수 없는 소중한 경험이다.

책 한 권에서 수천 년의 역사를 두루 다루려면 반드시 취사선택이 필요하다. 결국 나는 본서의 취지에 맞는 도서관들을 선택하여 연대순으로 배치해 폭넓게 다루되, 특별한 주제들에 대해서는 깊이 있는 논의를 하기로 결정했다. 어쨌거나 나는 다른 학자들이 연구한 내용과 기존의 연구 결과들에 크게 의존했다. 내가 의존한 자료의 목록은 이 책의 말미에 있는 참고문헌 및 관련 문헌 소개에 게시해놓았다. 본서가 도서관의 역사와 도서관 건축의 발전 과정에 관심이 있는 사람뿐 아니라 책과 책을 보관하기 위해 설계된 아름다운 공간들을 아끼는 사람들에게 유익한 소개가 되기를 바라 마지않는다.

제임스 W. P. 캠벨

다음면
중국 국립도서관
2008년, 중국 베이징
독일 건축회사 위르겐 엥겔 아키텍츠가 설계했다. 평면도로 보면 거의 정방형으로 이루어진 열람 공간이 층층이 배치되어 있으며 열람 공간은 아래로 갈수록 좁아진다.

TI·IVLIO·
POLEM
PROCOS
AQVILA

머리말

도서관은 단순히 책을 저장하는 장소 이상의 역할을 할 수 있다. 인류의 전 역사에 걸쳐서 위대한 도서관 건물들의 디자인은 책을 읽는 행위를 칭송하고 배움의 중요성을 알리면서 개인이나 기관, 민족이 보유하는 문화의 상징으로 자리매김해왔다. 이 책은 고대 메소포타미아 시대에 들어선 최초의 도서관에서부터 고전 시대 문명들의 사라진 도서관들과 중세 시대의 수도원 도서관들, 그리고 로코코 시대의 사치스런 도서관들을 거쳐 현대의 기념비적인 도서관들에 이르기까지 도서관 건축물의 발전사를 다룬 최초의 책이다. 이 책은 도서관 건축물의 발전사를 통하여 인간과 문자 사이의 관계가 어떤 변화를 이루어왔는지를 밝히고, 세계 전역의 도서관들이 켜켜이 먼지가 쌓인 문헌 보관소에 그치지 않고 문화와 문명의 적극적인 상징이었음을 파헤치고 있다.

셀수스 도서관
기원후 135년, 터키 에페소

고대 도서관들 가운데 좋은 보존 상태로 손꼽히는 곳이다. 비문 기록 덕분에 건물의 용도가 밝혀진 희귀한 사례다. 깊은 인상을 주는 전면부는 20세기에 복원된 것인데, 여기에는 유적지에서 발견된 돌들이 일부 사용되었다. 원래 건물은 여러 번 지진을 겪으면서 무너졌고, 그 후 건축 재료로 쓸 만한 돌들을 찾는 이들에 의해 약탈을 당했다.

영어권과 유럽 대부분의 언어권에서 '도서관'이란 단어의 정의는 모호하다. 도서관은 때로는 수집된 장서를 이르기도 하고, 때로는 장서를 보관하는 공간을 이르기도 한다. 이처럼 둘 사이의 구별이 명확치 않은 것은 흥미로운 일이지만, 언제 어디서나 구별이 명확치 않은 것은 아니다. 중국어를 비롯한 여러 언어권에서는 수집된 장서와 장서를 보관하는 공간을 이를 때 다른 단어를 사용한다. 중국어에서 도서관은 '책을 보관하는 건물'을 이른다. 이 책은 '책을 보관하는 건물의 역사'라고 불러야 마땅하다. 언어학적으로는 이처럼 차이가 있지만, 세계 전역의 도서관들은 놀라울 만큼 유사한 발전 과정을 거쳤다.

역사적인 탐구에는 반드시 취사선택이 따른다. 최근에 이루어진 정부의 공식 통계 조사에 따르면, 중국에만 2,925개의 공공도서관이 있다.[1] 그중 대부분은 독자적인 건물을 사용하고 있지 않다. 19세기 말 미국에서 대부분의 공공도서관들이 그랬듯이, 이 도서관들은 기존 건물의 일부를 도서관의 목적에 맞게 개조하여 사용하고 있다.[2] 이렇게 사용되는 방들이 건축적인 면에서 흥미로운 특징을 가지는 경우는 드물다.

도서관을 소유한 개인들과 기관들 가운데는 자신이 수집한 장서를 보관하는 방식에 최소한의 관심만을 기울이는 경우가 많다. 그러나 어느 시대에나 자신이 수집한 장서를 과시하기를 원하는 사람들은 있기 마련이다. 이들은 장서를 빽빽이 꽂아놓은 것을 자랑스럽게 여기고 자신의 장서를 가장 효과적으로 과시할 방법을 찾고자 애를 쓴다. 이들은 단순히 책들을 지니고 있는 것에 만족하지 않고 그 책들을 보관할 아름다운 도서관을 지으려는 마음이 간절하다. 이 책이 다루는 도서관 건축의 역사는 이처럼 남들에게 보여주기 위해서 설계된 도서관들의 역사다.

살아남은 도서관들과 개조된 도서관들

역사적 흔적을 해석하는 데는 여러 가지 문제가 따른다. 하지만 지금까지 살아남은 도서관들 가운데는 원래의 모습을 온전히 보존하고 있는 경우는 거의 드물다. 많은 도서관들이 오랜 세월을 거치면서 급격한 개조를 겪었다. 더블린의 트리니티 칼리지의 롱 룸(Long Room)을 비롯한 몇몇 도서관들에서 우리는 이런 개조 과정을 뚜렷이 확인할 수 있다. 18세기 초에 지어진 이 인상적인 도서관은 반원통형 천장에 책장을 알코브형으로 2단으로 배치하는 유형을 채택한 최초의 도서관으로 흔히 알려져 있다. 그러나 이것은 사실이 아니다. 아일랜드 건축가 토마스 버그(1670-1730)의 설계로 1732년에 완공된 이 건물은 완공 당시에는 비할 바 없이 중요한 도서관이었지만, 당시 도서관의 모습은 지금 우리가 감탄하는 모습과는 전혀 달랐다.[3] 원래 이 도서관은 주랑을 사이에 둔 3단의 정방형 건물 두 채와 주랑 위에 올린 2단 높이의 롱 룸으로 이루어져 있었다. 정방형 건물 한 채에는 도서관으로 통하는 계단과 사서들의 사무실이 있었고, 다른 건물의 지상층에는 철학부 강의실이, 그 위에는 필사본 보관실이 있었다. 롱 룸의 천장은 원래는 훨씬 낮고 평평했고, 상단의 갤러리들은 책장들을 지지하지 않았다. 인상적인 반원통형 천장은 1856년에 건축회사 딘 앤드 우드워드가 채택한 것이며, 이때 지붕을 높이고 1층 주랑을 방으로 개조하는 등 대대적인 개조를 거쳤다.[4] 따라서 오늘 우리가 보는 도서관은 실제로는 19세기 건축물이다. 다른 건축물에서도 그렇지만, 이곳에서도 원래의 건축과 후대에 추가된 건축을 구분하는 데는 상당한 어려움이 있다. 바로 여기서 도서관의 역사와 관련하여 또 하나의 중요한 논점이 제기된다. 도서관들의 디자인을 구상한 사람은 과연 누구일까?

왼쪽
와트 야이 불경보관소
연대 미상, 태국 사무트 송크람
태국의 불경보관소들은 대개 연못에 박아 넣은 기둥 위에 세워져 있다. 건물과 소장된 불경이 개미 때문에 파괴되는 걸 막으려는 조치다.

도서관을 설계한 사람은 누구일까?

도서관을 설계한 사람들이 무엇을 의도했는가는 대체로 가리기 어렵다. 도서관은 개인이 이루어낸 건축물이라고 볼 수 없다. 도서관 건축에는 처음부터 후원자들이 개입한다. 옥스퍼드 대학 머튼 칼리지 도서관의 디자인을 결정한 사람은 보들리안 도서관 설립자인 토마스 보들리와 막역한 친구였던 헨리 사빌이라고 알려져 있다(113-14쪽 참조). 두 사람 모두 공식적인 건축 디자인 교육을 받은 적이 없었다. 후원자들은 개인이 아닌 경우도 있었다. 도서관들은 대부분 처음부터 정부나 민간단체 등 법인이 제공하는 재원에 의존한다. 이런 경우 도서관 건축 위원회는 디자인 팀을 비롯하여 여러 사람으로 이루어진 그룹에 결정권을 양도하는 걸 환영한다. 건축가나 후원자는 건축을 주도하긴 하지만, 실제로는 건축에 관여하는 많은 사람들 가운데 일인일 뿐이다. 후원자와 건축가는 물론이고 목조기술자, 화가, 조각가, 사서, 학자까지 모든 사람들이 도서관의 최종적인 형태에 직접 개입한다. 건축가가 도서관의 골조 설계만 담당하는 경우도 있지만, 건축가가 지휘권을 통째로 쥐고 예술작품 하나하나까지 꼼꼼히 챙기는 경우도 있다. 현대로 들어와서는 사서들이 도서관 디자인에 개입하는 경우가 잦지만, 늘 그런 것은 아니다. 과거에는 대개 도서관이 완공된 후에야 사서들이 임명되었다. 이 책은 도서관 디자인에 미치는 사서들의 영향력이 변화해온 과정을 중요하게 다룬다.

도상에 의한 주제 제시와 도서관의 사회적 위상

도서관 건축에는 항상 특정한 사회정치적 의도가 개입한다. 도서관은 개인이나 조직이 품은 학문적 야망을 세상에 드러낸다. 공공도서관은 시민을 배려하는 자비로운 태도를 드러낸다. 건물이 아무리 수수해도 도서관 존재 자체만으로도 이 메시지를 충분히 전달할 수 있다. 하지만 대개 도서관들은 더 노골적인 메시지를 암시적으로 전달한다. 모스크바의 레닌 국립도서관은 중요한 국가 자원에 그치지 않고 갓 태어난 공산주의 국가의 지적인 허세를 상징하는 건물로 세워졌고, 이곳에는 골똘히 생각에 잠긴 표정으로 내려다보는 지도자들의 동상이 세워져 열람자들을 감시한다. 오스트리아 알텐부르크 수도원과 독일 비블링겐 수도원의 도서관을 비롯하여 복잡한 로코코 양식으로 손꼽히는 도서관들에는 난해한 도상학적 주제를 표현하는 조각과 회화 장식이 설치되어, 열람자들에게 지식을 대하는 특정한 지적 태도와 문명사회 또는 특정한 기관 내에서 도서관이 차지하는 위상을 느끼게 한다. 후원자들이나 디자인을 담당한 사람들이 아량을 베풀어 자신의 의도를 문자로 남겨두는 경우에는 메시지를 비교적 간단하고 쉽게 해석할 수 있다. 그러나 안타깝게도 이런 경우는 드물다. 문헌자료가 남아 있지 않은 도서관의 경우에는 문헌자료가 남아 있는 도서관들을 연구한 결과를 가지고 유사점을 찾아나가는 수밖에 없다. 그럴 때는 지나친 확대해석을 하는 태도나 실용성 위주의 판단이나 진부한 공식, 또는 이미 확립된 장치를 그대로 본뜬 여러 가지 요소들을 지나치게 꼼꼼하게 해석하거나 당대에 걸맞지 않은 이유를 끌어다 놓는 태도를 경계해야 한다.

책의 형태가 도서관 디자인에 미친 영향

도서관의 역사는 책의 역사이기도 하다. 이 책에서 다루는 '책'을 정의하면 '나중에 필요할 때 찾아볼 수 있도록 문자 기록이 새겨져 있는 모든 것'이다. 요즘과 같은 형태의 책은 어느 시대, 어느 장소에나 있었던 것이 아니며, 그 연륜 또한 오래되지 않았다. 고대의 책은 점토판과 파피루스 두루마리, 야자수 잎, 깎아낸 돌판, 실크 두루마리로 되어 있었다. 현대적인 의미의 책—확실히 구분할 수 있는 용어로는 '코덱스(codex)'라고 부른다—은 비교적 최근에 발명된 것이다.

책의 제작 방식은 책의 재료에 영향을 받을 뿐 아니라 책의 형태와 책의 제작비용에 영향을 미치기 때문에 중요한 위상을 지닌다. 책을 손으로 베껴 쓰려면 시간과 노력이 많이 들어간다. 인쇄 기술이 도입되면서 책의 제작 속도가 빨라지고 제작비용

오른쪽
팔만대장경판
1251년, 한국 해인사
불경을 집대성한 팔만대장경을 인쇄할 때 쓰이는 목판이 해인사 장경판전 안 선반에 보관되어 있다. 해인사 장경판전은 오랜 연륜으로 세계에서 손꼽히는 문화유산이다.

왼쪽
18세기의 책들
오스트리아 장크트 플로리안 수도원 도서관

사진 속 책들의 제본 부분에 오래된 필사본의 종이들이 면지로 재활용된 것이 눈에 뜨인다. 이것은 당시에는 흔한 관행이었다.

도 낮아졌다. 중국과 한국, 일본에서는 서구와는 다른 방식으로 인쇄 기술이 발전했다. 이 지역에서는 대량 인쇄기가 개발되지 않았고, 목판에 물감을 묻히고 그 위에 종이나 천을 덮어 손이나 붓으로 문지르는 방식으로 인쇄를 했다. 이런 목판 인쇄는 아주 얇고 유연한 종이를 재료로 사용했기 때문에 가능했다. 이 종이는 실크와 비슷한 질감이 나도록 만든 것이다.

유럽에서는 필사본으로 만든 코덱스를 그대로 모방하여 뒷면이 비치지 않는 두툼한 종이나 양피지를 사용했기 때문에 양면에 인쇄를 할 수 있었다. 한 장의 종이를 접어서 만들어지는 페이지들을 '콰이어(quires)'라고 부르는데, 이 콰이어들을 자르지 않고 그대로 합쳐서 고정해 한 권으로 만들었다. 두툼한 종이는 물리적 압착기를 사용해서 표지용 목판 사이에 넣어 꽉 눌러주어야 했다. 이처럼 두툼한 종이를 사용해 양면에 글자를 인쇄하고 콰이어를 이용하여 제본을 하는 방식에서 요즘 우리가 흔히 보는 책의 형태가 탄생했다.

춘추시대(기원전770-481년)부터 당 왕조시대(기원후 618-906년)까지 중국과 한국, 일본에서는 두루마리(아코디언처럼 접거나, 그리스와 로마 시대의 두루마리처럼 둘둘 마는) 방식이 사용되었는데, 대개 두루마리는 손으로 쓴 문서를 만들 때만 사용되었다. 중국에서는 인쇄를 할 때 표지와 크기가 같은 낱장 종이를 합쳐 페이지를 만들었기 때문에 애초부터 인쇄되는 책은 두루마리가 아닌 코덱스 형식이었다.[5] 일반적으로 하나의 목판으로 두 장의 종이에 인쇄를 할 수 있었다. 이 종이를 글자가 밖으로 나오게 접어 인쇄된 두 면의 페이지를 만들었다. 종이가 얇아 뒷면이 비치기 때문에 뒷면에 인쇄를 하는 건 워낙 어려운 일이었고, 따라서 이런 방식은 거의 쓰이지 않았다. 한 번 접은 종이를 차곡차곡 쌓은 뒤 올이 거친 종이 두 장을 위와 아래에 대고 가늘게 꼰 끈을 이용해 종이 전체를 관통시켜 한 권의 책을 만들었다(서구에서처럼 여러 개의 콰이어들을 붙여 만드는 방식이 아니었다). 하나의 저서를 이루는 여러 권의 책들은 하나의 상자에 넣거나 종이나 헝겊으로 겉을 싼 판자로 감싸두는 방식으로 함께 보관했다. 이처럼 얇은 종이를 쌓아 노끈으로 묶은 부분과 표지를 그대로 드러나게 만든 간소한 형태의 책은 서구의 코덱스와는 전혀 다른 모습이었다.[6]

도서관을 묘사할 때 사용한 용어

도서관이 다른 대부분의 건축 공간과는 구별되는 첫 번째 특징은 가구와 비품이 중요한 위상을 차지한다는 점이다. 애초의 가구가 사라지고 없어도 교회나 성의 건축에 대해서는 이야기할 거리가 있다. 하지만 내부 비품이 완전히 치워진 도서관에 대해서는 이야기할 거리가 별로 없다. 책의 물리적 형태는 책의 보관 방식을 결정한다는 점에서 도서관 건축에서 중요한 요소다. 책궤나 칸막이가 된 작은 칸, 격자 선반, 수납장, 선반 등이 책을 보관하는 비품으로 쓰인다. 도서관의 역사는 어찌 보면 책의 형태 변화와 책 보관 방식의 변화 사이의 관계가 어떻게 전개되었는가를 밝히는 역사다. 세월이 흐름에 따라 책 보관 방식이 달라지면서 책 자체도 보관하기 쉬운 방향으로 형태 변화를 보이고 있다.

아래
성 피터 성 발부르가 도서관
1555년, 네덜란드 쥐트펜
이 교구 도서관은 원래 모습을 거의 간직하고 있어서 중세 북부 유럽의 독서대 도서관들이 어떤 모습이었는가를 분명히 확인할 수 있다. 책들이 사슬로 독서대에 연결되어 있는 것이 뚜렷이 보인다.

이 책에서는 책 보관 방식을 설명하기 위해서 여러 가지 용어를 사용한다. 책궤나 수납장에 넣거나 선반에 올려두는 방식이 있다. '책궤'라는 용어는 굳이 설명할 필요가 없을 것이다. 독립된 형태의 책 수납장은 라틴어로는 '아르마리움', 또는 '프레스'라고도 불린다. 도서관에서 책이 놓여야 할 위치를 표시하는 기호 '프레스마크(pressmark)'란 말은 여기서 나온 것이다. 물론 이런 수납장들은 모두 선반이 달려 있었지만, 안이 들여다보이지 않았다. 전면에 유리를 단 수납장은 17세기에야 등장했다. 초기의 도서관들은 수납장이나 문이 없는 선반을 이용했다. 후대의 도서관들은 선반 밑에 수납장을 두는 식으로 두 가지를 혼용하는 방식을 흔히 사용했다.

일반적으로 도서관의 책꽂이 선반은 벽에 붙박이로 짜 넣은 부속품이다. 도서관에서 사용하는 다양한 선반 배치를 표현하는 일은 몹시 까다로우며, 언어권에 따라 다양한 표현이 쓰인다. 이 책에서는 도서관 디자인의 역사를 다룬 여러 영어권 저자들의 선례를 따라서 J. W. 클라크가 《책의 관리*The Care of Books*》(1901)에서 새로 지어낸 표현을 사용한다. 중세 도서관들은 일반적으로 책을 놓아두는 독서대와 그에 딸린 장의자를 벽과 직각을 이루게 배치했다. 클라크는 이것을 '독서대 시스템'이라고 불렀다.[7] 네덜란드의 쥐트펜에는 이런 배치가 아름다운 모습으로 온전히 보존되어 있는 곳이 있다(88-9쪽 참조). 본문에서 보겠지만, 독서대 시스템은 중요한 변수였다. 인쇄 기술이 발명된 후, 독서대로는 급격히 늘어나는 책들을 감당할 수 없었다. 한 가지 해결책으로 등장한 것이 독서대 대신에 사람 키 높이의 책장들을 놓아 방을 분할하고 독립된 구획을 형성하는 것이었다. 클라크는 이것을 '진열대 시스템'이라고 불렀지만, 더 정확한 표현으로는 '옥스퍼드 시스템'이 알맞을 것이다. 이 시스템은 옥스퍼드에서 창안되었고 이곳에서 가장 흔히 사용되었던 방식이었다.[8] 본문에서 보듯이, 이 시스템은 많은 도서관들에서 사용되고 있지만 이상적인 해결책은 결코 아니다. 이런 현실은 특정한 배치 방식이 도서관 디자인과 깊은 연관을 지니고 있어서 여러 가지 단점이 있음에도 여전히 사용되고 있음을 뚜렷이 드러낸다.

독서대 또는 진열대 시스템의 대안으로 등장한 것이 도서관 벽면에 등을 기댄 형태로 붙박이 책장을 설치하는 것이었다. 클라크는 이를 '벽 시스템'이라고 불렀다.[9] 클라크는 언급하지 않았지만 이 사이에는 중간 단계가 있다. 문이 달리지 않은 책장들을 붙박이식이 아니라 벽을 등지고 세워놓는 중간 단계를 거쳐서 완전한 벽 시스템이 도입되었다. 이런 유형으로 가장 널리 알려진 도서관은 스페인의 에스코리알 도서관이다. 벽 시스템 도서관은 벽면에 책장을 둘러 하나나 두세 개의 층이나 단을 만들고, 위쪽의 책장을 이용할 수 있도록 갤러리를 설치하는 방식이다. 17세기 말에는 벽 시스템과 진열대 시스템의 특징이 혼재되어 책장들을 벽을 등지게도 세우고 벽과 직각을 이루게도 세우는 새로운 유형이 나타났다. 이 책에서는 이런 배치를 표현할 때 '알코브(alcove)'라는 단어를 사용한다(4장 참조). 클라크는 사용하지 않았지만, 이것은 흔히 쓰이는 표현이다.

책들이 점점 늘어나면서 책을 보관할 수 있는 여러 가지 방

아래, 왼쪽, 오른쪽

트리니티 칼리지 도서관

1856년, 아일랜드 더블린

토마스 버그가 설계를 맡아 1732년에 완공된 이 도서관은 세계적으로 유명한 도서관이다. 하지만 지금의 모습은 완공 당시의 모습이 아니다. 판화(아래)를 보면 이 도서관은 원래는 천장이 평평했고 갤러리 위에는 책장이 없었다는 걸 알 수 있다. 지금 같은 모습의 갤러리(왼쪽, 오른쪽)는 18세기의 사고를 반영한 결과물이 아니라, 1856년에 건축회사 딘 앤드 우드워드가 진행한 대대적인 개건축 때 제작된 것이다.

식이 개발되었다. 대규모 장서를 보관해야 할 필요성 때문에 서고의 발전이 이루어졌다. 서고는 보관 공간의 면적은 최소화하고 보관되는 책의 수는 최대화하기 위해 특별히 설계된 공간이다. 서고 안의 서가는 처음에는 고정식이었지만, 나중에 만들어진 서가들은 바닥에 바퀴를 달거나 천장에 매다는 식으로 설계되었다. 보관용 서고가 도입되면서 보관 용량은 크게 늘어났지만, 서고가 건축적인 면에서 칭송을 받는 경우는 드물었다. 서고는 일반인은 출입할 수 없고 창문도 설치되지 않은 보관 전용 공간이라 이용자의 요구를 충족하는 방향보다는 책을 완벽하게 보관할 수 있는 조건을 마련하는 방향으로 설계되었다.

책들을 선반에 수직으로 세워 꽂기 시작한 것은 그리 오래된 일이 아니다. 이런 방식은 비교적 최근에 이루어진 혁신이며, 비교적 좁은 공간에 많은 책을 보관하기 위해서 개발된 방식이다. 그러나 이것은 보편적인 것이 아니라 이렇게 선반에 꽂힐 수 있는 디자인으로 만들어진 책들에만 적용할 수 있는 방식이다.

여러 문화권에서는 책들을 선반 위에 수평으로 눕혀서 차곡차곡 쌓아놓는다. 맨 밑에 깔린 책을 꺼내려면 위에 있는 책들을 치워야 한다는 단점이 있다. 이런 식으로 책을 쌓아놓는 책장들에서 선반 사이의 간격을 어떻게 배치할 것인가는 선반에 놓아야 할 책의 권수가 많지 않을 때는 그리 큰 문제가 되지 않는다. 또한 선반이 움직일 수 없게 고정되어 있고 선반들이 균일한 간격을 유지하고 있기 때문에 미관상 효과적이다.

하지만 책들을 선반에 수직으로 꽂으면서부터는 선반에 최대한 많은 양의 책을 꽂기 위해서 선반 사이의 간격을 정하는 일이 중요해졌다. 책들은 크기별로 분류되어야 했고, 선반도 크기별로 마련되어야 했다. 큰 책들은 일반적으로 아래쪽 선반에 꽂혔고, 누군가 슬쩍 집어가도 들키지 않을 만큼 작은 책들은 쉽게 손이 닿지 않는 위쪽 선반에 꽂혔다. 도서관을 설계하는 사람들은 일정한 간격의 선반 배치를 쉽게 포기하지 않았다. 포르투갈 마프라 궁전과 독일 바이마르의 안나 아말리아 도서관 등의 선반 배치를 보면 18세기 말에도 이런 선반 배치 방식을 사용했다는 것을 알 수 있다. 그러나 점차 높이를 조절할 수 있게 선반을 만드는 편이 훨씬 효과적이라는 사실이 분명히 드러나면서, 18세기부터는 다양한 선반 시스템이 개발되었다. 처음에는 세로로 세워진 지지대에 나무 돌기를 달거나 작은 틈을 내는 방식이 쓰였지만, 19세기 말에는 금속제 고정 장치를 사용한 특허 선반 시스템으로 점차 대체되었다. 금속 선반은 19세기에 처음으로 등장했다. 금속은 견고하고 불이 잘 붙지 않는다는 장점이 있었지만, 책의 값비싼 가죽 장정을 단단한 금속 표면에 올려놓는 것이 늘 꺼림칙하게 여겨졌다. 특히 희귀한 장서를 보유한 사람들은 막대한 금액을 들여서라도 목재 선반 위에 표지가 가죽이나 천으로 된 책들을 멋지게 꽂아놓는 쪽을 선호했다.

계단, 사다리, 스툴

선반형 책장의 디자인과 관련해서 제기되는 또 한 가지 문제는 선반을 이용하는 데 필요한 장치를 마련하는 것이다. 도서관 책장 디자인과 관련해서 이상적인 명제는 책을 꺼내려는 사람의 손이 닿지 않는 곳에는 책을 두지 않는 것이다. 이 명제를 철저히

아래
마프라 궁전 도서관
1771년, 포르투갈 마프라

마프라 궁전 건축은 1717년에 시작되었지만, 이 도서관은 1771년에야 완성되었다. 실내에 화려한 금박장식을 입히려는 원래의 계획은 폐기되었다. 개관한 뒤로 이 도서관에는 작은 박쥐들이 서식하면서 해충들을 잡아먹어 책의 훼손을 예방하고 있다.

오른쪽
안나 아말리아 도서관
1766년, 독일 바이마르

이 도서관은 작센 바이마르 아이젠나흐의 안나 아말리아 공작부인의 이름을 땄다. 공작부인은 공작령 도서관을 확장하고 개조하여 지금의 로코코 양식 건물로 도서관을 옮겼다. 직사각형 건물에 둘러싸인 타원형 방이다. 타원형 방 뒤에 남은 공간은 통로로 쓰인다. 책장 뒤가 막혀 있지 않아 선반 사이로 책장 뒤쪽 공간이 조금이나마 보인다. 후대에 요한 볼프강 폰 괴테가 도서관장으로 지명된 적이 있었다. 2004년 9월 4일에 전기 사고로 화재가 나서 장서 약 5만 권이 파괴되고 건물 내부의 비품이 불에 탔다. 지금은 심혈을 기울여 복원이 진행되고 있다.

고수하려면 도서관 책장의 높이는 바닥에서 2m를 넘지 않아야 한다. 그러나 어느 시대에나 도서관을 설계한 이들은 이 원칙을 위반하는 디자인을 계속해서 내놓았다. 도서관 디자인의 역사는 어찌 보면 그들이 이 원칙을 위반하는 디자인을 선택한 이유가 무엇인지 탐구하는 과정이자, 그들이 자신이 손수 만들어낸 문제점을 해결하기 위해 개발한 방법들을 탐구하는 작업이다.

도서관 규모가 작고 간소한 곳에서는 장의자나 스툴 위에 올라서기만 해도 높은 선반을 이용할 수 있다. 케임브리지 대학 트리니티 칼리지의 렌 도서관을 예로 들자면, 크리스토퍼 렌(1632-1723)은 딛고 올라설 때 안정성을 강화하기 위해 스툴의 다리를 아래로 갈수록 벌어지는 모양으로 디자인했다. 훨씬 높은 선반을 이용하려면 일종의 사다리가 필요하다. 일부 도서관에서는 사고가 날 위험을 줄이기 위해 사다리를 책장에 고정식으로 설치해둔다. 포르투갈 코임브라의 요아니나 도서관에는 책장 옆면 수직 지지대 속에 사다리를 넣어두는 기발한 공간이 마련되어 있다.

공간이 아주 높을 때는 갤러리를 한 단 이상 짜 넣고, 갤러리에 오르내릴 수 있는 계단을 설치한다. 어떤 도서관들에서는 계단을 벽 속에 숨겨 놓기도 하고, 어떤 도서관들에서는 계단을 그대로 노출시켜 오히려 돋보이게 화려한 장식을 해놓는 경우

알텐부르크 수도원 도서관
1742년, 오스트리아 알텐부르크

이 로코코 양식 도서관은 요제프 무게나스트의 설계로 장서의 중요성을 의도적으로 과장하는 디자인으로 탄생했다. 건물 규모에 비하면 소장된 도서의 양이 아주 적다.

비블링겐 수노원 노서관
1744년, 독일 비블링겐

이 웅장한 로코코 양식의 도서관은 1737년부터 1740년까지 건물 공사가 진행되고 1744년에 장식이 마감되었다. 수도원 경내의 부속건물의 건물 폭 전체를 차지하고 있다.

도 있다. 바로크 양식과 로코코 양식의 도서관들에서는 비밀 문과 여닫을 수 있는 벽널을 설치하여 계단을 정교하게 은폐해놓았다. 열람자는 읽고 싶은 책들이 빤히 눈에 보여도 그 책들이 있는 곳에 올라갈 방법을 전혀 짐작하지 못한다. 예를 들어, 비블링겐 수도원 도서관에서는 갤러리로 통하는 문이 조각상이 놓여 있는 벽감 속에 숨겨져 있다. 바로크 양식과 로코코 양식에서는 뜻밖의 배치와 기발한 착상을 선호하여 이런 극적인 연출 방식이 일반적으로 사용되었다.

책 배열

책을 책장 선반에 나란히 꽂는 목적은 책을 온전하게 보존하면서 동시에 책을 쉽게 찾을 수 있게 하려는 데 있다. 다양한 책들을 선반에 꽂을 때는 자연스럽게 분류 작업이 이루어진다. 도서관이 출현하면서부터 문자로 된 일람표가 제작되었다. 고대의 도서관들에서는 그림이나 조각을 이용해서 열람자들이 특정한 주제의 책들이 있는 위치를 알 수 있게 했다는 사실은 많은 문헌을 통해 전해진다. 예컨대, 한때 프랑스 정부의 도서관 감독관으로 활동했으며 도서관 역사학자로 활약했던 앙드레 마송(1900-1986)은 그림을 이용한 일람표들의 착상이 도서관에 적용된 역사를 추적했다.[10] 하지만 마송 자신도 인정했듯이, 일람표와 시대 사이에는 분명한 연관 관계가 없었다. 비블링겐 수도원과 알텐부르크 수도원 안에 세워진 로코코 양식 도서관들에서도 선반을 구분하는 표시로 숫자와 문자를 사용했고, 문자형 일람표를 마련하여 책을 쉽게 찾을 수 있게 했다.

초기에 제작된 문자형 일람표는 책의 소장 여부를 확인할 때 쓰는 단순한 재고 목록이었고, 이런 형태의 일람표는 점토서판이나 양피지 몇 장에 기록될 수 있는 분량이었다. 그러나 도서관의 규모가 커짐에 따라 일람표의 분량도 늘어났다. 칼리마코스가 기원전 3세기에 기록한《피나케스*Pinakes*》는 대개 알렉산드리아 도서관에 있던 그리스 문헌 목록이었는데, 양피지 두루마리 120개의 분량이었다고 전해진다.[11] 10세기 때 스페인 코르도바에 세워진 이슬람 도서관의 재고 목록은 20쪽짜리 소책자 44권으로 되어 있었다.[12] 도서관 규모가 커짐에 따라 일람표의 물리적 형태와 그것을 놓아두는 위치가 도서관 디자인에서 중요한 사항으로 부각되었다. 물론 근래에는 컴퓨터의 도입으로 물리적 형태를 지닌 일람표가 사라지게 되었다.

책의 보호

어느 시대를 막론하고 도서관 디자인에서는 열람자들이 읽고 싶은 책을 찾을 수 있도록 안내하고 안전을 위협하는 적들로부터 소장된 책들을 보호하는 것을 중시했다. 도서관의 주된 적은 먼지와, 습기, 곰팡이, 해충, 설치류, 도난범, 화재인데, 이 중에서 단연 강력한 적은 바로 화재다. 고의적인 방화와 우연한 화

Sciences sociales

왼쪽
생트 쥬느비에브 도서관
1850년, 프랑스 파리

앙리 라브루스트가 설계한 이 도서관은 철재 지붕을 올리고 모퉁이마다 계단식 갤러리로 올라가는 철재 계단을 설치해두었다. 열람 공간과 책장 사이에 울타리를 둘러두었고, 책장과 갤러리에는 사서들만이 출입할 수 있다. 갤러리 아래에 있는 통로는 건물 전면 외관에서 보이는 작은 창으로 채광이 되고, 통로 양쪽에는 추가로 책을 보관할 수 있는 책장이 빼곡히 채워져 있다.

아래
러시아 국립도서관
1945년, 러시아 모스크바

이 도서관은 1862년에 '루미안체프 도서관'으로 설립되었다가 1922년에 '레닌 국립도서관'으로 이름이 바뀌었고, 1992년에 다시 '러시아 국립도서관'으로 이름이 바뀌었다. 지금의 건물은 블라디미르 슈코와 블라디미르 겔프리크가 현대적인 고전주의 양식으로 설계한 것으로, 1945년에 완공되었다. 거대한 레닌 동상이 열람석을 굽어보고 있다.

재 때문에 세계적으로 손꼽히는 훌륭한 장서들과 도서관 건물들이 역사에서 사라져버린 경우가 많다.[13] 고대 로마의 팔라틴 도서관은 기원후 80년에 화재 때문에 파괴되었다. 바이마르의 안나 아말리아 도서관은 누전으로 인한 화재 때문에 참담한 피해를 입었다. 화재에 대한 불안감은 모든 시대의 도서관 디자인에 영향을 미쳤다. 대부분의 도서관들은 촛불 사용을 금지했기 때문에 운영 시간에 제약이 있었을 뿐 아니라, 큰 창을 내서 책을 충분히 읽을 수 있는 자연채광을 확보해야 했다. 도서관 건물에는 대개 벽돌이나 석재를 사용했고, 인근 건물에서 불이 옮겨붙는 걸 막기 위해 석조 천장을 설치했다. 옛 도서관들은 일반적으로 실내에서 불을 때서 난방을 했지만, 아무런 난방 장치도 없었던 곳이 많았다. 후대에는 더운 공기를 순환시키는 정교한 시스템이 개발되었다.

설치류는 디자인을 통해서 쉽게 차단할 수 없는 위해 요소다. 가장 큰 골칫거리는 종이를 이용해 보금자리를 만드는 쥐들이다. 사람들은 흔히 책의 손상을 막기 위해서 도서관 내에서 음식을 먹는 게 금지되어 있다고 생각한다. 그렇기도 하지만, 가장 큰 이유는 음식물이 쥐와 해충을 끌어들이는 요인이 되기 때문이다. 안타깝게도 나무 책장이 차가운 석재 벽에 직접 닿지 않게 할 목적으로 책장 뒤에 비워둔 틈새는 쥐들이 서식할 수 있는 이상적인 장소다.

해충이 장서를 초토화시킬 수도 있다. 책만 갉아먹고 사는 '책벌레'의 횡포가 가장 심각하지만, 마른 나무와 비슷한 종이의 특성 때문에 많은 종류의 해충들이 책을 갉아먹으려 든다. 제본

VELIKA ČITALNICA

왼쪽
슬로베니아 국립도서관
1941년, 슬로베니아 류블랴나

요제 플레치니크가 설계한 이 도서관에서는 장식을 거부하는 모더니즘 건축에 대한 의도적인 도전이 느껴진다. 검은 대리석으로 만든 웅장한 계단은 어두운 바깥세상에서 밝은 빛이 넘치는 열람실로 나아간다는 뜻을 품고 있다. 계단 양쪽에는 문명을 상징하는 고전주의 양식의 대리석 기둥들이 늘어서 있다.

재료에 포함된 녹말 성분과 풀을 먹고 사는 해충도 있다. 가장 흔한 해충은 나무좀과 좀(레피스마 속)의 유충이다. 열대권 국가에서는 흰개미가 큰 골칫거리인데, 나무좀과 흰개미는 책뿐 아니라 책장까지 갉아먹는다.[14] 책을 수납장 안에 놓아두는 것으로는 해충을 막을 수 없다. 온도와 습도가 적절한 환경에서는 해충이 크게 번식하는데, 따뜻한 수납장 공간은 해충이 번식하기에 완벽한 환경이다. 현대의 도서관에서는 온도와 습도를 인공으로 조절하고 건물을 밀폐하는 방식이 흔히 쓰인다. 역사를 더듬어보면, 해충 퇴치를 위해서 온갖 방법을 동원했던 흔적을 찾을 수 있다. 16세기에 중국의 톈이거에서는 해충을 쫓는 초본 식물을 봉지에 넣어 수납장 안에 두었다. 18세기에 지어진 코임브라와 마프라의 도서관들에서는 해충의 천적인 박쥐를 이용한다. 박쥐는 겨울에는 책장 뒤에 숨어 동면하고, 여름에는 밤중에 활동을 시작하여 책을 갉아먹는 해충을 잡아먹는다. 이곳에 서식하는 박쥐들은 길이가 25mm도 되지 않을 정도로 작아 창 사이에 난 틈으로 드나들 수 있고, 책에는 아무런 피해도 주지 않는다. 유일한 단점은 도서관 바닥에 박쥐 똥이 떨어져 아침마다 청소를 해야 하는 것이다.

습기와 곰팡이는 예나 지금이나 도서관의 큰 골칫거리다. 열대성 기후에 있는 도서관들은 곰팡이가 잘 번식해서 다른 곳보다 큰 피해를 입었는데, 곰팡이를 피할 수 있는 곳은 사막성 기후 지역뿐이다. 습도가 높은 알렉산드리아에 이집트 최대의 도서관을 세운 것은 최악의 선택이었다. 책장들은 벽에서 뿜어져 나오는 습기가 책에 닿는 걸 막을 수 있도록 고안되어 있다. 어떤 도서관에서는 책장 뒤쪽 공간에 건조제나 흡습제를 가득 채워 넣는다. 중국에서는 습도를 낮추기 위해 책장 바닥에 석회 가루를 놓아두었다. 모든 도서관들이 습도가 적절히 유지되고 공기가 잘 순환될 수 있도록 책들을 배치한다.

책의 도난을 막는 것도 문제다. 수집된 장서들은 대개 매우 귀중한 것들이라, 어느 시대에나 도서관을 설계하는 사람들은 도난을 방지할 대책을 적극적으로 마련한다. 옛 도서관들에서는 방문객이나 열람자가 책을 훔치는 걸 막기 위해 책장에 튼튼한 자물쇠가 달린 문을 달거나 책에 사슬을 묶어 선반에 매달아두는 등의 물리적인 방법을 사용했다. 최근에 지어진 도서관들은 정교한 전자 감응 장치를 운영하고 있다. 오랜 세월 동안 도난 방지는 도서관의 형태와 위치 선정을 좌우하는 중요한 요인이었다.

아래
프랑스 국립도서관
1996년, 프랑스 파리

도미니크 페로가 설계한 이 도서관은 세느 강변 약간 높은 둔덕에 있다. 부지의 네 모퉁이에 높은 탑형 건물이 서 있고, 가운데는 고원처럼 도시형 광장이 펼쳐져 있다. 탑형 건물의 아래 몇 개 층들은 사무 공간으로, 위의 몇 개 층은 서고로 쓰인다.

도서관 건축 방식

특정한 형태의 건축이 다른 건축보다 도서관 건물로 선호되는 데는 다양한 요인이 있다. 예를 들면, 화재에 대한 불안감은 건축 재료 선택을 결정짓는 중요한 요인으로 작용하여 로코코 양식 도서관들에서는 벽돌과 석조 천장이 사용되었고, 19세기 도서관들에서는 철재 골조가 사용되었다.

재료의 강도와 구조적인 형태 역시 건축물의 한계를 좌우한다. 책을 꽂아두는 용도의 책장들은 꽤 무게가 나가는데, 무거운 책장은 당연히 구조적으로 큰 문제를 야기한다. 17세기 말에 케임브리지 대학 트리니티 칼리지가 도서관을 신축할 때, 렌은 소장 도서의 무게가 상당히 많이 나간다는 점 때문에 책장을 지지

위트레흐트 대학 도서관
2004년, 네덜란드 위트레흐트

네덜란드 건축가 비엘 아레츠가 설계한 이 도서관의 넓은 열람실에는 계단과 갤러리로 연결되는 여러 단에 학습 시설이 마련되어 있다. 공동작업을 위한 방들은 물론이고, 책상들이 줄줄이 놓여 있는 넓은 공간뿐 아니라 개가식 서가의 책장들 사이에서 혼자만의 시간을 보낼 수 있는 좁은 공간들도 곳곳에 흩어져 있다. 위에 보이는 상자형 구조물들 안에는 희귀본 서고를 비롯한 특별열람 공간이 있다. 흰 바닥재를 쓴 것 말고는 건물 전체에 검은색 도료를 썼다.

하기 위해 특수한 목재 트러스를 설계해야 했다.[15] 19세기에는 철재가 사용되면서 여러 가지 구조적인 문제가 해결되었다. 미국 볼티모어의 피바디 도서관은 철재구조물을 사용해서 6층 높이의 책장을 지지할 수 있었고, 철재구조물 덕분에 공연장 위에 건물을 지을 수 있었다.

소장 도서의 무게만 문제가 되는 것은 아니었다. 도서관의 핵심부인 열람 공간이 구조적으로 큰 문제를 야기하는 경우도 적지 않았다. 열람 공간은 그 위에 어떤 지붕 혹은 천장을 올릴 수 있느냐에 따라 그 너비가 좌우된다. 지붕을 내화성 재료로 만들 경우에는 또 다른 문제가 발생한다. 옛 도서관들에서 흔히 사용했던 벽돌 반원통형 천장을 올리려면 기둥을 여러 줄로 세워 천장을 지지해야 했다. 16세기에는 건축가 야코포 산소비노(1486-1570)가 처음으로 기둥을 받치지 않은 반원통형 지붕을 사용해서 베네치아의 마르치아나 도서관을 지으려고 했지만, 지붕이 무너지는 바람에 공사가 지연되는 등 큰 문제가 발생했다. 작은 공간에 많은 양의 책을 빽빽하게 채워 넣는 서고를 설치하

타마 예술대학 도서관
2007년, 일본 도쿄

건축가 이토 토요가 설계한 이 도서관은 콘크리트 골조와 강철판 소재의 아치형 구조물로 이루어져 있다. 건물 바닥면은 경사진 지형을 따라 비탈이 져 있다. 이 건물은 최근 50년 동안 특이한 상상력을 표현한 매우 독특한 건물들을 탄생시킨 일본 건축의 실험 정신이 배여 있는 대표적인 건물이다. 바닥의 곡면과 아치형 창문은 직선으로 길게 뻗은 책장들의 형태에 도전장을 던지는 듯한 느낌을 주며, 도서관을 생각할 때 우리 머리에 흔히 떠오르는 예상을 뒤엎는다.

면 건물이 받는 하중이 커지기 때문에 이 문제가 도서관의 위치와 건축 방식에 영향을 미친다. 이런 까닭에 옛 도서관들은 대개 2층이 아니라 1층에 지어졌다.

뉴욕 공공도서관의 주 열람실은 서고 위에 세워져 있는데, 이것은 열람실을 서고 아래에 두는 방식이 낳을 수 있는 구조적인 문제를 해결하기 위한 해법이다. 하지만 열람자들은 1층 열람실을 이용할 때와는 달리 건물 맨 꼭대기까지 한참을 걸어 올라가야 열람실을 이용할 수 있다. 로코코 시대에는 도서관 위에 반원통형 천장을 올리는 게 성행했고, 그 때문에 도서관의 규모와 공간의 형태를 자유롭게 정할 수 없는 제약이 있었다.

변화의 발자취

구조와 난방, 조명, 책의 형태, 건물의 도상학적 의미, 유해한 요소로부터 책을 보호해야 할 필요성 등 이제껏 소개한 요인들은 인류 역사의 모든 시대, 세계 각지에 세워진 도서관들의 형태에 크고 작은 영향을 미쳐왔다. 도서관 디자인의 역사가 직선형 진화 과정을 밟고 있다는 주장은 듣는 사람의 귀를 솔깃하게 하지만, 현실은 결코 그렇지 않았다. 도서관은 끊임없이 변화하는 개념이다. 인류 역사에는 다양한 형태의 도서관이 계속해서 등장했다가 사라졌다. 그러나 다양한 디자인은 각지의 도서관에서 꾸준히 되풀이된다.

대부분의 건축가들과 사서들은 도서관 신축 활동을 시작할 때 이미 건축된 훌륭한 도서관들을 탐방하는 일에 가장 먼저 뛰어든다. 예를 들어, 건축가 군나르 아스플룬트(1885-1940)는 스톡홀름 시립도서관을 지을 때 디자인을 구상하기 전에 먼저 영국, 독일, 미국을 여행했다. 비엘 아레츠(1955-) 역시 위트레흐트 대학 도서관을 설계하기 전에 도미니크 페로가 설계하여 파리에 세워진 프랑스 국립도서관과 한스 샤로운이 설계한 베를린 국립도서관을 탐방하면서 얻은 교훈을 글로 남겼다. 어떤 건물이 그런 방식으로 건축된 이유를 파헤치는 일은 우리가 앞으로 무엇을 위해서, 어떤 방식으로 변화를 이뤄나갈 것인가를 밝혀내기 위해서 반드시 먼저 거쳐야 하는 과정이다.

ΣΟΦΙΑ
ΚΕΛΣΟΥ
ΑΡΕΤΗ
ΚΕΛΣΟΥ

잃어버린 기원

고대의 도서관

책은 살아 있는 자가 살아 있는 자를 위해서 쓰는 것이다. 하지만 세월이 흐름에 따라 도서관은 어쩔 수 없이 죽은 자가 죽은 자에게 전하려 했던 사고와 대화를 저장하는 공간이 될 수밖에 없다. 책이 부식되거나 훼손되면, 그 책에 기록되었던 사고와 기억, 그리고 그 책이 태어난 문화에 대한 인식은 역사에서 자취를 감춘다. 기록으로 남겨진 문화에 대해서는 아는 것이 많지만, 기록으로 남겨지지 않았거나 훼손되기 쉬운 재료에 기록되었던 문화들은 후대 사람들이 알 수 없다. 한마디로 요약하자면, 우리가 고대 문화에 대해 알고 있는 것은 바로 상실에 대한 이야기다.

이 장에서는 문자가 출현한 시기부터 로마제국이 멸망한 시기까지 세워졌던 도서관들과 관련된 내용을 다룬다. 기원전 3400년경부터 기원후 600년까지 약 4,000년의 기간은 서구 문명의 중요한 제도들이 탄생한 기간이다. 오늘날 존재하는 여러 가지 유형의 도서관들, 이를테면 백과사전적 도서관(세계 전역의 모든 책들을 수집하는 것을 목표로 하는 도서관을 이른다), 대학 도서관, 행정문서 보관소, 개인 도서관, 공공도서관은 대부분 고대 세계, 그것도 중동에서 시작되었다. 고대의 원형을 둘러싸고 자라난 전통들은 후대에 출현하는 도서관의 형태와 조직에 큰 영향을 미쳤고, 고대의 원형과 관련해서 자라난 신화들은 오늘에 이르기까지 끊임없이 건축가들에게 영감을 불어넣고 있다.

왼쪽, 오른쪽

셀수스 도서관

기원후 135년, 터키 에페소

거의 훼손되지 않은 채 남아 있는 고대 도서관이다. 티베리우스 줄리어스 아퀼라 폴레마이아누스가 아버지 티베리우스 줄리어스 셀수스 폴레마이아누스를 기리기 위해서 건축한 뒤 설비와 책, 직원을 공급하기 위한 자금을 제공했다는 걸 알 수 있는 비문이 남아 있다. 그는 매년 새 책을 구입하고 일 년에 세 번씩 도서관 정면에 꽃 장식을 하라고 지시했다. 셀수스는 로마의 집정관이자 도미티아누스와 트라야누스 황제 집권기에 로마의 건설 작업을 관장했다. 그는 서기 105년경 이런 공적 덕분에 아시아 지방 총독에 올랐고, 수도를 에페소로 옮겼다. 도서관의 정면은 로마의 최신 예술 경향에 따라 제작된 부조들(오른쪽)로 화려하게 장식되어 있다.

메소포타미아

5,500년 전, 고대 메소포타미아 우루크 지역에서 거래 사실을 간단히 기록하기 위한 방법으로 최초의 문자 체계가 개발되었다. 기원전 3400년에서 3000년 사이에 개발되었다는 게 통설이다.[1] 문자의 개발은 특정한 문화적 필요에 대응하여 이루어졌다. 고대 메소포타미아에서는 신들이 왕과 사제를 선택하여 모든 땅을 소유하는 권한을 부여했다는 내용의 신화 체계를 주축으로 하는 문명이 출현했다. 백성들은 땅을 소유한 왕과 사제를 위해서 농사를 지어주는 대가로 식량을 받았다. 문자는 이런 식량 지급 사실을 기록하기 위한 수단으로 개발된 것이었고, 현존하는 가장 오래된 문헌은 점토서판 위에 누가, 누구에게, 언제, 무엇을 지급했는가를 기록해놓은 것이다. 이 내용을 보관하는 목적은 모두 마땅히 치러야 할 대가를 지급했음을 확인하려는 것이고, 이런 기록들은 필요할 때 참조할 수 있도록 반드시 보관해두어야 했다. 이 기록들은 실서성연한 형태를 유지하면서 몇 세대 동안 보관되었다가 보관할 가치가 없어질 때 폐기되었다.

이런 문서 보관소가 바로 도서관의 초기 원형이다. 일부에서는 단순한 기록 보관소는 책을 보관하는 공간이 아니므로 도서관이라는 이름을 붙여서는 안 된다고 주장하기도 한다.[2] 점토서판이 발견된 대부분의 발굴 현장에서는 점토서판이 최초의 보관 장소와는 동떨어진 곳에서 발견된다. 점토서판들이 고대의 쓰레기장 유적에서 발견되거나 건축용 자재로 재활용된 형태로 발견되는 경우에는 점토서판이 맨 처음에 어디에 보관되

셀수스 도서관
기원후 135년, 터키 에페소

이 건물은 도서관과 묘지의 기능을 겸했다. 셀수스는 도서관 안 중앙 벽감 아래 세워진 낮은 지하 납골소 안 석관에 안치되어 있다. 장식물은 대부분 죽음이라는 주제를 암시하고 있다. 화환에서 날아오르는 독수리들은 셀수스 아들의 이름(독수리라는 뜻의 '아퀼라')과 신격화된 인물을 날개에 싣고 하늘을 날아가는 독수리를 암시하는 것이다.

었는지 확인할 방법이 없다. 다행스럽게도 그렇지 않은 경우가 있다.[3] 1975년 지금의 시리아에 속하는 고대 도시 에블라 궁전 발굴 때 고고학자들은 기원전 2300년에서 2250년 사이에 침략자들의 방화 공격 당시 파괴된 점토서판 15,000개의 크고 작은 파편이 남아 있는 문서 보관소를 발견했다. 점토서판들은 불에 타 무너지는 목재 서가에서 떨어져 바닥에 흩어졌지만 약 4,000년 전 그 서가에 꽂혀 있던 순서를 고스란히 유지하고 있었다.[4]

에블라의 도서관

에블라의 도서관은 세계에서 가장 오래된 도서관이라고 단정할 수는 없지만, 이제까지 발견된 고대 도서관 가운데 보존 상태가 가장 좋을 뿐 아니라, 메소포타미아 도서관들의 물리적 외관을 추정할 수 있는 귀중한 정보를 제공한다. 가장 두드러진 특징은 매우 간소한 구조의 방으로, 가로 3.5m×세로 4m의 장방형 공간 네 벽면에 빼곡히 서가가 세워진 전형적인 보관실 구조다. 메소포타미아의 다른 발굴 현장에서도 비슷한 방이 발견된 것으로 보아, 에블라의 도서관은 당시의 전형적인 도서관이었던 것으로 추정된다. 불에 타 한쪽 벽면과 벽의 상단부와 천장이 훼손되었기 때문에 방의 정확한 크기와 형태를 추정할 수는 없지만, 넓은 방은 아니었고 창문도 없었던 것으로 추정된다. 이 방 옆에 나란히 붙은 방은 벽면에 벤치가 놓여 있고 필기도구가 든 단지가 있는 것으로 미루어 필경사들이 일하던 곳으로 보인다. 에블라의 도서관은 고대에도 후대에 일반화된 도서관 공간 배치, 즉 보관과 열람 및 필사 공간을 구분하는 방식이 채용되었음을 확인할 수 있는 최초의 유적이다.[5] 에블라에서 발견된 점토서판 목록에는 보관용 기록뿐 아니라 문학성이 강한 기록, 즉 2개 국어로 된 텍스트와 주문, 그리고 수메르 신화를 표현한 기록이 포함되어 있다. 보관용 기록 이외의 텍스트들은 북쪽 벽면에 설치된 서가 상단에 놓여 있었던 것으로 보이며, 옆방에서 일하던 필경사들은 이 극히 적은 양의 텍스트들을 참고하면서 업무를 보았던 것으로 추정된다.[6]

점토서판의 진열

에블라의 도서관은 당시 사람들이 서가에 책을 보관할 때 무엇을 고려했는가를 확인할 수 있는 중요한 정보를 제공한다. 물론 여기서 책이란 점토서판을 말한다. 에블라의 점토서판들은 가로 세로 길이가 똑같이 210mm에 두께가 20~30mm였다. 점토서판은 제작이 용이할 뿐 아니라 제작비용도 낮았다. 중동 전역에서 사용된 점토서판의 크기는 다양했다. 가로 세로가 똑같이 2cm에 두께가 아주 얇은 초소형 점토서판도 있었고, 가로 세로가 똑같이 30~40cm에 두께가 4~8cm에 이르는 대형 점토서판도 있었다.[7] 점토서판들은 대개 한 손으로 쥘 수 있을 만큼 크기가 작았다. 점토서판은 점토를 빚어 만든 판을 햇빛에 내놓아 잠깐 말린 다음 완전히 굳지 않았을 때 끝이 납작한 목재 필기구를 이용해서 표기를 하는 방식으로 제작되었다. 이런 필기구를 이용해서 가장 쉽게 표기할 수 있는 문자 형태가 바로 작은 쐐기 모양이었고, 이런 모양 때문에 점토서판에 새겨진 문자에는 '쐐기문자'라는 명칭이 붙었다. 표기를 마친 점토서판은 메소포타미

아슈르바니팔 도서관에서 나온 석판
기원전 650년경, 이라크 니네베

헨리 레이어드가 1853년에 발행한 이 도서관 유적의 발굴 과정에 대한 책 속에 포함된 삽화에는 거대한 석판 두 개가 그려져 있다. 레이어드와 그의 조수 호르무즈드 라삼은 아슈르바니팔 궁전 잔해 속에서 이 석판을 발견했고, 후일 이 석판들을 영국박물관에 기증했다.

아의 뜨거운 햇볕 아래 내놓아 단단하게 굳을 때까지 건조시켰다. 내구성을 강화하기 위해서 점토서판을 가마에 넣어 굽는 경우도 있었다.[8] 에블라를 포함해서 메소포타미아 지역에서 발견된 점토서판들은 대부분 예상하지 않은 상황에서 불에 구워진 덕분에 지금까지 보존될 수 있었다. 사실, 메소포타미아 지역에서 발견된 도서관들은 인류 역사에 있어서 불이 파괴의 원천이 아니라 점토서판 보존의 핵심적인 원천으로 작용한 유일한 사례다.

에블라의 점토서판들은 바닥까지 닿는 목재 서가에 놓여 있었는데, 오늘날의 책처럼 책등이 바깥으로 향하게 놓인 게 아니라, 색인용 카드를 배열하듯 점토서판 앞면이 바깥으로 향하도록 차례로 세워져 있었다. 위 선반과 아래 선반 사이에는 점토서판 높이의 두 배쯤 되는 공간적 여유가 있는데, 사람이 손을 넣어 점토서판을 차례로 젖히면서 내용을 확인할 수 있도록 고려한 구조로 보인다.[9] 다른 지역에서 발굴된 도서관 건물 내부에는 벽 주위에 석재 벤치가 놓여 있었는데, 이 벤치에는 점토서판을 끼워 넣을 수 있도록 석재를 파낸 보관 공간이 있거나 점토서판을 수직으로 세워놓고 색인용 카드처럼 젖혀 볼 수 있는 점토함이 설치되어 있었다. 목재나 가죽, 편직용 재료로 만든 상자가 점토서판 운반 용도로 사용되었다. 대부분의 도서관 유적들에서는 점토서판 상단 모서리에 끈으로 붙여둔 작은 점토 꼬리표가 발견되었는데, 여기에는 점토서판 번호와 상자 번호나 바구니 번호, 그리고 점토서판 기재 사항이 기록되어 있었다.[10] 에블라의 점토서판에서처럼 상단 모서리나 앞면 모서리에 출간 일자가 표시된 경우도 있었다. 따라서 꼬리표 내용을 읽거나 점토서판 모서리를 훑어보는 것만으로도 원하는 점토서판을 찾을 수 있었다. 점토서판에 쓸 수 있는 텍스트의 양에 제한이 있기 때문에 많은 양을 써넣으면 점토서판 여러 개를 써야 했다. 점토서판 말고도 다른 필사 재료도 있었다. 도서관 장서 목록에 따르면, 밀랍을 먹인 목판이 흔히 사용된 것으로 보이지만, 지금까지 남아 있는 목판은 단 한 점도 없다. 여러 곳의 메소포타미아 유적지에서 상당히 많은 점토서판이 발견되고 있다. 점토서판은 습기가 차단된 곳에 제대로 보관되기만 하면 수백 년 동안 보존될 수 있고, 불에 구워지면 수만 년 동안 보존될 수 있다. 하지만 점토는 다른 필사 재료에 비해 다루기가 어렵다. 그러나 고대 메소포타미아에서는 점토가 쉽게 구할 수 있는 유일한 필사 재료였다.

초창기 쐐기문자 기록은 숫자와 명사만으로 되어 있었다. 쐐기문자 체계는 오래지 않아 모든 단어를 문자로 옮길 수 있는 수준으로 발전했다. 쐐기문자는 음표문자이기 때문에 고대 수메르어 이외의 다른 언어들도 표기할 수 있었다. 쐐기문자는 아카드 말, 에블라 말, 엘람 말, 히타이트 말, 하티 말, 후르 말, 루비 말, 우라르투 말을 표기하는 용도로 이용되었고, 점토서판 이용이 중단된 뒤로도 3,500년 넘게 수명을 이어갔다.[11] 중동 각지의 발굴 현장에서 발견된 점토서판에는 기록 보관이 필요한 물품 목록이 기재되어 있다. 기원전 2500년경부터는 다른 형태의 기록이 출현한다. 수메르 왕국의 도시 니푸르에서는 신들의 목록, 직업 목록, 찬송가, 문자 연습용 기록들이 발견되었는데, 이는 필경사 양성소나 사원이 운영하는 초기 형태의 도서관에 딸려 있던 것으로 추정된다.[12] 이 시기에 가장 널리 알려지고 가장 방대한 분야의 책들을 소장했던 도서관은 기원전 668년-630년 사이에 아시리아의 아슈르바니팔 왕이 니네베에 세운 도서관이다.

아슈르바니팔 도서관

아슈르바니팔 도서관에 소장되었던 점토서판들은 1849년 아마추어 고고학자이자 모험가 헨리 레이어드(1817-1894)에 의해서 우연히 발견되었다. 그의 동료인 호르무즈드 라삼(1826-1910)이 뒤를 이어 진행한 발굴 과정에서도 많은 점토서판이 발견되어 영국 박물관으로 옮겨졌다.[13] 문헌자료에 따르면, 아슈르바니팔 도서관은 널리 알려진 알렉산드리아 도서관(44-7쪽 참조)보다 300년 앞서서 모든 지식을 체계적으로 수집하려고 시도한 최초의 도서관이다. 아슈르바니팔은 열정적으로 이 일을 추

아슈르바니팔 도서관 발굴 장면
이라크 니네베

헨리 레이어드의 책에 삽입된 이 삽화는 1849년 발굴 당시 유적의 상태를 선명하게 기록하고 있다. 레이어드는 발굴 당시 온전한 석판들과 깨진 석판들이 바닥을 뒤덮고 있었다고 설명했다. 이 삽화가 그려질 당시에는 이 석판들은 대부분 치워져 있었다.

진했으며, 다른 곳에 있는 장서들을 찾아내 확보하려고 노력했다. 이때 그가 강압에 의지했는지 금전적 대가를 지불했는지는 분명치 않다. 이 도서관에는 점토서판뿐 아니라 밀랍을 먹인 목판도 있었지만, 지금 남아 있는 것은 점토서판뿐이다. 이 도서관은 1,500개의 문헌을 보유했고, 각 문헌은 여러 개의 점토서판이나 목판에 나뉘어 기록되었던 것으로 추정된다.[14]

구획 배치와 파괴

아슈르바니팔 도서관은 현존하는 고대 유적 가운데 중요한 도서관이지만, 애초에 어디에 세워졌는지는 밝혀지지 않았다. 레이어드는 아슈르바니팔 궁전의 주 출입구 인근, 작은 창고들의 잔해 가운데서 점토서판들을 찾아냈다.[15] 아슈르바니팔이 사망한 후에 도서관이 파괴되었기 때문에 점토서판이 발견된 곳이 원래 도서관이었는지, 약탈 과정에서 점토서판들이 그곳에 버려졌는지는 분명치 않다. 이제껏 발견된 여러 도서관의 배치로 미루어볼 때, 메소포타미아에서는 작은 방들에 점토서판을 보관한 뒤 봉인을 한 자물쇠를 문에 채우는 것이 전형적인 장서 보관 방식이었다.[16] 보관된 문서들은 필요할 때마다 이곳에서 꺼내 다른 곳으로 옮긴 뒤 열람하도록 했다. 책들은 열람하기 쉽게 배치되어 있지 않았고, 책 저장실은 상당히 평범한 구조였다. 고대 메소포타미아에 도서관들이 존재했다는 사실은 문화적으로 큰 의미를 지니지만, 이제껏 드러난 증거로만 보면 이 도서관들은 건축학적으로는 전혀 특이한 점이 없었던 것으로 보인다.

고대 이집트

중동 지역에서는 점토서판 덕분에 문헌들이 오늘날까지 보존될 수 있었다. 쉽게 부식되는 필사용 재료를 사용했던 문화들은 고고학적으로 의미 있는 흔적을 거의 남기지 않았다. 이집트 사람들은 기원전 3000년경부터 문자 체계를 이용했고, 이들이 제작한 석조 비문들이 오늘날까지 남아 있다. 하지만 유감스럽게도 이들은 책과 보관용 기록을 작성할 때는 파피루스를 사용했다. 3,000년 넘는 세월 동안 파피루스는 고대 이집트뿐 아니라 지중해 연안 전 지역에서 필사용 재료로 쓰였다.[17] 이집트 사람들은 파피루스 생산을 독점했다. 이집트 통치자들은 파피루스를 그리스와 로마에 수출하면서 공급량을 제한하여 독점 가격을 유지했다.[18] 파피루스는 단점이 있었다. 표면이 거칠어 필사가 매끄럽게 되지 않았고, 접히거나 꺾이는 부분이 쉽게 훼손되었다. 파피루스 잎 끝부분을 묶어 책을 만들면 책등 인근 부분이 쉽게 꺾였다. 그래서 낱장으로 쓰거나 두루마리처럼 말아서 썼다. 파피루스는 평범한 조건에 놓아두면 시간이 지남에 따라 부식되었다. 부식되지 않은 고대 파피루스의 파편들이 극소수 남아 있는 것은 특이한 조건에서 보존된 덕분이다.[19]

이제껏 남아 있는 고대 이집트의 문서들은 대부분 도료를 입혔거나 건물 벽면에 새겨진 것뿐이다. 이집트에는 도서관이 있었다. 여러 비문들에 왕실기록물 보관원, 경전 보관원 등의 직위가 새겨져 있는 것으로 미루어 도서관의 사회적 위상이 높았던 것으로 추정된다.[20] 에드푸에 세워진 호루스 신전과 테베에 세워진 람세스 2세의 장제전, 이른바 라메세움에는 중요한 도서관들이 있었던 것으로 알려져 있다. 하지만 에드푸의 신전은 훨씬 뒤인 헬레니즘 시대, 즉 이집트가 그리스의 통치를 받던 시대에 세워졌으며, 이곳에 세워진 도서관은 벽감이 딸린 대형 벽장 정도의 크기였다. 시리아(기원후 270년)의 이암블리코스는 라메세움 도서관에 2만 개의 파피루스 두루마리가 있다고 기록하고 있지만, 도서관의 위치나 책 보관 방식을 짐작할 수 있는 자료는 남아 있지 않다.[21] 이집트에 도서관이 여럿 있었음을 드러내는 문헌들과 암시들이 있긴 하지만, 도서관의 물리적 형태에 대해서는 정확히 알려진 바가 없다. 이런 상황은 고대 그리스와 로마 시대로 접어들면서 약간 호전된다.

페르가몬 도서관
기원전 197-160년경, 터키 베르가마
페르가몬의 거대한 도서관은 완공 당시 헬레니즘 시대 도서관 가운데 알렉산드리아 도서관 다음으로 규모가 큰 도서관이었다. 사진의 앞부분에 도서관 건물 앞에 세워졌던 2층짜리 주랑(지붕이 있는 통로)을 떠받쳤을 것으로 여겨지는 원형 기둥들의 밑동 부분이 보인다. 이 도서관은 이 주랑의 2층 뒤쪽에 있었고, 도서관의 방들은 주랑과 연결되어 있었던 것으로 알려져 있다.

고대 그리스

지금까지 알려진 그리스 최초의 기록은 고대 메소포타미아 최초의 기록과 마찬가지로 점토서판에 새겨진 것이다. 그리스 문명은 기원전 1600년부터 1200년 사이에 처음 부상하기 시작했다. 계속되는 전쟁으로 이 초기 단계가 막을 내리면서 필사 기술도 소실되었던 것으로 보인다. 기원전 750년경, 흔히 그리스 암흑기라고 이르는 시대부터 그리스 문화는 다시 부상하면서 페니키아 문자를 받아들였다.[22] 쐐기문자는 기호들의 수백 가지 조합으로 이루어져 익히기가 까다로웠다. 페니키아 문자는 기호의 수많은 조합을 수십 개의 글자로 좁혀놓았다. 따라서 문자 학습이 훨씬 쉬워지고 문자해득률도 개선되었다. 학교가 출현하고 글을 읽고 쓸 줄 아는 사람들의 수가 크게 늘어났다.

기원전 500년경 그리스 최초의 책들이 출현했다. 이집트에서 수입한 파피루스를 이용해 만든 두루마리 책이었다. 신빙성이 없긴 하지만, 플리니 디 엘더가 쓴《자연사》(기원후 77년)의 관련 내용이 파피루스 제작 과정을 묘사한 가장 오래된 기록으로 알려져 있다.[23] 파피루스 제작 과정은 여러 사료의 분석을 통해 갈수록 선명하게 밝혀지고 있다. 파피루스 줄기는 납작한 조각으로 쉽게 쪼개지는데, 이 조각을 물에 담가두면 천연 풀이 녹아나온다. 이 조각들을 납작한 표면이 직각으로 겹치도록 엮어 나무망치로 두드린 다음, 압력을 가한 채로 건조시킨다. 건조 과정이 마무리되면 표면이 거칠지 않고 매끄러운 종이가 완성되고, 철필과 잉크를 이용하면 종이에 쉽게 글을 쓸 수 있다.[24] 파피루스 종이의 크기는 두루마리의 크기를 결정한다. 파피루스 종이는 대개 가로 길이 20~25cm, 세로 길이 19~33cm였고, 일반적으로 약 20장 분량을 한데 말아 만든 두루마리 형태로 유통되었다. 따라서 일반적으로 말아놓은 두루마리의 지름은 19~33cm, 완전히 펼친 두루마리의 가로 길이는 2~5m였다.[25]

그리스 최초의 책들은 저자가 청중 앞에서 읽어주는 용도로 쓰였을 것이다. 오늘날 강사나 시인이 청중 앞에서 읽어주는 방식과 흡사하다. 기원전 400년 무렵 대도시에서는 필사 복사본을 제작해 파는 책 판매상이 등장했다. 아리스토파네스(기원전 446-386년경)가 책을 수집하는 에우리피데스(기원전 384-322년)의 행동을 조롱했다는 기록과 아리스토텔레스가 상당히 많은 장서를 소유한 것으로 알려져 있었다는 기록으로 미루어 당시 사람들도 책을 수집한 것을 알 수 있다.[26] 당시 만들어진 개인 도서관들의 이미지나 물리적 흔적은 전혀 남아 있지 않다. 고대 그리스의 연무장들에는 도서관이 딸려 있었지만, 아직까지 고대 그리스의 도서관으로 평가할 만한 유적은 확인된 바가 없다.[27] 그리스의 도서관으로 확인된 몇몇 유적들은 헬레니즘 시

아래, 오른쪽

페르가몬 도서관

기원전 197-160년경, 터키 베르가마

아스클레피오스 신전에서 바라본 페르가몬의 모습을 잡은 아래 사진을 보면 전략적인 입지로 가파른 언덕 꼭대기를 선택했음을 알 수 있다. 문헌에 따르면, 이 도서관은 아테네 신전(오른쪽 도면에 붉은색으로 표시된 곳) 구내에 있었고, 아테네 신전은 이 사진의 오른쪽, 눈에 확 들어오는 망루 뒤쪽 언덕 꼭대기에 있었다. 도서관의 정확한 위치는 밝혀지지 않았지만, 최근에 고고학자들은 이 사진의 왼쪽, 2층짜리 주랑의 2층이 도서관이 있었던 자리라고 보고 있다. 당시에 주랑에서 책을 읽던 사람들은 주위 경관에 깊은 인상을 받았을 것이다.

대의 것인데, 그중에서 가장 중요한 유적은 페르가몬(현재의 터키)를 통치하던 아탈리드 왕조의 도서관들이다.

페르가몬의 도서관

페르가몬에 번영을 안겨준 장본인은 필레타리우스였다. 그는 비천한 출신이었지만 출세를 거듭하여 알렉산더 대왕의 장군 리시마쿠스를 섬기는 부관이 되었다. 리시마쿠스는 트라키아를 장악하고 이를 기반으로 소아시아의 드넓은 지역을 정복했다.[28] 페르가몬은 천연 요새였기 때문에 리시마쿠스는 전리품으로 획득한 다량의 보물을 이곳에 보관해두고, 필레타리우스에게 이곳의 관리를 맡겼다. 하지만 그것은 리시마쿠스의 실책이었다. 필레타리우스는 리시마쿠스의 적과 손을 잡고 적군을 끌어들였다. 그는 왕이 되어 아탈리드 왕조를 창시했고, 아탈리드 왕조는 150년 동안 페르가몬을 통치했다. 필레타리우스의 손자 에우메네스 2세(기원전 197-160년)가 도서관을 세웠고, 이 도서관은 순식간에 고대 세계에서 가장 훌륭한 도서관으로 자리 잡았다. 도서

위

페르가몬 도서관

기원전 197-160년경, 터키 베르가마

아테네 신전 구내에 있었던 주랑의 한쪽 끝. 이 주랑은 정원의 삼면을 둘러싸고 있었다. 주랑에는 2층 높이의 원형 기둥이 두 줄로 세워져 있었던 것으로 보인다. 그러나 이 사진에 보이는 것처럼, 열주는 지금은 거의 남아 있지 않으며, 이 유적들과 관련해서 각양각색의 해석이 나오고 있다. 부지가 경사를 이루고 있어서 도서관의 위치는 2층에서 계단을 통하지 않고도 곧바로 출입할 수 있는 1층 오른쪽이라는 주장도 있다.

관 규모에 대해서는 논란이 있다. 마크 안토니우스는 클레오파트라에게 페르가몬에 있던 20만 개의 두루마리를 선물로 보냈다고 알려져 있다. 하지만 이 숫자는 과장된 것으로 추정된다.[29] 어쨌든 페르가몬의 도서관은 규모와 장서의 중요성 면에서 알렉산드리아 도서관에 버금가는 평가를 받았으며, 아테네 신전에 부속된 도서관으로 지어졌다는 기록이 남아 있다.

19세기 후반에 페르가몬 발굴이 시작되었다.[30] 발굴 과정에서 작은 소도시가 아탈리드 왕조 때 엄청난 건축학적 도약을 거쳐 웅장한 대도시로 탈바꿈했음이 밝혀졌다. 엄청난 양의 도서관 잔해 속에서 방 네 개로 구성된 건물 구조가 드러났다. 가장 큰 방에는 너비 50cm, 높이 90cm의 석단이 놓여 있었다. 의문의 여지가 있는 재건축 과정에서 이 석단 위에 목재 책장을 놓고 철제 죔쇠를 이용해서 뒷벽에 단단히 고정했다는 사실이 확인되었다.[31] 이 석단은 의자로 쓰이고 가장 큰 방은 연회실 겸 열람실로 쓰였다는 훨씬 설득력 있는 주장도 있지만, 그 근거는 확실치 않다.[32] 나머지 방 세 개의 쓰임새 역시 확실히 밝혀지지 않았지만, 고고학자들은 단순히 책을 쌓아두던 '서고'로 분류한다. 이 방들은 열람실 용도로 여겨지는 2층짜리 커다란 주랑의 위층과 이어지도록 뚫려 있었던 것으로 추정된다.

석단의 쓰임새를 둘러싼 학계의 논쟁은 페르가몬의 도서관이 어떤 모양새였고, 또는 어떻게 쓰였는지, 확인된 방들이 실제로 도서관이었는지 알 수 없는 현실을 반영한다. 페르가몬의 잔해 속에는 도서관의 어렴풋한 흔적이 남아 있다. 이곳은 고고학자들과 역사학자들 사이에 지속적인 논쟁거리가 되고 있는 고대의 수많은 도서관 재건축 과정 가운데 최초의 것이다. 페르가몬의 도서관 건축에 영감을 불어넣은 것으로 알려진 알렉산드리아 도서관 역시 풀리지 않은 의문을 품고 있다.

알렉산드리아 도서관

기원전 500년부터 336년 사이에 융성했던 그리스 세계는 소규

위
페르가몬 도서관
기원전 197-160년경, 터키 베르가마
도서관 유적의 전경. 전면에 있는 것이 큰 방의 잔해, 뒤에 있는 것이 작은 방들의 잔해다. 발굴 과정에서 많은 유물들이 다른 자리로 옮겨졌다. 이곳이 틀림없이 도서관으로 쓰였다는 걸 입증하는 비문은 남아 있지 않다.

모 도시국가들로 이루어져 있었다. 도시국가 중에는 아테네처럼 다른 도시들에 비해 막강한 국력과 영향력을 떨쳤던 도시들이 있었다. 기원전 338년에 마케도니아의 필립포스 2세는 군대를 이끌고 아테네와 테베 연합군을 무찌른 뒤 헬레네 동맹을 구축했다. 그는 유명한 철학자 아리스토텔레스에게 아들 알렉산더의 교육을 맡겼다. 기원전 336년 그가 암살되자 알렉산더는 스무 살 젊은 나이에 왕위에 올랐다. 알렉산더는 그 후 십 년 넘게 대원정을 진행하여 그리스, 페르시아, 메소포타미아, 시리아, 레바논, 이집트, 인도를 아우르는 제국을 건설했다. 기원전 323년, 알렉산더가 서른두 살 때 바빌론에서 사망하자 제국은 세 개로 갈라졌다. 이집트는 프톨레마이오스 소테르 장군에게 넘어갔다. 그는 기원전 331년에 알렉산더가 건설한 알렉산드리아를 새로운 도시국가의 수도로 삼았다. 기원전 331년부터 기원전 1세기 말까지의 기간을 헬레니즘 시대라 부른다.

알렉산드리아 도서관은 이집트를 통치하던 그리스계 프톨레마이오스 왕조에 의해서 건설되었다. 프톨레마이오스 소테르(기원전 367-282년)는 프톨레마이오스 1세가 되었고, 그의 뒤를 이어 프톨레마이오스 2세(기원전 282-246년), 3세(기원전

아래
셀수스 도서관
기원후 135년, 터키 에페소

도서관 전면에 장식되어 있는 지혜의 여신 소피아 동상. 소피아 동상을 비롯해서 아레테(덕성), 에노이아(지성), 에피스테메(지식) 등 네 개의 여신상은 각각 셀수스의 공덕을 상징하는 것이다. 이 동상들은 20세기에 유적지에서 발견된 파편들을 토대로 복원한 것이다. 금속제 죔쇠들의 자취가 남아 있는데, 일부 학자들은 이를 근거로 본래 청동제였던 동상이 대리석으로 다시 제작된 거라고 주장하고 있다.

246-222년), 4세(기원전 222-205년)가 왕위를 계승했다. 이들은 그리스어를 사용했고, 훌륭한 교육을 받아 높은 교양을 갖추고 있었다. 고대 최대 규모로 알려진 알렉산드리아 도서관이 이들의 지휘 아래 세워진 것은 놀라운 일이 아니다. 이 도서관은 그리스 세계의 책들을 모두 수집하는 것을 목표로 삼았다.[33] 도서관의 중심부에는 학술원이자 뮤즈 신전에 해당하는 무세이온이 있었다.[34] 유클리드, 아르키메데스, 에라토스테네스를 비롯한 많은 학자들이 이곳을 이용했다.[35] 이들은 이곳에서 숙식을 제공받으며 도서관을 자유롭게 드나들었다.

알렉산드리아 도서관에는《칠십인역七十人譯》이라고 불리는 최초의 그리스어 번역본 구약 성경이 소장되어 있었다고 전해진다.[36] 세라피스 신전에도 두 번째 도서관이 마련되면서 알렉산드리아에는 두 개의 도서관이 나란히 서 있었다.[37] 프톨레마이오스 왕조는 세계 전역에서 책을 모아들였다. 돈을 주고 사들이거나 몰래 훔쳐오는 등 '믿을 만한' 텍스트(사본 제작에 따른 오류가 거의 없는 텍스트)를 구하기 위해 온갖 방법을 동원했다.

설립과 규모

다양한 문헌에 언급된 것을 보면 알렉산드리아 도서관이 실제로 존재한 것만은 분명하다. 하지만 고대의 도서관들이 대부분 그렇듯이, 이 도서관에 대해서도 미약한 정보만이 남아 있다. 도서관이 세워진 것은 이르면 기원전 323년, 늦어도 기원전 246년 경으로 추정된다.[38] 장서 규모를 4만 권이라고 기록한 자료도 있고, 20만 권, 혹은 70만 권이라고 기록한 자료도 있다.[39] 최근에는 1만~1만 5천 개의 두루마리가 소장되어 있었을 거라는 주장도 나오고 있다.[40] 도서관의 위치와 공간 배치에 대해서도 거의 알려진 바가 없다. 장서들이 보관되었던 서고들이나 회랑들이 열람실로 쓰이는 궁정에 인접해 있었던 것으로 추정된다.[41] 지금의 알렉산드리아 항구 아래 도서관 유적이 묻혀 있을 가능성이 높지만, 도시 밑에 묻혀 있기 때문에 발굴이 쉽지는 않을 것이다.

파괴

알렉산드리아 도서관은 설립 과정뿐 아니라 소실 과정 역시 거의 밝혀지지 않았다.[42] 기원전 48년 줄리어스 시저가 벌인 전투 때 우연히 화재가 일어나 소실되었다는 주장도 있다. 마크 안토니우스가 장서를 기증한 사실을 근거로 당시의 화재 때가 아니라 기원후 270년 아우렐리아누스 황제가 일으킨 전투 때 파괴되었다는 주장도 있다. 기원후 641년 이슬람 장군 아므르 이븐 알아스의 침공으로 파괴되었다는 주장도 있다. 전해지는 이야기에 따르면, 이 장군은 오마르 칼리프에게 도서관을 어찌 해야 하는지 묻는 편지를 보낸 뒤 다음과 같은 답장을 받았다고 한다.

> 알라의 경전에 부합하는 내용이라면 알라의 경전만으로 족하니 그 책들이 없어도 된다. 또 알라의 경전에 부합하지 않는 내용이라면 굳이 보존할 필요가 없다. 망설이지 말고 없애버려라.[43]

아므르는 이에 순종하여 도서관을 파괴하라는 명령을 내렸는데, 장서의 분량이 워낙 많아서 몇 달 동안 그 도시의 모든 목욕탕들이 책을 땔감으로 썼다고 한다.

그러나 이 이야기는 기독교의 조직적인 선전의 일환일 것이다. 파피루스는 8백년 세월을 견뎌낼 수 없다. 알렉산드리아의 습한 환경을 고려하면 더더욱 명확한 사실이다. 필경사들을 고용해 사본 제작을 꾸준히 진행한 경우가 아니라면, 책들은 서서히 부서져 해체되었을 것이다. 이것이 알렉산드리아의 거대한 도서관이 자취를 감춘 가장 설득력 있는 이유다. 로마제국이 패

오른쪽, 다음면
셀수스 도서관
기원후 135년, 터키 에페소

이 도서관 출입구는 도시 높은 곳에서 시작되는 긴 도로에 접해 있었다. 도서관 측면과 후면은 다른 건물들과 언덕으로 막혀 있었다. 도면(오른쪽)에 따르면 이 건물이 전면부에서 들어오는 빛만이 조명을 이용하도록 설계되었음을 알 수 있다. 내벽 뒤에 있는 공간에는 2층으로 올라가는 계단이 있었던 것으로 보이지만, 이를 입증할 잔해는 발견되지 않았다. 많은 저술가들은 벽과 벽 사이에 공간을 둔 배치 덕분에 습기가 책을 훼손할 위험이 줄었을 거라고 지적하고 있다. 웅장함이 두드러지는 도서관 전면부(다음면)는 완공 당시의 본래 모습이 아니다. 1903년 발견 당시 이 유적지에는 여러 차례 지진에 노출되어 무너진 잔해들이 잔뜩 쌓여 있었다. 많은 양의 석재가 다른 곳으로 옮겨져 행방이 묘연해졌지만, 그나마 남아 있던 석재 750개가 복원 작업에 필요한 충분한 단서를 제공했다.

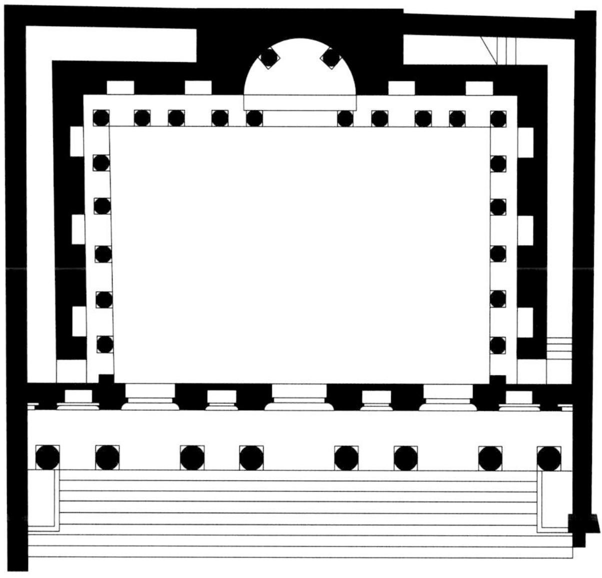

권과 영향력을 상실하면서 운영 자금이 고갈되어 도서관은 방치와 부패의 위협에 노출되었을 것이다. 장서들이 서서히 썩어 없어지면서 알렉산드리아 도서관은 종말을 맞았을 것이다.[44] 이 도서관은 물리적인 유적은 남아 있지 않지만, 아직도 백과전서적인 열정, 즉 모든 지식을 한 지붕 아래 모아놓음으로써 지식을 획득하려는 인류의 욕망을 대표하는 중요한 상징물로 평가받고 있다. 앞으로 살펴보겠지만, 2,300년 전에도 그랬듯이 이 주제는 역사 속에서 끊임없이 반복되면서 오늘날까지 이어지고 있다.

로마 시대의 도서관

알렉산드리아 도서관은 공공도서관이 아니라 왕립도서관이었다. 고대 그리스 문헌을 빠짐없이 수집한다는 목표가 있었지만, 일반 대중에게 공개하는 건 본연의 목표가 아니었다. 페르가몬의 도서관 같은 곳들이 문헌 이용을 원하는 사람들에게 얼마나 개방되어 있었는지도 확실치 않다. '공중'의 범위에 대한 로마인들의 생각에 상당한 한계가 있었지만, 공공도서관을 세우자는 생각을 품은 것은 로마인들이 처음인 것으로 추정된다.[45] 터키 에페소의 셀수스 도서관은 현존하는 로마 시대 도서관 건물 가운데 으뜸가는 곳이며, 로마 시대 도서관의 핵심적인 특징들을 빠짐없이 갖춘 대표적인 곳이다. 이것은 도서관 헌정사에서도 드러난다.

이곳은 집정관이자 아시아의 총독인 티베리우스 줄리어스 셀수스 폴레마이아누스를 기리기 위해 그의 아들인 집정관

BIBLIOTHEK UND EHRENGRAB DES TI·IULIUS CELSUS POLEMAEANUS
MIT ZUSTIMMUNG DER GENERALDIREKTION FUR MUSEEN UND ALTERTUMER DER TURKEI
HAT DAS ÖSTERREICHISCHE ARCHAOLOGISCHE INSTITUT IM ZUSAMMENWIRKEN
MIT DER BAUWIRTSCHAFT IN DEN JAHREN 1970 - 1978
DIESES DENKMAL WIEDERERRICHTET
FORSCHUNG UND BAUEN DER GEGENWART SIND
IN DIESEM WERKE DER VERGANGENHEIT
ZU SICHTBARER EINHEIT GEWORDEN DURCH:
HERMANN VETTERS·VOLKER MICHAEL STROCKA·FRIEDMUND J·HUEBER
UND
ANTON K·PRSKAWETZ

왼쪽, 오른쪽
셀수스 도서관
기원후 135년, 터키 에페소

전면부의 뒷부분(왼쪽)은 새로운 석공 작업으로 보강되어 있다. 사진의 왼쪽에는 방의 삼면에 서가의 가장 낮은 부분에 손이 닿을 수 있게 설치된 높이 94cm의 석단들이 또렷이 보인다. 계단으로 기능하는 두 개의 석재는 본래 있던 것이 아니다. 석단에 못 구멍이 많이 나 있는 것을 보면, 높이가 낮은 금속제 난간을 설치해 일반인들이 서가에 접근하지 못하게 하고, 석단은 사서들만이 이용했던 것으로 보인다. 뒷벽에 있는 커다란 반원형 벽감(오른쪽)에는 동상이 세워져 있었고, 작은 벽감들에는 책들이 꽂혀 있었다. 높이 2.55m, 깊이 50~60cm의 작은 벽감들이 각 층에 열 개씩 늘어서 있었는데, 이 벽감들의 폭은 의도적으로 1.15~1.2m로 다양하게 제작되어 있었다. 이것은 이 도서관의 설계에 쓰인 여러 가지 시각보정 기법의 일환으로 벽감의 넓이가 균일하게 보이는 효과를 낸다.

아래
팀가드(타무가디) 도서관
기원후 3세기, 알제리 팀가드

서기 100년경 트라야누스가 건설한 도시 팀가드에 세워진 이 도서관은 20세기 초에 프랑스 고고학자에 의해서 발굴되었는데, 건축비를 조달한 사람의 이름을 밝힌 비문이 발견된 덕분에 도서관 용도로 쓰였다는 게 확인되었다. 반원형 구조물의 상부에는 하프돔 형태의 지붕을 덮어 전면부 장식벽에 난 창문을 통해 빛이 들어올 수 있도록 했던 것으로 추정된다. 책들은 벽감 안에 보관되었다.

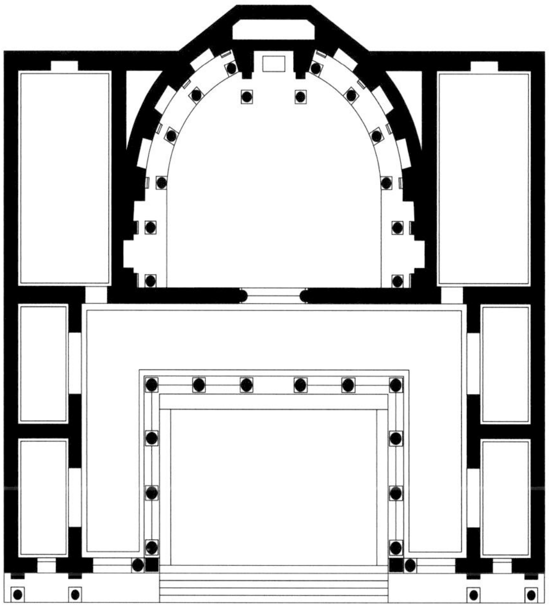

> 티베리우스 줄리어스 아퀼라 폴레마이아누스가 직접 돈을 내고 장식물과 동상, 책까지 마련해서 세운 셀수스 도서관이다. 그는 운영비와 책 구입비로 25,000데나르를 내놓았다.[46]

이 건물은 무수히 많은 지진에 시달렸고, 오스트리아 고고학자들이 발굴을 시작한 1890년대에는 고작 2m 높이의 유적만이 남아 있었다. 하지만 파편들은 건물이 무너졌을 당시의 모습을 그대로 유지하고 있었다. 고고학자들은 이 훌륭한 자료를 근거로 삼아 기원후 135년경 완공 당시 도서관의 모양을 추측하여 오늘날과 같은 모습으로 유적을 복구했다.[47]

로마 시대 도서관의 구조

셀수스 도서관은 가로 세로 16.7×10.9m에 이르는 커다란 방으로 되어 있다. 재건된 전면부의 높이로 미루어, 발코니 두 개가 있고 벽 주위에 높은 석단이 줄줄이 놓여 있었던 것으로 보인다. 벽들마다 벽감이 있다. 뒷벽 중앙의 가장 큰 벽감에는 동상이 세워졌던 것으로 여겨진다. 뒤편에 셀수스의 묘지가 있는 것으로 보아 이 도서관은 그를 기리는 기념물이자 묘지였다.[48] 로마의 공공도서관들은 그리스어 문헌을 보관하는 방과 라틴어 문헌을 보관하는 방을 나란히 배치한 구조였다는 것이 통설이다. 따라서 고고학자들은 도서관을 구분할 때 짝을 이루는 방들이 있는가를 우선 확인한다. 그리스어가 19세기 말까지 로마에서 차지했던 위상은 라틴어가 유럽에서 차지했던 위상과 흡사했다. 당시 로마에서는 교육을 받은 사람은 그리스어를 술술 읽을 줄 아는 사람으로 통했다. 그리스어 문헌과 라틴어 문헌이 따로 보관되었다는 주장은 세비야의 이시도르(기원후 560-636년경)의 글에서 따온 인용구와, 사서들이 '그리스어 도서관'이나 '라틴어 도서관'에서 맡았던 역할을 기록한 묘비문들이 발견된 것을 근거로 든다.[49] 하지만 비문 기록으로 확인된 공공도서관 두 곳(팀가드와 에페소)에는 쌍둥이 방 구조가 드러나지 않는다. 따라서 쌍둥이 방 구조가 보편적인 것은 아니었던 것으로 추정된다.

로마 시대 도서관 건물과 관련된 또 다른 특징은 팀가드와 에페소의 도서관에서 확인된 것처럼 높은 석단이 있고 뒷벽에 여러 개의 벽감이 있다는 점이다. 높은 석단은 책을 사람들의 손에 닿지 않도록 격리하는 용도였고, 따라서 열람을 원하는 사람은 사서의 손을 거쳐서 책을 전달받았던 것으로 보인다.

벽감 속에는 문이 달린 나무 수납장(라틴어로는 아르마리움)을 놓고 그 안에 책을 보관했던 것으로 보인다. 당시의 책은 오늘날 흔히 통용되는 책의 형태가 아니라, 파피루스 두루마리 형태였다. 그리스인들과 로마인들은 모든 문헌 작품을 다양한 길이의 책으로 나누어 제작했다. 그 시대 사람들은 이것들을 별개의 책으로 취급했을지도 모른다. 두루마리 하나에는 요즘 책 한 권에 들어가는 내용의 일부만이 들어간다. 따라서 대부분의

다음면
카라칼라 목욕장의 도서관
기원후 217년, 이탈리아 로마

카라칼라 목욕장들 내부 어디쯤에 도서관이 있었는지는 확실치 않다. 이 사진에 보이는 공간은 맞춤한 크기의 벽감들과 로마 시대의 다른 도서관들에서 발견된 석단들이 있기 때문에 도서관 자리라고 널리 알려져 있다. 중앙에 있는 대형 벽감에는 동상이 놓여졌을 것이고, 2단으로 된 양옆 벽감들에는 서가들이 놓여지고, 이 서가를 이용하기 위해서 목재 발코니가 설치되었을 것이다.

왼쪽
셀수스 도서관
기원후 135년, 터키 에페소

광장에서 바라본 도서관 상부 전경. 이 도서관은 도시 중심부에 있었다. 보통은 로마 도시들 중심부에는 묘를 쓰는 것이 금지되어 있었지만, 공공건물과 구조물의 건축비용을 제공한 사람의 묘를 쓰는 것은 예외적으로 허용되었다. 예컨대, 트라야누스는 자신이 세운 도서관들 사이, 역시 자신이 세운 원주 아래에 매장되었다. 따라서 도서관을 기념건조물 겸 묘지로 이용한 디자인은 그리 독창적인 것이 아니었다.

문헌 제작에는 한 개 이상의 두루마리가 필요했다. 로마인들의 건축 지침서인 비트루비우스의《건축십서》는 두루마리 열 개에 기록될 예정이었던 것으로 보인다. 두루마리를 문헌 단위로 옮기는 용도로는 가죽통이 사용되었다. 로마인들이 제작한 두루마리의 길이는 25~33cm(로마인들보다 앞서서 그리스인들이 제작한 두루마리보다 약간 길었다)였다.[50] 두루마리를 넣은 수납장을 보관하는 벽감은 수납장 뒷면의 나무판과 앞면의 나무 문짝의 두께를 고려해서 깊이를 60cm 정도로 제작해야 했다. 벽감 내부에 나무 수납장을 넣은 것은 벽에서 나오는 습기를 차단하려는 의도였고, 문을 단 것은 보안과 해충 차단 용도였을 것이다.

벽감이 책을 수납하는 용도로 쓰였음을 입증하는 자료와 벽감에서 분리된 수납장의 모습을 묘사한 부조와 모자이크는 남아 있지만, 벽감 안에 수납장이 놓여 있는 모습을 묘사한 자료는 남아 있지 않다. 따라서 책 수납용 벽감이 어떤 모습이었는지는 확실치 않다. 셀수스 도서관과 팀가드의 도서관에는 맞춤한 깊이의 벽감들이 있고 벽감들 곁에 석단이 있다는 점에서 건물 용도가 도서관이었다는 게 통설이다. 대부분의 도서관들은 이런 특징의 존재 유무만으로도 어느 시대의 것인지 추정할 수 있다. 때로는 시대 추정을 둘러싸고 많은 의문이 제기되기도 한다.

벽감을 책 수납용으로 이용했다는 점에 주목할 때, 로마 시대 도서관은 몹시 비효율적인 구조였다. 도서관 벽면에 책이 가득 꽂힌 모습에 익숙한 현대인들의 눈에는 특별한 장식물이 없는 커다란 벽에 벽감 몇 개만 배치한 구조가 특이하게 비칠 수 있다. 현대의 몇몇 저술가들은 이들 벽감만으로는 대량의 장서를 수납할 수 없으니 책 수납용 공간이 따로 있었을 것이라고 주장한다. 실은 그 반대였을 가능성이 높다. 로마 시대의 도서관에서 책 수납은 부차적인 목적일 뿐이고, 보는 이들에게 깊은 인상을 심어주는 것이 주된 목적이었다. 따라서 수납 공간은 오히려 남아돌았을지도 모른다. 도서관 내부를 둘러보는 사람들은 확트인 공간에 깊은 인상을 받았을 것이다. 벽에 일정 간격을 두고 배치된 벽감들은 대개는 열려 있지 않고 닫혀 있어서 그곳을 찾은 이들은 도서관이 소장된 장서의 정확한 양을 전혀 짐작할 수 없었다. 이 가정이 들어맞는다면, 도서관이 세워진 초기라 벽감 안이 텅 비어 있어도 건물 내부의 품격을 전혀 깎아내리지 않는다는 게 이 디자인의 미덕이었을 것이다. 다시 말해, 책의 소장 유무와 무관하게 도서관의 웅장한 품격을 유지할 수 있었다. 앞으로 살펴보겠지만, 후대의 여러 도서관들에서도 장서의 양이나 상태와 무관하게 그곳을 찾는 사람들에게 깊은 인상을 주려는 의도에서 폐쇄형 벽감이 사용되었다.

로마 시대 공공도서관들의 장서 규모를 따질 때 벽감을 가득 채운 책의 분량을 계산하는 것 역시 무의미한 시도다. 트라야누스가 세운 도서관은 한쪽 벽면에 두루마리 1만 개, 다른 쪽 벽면에 두루마리 1만 개를 수납할 수 있는 규모였다.[51] 어떤 연구자는 지금 우리에게 알려진 저술가들이 집필한 그리스 문헌을 전부 합쳐도 두루마리 31,150개 분량에 지나지 않으니 이런 장서 규모는 과장된 거라고 주장한다.[52] 트라야누스의 도서관이 2만 점을 소장할 수 있는 규모였다 하더라도, 실제로 소장했던 장서는 아주 적었고, 벽감에 문을 달아 닫아놓았다면 어느 누구도 장서의 분량을 짐작할 수 없었을 것이다.

오른쪽
트라야누스 목욕장의 도서관
기원후 104-109년, 이탈리아 로마

고고학자들은 로마 시대 도서관인지 판단하는 기준으로 맞춤한 크기의 벽감이 있는가를 따진다. 트라야누스 목욕장의 도서관에 있는 벽감들은 책을 수납하기에 알맞은 깊이이긴 하지만, 대단히 큰 규모에 2단으로 되어 있다. 본래 이 벽감들은 내부에 목재 서가가 설치되고 여닫을 수 있는 문이 달려 있었을 것이다. 사서들은 각 층에 있는 벽감에 출입할 때 목재 갤러리를 이용했을 것이다.

도서관의 용도

라틴어를 사용했던 저술가들이 책을 읽으러 도서관에 간다는 말을 남긴 것으로 미루어, 도서관의 중심부에는 탁자와 같은 독

오른쪽 위

트라야누스 광장의 도서관

기원후 112-113년, 이탈리아 로마

이 도면에 따르면, 트라야누스 원주가 중앙에 자리 잡고 있는 안뜰을 사이에 두고 도서관 두 개가 마주보고 있었다. 현재는 왼쪽 방의 유적만 남아 있다. 이 방들은 석단의 존재와 벽감들의 하부 구조를 근거로 도서관으로 세워졌다고 평가되고 있다.

오른쪽 아래

팔라틴 도서관

기원전 28년경, 이탈리아 로마

로마 시대에 건축된 두 번째 공공도서관은 아우구스투스 황제가 팔라틴 언덕에 손수 아폴로 신전을 지은 뒤 그 신전 바로 옆에 세운 도서관이다. 지금까지 남아 있는 유적은 이 도면에서 붉은색으로 표시된 부분의 잔해들뿐이다. 이 두 개의 방은 각각 그리스어 도서관과 라틴어 도서관으로 쓰였을 것으로 추정된다.

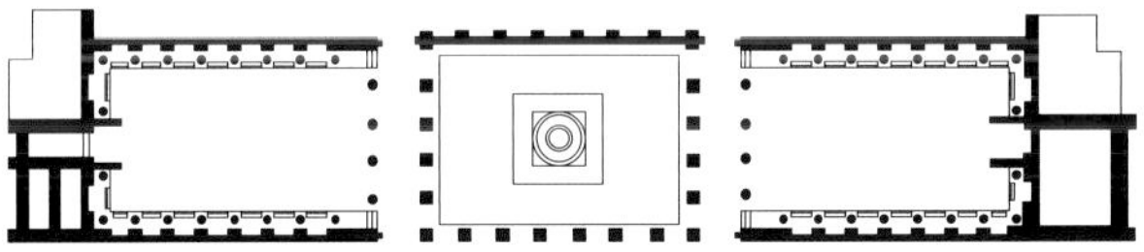

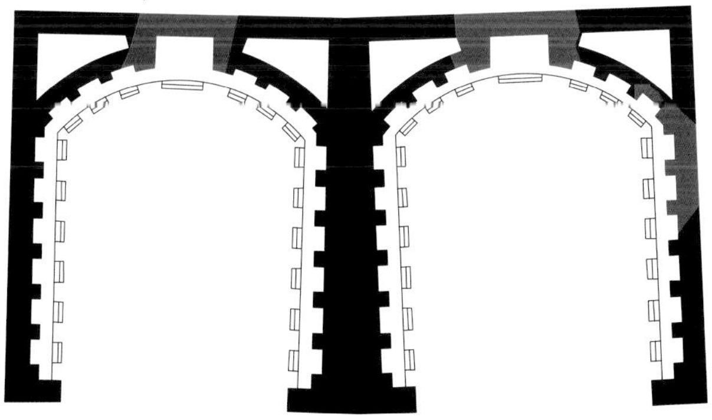

서용 설비가 있었을 것이다. 이들의 저술 가운데 강연을 들으러 도서관에 간다는 내용도 있는 것으로 보아, 당시 도서관은 두 가지 기능을 겸비했고, 석단은 청중이 앉을 수 있는 좌석 겸용이었던 것 같다.[53] 에페소 도서관은 앞벽에 난 창문을 통해 채광이 되었던 것으로 보이지만, 도서관 용도가 확인된 유적들은 모두 벽 상단 부분이나 지붕이 소실되어 당시 도서관의 채광 방식을 알아낼 도리가 없다. 비트루비우스는 아침 햇살이 들어올 수 있도록 도서관을 동향으로 지어야 한다는 글을 남겼지만, 로마 시대 도서관들의 채광 방식에 대해서는 확실히 밝혀진 바가 없다.[54]

로마 시대 공공도서관

기원전 39년 아시니우스 폴리오가 세운 도서관이 로마 시대 최초의 공공도서관이라고 알려져 있다. 이 도서관은 유적이 발견되진 않았지만 여러 문헌에서 언급된다. 유적이 확인된 최초의 공공도서관은 몇 년 뒤(기원전 28년)에 아우구스투스 황제가 팔라틴 언덕, 아폴로 신전 인근에 세운 도서관이다. 이것은 아폴로 신전 도서관 또는 팔라틴 도서관이라고도 불린다. 이 유적이 도서관이었다고 보는 근거는 고대 로마의 지도인 〈포르마 우르비스 로마〉의 파편에 새겨진 내용과 일치하는 것으로 보이는 벽감들이 이곳에서 발견되었기 때문이다. 이 지도 파편에는 그리스어 도서관과 라틴어 도서관으로 추정되는 두 개의 방이 나란히 배치되어 있었다. 각 방은 앞 벽이 터져 있고, 양쪽 벽은 평면인데, 뒷벽은 반원형으로 굽어져 있고 이 벽 중앙에는 커다란 동상이 들어갈 만한 벽감이 있다. 벽면에는 높이 3.8m, 너비 1.8m, 깊이 60cm의 벽감 여러 개가 있고, 벽감 앞바닥에는 60~80cm 높이의 석단이 있다.[55]

트라야누스 광장 도서관

기원후 14년 아우구스투스가 사망할 무렵, 로마에는 폴리오 도서관, 팔라틴 도서관, 그리고 옥타비아 회랑의 도서관(위치는 확

트라야누스 목욕장의 도서관
기원후 104-109년, 이탈리아 로마
이 사진은 유적지의 전경을 보여준다. 건물의 전면 벽과 지붕은 남아 있지 않다. 중앙에 있는 대형 벽감에는 동상이 서 있었을 것이고, 나머지 벽감들에는 선반마다 두루마리로 빼곡히 채워진 보관함이 들어 있었을 것이다. 이곳엔 벽감 21개가 있는데, 상단에 있는 선반에 접근하는 게 쉽지 않을 만큼 거대한 크기다. 벽감이 있는 벽 하단 바닥에 나란히 놓인 석단은 계단식으로 되어 있다. 목욕장에 세워진 도서관에서 강연을 들었다는 내용의 문헌이 있는 걸로 미루어, 청중들은 계단식 석단에 앉아서 방 중앙에 선 강연자의 강연을 들었을 것이다.

인되지 않음)이 있었다. 그 후 티베리우스가 팔라틴 언덕에 도서관 하나(혹은 둘)를 세웠고, 기원후 70년에는 베스파시아누스가 광장 근처에 평화의 신전을 짓고 그 안에 도서관을 세웠다. 티베리우스 도서관에 대해서는 15m 높이의 아폴로 동상이 들어갈 만큼 거대한 규모였다는 자료만 전해진다. 이 도서관들은 모두 의미 있는 유적을 남기지 않았다.

기원후 112년에 트라야누스는 자신이 손수 건설한 거대한 광장 옆에 도서관을 세운 것으로 알려져 있다. 고고학자들은 로마 시대 도서관이라면 방이 두 개가 있고 벽면에는 벽감 여러 개가 있었을 거라는 가정을 근거로 트라야누스의 도서관으로 추정되는 장방형 건물 유적 두 개를 찾아냈다. 트라야누스 원주가 있는 광장을 사이에 두고 발견된 양쪽 유적에서는 각각 길이 27.1m, 너비 20m 되는 방의 흔적이 남아 있다. 방 안에는 계단 세 개쯤 되는 높이의 석단이 있고, 석단 양옆 벽면에는 높이 1.6m, 깊이 62.5cm의 벽감 일곱 개가 있다. 양 끝에는 더 깊은 벽감 두 개가 있고 그 사이에 동상 하나가 들어갈 만큼 큰 벽감 하나가 있다. 석단 근처에 원주의 밑동이 남아 있는 것으로 미루어 원주 위에 좁은 복도식 갤러리가 딸린 2층이 있었던 것으로 추정된다. 이것은 중요한 가치를 지닌 유적이긴 하지만, 실제로 도서관이었는지는 확실치 않으며, 건물 높이와 채광 방식 등 여러 가지 의문점이 밝혀지지 않은 상태다.[56]

로마 목욕장의 도서관

로마 목욕장에 도서관이 있었다는 통설은 문헌자료에만 전적으로 의지한 것이다. 고고학자들은 다른 증거를 찾기 위해서 목욕장 도서관들로 추정되는 유적들이 앞에서 언급한 특징에 부합하는지를 확인하고 있다. 트라야누스 목욕장 유적지에 남아 있는 방들은 반원형이다. 북쪽 방은 지붕이 사라지긴 했지만 보존 상태가 상당히 좋다. 이 방의 전면에는 벽을 세우지 않고, 대신 금속제 창살을 박아 보안을 유지했던 것으로 보인다. 학자들은 책 수납에 적합한 깊이의 벽감들이 있다는 것을 근거로 이 방이 도서관이었다고 주장한다. 바닥에 설치된 계단 세 개 높이의 석단은 높이가 가장 낮은 선반에 접근하는 용도라고 본다. 그런데 주목할 것은 벽감의 어마어마한 규모다. 벽감들은 높이

아래
트라야누스 목욕장
기원후 104-109년, 이탈리아 로마

이 도면에 따르면 도서관이라고 알려진 두 개의 건물(붉은색으로 표시된 건물들)이 정원을 사이에 두고 마주보고 있다. 하나는 라틴어 문헌, 다른 하나는 그리스어 문헌을 보관했던 방으로 추정된다.

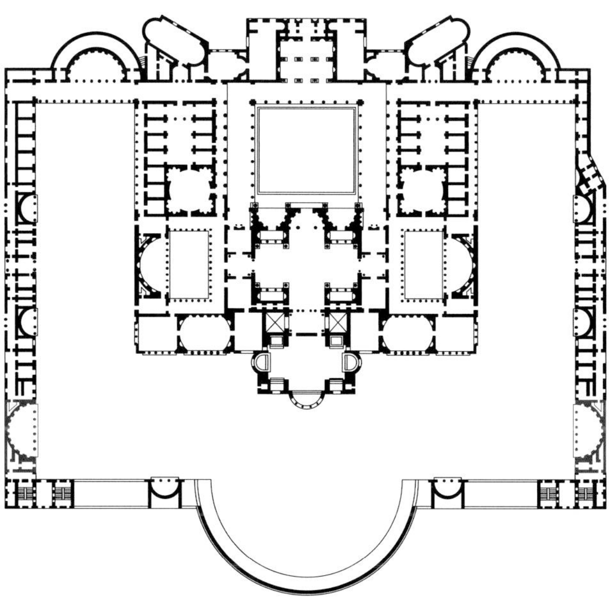

아래
카라칼라 목욕장
기원후 217년, 이탈리아 로마

카라칼라 목욕장 내부에 도서관으로 알려져 있는 건물들(붉은색으로 표시된 건물들)은 둘 다 동향으로 배치되어 있는데, 이는 비트루비우스가 도서관 설계와 관련해서 기록한 내용과 일치한다. 또한 이 건물들은 좌석이 배치된 넓은 구역 양쪽에 세워져 있다. 이 건물들을 도서관으로 보는 주장에 반대하는 사람들은 좌석 구역 뒤쪽에 남아 있는 구조물이 대형 수조이며 이처럼 물 공급 설비에 인접한 곳에 도서관이 있었다는 건 터무니없는 주장이라고 지적한다.

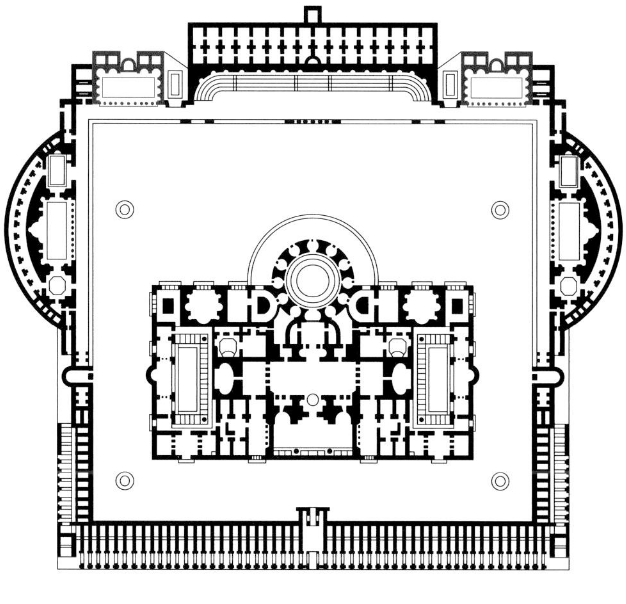

4.45m, 너비 2.06 m, 깊이 73cm인데, 만일 여기에 문이 달려 있었다면 문 자체도 상당히 무거워서 여닫기가 어려웠을 것이다. 게다가 가장 높은 곳에 있는 선반들을 이용하려면 사다리가 필요했을 것이다. 고고학자들은 벽감들이 벽면에 나란히 뚫린 것으로 미루어 벽감들에 접근할 수 있도록 개방형 목재 갤러리가 설치되었을 것이라고 추정한다. 실제로 이런 구조였다면, 벽감 위쪽 가장 높은 선반에 보관된 두루마리를 꺼내는 업무를 맡은 사서들은 바닥에서 10m가 넘는 높이의 갤러리에 사다리를 놓고 오르내리는 걸 겁내지 않는 담력이 필요했을 것이다. 이것 말고도 의문을 품게 하는 것은 쌍둥이 방(라틴어 도서관과 그리스어 도서관)이 중앙 정원을 사이에 두고 300m 남짓 떨어져 있다는 사실이다.[57]

기원후 212년에 착공해서 217년에 완공된 카라칼라의 목욕장에는 이보다 훨씬 인상적인 구조물이 남아 있다. '도서관'이라고 알려진 건물들은 유적지 남동쪽 모서리와 남서쪽 모서리에서 260m나 떨어져 있고, 거대한 목욕장 건물들과의 사이에는 정원들이 놓여 있다. 지금까지 남아 있는 것은 36.3m×21.9m의 직사각형 건물이다. 뒷벽에는 동상을 세우던 거대한 반원형 벽감과 발코니들이 있다. 양쪽 벽에는 각 단에 벽감이 5개씩 있고, 동상을 세우던 중앙 벽감 양 옆에도 각 단에 벽감이 3개씩 있어서 벽감은 총 32개다. 이곳과 트라야누스 목욕장에는 벽감이 설치된 구조물들이 많은데, 이곳들이 모두 도서관으로 쓰이지는 않았을 것이다.[58] 문헌자료에 따르면, 로마 황제들은 공공도서관 건설 작업을 계속해서 이어갔고, 전성기에는 로마에 도서관이 무려 28~29개나 있었다. 비트루비우스는 크고 작은 모든 소도시에 도서관이 세워져야 하고, 부자들은 집 안에 개인 도서관을 마련해야 한다고 주장했다. 보존 상태가 가장 좋은 로마 시대 개인 도서관은 헤르쿨라네움에 있는 파피리 저택 도서관이다.

파피리 저택

18세기에 헤르쿨라네움(지금의 에르콜라노)에서 지하터널을 건설하던 노동자들이 진흙 속에서 기상천외의 유적을 발견했다. 기원후 79년 베수비오 화산 폭발(폼페이도 이때 매몰되었다) 때 매몰된 로마 시대 개인 도서관이 고스란히 보존되어 있었다.[59] 폼페이 유적에서는 파피루스 두루마리가 단 한 점도 발견되지 않았지만, 똑같이 죽음의 화산재에 파묻혔던 헤르쿨라네움은 진흙에 휩쓸린 덕분에 다행히 약간의 목재와 파피루스가 보존되었다.

숯이 된 두루마리 잔해는 원래 두루마리였다는 것조차 알아보기 어려운 상태로 발견되었다. 두루마리 잔해는 가로 3m, 세로 3m의 비교적 작은 방에 있었다. 방 중앙에서 발견된 두루마리 더미는 탁자 위에 쌓여 있었던 게 거의 확실하지만, 벽마다 선반이 죽 늘어서 있고, 한쪽 벽에는 독립적 구조물로 된 커다란 서

아스클레피우스 신전
기원후 100년경, 터키 베르가마

기원전 2세기에 세워진 아스클레피우스 신전은 치유의 중심지였고, 아스클레피우스는 치유의 신이었다. 페르가몬에 세워진 이 신전은 서기 2세기에 클라우디우스 갈레누스(일명 갈렌)의 탄생지로 알려지면서 명성을 얻었는데, 갈레누스가 의학에 관해 쓴 문헌들은 19세기에 의학을 배우는 학생들이 찾아보던 것이었다. 도서관으로 알려진 건물은 주랑 맨 끝에 있다. 이곳을 도서관이라고 보는 주된 근거는 후면과 측면 벽에 벽감이 있다는 것인데, 이곳에는 석단이 아예 없다.

가가 세워져 있었다.[60] 이 도서관에서는 개인 도서관이 지닌 일반적인 특징이 눈에 띈다. 즉, 열람을 위한 시설을 따로 마련하지 않은 작은 규모의 책 저장소다. 도서관의 소유주는 이 공간에 장서를 안전하게 보관해두었다가 읽고 싶은 두루마리를 꺼내 햇빛이 밝게 내리쬐는 인접한 정원에 가져가서 읽었다. 폐쇄형 정원에 인접한 곳에 책 보관소를 배치하는 구조는 그리스에서 유래한 것으로 보이는데, 이런 구조는 중세 시대에 서부 유럽 전역의 수도원들로 퍼져나갔다. 장서의 양이 훨씬 많았다면 특이한 책 보관 방식이 마련되었을 것이다. 그러나 헤르쿨라네움 도서관은 로마 시대 개인 장서의 전형적인 형태였던 것으로 추정된다.

로마 도서관의 파괴

로마 저술가 카시오도루스(485-585년경)는 546년에 동고트 왕 토틸라가 로마를 약탈하고 '모든 도서관'을 파괴했다고 기록했다. 하지만 로마 도서관들은 이미 오래전부터 재정 지원이 끊겨 방대한 양의 장서의 대부분을 상실했고, 토틸라의 약탈에 파괴된 것은 남아 있던 적은 양의 장서뿐이었다는 것이 학계의 통설이다. 카시오도루스는 이 약탈을 피해 도서관에서 어렵게 구해낸 책들 가운데 일부를 도시 밖에 있던 자신의 저택으로 옮겨 수도원을 세웠다. 이곳은 물고기가 노니는 연못이 있다고 해서 '비바리움 수도원'으로 불렸다. 그는 이곳에서 사라진 문헌을 복원하는 작업을 시작해서 그리스 문헌과 로마 문헌을 아우르는 완벽한 도서관을 세웠다. 그는 95세까지 살았지만, 이 수도원은 그의 사후까지 이어지지 못하고 이어지는 롬바르드 족 침공 때 파괴되었다. 동로마제국의 수도 콘스탄티노플에 있었던 로마 시대 말기의 도서관들은 9백년 후 오스만 왕조의 침공 때 파괴된다. 이 시기 도서관의 건축 형태에 대해서는 정확히 알려진 바가 없다.[61]

고대 메소포타미아인들과 그리스인들은 모든 분야를 망라하는 거대한 도서관이라는 개념을 후대에 물려주었다. 로마인들은 여기에 건축학적 탁월함을 덧붙여 도서관이 중요한 건물이 되어야 한다는 개념을 후대에 유산으로 남겼다. 로마 시대 도서관 건물들이나 책들은 로마제국 말기의 정치적 격동 때문에 사라지고 말았지만, 화려한 도서관이라는 개념만은 그대로 살아남았다. 뿐만 아니라, 로마와 그리스와는 전혀 동떨어진 문화권들 역시 도서관의 형태와 기능에 관한 독특한 개념을 발전시켜가고 있었다.

회랑, 코덱스, 책궤

중세의 도서관

이 장에서는 로마제국이 몰락한 직후부터 르네상스 이전까지, 대략 기원후 600년부터 1500년까지의 시기를 살펴볼 것이다. 중세의 고전 필사본들이 서구 세계에 남아 있다는 사실은 널리 알려져 있지만, 중세 초기 도서관의 건축 형태에 대한 정보는 널리 알려져 있지 않다. 영화와 허구적 문학 작품들은 초기 도서관에 대한 정보를 과장하여 표현하거나 그릇되게 묘사하는 경우가 많기 때문에 정확한 견해를 정립하는 데 전혀 도움이 되지 않는다. 이 장에서는 중세 유럽의 도서관 발전 과정에 대한 현대 학계의 논의를 상세히 다룬다. 일반적인 추측과는 달리 지금까지 남아 있는 중세의 사료는 기이하다 싶을 만큼 적다.

중세 최대 규모의 도서관은 유럽의 기독교 문화권 밖인 아랍 문화권과 동남아시아에 있었다. 중동에서 시작된 이슬람 문화는 북아프리카 전역으로 퍼져나가 멀리 떨어진 스페인까지 진출했다. 종이가 도입된 덕분에 이슬람 학자들은 엄청난 양의 책을 생산하여 널리 전파할 수 있었다. 그러나 종이를 개발한 것은 중동이 아니라 중국이었고, 유럽에서 인쇄 기술이 개발되기 수백년 전에 이미 중국에서는 종이 사용과 더불어 유럽과는 전혀 다른 책 인쇄 기술이 사용되고 있었다. 따라서 이 장은 먼저 유럽이 아니라 아시아에 남아 있는 가장 오래된 도서관부터 다룰 것이다.

왼쪽
미이데라 사찰 불경보관소
15세기, 일본 오츠
불경이 기록된 책들은 종이에 헝겊을 붙여 만든 형태로 되어 있다. 이 책들은 한 권씩 작은 함에 넣어 독립된 칸에 보관된다.

팔만대장경과 인쇄술의 발명

해인사는 한국의 깊은 산중에 자리 잡은 외딴 사찰로, 서울에서는 자동차로 5시간 30분 거리, 가장 가까운 도시인 대구에서도 45km나 떨어져 있다. 이런 입지 조건 때문에 해인사는 급변하는 바깥 세상에 큰 영향을 받지 않을 수 있었고, 귀중한 문헌으로 세계적으로 손꼽히는 팔만대장경판 역시 완벽하게 보존될 수 있었다. 고려대장경('고려 왕조가 펴낸 대장경'이라는 뜻)이라고도 불리는 팔만대장경은 기원후 1251년에 완성되었고, 유네스코에 의해 "세계적으로 가장 중요하고 가장 완벽한 불교 경전"이라는 평가를 받고 있다.[1] 사실, 팔만대장경판은 두 번째 판본이다. 1011년에 제작이 시작되어 86년 만에 완성된 초조대장경판은 1232년 몽고 침략 때 화재로 소실되었다. 현재 남아 있는 팔만대장경판은 최초 판본 소실 직후 제작에 들어가서 1251년에 완성된 '새로운' 판본이다. 약 800년 전에 완성된 이 목판본은 현재 해인사 경내에 보관되어 있다.[2]

팔만대장경판은 매우 중요한 의미를 지닌 문화유산이다. 그러나 여기서 우리의 관심을 끄는 것은 팔만대장경판이 보관된 경판전이다. 경판전은 세계적으로 훼손되지 않은 채 남아 있는 몇 안 되는 고대 도서관 중 하나로 손꼽힐 뿐 아니라, 우리가 지금까지 살펴본 도서관 건물들과는 전혀 다른 특징을 지니고 있다. 해인사는 가파른 산 중턱을 깎아 층층으로 쌓은 부지에 있고, 출입구는 가장 낮은 층의 부지에 있으며, 도서관은 가장 높은 층에 세워져 있다. 장경판전이라고 명명된 이 도서관은 작은

오른쪽
팔만대장경판
1251년, 한국 해인사
불경 전체를 수록한 팔만대장경 목판본이 세계문화유산으로 지정된 해인사 장경판전 서가에 빼곡히 꽂혀 있다.

팔만대장경판
1251년, 한국 해인사

팔만대장경판이 보관된 두 개의 판전 중 수다라장의 내부. 통풍이 잘 이루어지도록 경판들이 개방형 서가에 세워져 있다. 목재 서가는 주춧돌 위에 세운 목재 기둥 위에 설치되어 있고, 건물은 주춧돌 위에 세워져 있고 건물 주위에는 우수로가 설치되어 있다.

안뜰 양쪽에는 수다라장과 법보전이라는 이름이 붙은 단층 목재 건물 두 채가 있고, 사간판전이라는 작은 건물 두 채가 큰 건물 두 채를 연결하고 있다. 안뜰에서 계단을 올라 수다라장 건물에 들어서면 복도를 사이에 두고 양쪽에 방이 있다. 법보전에는 예불을 드릴 때 쓰는 넓은 불당 공간이 있고, 이 공간 뒤의 복도를 따라 방들이 있다. 이 두 건물은 단단히 잠겨 있어 일반인들은 접근할 수 없다.

경판전은 특이한 형태의 팔만대장경판을 보관하는 용도로 세워진 만큼 일반적인 도서관과는 전혀 다른 구조다. 경판전 내부에는 81,258개의 경판이 가지런히 줄을 지어 차곡차곡 쌓여 있다. 경판의 크기는 가로 70cm, 세로 24cm, 두께는 3cm, 무게는 3.25kg이다. 경판 제작에 쓰인 목재는 애초에 거제도에서 생산된 자작나무라고 알려져 있었다.[3] 하지만 그 후 실험을 거쳐서 10종의 목재가 경판의 재료로 사용되었고, 목재를 벌채한 뒤 소금물에 삶아 3년 동안 그늘에 두고 서서히 건조시키는 과정을 거쳤음이 밝혀졌다. 완전히 건조된 판목 중에서 판각에 적합한가를 기준으로 판목을 엄선한 뒤, 판목 양쪽 끝에 마구리를 대고 금속판을 덧붙였다. 판각은 한 획 한 획 수작업으로 진행되었다. 경판 하나로 두 장 분량의 경전을 인쇄할 수 있도록 경판 양면에 판각이 되어 있다. 판각 작업이 끝난 경판은 해충의 피해를 막기 위해 옻칠을 했다.[4]

이 목재 경판들이 800년 동안 보존될 수 있었던 핵심 비결은 경판을 보관하는 경판전을 설계한 사람들의 탁월한 지혜에 있다. 한 가지 덧붙일 것은 이 경판들이 제작이 끝난 뒤 바로 해인사에 보관된 것이 아니라는 점이다. 팔만대장경판은 경상남도 남해에서 제작된 뒤 강화성 서문 밖 대장경판당에 보관되었다가 1318년에 강화도 선원사로 옮겨졌고, 고려 말기의 빈번한 외침으로 훼손되는 걸 피하기 위해 1398년에 다시 해인사로 옮겨졌다. 사료에 따르면, 당시 조선 국왕 태조가 경판의 운송을 직접 감독했다고 한다.[5]

현재 대장경이 보관된 장경판전의 연도는 대장경이 해인사로 옮겨진 1398년 이전이다. 이 건물은 대부분 원형을 유지하고 있지만, 문헌에 따르면 1481년에 보수가 이루어졌고 17세기와 20세기에도 다시 보수가 이루어졌다.[6] 장경판전은 습기를 피할 수 있도록 바닥에 박은 돌 위에 단단한 목재 기둥을 세운 구조로 되어 있다. 건물 바닥은 숯, 황토, 모래, 소금, 석

회 등을 층층이 깔고 다져놓았다. 건물 벽이 습기에 침식되는 것을 막기 위해서 길게 내뻗은 처마에서 떨어지는 빗물을 빨리 모아 흘려보낼 수 있도록 건물 주위에 얕은 도랑을 파놓았다. 건물 벽에는 벽체 재료를 보호하기 위해서 회반죽이 칠해져 있고, 목재 통풍창을 두 단으로 설치해 비와 눈이 들이치지 않으면서도 통풍이 원활히 이루어지도록 세심하게 배려했다. 이곳은 겨울에는 외부 기온이 영하 20도까지 떨어지고 여름에는 35도까지 치솟기도 한다. 경판전은 난방 설비가 전혀 되어 있지 않지만, 계절이 수천 번 변하는 동안에도 귀중한 경판을 완벽하게 보존해왔다.

건물의 골조를 이루는 내부의 서가들은 공기가 막힘없이 순환하면서 경판의 모든 면에 닿을 수 있도록 개방형으로 설치되어 있고, 경판들은 서가 각층에 두 단으로 비스듬히 세워져 있다. 경판전이 경판 보존에 기여한 핵심적인 비결은 바로 통풍이다. 경판전 내부 어디에도 공기가 정체되어 있는 곳이 없다. 겨울에는 낮은 기온과 경판에 칠해진 옻이 해충을 퇴치한다. 여름에는 세워진 경판들 틈새 공간이 배기통 역할을 하여 습기가 머무는 걸 차단한다. 경판전의 고도와 방위 역시 습도를 낮추는 요인이다.

1971년에 한국의 당국은 경판을 온도 습도가 완벽하게 조절되는 현대식 건물로 옮겨 효율적으로 관리하기로 결정했다. 1972년에 콘크리트 판전이 세워지고 경판 일부가 그곳으로 옮겨졌다. 몇 달 만에 새 판전에 옮겨진 경판들이 변형된 것이 확인되어 경판들은 원래의 보관소로 다시 옮겨지고 이전 계획은

왼쪽 위, 왼쪽 아래
팔만대장경판
1251년, 한국 해인사
해인사(왼쪽 위)는 깊은 산 속에 있다. 겨울에는 기온이 영하로 떨어지고 여름에는 바람이 불어 매서운 열복사 효과를 줄여준다. 팔만대장경판은 해인사 경내 가장 높은 곳, 상하고 배치된 두 개의 큰 건물에 보관되어 있다. 좌우에서 안뜰을 막고 있는 두 개의 작은 건물에는 다른 경판들이 보관되어 있다. 법보전 내부 사진(왼쪽 아래)은 서가 위쪽 선반에 있는 경판을 꺼낼 때 디딤판으로 이용할 수 있도록 서가에 걸쇠를 걸고 그 위에 판자를 올려둔 모습이다. 지붕보에는 불을 막아주는 물을 뜻하는 물결무늬 장식이 되어 있다.

전면 취소되었다.

이 경판들은 본질적으로 열람용 문헌이 아니라, 문헌을 인쇄할 용도로 제작된 인쇄용 목판이다. 따라서 경판을 서가에서 꺼내 인쇄를 마치면, 종이에 인쇄된 문헌은 다른 곳으로 운반되어 필요한 사람에게 전달된다. 따라서 경판전에는 열람 공간이 필요치 않았다. 하지만 필요한 경판을 쉽게 찾을 수 있는 시스템이 구축되어야 했다. 팔만대장경판 2차 제작 과정에서 세 권의 대장경 목록이 작성되었다. 지금은 그 경판들을 번호까지 매겨 세밀하게 분류하고 있는데, 경판들은 인쇄 순서에 따라 배열되어 있다(각 경판에는 권 차례와 호 차례가 새겨져 있다).

옛날에 그랬던 것처럼 지금도 하루에 서너 판씩만 인쇄가 이루어지니, 대장경 6,802권을 모두 인쇄하려면 십여 년이 걸린다. 한문으로 새겨져 있는 팔만대장경판은 정확성에서도 탁월하다. 81,258개 경판 가운데서 판각 실수는 단 한 건도 발견되지 않았다.

서가에 꽂힌 경판들에 접근하는 방식도 특이하다. 1층에서 3층까지의 선반은 바닥에 선 채로도 손이 닿지만, 4층과 5층 선반은 서가를 둘러싸고 받침대로 고정한 판자에 올라가 위태롭게 균형을 잡아야만 손이 닿기 때문에, 여기에 오르는 사람은 높은 곳을 겁내지 않는 담력과 판자 위를 민첩하게 이동하는 능숙함을 갖추어야 한다.

인쇄술의 탄생

구텐베르크의 활판 인쇄술이 탄생하기 440년 전인 서기 1011년에 고려에 인쇄용 목판이 있었다는 것은 당시에 중국과 일본, 고려의 기술과 문명이 유럽의 기술과 문명보다 정교했음을 암시한다. 팔만대장경은 이런 선진성을 입증하는 하나의 사례에 지나지 않는다.[7] 인쇄술을 발명한 사람을 밝히는 일은 무척 흥미롭겠지만, 애초에 인쇄술은 한 개인이 발명한 것이 아닌지도 모른다. 최초의 목판본이 출현한 것은 기원후 700년경으로 알려져 있다.[8] 하지만 분명히 강조하자면, 종이 인쇄술은 오래전에 확립되었던 기존의 기술이 약간 다른 목적으로 전환되면서 정착한 것에 지나지 않는다.

인쇄술의 출현은 문명의 출현만큼이나 오랜 연원을 가진다. 고대 메소포타미아의 두루마리 봉인술은 점토서판에 서명을 하거나 문자를 기재할 때 사용했던 인쇄술 또는 부조기술의 한 형태였고, 이와 유사하게 밀랍 등의 말랑한 재료에 압력을 가하는 방식으로 표시를 해서 문서를 봉인하는 기술 역시 고대 세계 전역에서 사용되었다. 이것이 약간 발전하면서 염료를 사용한 대규모 직물 염색술이 출현했다. 우리는 직물 염색술이 곧 인쇄술의 기원이라고 본다. 중국 한 왕조(기원전 206-기원후 220) 때 처음으로 목판이 직물 염색에 사용되었다. 이 기술이 차츰 발전하여 가죽이나 종이에 인쇄를 하여 서적을 만드는 기술이 출현했다. 현존하는 가장 오래된 인쇄 서적은 런던의 영국박물관에 소장되어 있는《금강경》이다. 이 서적의 발행 연대는 기원후 868년이다. 그러나《금강경》이 발행된 시기보다 최소한 2백여 년 앞선 때에도 서적들이 있었다는 기록이 전해진다.[9]

목판은 사용하기 불편해 보이는 면이 있긴 하지만, 한자를 인쇄하는 데는 매우 적합한 도구였다. 한자는 약 1만 자에 이르기 때문에 활자를 이용하기가 곤란했고, 따라서 20세기 들어서 현대적인 인쇄술이 정착하기 전까지는 목판 인쇄가 효율적으로 사용되었다. 그러나 활자를 서구의 발명품이라고 보는 것은 그릇된 견해다. 중국에서는 11세기 중엽에 자기로 구워 만든 도활자를 이용해 인쇄를 시도했고, 조선의 최윤의는 1234년에 금속 활자를 발명한 것으로 알려져 있다.[10] 동남아시아에서는 서구보다 수백 년 앞선 때에 인쇄술이 개발되어 가능성을 넓혀나가고 있었다.

일본의 도서관

중국은 흔히 생각하는 것처럼 자국 기술의 유출을 유난히 꺼리는 나라가 아니었다. 중국의 기술은 이웃 국가들로 빠르게 전파되었다. 중국 서쪽에 인접한 나라들이 그랬던 것처럼 고려와 일본 역시 중국에서 발명한 제지술과 인쇄술을 곧바로 넘겨받았다. 당시 일본인들이 만든 책은 중국식으로 제본된 책이나 두루마리 형태였다. 도서관은 왕실 도서관, 개인 도서관, 사원 도서관, 이렇게 세 유형이 있었는데 모두 서고와 열람 공간이 분리된 구조였던 것으로 보인다.

일본인들은 서고에서는 절대로 책을 읽지 않았다. 메이지 시대(1868-1912) 이전까지 일본 도서관의 건축 양식은 분코(서고)와 쇼인(서재)을 따로 짓는 방식이었다. 세 유형의 도서관이 모두 서고와 서재의 분리 방식을 채택했다. 서고는 일본 건축의 정수였다. 창고의 존재는 일본의 인테리어를 이해하는 열쇠

아래
도쇼다이지 불경보관소
기원후 800년, 일본 나라현
두 개의 불경보관소. 가까이에 있는 보관소가 더 오래된 곳이다. 보관소는 땅에서 올라오는 습기를 피하기 위해서 기둥 위에 세워져 있다. 외벽을 이루는 통나무들은 여름이면 건조되어 수축하기 때문에 실내로 공기가 유입될 수 있는 틈새가 생긴다. 다습한 계절에는 통나무가 팽창하여 습기의 침투를 차단한다. 문은 자물쇠가 채워져 있고, 창은 나 있지 않다.

다. 일본식 옥내 장식법의 특징은 유럽 주택과는 달리 옥내에가구와 갖가지 소유물을 들여놓지 않은 것이다. 소유물이 없어서 그런 것이 아니라, 소유물을 창고(혹은 작은 건물에 있는 수납장)에 두고 필요할 때마다 하나씩 꺼내오고 쓰고 나면 다시 가져다놓기 때문이다.[11]

창고는 반드시 대지의 뒤쪽에 둔다. 고대에는 창고를 목재로 지었다. 땅 위에 기둥을 세우고 그 위에 창고를 지어 습기의 침투를 막았고, 해로운 동물이 들어오지 못하도록 돌출부를 만들었다. 보안을 위해서 창고에는 창문을 내지 않는다. 이런 점에서 창고는 일본의 다른 건물들과는 확연히 구분된다. 옛날 창고들은 대부분 통나무를 수평으로 쌓아 지었는데, 여름에는 목재가 마르고 수축하면서 생기는 작은 틈새를 통해 통풍이 되고, 겨울에는 목재가 습기를 품어 팽창하면서 틈새가 밀폐된다. 길게 돌출된 육중한 지붕을 올려 비가 벽에 들이치는 걸 막고, 견고한 문과 육중한 자물쇠를 설치해 불필요한 출입을 막는다. 일반적으로 창고는 화재 시에 불이 번질 위험을 줄이기 위해 다른 건물과 떨어져서 세워진다.[12]

나라 시의 불교 사원 도쇼다이지에 있는 불경보관소(경장)는 이런 유형의 건축물 가운데 가장 오래된 곳이다. 이 경장은 사원에 부속되어 불경을 비롯한 귀중한 물건들을 보관하는 용도로 쓰인다. 도쇼다이지 경장은 기원후 800년에 세워졌고 건축 이후 거의 개수되지 않고 원형 그대로 보존되고 있다.[13] 왕궁에 부속된 보관소들은 규모가 훨씬 크다. 왕궁 보관소들은 출입하기가 어렵다는 게 공통된 특징이다. 이 건물들은 한 사람만 드나들 수 있도록 지어졌고, 출입구에는 권한이 없는 사람이 드나든 흔적을 알아볼 수 있도록 봉인용 자물쇠를 채웠다.

웅장한 규모의 왕궁 보관소들에는 수많은 장서가 보관되었다. 일본인들은 분코의 단점을 보완하는 공간으로 쇼인을 마련했다. 쇼인은 일본 주택에서 흔히 볼 수 있는 격식에 맞추어 꾸며진 응접실을 뜻한다. 쇼인은 사원과 부잣집에서 처음으로 등

위

레이제이 저택의 쇼인

17세기(1789년에 개축), 일본 교토

화려함이 돋보이는 쇼인(서재). 오른쪽에 서재용 벽감인 도코노마가 보이고, 족자 옆 꽃 위에 도코바시라 기둥이 보인다. 악기 위에 갈지자 모양으로 된 선반(오시이타)이 있다. 오른쪽에 보이는 정원으로 돌출된 퇴창에 책상이 설치되어 있다.

장했다. 방의 크기는 방바닥에 까는 다다미 개수에 따라 결정된다. 중앙에는 작은 방들과 복도로 둘러싸인 공간이 있어서 미닫이문을 이용해 공간의 형태를 재구성할 수 있게 되어 있다. 쇼인의 핵심부는 집주인의 교양과 학식을 돋보이게 할 목적으로 마련된 서재용 벽감이다. 이곳은 전통적으로 정해진 구성물로 꾸며진다. '도코노마'라고 불리는 이 벽감은 무로마치 시대부터 만들어지기 시작했는데, 지금도 일본 전통 인테리어의 중요한 특징으로 꼽힌다.

도코노마에는 전통적으로 족자와 화병, 조각품 등이 진열된다. 도코노마 한쪽 편에는 장식을 하거나 소박하게 놓아두는 기둥이 있는데, 이를 '도코바시라'라고 한다. 도코바시라에 잇닿아 있는 또 다른 벽감에는 갈지(之)자 모양의 선반(오시이타)이 설치된다. 도코노마의 다른쪽 편에는 책상으로 쓰이는 돌출부(츠케쇼인)가 있다.

츠케쇼인은 13, 14세기 때 제작된 족자 그림에 자주 나온다. 정원과 연결된 툇마루를 향해서 돌출된 창에 나 있는데, 이 창턱 부분이 책상 역할을 한다. 이곳은 바람과 비의 방해를 받지 않으면서도 창을 통해 밝은 빛이 들어오기 때문에 글을 쓰기에 적합한 공간이다. 서재 주인은 이 책상 앞에 책상다리를 하고 앉았다. 책과 두루마리는 쉽게 꺼낼 수 있게 도코노마 안에 두었다. 필사 재료(물주전자, 붓통, 연적, 칼, 도장함, 두루마리 종이)는 관례에 따라서 책상 위에 단정하게 정리해 두었는데, 세월이 흐르면서 의례적인 장식이 되었다.[14] 교토에 있는 레이제이 별궁의 책상과 벽감은 이런 특징을 드러내고 있는 대표적인 곳이다.

애초에 목재로 지어지던 저장소는 세월이 흐르면서 차츰 내화재가 추가되었다. 레이제이 별궁 보관소를 비롯해서 17세기에 지어진 보관소들은 벽을 두꺼운 회반죽으로 완전히 마감했다. 출입구 역시 화재에 대비해 훨씬 많은 회반죽을 사용해 마감했다. 습기의 침투를 막기 위해 땅바닥에 기둥을 세우고 그 위에 밀폐형으로 지은 특이한 형태는 귀중품을 보관하는 완벽한 조건을 마련하기 위해 고안된 것이다. 지금도 레이제이 별궁의 저장소에는 천황 가문의 최고 연장자만이 출입할 수 있다.

맨 왼쪽, 왼쪽

레이제이 저택의 분코

17세기(1789년에 개축), 일본 교토

분코(서고)의 창문(맨 왼쪽)과 단면도(왼쪽). 보안을 위해 창문을 금속으로 만들었고, 비가 들이치는 걸 막기 위해 창문 위에 가가 지붕을 씌웠다. 목재에는 화재 위험을 줄이기 위해 흰 회반죽을 두껍게 발랐다. 지붕 역시 방화용으로 회반죽을 두껍게 바르고 빗물의 침투를 막기 위해 기와를 올린 이중 구조다. 문은 목재이며 이 가문의 최고연장자만 출입할 수 있다. 인근 건물에 화재가 날 경우 불길이 번지는 걸 막고 건물을 밀폐하기 위해 회반죽을 바른 여닫이문을 문 위에 추가로 설치했다.

불경보관소

불교는 기원후 217년에 인도에서 중국으로 전파되었고, 그때부터 불경이 유통되었던 것으로 보인다. 사찰마다 불경보관소가 딸려 있는 게 일반적이었다. 일본의 사찰들은 불경을 보관하는 것을 중시했고, 헤이안 시대(기원후 794-1185)에는 불경보관소(경장)는 사찰이 반드시 갖추어야 하는 공간으로 자리 잡았다.[15] 불경보관 방식은 두 가지가 있었다. 하나는 8세기부터 사용되어온 방식으로, 도쇼다이지의 경장과 비슷한 소박한 건물에 보관하는 방식이다. 또 하나는 서구에서는 유례를 찾아볼 수 없는 독특한 회전식 보관대를 이용하는 방식이다. 회전식 불경보관대(전륜장)는 남북조 시대(420-589)에 중국에서 발명된 것으로 추정되는데, 20세기에도 흔히 사용되었다.

고대 일본의 어느 사료에 따르면, 회전식 불경보관대는 유명한 중국인 일반 신도인 복시(497-569)에 의해서 발명되었다. 신앙심이 깊은 사람이 대장경이 빠짐없이 들어 있는 보관대를 한 바퀴 돌리면 그 사람은 대장경 전체를 읽은 것과 같은 공덕을 쌓게 된다는 게 그의 주장이었다고 한다. 같은 사료에 따르면, 회전식 불경보관대 앞에 두 아들을 거느린 복시의 동상을 세우는 관습도 있었다.[16] 일본에서는 11세기에 이 보관대가 처음 등장했다.

회전식 불경보관대의 구조는 현존하는 가장 오래된 건축기술서로 알려진 《영조법식營造法式》(1103년)에 자세히 묘사되어 있다. 이 책 11장에는 이 보관대 각 부분의 크기가 기록되어 있고, 32장에는 자세한 장식과 구조를 그린 그림이 있다. 건물 내부에 설치되는 이 보관대의 표준적인 크기는 높이 6.4m, 지름 5.1m이고, 지붕과 장식용 브래킷까지 갖춘 건축물 구조였다. 거대한 굴대 기둥이 구조물 중심을 관통하고 금속이 덧씌워진 둥근 모양의 하단부가 선회축 기능을 한다.[17]

대표적인 회전식 불경보관대는 일본의 미이데라 사찰에 남아 있다. 가파른 계단을 올라 산 정상에 이르면 나무들 사이에 독립구조로 세워진 건물이 있다. 이 건물 내부에는 회전축 위에 거대한 팔각형 구조물이 세워져 있다. 안타깝게도 이 구조물의 회전축은 작동을 하지 않고, 하단부는 훼손 방지를 위해 석단을 쌓아 고정해두었다. 원래는 하단부가 노출되는 구조였고, 돌출된 손잡이를 밀면 회전축 위에 놓인 구조물이 빙그르르 돌아갔을 것이다. 구조물의 상단부에 설치된 균일한 크기의 칸들 속에는 불경의 일부분을 보관한 작은 함이 들어 있다. 이것이 바로 현존하는 가장 정교한 전륜장이다. 이 특이한 형태의 도서관은 불경을 열람하도록 할 용도로 설계된 것이 아니고, 이 불경들 역시 열람용으로 보관된 것이 아니었다. 사람들은 이 불경들을 성물로 여겨 신성시했다. 이 보관대는 실제로 불경을 꺼내기가 까다롭고 위험한 구조로 되어 있다. 그러나 이 보관대는 동남아시아 도서관의 전형이라고 할 수 없다. 앞서 보았듯이, 중국과 일본, 한국에는 여러 가지 유형의 도서관이 있었다.

위
미이데라 사찰 불경보관소
15세기, 일본 오츠

이 팔각형 불경보관대는 1602년에 이리로 옮겨졌다. 지금은 고정되어 움직이지 않지만, 원래는 신앙심이 깊은 사람이 돌리면 구조물이 회전축 위에서 빙그르르 돌아가는 구조였다. 구조물을 한 바퀴 돌리면 불경 전체를 한 번 읽은 것과 같은 공덕이 쌓인다는 전설이 있다.

동남아시아 도서관들의 장서 규모

인쇄 기술과 종이가 도입되면서 동남아시아에서는 도서관의 장서 규모가 커져갔다. 일본 헤이안 시대(794-1185)에 후지와라 가문 출신의 권력가 후지와라노 미치나가(966-1028)는 장서 2,000권을 보관할 수 있는 도서관을 지었고, 유명한 학자 오에노 마사후사(1041-1111)는 특별한 도서관을 지어 10,000권의 장서를 보관했다고 알려져 있다. 고케 분코라 불리는 이 도서관은 1153년에 화재로 소실되었다. 12세기의 시인 후지와라노 사네사다 역시 10,000권이 넘는 장서를 보유했다고 전해지지만, 이 장서 역시 1177년 교토 대화재 때 소실되었다.[18]

중국인들은 대개 장서 규모를 권 단위로 계산했다. 코덱스(비슷한 크기의 종이 낱장을 모아 한쪽 모서리를 묶어 만든 책의 형태) 방식을 사용했던 송나라(960-1279) 대에 권은 '장(chapter)'을 뜻하는 것이었지만, 그 이전에는 권은 '두루마리'를 이르는 말이었을 것이다.[19] 송 왕조 건국 당시 왕실 서고는 13,000권을 보유했다.

왼쪽, 오른쪽
미이데라 사찰 불경보관소
15세기, 일본 오츠

불경보관소는 법당에서 멀리 떨어져 있지 않은 한적한 장소에 있다. 사찰 중심부에서 연못 위로 난 다리를 건너고 계단을 올라야 갈 수 있는 곳이다. 불경보관대의 지붕(오른쪽)은 건물 모양을 흉내내 지붕 브래킷 모형까지 얹어놓았다.

장서들은 화재와 외적의 침입으로 파괴되었다가 다시 복원되면서 꾸준히 규모를 늘려갔다.[20] 전성기였던 1177년에 송왕조 왕실 서고의 장서는 72,567권에 이르렀다. 명나라(1368-1644) 대에는 왕실 소장 도서가 더욱 늘어나서, 1420년에는 약 20,000개의 제목하에 100,000권을 보유했다. 꽤 규모가 큰 개인 서고들은 보통 장서 규모가 10,000권이었고, 규모가 아주 큰 서고들의 경우는 무려 40,000권이었다.[21] 이 수치를 현대의 장서 규모로 전환해서 정확히 표현하는 건 쉽지 않지만, 이 정도 규모라면 건물이나 큰 방을 서고로 써야 했을 것이다. 그 즈음에 이슬람 문화권에도 대규모 장서를 보유한 도서관이 있었다.

이슬람 도서관들

무함마드(570-632)가 이슬람교를 창시하기 전에도 아랍권에는 책이 있었다. 그러나 이슬람교의 탄생은 아랍 문자가 세계 전역으로 퍼져나가는 계기가 되었다. 무함마드는 자신이 문맹이라는 걸 대놓고 자랑하면서, 이슬람 경전인 코란은 자신이 지어낸 것이 아니라 신이 직접 내린 계시라고 주장했다. 하지만 코란의 필사본을 만들고 그것을 전파하라는 것이 이슬람 교육의 핵심이었고, 이슬람 학자들은 곧 이슬람이 정복한 민족들이 낳은 학구적인 문헌들을 수집하고 번역하는 일에 착수했다. 무함마드가 죽은 지 20년 만에 이슬람은 시리아, 이라크, 페르시아를 정복했다. 670년 무렵 이슬람권은 북부 아프리카와 이집트까지 뻗어나갔고, 8세기 중반에는 스페인까지 뻗어가서 동쪽으로는 중국, 서쪽으로는 대서양에 이르는 광대한 지역을 아우르게 되었다.[22]

이슬람 사람들은 코란을 늘 암기를 통해 습득해왔다. 구전은 문자보다 코란 전파에 기여한 바가 컸다. 코란의 물리적 복사본이 유통될 수 없는 상황에서도 구전에 의지하면 코란의 내용을 고스란히 보존할 수 있었다. 코란을 읽을 때는 반드시 큰 소리로 낭독을 해야 했다. 지금도 모스크와 교육시설 마드라사에서는 코란을 낭독하고 암송하는 소리가 울려 퍼진다.[23]

이슬람의 초기 필사본들은 파피루스 두루마리 형태였지만, 이슬람권의 전통에서 코란은 일반적으로 두루마리가 아니라 코덱스를 의미했다.[24]

초기에는 코란이 양피지에 쓰였다. 8세기 초(706-40)에 아랍인들은 트란스옥사니아(지금의 우즈베키스탄을 포함하는 지역)와 중국과 접경하고 있는 여러 지역을 정복했다. 아랍인들은 이때 처음으로 종이를 접했고, 종이를 '사마르칸드 페이퍼'라 불렀으며, 그 후 150년 동안 이곳에서 종이를 수입했다.[25] 985년 무렵부터 다마스커스에서 종이 생산이 시작되었다. 이들은 종이에 잉크를 이용해 손으로 글씨를 써넣고, 이 종이들의 한쪽 모서리

아래
《알 하리리의 마카마트》
13세기, 프랑스 파리 국립도서관

중세 이슬람 도서관을 묘사한 희귀한 당대 작품 중 하나다. 알 하리리의 마카마트 이야기를 기록한 필사본에 야흐야 이븐 마흐무드 알 와시티가 삽화를 그렸다. 이 삽화에서 보이는 화려하게 장식된 벽감 안에는 책들이 수평으로 눕혀져 피라미드 모양을 이루고 있다.

를 묶어 나무판 사이에 끼운 뒤 가죽으로 감싸 책을 완성했다.[26]

중세 이슬람권의 3대 대형 도서관으로 우마이야 왕조가 코르도바에 세운 도서관, 압바시야 왕조가 바그다드에 세운 도서관, 그리고 파티마 왕조가 카이로에 세운 도서관이 꼽힌다. 중세에 아랍권에 속하는 스페인에는 무려 70개의 도서관이 세워졌다. 특히 칼리프 알 하캄 2세가 코르도바에 세운 도서관의 장서는 무려 40만~60만 권이었다고 전해진다.[27]

바그다드에는 무려 36개의 도서관이 있었는데, 그 가운데 가장 유명한 곳은 칼리프 알 마문(813-833)이 도서관과 학교, 연구소를 통합하여 세운 '지혜의 전당'이었다. 오늘날 대학교의 선구격인 이 지혜의 전당은 장서 150만 권을 보유했던 것으로 알려져 있었다.[28] 칼리프 알 아지즈(975-996)가 카이로에 세운 도서관은 코란 2,400권을 포함해서 책 10만 권을 보유했다고 전해진다.[29] 이 수치는 사실이라고 보기 어려운 측면이 많다. 당시 다른 장서 규모에 비추어볼 때 심하게 과장된 것임에 틀림없다. 하지만 이 수치는 이슬람 도서관들의 장서 규모가 상당히 컸음을 암시한다.

우리는 이슬람 도서관의 건축 구조에 대해 어렴풋한 정보만을 가지고 있다. 예컨대, 990년경 시라즈의 도서관에 커다란 홀이 있었고, 이 홀의 삼면에는 수백 개의 방이 있었고, 이 방들에는 나무문이 달린 세 뼘 높이의 나무궤가 여러 단으로 쌓여 있었다는 기록이 남아 있다.[30] 또 카이로의 어느 도서관을 묘사한 다른 기록에 따르면, 서가에는 분야별로 여러 개의 책궤가 놓여 있고, 각 책궤는 전면에 일람표가 붙어 있고, 열쇠를 이용해 잠글 수 있게 되어 있었다. 책들은 위쪽과 아래쪽에 제목이 새겨진 모습으로 작은 피라미드 형태를 이루며 쌓여 있었다.[31] 이슬람 도서관 내부 구조를 짐작할 수 있는 자료는 파리 국립도서관에 소장 중인 이슬람 문학작품《알 하리리의 마카마트》에 들어 있는 삽화 속에서 찾을 수 있다. 이 삽화에는 바그다드 홀완의 공공도서관에서 이슬람 학자가 학생을 시험하고 있는 장면이 있고 '시험을 칠 때는 칭찬을 받아야 수치를 당하지 않는다.'라는 뜻의 교훈이 아랍어로 새겨져 있다. 삽화의 배경에는 책들이 잔뜩 쌓인 선반들이 똑똑히 보인다.[32]

이 자료로는 거의 확인할 수 없지만, 이슬람 도서관들은 규모가 대단히 컸고 인상적인 공간에 세워졌던 것으로 추정된다. 책들은 장식이 되어 있거나 문으로 닫혀 있는 벽감에 놓여 있었을 것이다. 책들은 앞면이 위로 오도록 차곡차곡 쌓여 꼭대기가 가장 좁은 피라미드 형태를 이루고 있었다. 우리가 알고 있는 건 이 정도뿐이다. 엄청난 규모를 자랑하던 도서관들이 모두 파괴되었기 때문이다. 몽골침입이나 십자군 전쟁 때 파괴되기도 했지만, 대부분은 이슬람에 필요한 책은 코란뿐이라는 신조를 가진 정통 이슬람교도들에 의해서 파괴되었다.[33] 12세기 말 무렵 이슬람의 대규모 장서는 모두 흩어져서 지금은 거의 전해지지 않는다. 마드라사는 그 후 수백년 동안 크게 발전했고, 상당한 규모의 장서를 보유했다. 장서 유지 비용을 자선 기부에 의존해 오던 처지라 잇달아 닥치는 역경 속에서 마드라사의 장서는 사라져버렸다. 이렇게 해서 중세의 장서들은 오늘날까지 전해지지 않게 되었다.[34] 이슬람권은 중세에 엄청난 규모의 장서들을 보유했다고 자랑하지만, 이슬람권에는 중세에 세워진 대형 도서관 건물은 단 한 곳도 남아 있지 않다.

중세에 세워진 서구권 도서관

서구권에서 중세의 설비와 장서를 그대로 보유하고 있는 가장 오래 된 도서관은 이탈리아 리미니 근처 작은 대학 도시 체세나에 있는 도서관이다. 지금 이 도서관에 가려면 현대식 계단을 올라가서 긴 복도를 따라가다가 작은 현관으로 들어서야 한다. 이곳에 들어서면 왼편으로는 교황 피우스 7세(치아라몬티, 1742-

오른쪽

말라테스타 도서관

1452년, 이탈리아 체세나

도서관으로 통하는 웅장한 석조 현관실. 도서관은 보통 때는 나무문으로 단단한 철제 자물쇠를 달아 닫아두고 열람자의 요청이 있을 때에만 개방된다. 무 위에 조각된 코끼리는 말라테스타 가문의 상징이다. ' 인도 코끼리는 모기를 겁내지 않는다.'라는 이 가문의 좌우명은 자기 가문은 적을 두려워하지 않는다는 뜻을 갖고 있다.

1823)의 도서관, 일명 비블리오테카 피아나(Biblioteca Piana)로 통하는 입구가 있고, 오른편으로는 석재로 된 웅장한 정문에 말라테스티아나 혹은 말라테스타 도서관으로 통하는 입구라는 표지가 있다.

이 이름은 그 지역에서 폭군으로 통하던 영주 말라테스타 노벨로의 이름에서 따온 것이다. 노벨로는 도서관 건축비용을 대고 완공될 때까지 건축 과정을 감독했다. 이 도서관은 1447년에 착공하여 1452년에 완공되었고, 이를 설계한 건축가 마테오 누티는 후대까지 명성을 날렸다. 이 도서관은 프란체스코회 수도원 내부에 세워져 있지만, 말라테스타는 이를 완공한 지 9년 만에 체세나 지역사회에 운영권을 넘겨주었다. 이 도서관이 오늘날까지 보존될 수 있었던 것은 이처럼 특이한 입지 덕분이다.[35]

이 도서관은 녹색 물감에 담갔다 나온 것처럼 사방 벽이 녹색을 내뿜고, 바닥은 붉은색이다. 녹색과 붉은색은 말라테스타 가문 문장의 색이다. 반원통형 천장이 덮인 중앙의 긴 복도는 아무것도 놓여 있지 않아 보는 사람의 시선을 텅 빈 벽에 집중시킨다. 양편으로 갈라지는 두 개의 복도는 각각 교차형 반원통형 천장이 덮인 방으로 이어진다. 사람들은 대부분 이런 건축적 특징을 알아차리지 못한다. 방 안에 있는 가구가 당장 시선을 잡아끌기 때문이다. 이탈리아 필사본들에 언급되어 있는 대로, 이 방 안에는 방치(banchi)가 두 줄로 줄줄이 놓여 있다.[36] 교회에 놓인 신도석들(pews)과 생김새도 비슷하고 배열 방식도 비슷해 보인다. 방치의 몸체 앞쪽은 좌석으로, 몸체 뒤쪽은 비스듬히 경사진 독서대로 제작되어 좌석과 독서대가 일체형을 이루고 있다. 경사진 독서대 밑에는 책을 올려놓을 수 있는 선반이 있다. 책은 다른 곳으로 옮겨갈 수 없도록 사슬에 묶여 독서대에 연결

되어 있다. 열람자는 읽고 싶은 책이 있으면 그 책이 놓인 독서대를 찾아가야 한다. 책이 열람자가 있는 곳으로 이동하는 것이 아니라 열람자가 책이 있는 곳으로 이동해야 한다. 이곳에는 58개의 독서대가 두 줄로 나뉘어 놓여 있다.

이 도서관은 1447년에 착공해 1452년에 완공된 후로 560년이 넘는 세월 동안 본래 상태대로 고스란히 유지되었다.[37] 여기서 우리는 건축 연도에 주의해야 한다. 현존하는 가장 오래된 '중세' 도서관인데, 건축 연도는 중세가 아니라 흔히 르네상스라고 불리는 시기다. 과연 중세 도서관은 어떤 모습이었을까?

중세 도서관의 신화

실제로 방의 구조를 지닌 중세 도서관이 세워지기 시작한 것은 13세기 말이다. 흔히들 생각하는 중세보다 한참 뒤처지는, 중세라고 불리는 시기가 끝날 무렵이다. 우리가 중세 도서관에 대해 품고 있는 낭만적인 상상은 현실과는 완전히 거꾸로다. 대개 이런 관점은 상상력을 토대로 한 문학 작품이나 후대에 중세의 조직 속에 끼워 넣어진 도서관들을 접하는 과정에서 형성된 비현실적인 판단에서 비롯한다.

중세 도서관에 대한 가장 탁월한 허구적 묘사로는 움베르토 에코의 소설《장미의 이름》(1980)에 나오는 묘사를 꼽을 수 있다. 중세에 관한 전문가인 움베르토 에코는 의도적으로 이 소설의 배경으로 1327년을 선택했다.[38] 이 소설은 현대인들의 뇌리에 당시 사람들의 삶의 방식과 사고방식에 대한 이미지를 새기기 위해서 현대의 독자가 기꺼이 받아들일 수 있도록 정교한 플롯을 동원하고 있다. 끔찍한 연쇄 살인 사건을 소재로 전개되는 플롯의 핵심에는 수도원 도서관과 이에 딸린 필사실(스크립토리움)이 있다. 도서관은 탑(에디피치움이라고 불리는데, 이것은 '건물'을 뜻하는 라틴어다)의 꼭대기 층에 있는데, 필사실에서 이어지는 계단을 통해야 들어갈 수 있다. 필사실은 1층 주방 위에 있고, 주인공들은 업무 시간이 아닐 때 필사실에 가는 경우에는 비밀 문을 통해야만 들어갈 수 있는 납골소 안 비밀 통로를 이용한다.

《장미의 이름》에서는 사서와 사서보조원 말고는 어느 누구도 도서관에 들어가지 못한다. 장서의 내용과 배열을 아는 건 사서들뿐이지만, 주인공은 살인 사건의 단서를 찾아가던 끝에 도서관에 들어가는 데 성공한다. 그들은 도서관이 여러 개의 방으

왼쪽, 오른쪽
말라테스타 도서관
1452년, 이탈리아 체세나
현관실에 창살 달린 창문(왼쪽)이 나 있어서 도서관 내부를 들여다볼 수 있다. 이 방 작은 창문에 끼워진 두꺼운 볼록렌즈 유리창이 빛을 받아 녹색 빛을 내뿜는다. 벽은 녹색 빛이 도는 회반죽으로 덮여 있고, 테라코타로 마감한 바닥은 붉은색이다. 붉은색과 녹색은 말라테스타 문장에 사용된 색상이다. 도서관에는 여러 개의 기둥이 세워져 있고, 기둥과 기둥 사이의 구획마다 화재 위험을 막기 위해 벽돌을 이용해서 둥근 모양의 천장을 올리고 기둥과 기둥 사이에 철봉을 넣어 보강했다. 각각의 구획 안에는 책상이 세 개씩 놓여 있다. 기둥과 닿는 양쪽 좌석의 목재 부분은 기둥의 둥근 하단부에 꼭 들어맞게 깎아놓았다. 책상 측면과 기둥 상단부에는 말라테스타 문장이 새겨져 있다.

왼쪽, 오른쪽

말라테스타 도서관

1452년, 이탈리아 체세나

이 도서관에는 방치(오른쪽)들이 놓여 있다. 이 가구는 이탈리아 중세 도서관에서 흔히 쓰이던 일종의 책상이다. 방치들은 모두 한 방향으로 놓여 있고 벽에서 떨어져 있기 때문에 다른 열람자들을 신경 쓰지 않고 책상 양쪽 어느 쪽으로든 출입할 수 있다. 맨 앞쪽에 놓인 책상들 역시 다른 책상들과 동일하다. 이 책상들은 앞쪽 벽에서 떨어져 있고, 앞쪽 벽에는 높은 곳에 창문이 하나 있다. 책상 상단은 경사진 독서대로 꾸며져 있고, 그 아래에는 책을 넣어두는 선반 하나가 있다. 책들은 사슬에 묶여 있고 이 사슬은 독서대 하단에 가로로 설치된 쇠막대기에 고리로 연결되어 있다. 사슬은 책 아랫마구리에 붙은 걸쇠에 연결되어 있다. 말라테스타 도서관은 원래의 장서를 그대로 보관하고 있는 특이한 사례로, 중세 말기 이탈리아 도서관의 모습을 원형 그대로 보여준다.

수도원 설계도

820-30년, 스위스 장크트 갈렌, 장크트 갈렌 수도원

가장 오래된 중세 수도원 설계도. 이것이 실제 설계도인지 가상의 설계도인지에 대해서는 학계의 의견이 일치하지 않는다. 하지만 이것이 이상적인 수도원의 구조를 표현하고 있다는 점만은 분명하다. 도서관의 위치(붉은색으로 표시)는 성가대석 옆이다. 어느 비문에는 필사실 위에 도서관을 두었다는 기록이 있다. 도서 보관 기능과 필사 기능을 분리해서 각각 다른 방을 배정하는 것은 색다른 방식이다. 그러나 현존하는 도서관 중에 실제로 이런 구조로 배치된 곳은 아직까지 확인된 바가 없다.

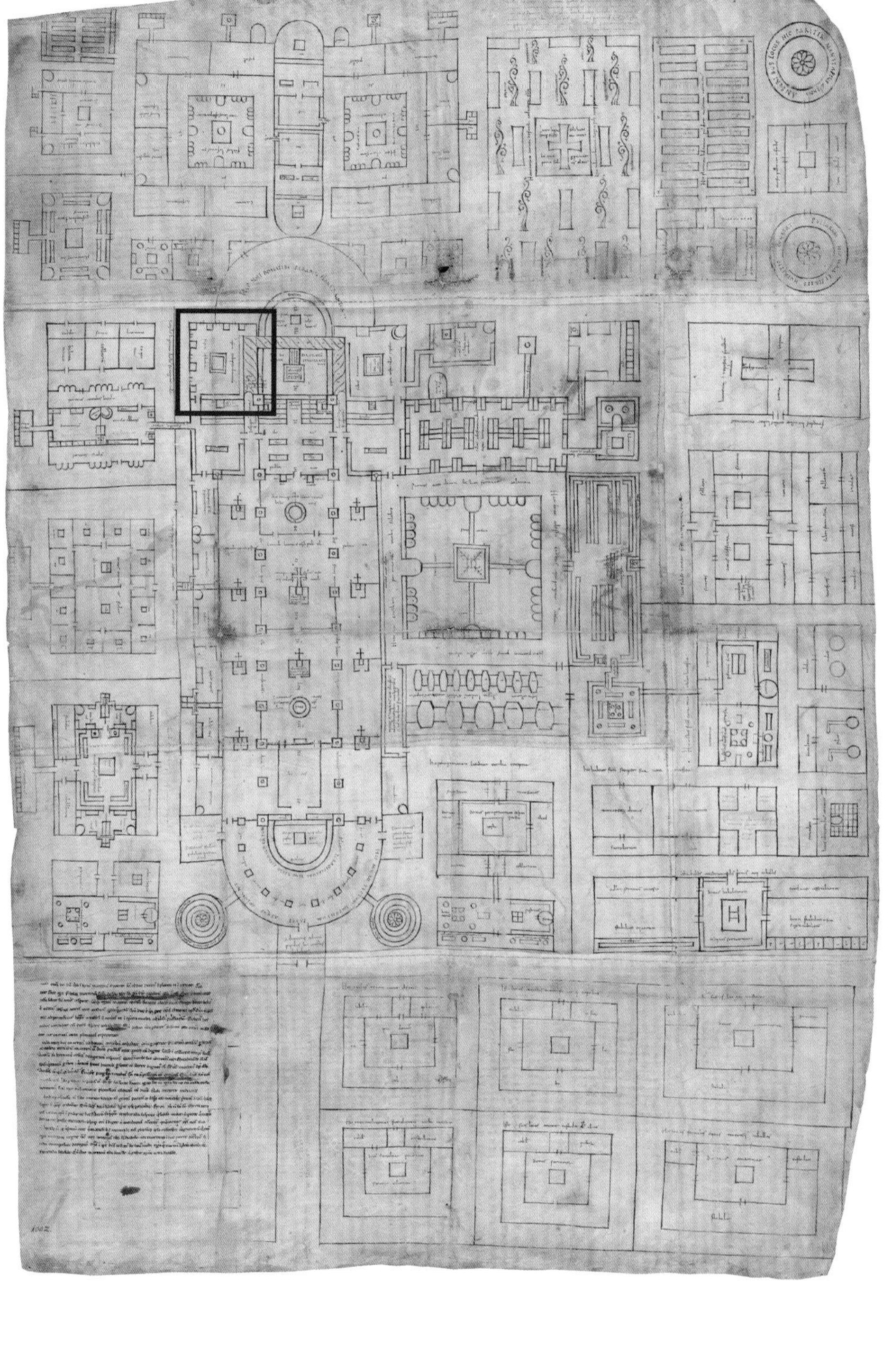

로 된 미로 형태로 되어 있고 각 방들이 바닥에서 천장까지 책으로 가득 채워져 있다는 것을 확인한다. 그들은 길을 잃고 헤매다가 도서관이 중앙 채광창 주위에 배치된 다양한 형태의 56개 방으로 이루어져 있다는 것을 알아낸다. 움베르토 에코는 도서관에 소장된 책의 권수를 밝히지 않았지만, 어느 연구자는 장서 규모가 85,000권에 이른다고 추정한다.[39] 이곳은 문학의 보물창고다. 주인공은 이곳에서 영원히 사라졌다고 여겨지는 여러 책들을 찾아낸다. 살인의 미스테리를 풀 열쇠는 이 텍스트들 중 하나에 들어 있다. 이 텍스트는 지금은 전해지지 않는 아리스토텔레스의 저술의 필사본이다. 움베르토 에코의 탁월한 묘사는 책을 아끼는 모든 사람의 심금을 울린다. 소설 속 에코의 공간 배치는 널리 알려진 장크트 갈렌의 도서관 설계도에서 대강의 윤곽을 따온 것이며, 이 점 말고는 중세에 세워진 도서관들과는 거의 무관하다.

장크트 갈렌 설계도

장크트 갈렌 설계도는 기원후 820-30년에 제작된 것으로, 현존하는 가장 오래된 수도원 설계도면이다. 이것은 스위스 장크트 갈렌에 있는 장크트 갈렌 수도원 도서관에 소장되어 있다. 역사학자들은 이것이 실존하던 수도원의 설계도인지를 두고 오래도록 논의를 계속해왔지만, 이상적인 수도원의 구조를 그린 설계도라는 것이 통설이다. 카롤링거 시대에 세워진 수도원들은 상당히 규모가 컸지만, 이 설계도에 그려진 수도원은 정교성과 규모 면에서 으뜸가는 곳으로 알려져 있다. 이 설계도에서 도서관은 수도원 북동쪽 모퉁이에 있는 장방형 건물로 표시되어 있다. 설계도에 첨부된 주석에 따르면 도서관 건물은 2층 건물로, 1층에는 필사실, 2층에는 도서관이 있다. 어느 저술가는 왼쪽에 그려진 직사각형은 납골소로 통하는 계단이고 중앙에 그려진 정사각형은 채광창을 뜻하는 거라고 주장한다.[40]

움베르토 에코는 이 설계도에서 영감을 얻어《장미의 이름》에서 묘사한 도서관의 특이한 위치와 형태를 고안했을 가능성이 있다. 하지만 이 설계도는 움베르토 에코의 소설에 나오는 도서관에 비하면 훨씬 규모가 작다. 중세 초기 수도원들에 장크트 갈렌 설계도에 그려진 필사실이나 도서관이 있었다는 증거는 남아 있지 않다. 무엇보다도 중세 수도원들은 그처럼 많은 도서를 가지고 있지 않았다.

코덱스 아미아티누스
8세기, 이탈리아 피렌체
라우렌치아나 도서관

가장 오래된 라틴어 성경 필사본의 일부로 구약 복원 작업 중인 에즈라의 모습과 문이 활짝 열려 있는 중세 양식 책장이 그려져 있다. 책들이 책장 선반 위에 수평으로 놓여 있는 게 분명히 보인다. 후대에 단순한 형태로 만들어진 책장(상단에 삼각형 모양의 고전적인 장식이 없는 것)들은 지금까지 전해진다.

중세 도서관의 규모

《장미의 이름》에서 움베르토 에코가 창조한 가상의 도서관의 장서 규모는 약 85,000권으로 추정된다. 동시대에 중국 장서 가운데 최대 규모는 두루마리로 10만 권, 이슬람 최대의 장서는 70만 권이 넘는다고 알려져 있었다.[41] 그런데 이제껏 알려진 12세기 최대 규모의 수도원 장서는 1,000권에 미치지 못했다. 극소수의 수도원만이 500권 규모의 장서를 보유했고 대부분의 수도원은 100권 미만의 장서를 보유했다.[42] 150년 뒤인 1338년에 소르본 대학은 유럽에서 가장 많은 장서를 보유한다고 과시했다. 이 대학 도서관 명부에는 열람용 도서 338권과 소장용 도서 1,728권이 있고 이 가운데 300권이 소실되었다고 기록되어 있었다.[43] 1300년 이전에 대형 도서관이 존재하지 않았던 것은 이처럼 장서 규모가 크지 않았기 때문이다.

중세 기독교 수도원에 책이 많지 않았던 이유는 여러 가지이지만, 가장 중요한 요인은 높은 책 제작비용이었다. 많은 저술이 서구의 수도원이 고전 학문의 소실을 막았다고 기록하고 있다. 하지만 안타깝게도 서구의 수도원과 중세의 책 제작 방식은 극소수의 옛 문헌들을 보존하는 데 기여했지만, 그 밖의 수많은 문헌들을 보존하는 데는 큰 장벽으로 작용했다. 양피지를 필사용 재료로 쓴 것이 가장 큰 문제였다.

양피지

양피지는 페르가몬에서 발명되었다는 속설이 있다. 라틴어로 양피지는 페르가메나(pergamena)다. 이집트가 페르가몬의 도서관이 알렉산드리아 도서관과 맞먹는 위치에 오르는 걸 막기 위해서 파피루스를 페르가몬에 수출하지 않았기 때문에, 페르가몬은 이를 대체할 필사용 재료를 찾아 나섰다. 페르가몬의 도서관은 고대 도서관 가운데 양피지 문서를 대량으로 소장한 최초의 도서관으로 추정된다. 그러나 양피지가 페르가몬에서 발명되었다는 속설은 아무런 근거가 없다.[44]

양피지는 동물 가죽이다. 정확히 말하면 양피지는 양이나 염소의 가죽을 이르는 것이고, 벨럼(vellum)은 송아지 가죽을 이른다. 페르가몬에서는 대형 도서관이 세워지기 수백 년 전부터 양가죽과 벨럼이 필사용 재료로 사용되었다. 페르가몬은 특별히 정교한 양피지 생산 기술을 보유했던 것으로 추정된다. 양피지가 코덱스 제작에 더 적합한 재료였기 때문에, 중세 초기 유럽에서는 파피루스를 대체하는 필사용 재료로 양피지가 쓰였다.

가죽을 틀에 팽팽하게 끼워 가죽에 붙어 있는 살과 털을 제거한 뒤 명반과 백악을 발라 표백 및 소독을 하고, 속돌로 표면을 문지르는 공정을 거치면 필사를 할 수 있을 만큼 얇고 매끄럽고 평평한 양피지가 탄생한다. 이렇게 해서 동물 가죽이 종이로 변신한다. 양피지는 중국에서 개발된 종이보다 두께가 두껍지만, 뒷면이 전혀 비치지 않기 때문에 양면에 필사를 할 수 있다. 양피지 한 장을 반으로 접어도 필사를 할 수 있는 면은 고작 네 쪽이 나온다. 이러니 책 제작비용이 높아질 수밖에 없다. 1,000쪽짜리 성경 한 권을 제작하려면 가죽이 250장, 그러니까 양이 무려 250마리나 필요했다. 원료인 가죽을 구입하는 비용만 해도 상당했다. 여기에 양피지로 가공하는 비용과 양피지 여러 장을 한데 묶고 각 면에 공들여 줄을 긋고, 한 자 한 자 손으로 내용을 베껴 쓰고, 마지막으로 필사한 양피지 낱장을 모아 묶어서 한 권의 책을 만드는 데 들어가는 시간과 노력까지 생각하면, 중

중세 말기의 책궤
영국 옥스퍼드 머튼 칼리지

이 책궤는 중세 책궤의 여러 가지 특징을 갖추고 있다. 튼튼한 자물쇠를 단 것은 내용물이 도난당하는 걸 막기 위한 것이고, 하단에 목재 받침을 단 것은 바닥의 습기가 내용물에 닿는 걸 막기 위한 조치다. 이런 책궤는 보통 귀퉁이마다 철제 고리가 달려 있어서 장대를 꽂아 네 사람이 운반할 수 있게 되어 있다.

세에 코덱스 형식의 책 한 권을 완성하는 데 여러 달, 심지어는 여러 해가 걸리기도 했다는 이야기가 충분히 이해가 된다.[45] 때문에 당시에는 책 제작비용이 아주 높았고, 그런 만큼 제본된 책은 호화로운 경우가 많았다.[46]

책궤와 벽감과 아르마리움

중세 수도원은 일반적으로 50~500권의 책을 보유했기 때문에 넓은 보관 공간이 필요치 않았다. 대부분의 책들은 요즘의 침대보 보관함과 비슷하게 생긴 책궤에 넣어 보관되었다. 영국 옥스퍼드의 머튼 칼리지에 남아 있는 책궤가 대표적이다. 이곳의 책궤는 견고한 재료로 만들고 습한 바닥에 닿지 않도록 다리받침과 튼튼한 이중 자물쇠를 부착하는 등 보관 기능을 극대화한 구조다. 책궤가 이동할 때 흔들리고 부딪혀 파손되지 않도록 책들을 모포에 싸서 책궤 안에 넣었다. 책궤 귀퉁이에는 철제 고리가 붙어 있어서 장대를 꽂아 네 사람이 옮길 수 있도록 되어 있다. 책궤에 대한 정보를 기록한 일람표가 많이 전해지는 것으로 미루어, 16세기에 접어들 무렵까지 책궤에 넣어 보관하는 것이 가장 흔한 보관 방법이었다.[47] 책궤를 이용하면 별도의 방을 마련할 필요가 없었다. 부잣집에서는 귀중품 보관실이나 문서 보관실에 책궤를 두고 그 곁에 열람용 탁자를 두었을 것이다. 이런 문서 보관실들은 지금도 옥스퍼드와 케임브리지의 더 유서 깊은 칼리지들에 남아 있다. 머튼 칼리지에 있는 보관실은 특히 정교한 형태다.

수도원이 보유한 책들은 수도원 구내 곳곳에 흩어져 있었다. 예배용 책들은 예배당이나 성가대석이나 그 근처에 보관되었다. 필독 도서들은 독서를 권장하기 위해 식당에 보관되기도 했다. 그 외의 책들은 대개 회랑 안이나 회랑 근처에 보관되었다.[48] 6세기에 제정되어 모든 기독교 수도회 회칙의 근간이 된 베네딕트수도회 회칙에 따르면, 수도사들은 도서관에서 책을 받아다 매일 3시간씩 읽어야 한다. 독서는 수도사의 필수 의무였고, 필사는 그렇지 않았다. 이처럼 독서를 강조한 것으로 미루어, 중세 수도원에서 도서관은 대단히 중요한 위상을 지니고 있었을 것이다.

필사실은 수도사들이 읽을 책을 제작할 목적으로 수도원에 설치되었다. 중세의 여러 문헌에 '스크립토리움(scriptorium)' 이야기가 나온다. 하지만 스크립토리움이 무엇을 뜻하는지는 분명치 않다. 물리적 공간이 아니라 필사 작업을 하는 수도사 그룹을 이르는 것일 수도 있다. 장크트 갈렌 설계도에는 독립된 구조의 필사실이 그려져 있지만, 수도원에 필사실 전용 건물이 세워진 경우는 거의 없었던 것으로 보인다.[49] 수도원에서는 도서관과 마찬가지로 필사실 역시 전용 건물을 따로 짓는 방식이 아니라 기존의 공간을 용도에 맞게 개조하는 방식으로 마련되었다. 중세 초기 수도원에서는 대개 책을 베껴 쓰고 책을 읽는 활동이 동시에 이루어졌던 것으로 보인다.

당시의 사료 중에는 수도사들이 습하고 추운 공간에서 어렵게 일을 한다는 내용이 자주 나온다.[50] 더럼 대성당과 글로스터 대성당의 수도원들에는 필사실의 물리적 구조에 관한 문헌이 남아 있다(중세에 이 두 성당은 베네딕트수도회 소속이었다). 더럼 수도원은 1530년대까지 도서관으로 사용되었다. 다음은 남아 있는 기록 중 일부다.

> 수도원의 북쪽 면에는…정교한 유리가 끼워져 있었다.…창문 하나마다 일인용 열람실(carrel)이 세 개씩 놓여 있고 각 열람실에 나이든 수도사가 한 사람씩 들어가 앉았다.…수도사들은 식사가 끝나면 열람실에 앉아 오후 내내 책을 읽었다.…열람실은 삼면이 정교하게 판벽이 부착되어 밀폐되어 있고, 앞면에만 빛이 들어올 수 있게 트인 부분이 있었다. 열람실에는 책을 올려놓을 수 있는 독서대가 있었다. 열람실의 폭은 창에 끼워진 세로대와 세로대 사이의 폭을 넘지 않았다. 열람실 맞은편 성당 벽체에는 책이 잔뜩 꽂힌 커다란 나무 책장이 기대서 있었다.[51]

글로스터 대성당 역시 비슷한 수납 방식을 사용했다. 그러나 이곳 수도사들은 더 영구적인 해결책을 찾아냈다. 이 수도원은 회랑에 유리창을 달고 회랑 측면을 따라 석재 벽감들을 세웠다. 이 벽감은 일인용 열람실로 쓰기 위해서 폐쇄성을 강화할 수 있도록 판벽과 문 또는 벽걸이가 부착되어 있었던 것으로 추정된다. 이 공간은 도서관으로도 필사실로도 쓰였다. 수도사들은 회랑 벽체에 기대 세워진 아르마리움에서 책을 꺼내와 이 열람실에서 일을 했다. 석벽에 판 벽감 안에 목재 책장을 짜 넣는 경우도 있었다. 목재는 오래전에 자취를 감추었고, 벽감은 지금도 남아 있다.

회랑 안에 아르마리움을 놓으면 회랑의 간소한 아름다움이 훼손된다는 큰 단점이 있었다. 글로스터 대성당과 더럼 대성당에서는 회랑의 한 면에 아르마리움이 채워져 회랑을 다른 용도로 이용하는 게 불가능했다. 글로스터 대성당에서는 아예 회랑 양쪽 끝에 목재 칸막이를 설치해서 독립 구조의 도서관을 세웠다.[52] 대개는 교회 측면 벽, 특히 창문이나 다른 방으로 이어지는 문이 나 있지 않은 벽면에 인접한 곳이 도서관 입지로 선택되었다. 하지만 장서가 계속 늘어났기 때문에 더 효율적인 해결책이 마련되어야 했다.

첫 번째 대책은 회랑 밖 지상에 독립적인 서고를 만드는 것이었다. 이 방식을 채택하면 회랑을 계속 열람용 공간으로 쓰더라도 회랑에서 책장을 없앨 수 있었다. 이런 유형의 초기 서고는 9세기부터 나타났다.[53] 사료에 따르면, 서고로 쓰이는 방은 보통 가로 세로 3m, 높이 3~4.5m로 그리 크지 않았다. 네 면 모두에 선반이나 책궤가 놓여 있었다.[54] 움베르토 에코의 소설에서처럼 사서들만 서고에 출입할 수 있었고, 사서들만 어떤 책이 어디 있는지를 알 수 있었다. 일부 사서들은 서고 안 책의 위치를 쉽게 기억해내기 위해서 만든 장서 목록이나 일람표를 만들었고, 이 소중한 사료는 당시의 도서 배열 방식을 부분적으로나마 밝혀준다. 서고 안의 책들은 대개 주제별로 분류되었는데, 소장 도서의 핵심을 이루는 분야는 당연히 성서였다. 책들은 아랫마구리가 바깥을 향하도록 서가에 놓여 있었다. 이렇게 책을 눕혀 놓은 것은 책에 무거운 죔쇠나 화려한 장정이 부착되어 있어서 세워 놓기에 적합지 않았기 때문이다. 책의 위치를 찾을 때는 기억력에 의존하거나, 책갈피에 끼워둔 양피지 조각 또는 책마구리에 적힌 단어를 참고했다.[55]

수도원 서고는 현대적인 의미의 도서관이 아니다. 비좁고 창문도 없으며 책을 훑어볼 수 있는 설비도 없었다. 무엇보다 조명이 없어서 책의 위치를 찾기가 몹시 어려웠다. 건축학적 특징과 구조 면에서는 문구류 보관장과 유사하되, 책 보관이라는 고유의 목적에 부합하는 공간이었다. 수도사들은 서고에 보관된 책을 가까이 있는 회랑이나 후대에 마련된 좁은 개인 공간(cell)으로 옮겨와서 읽었다. 소장 도서가 몇백 권뿐이라 열람실은 따로 두지 않았다. 외떨어진 작은 마을의 수도원들에서 책이 차지하는 위상이 크지 않았다. 장크트 갈렌 설계도에서 드러나듯이, 수도원 부속건물들은 대개 농사와 연관된 용도로 쓰였다. 도서관 건축의 핵심적인 발전은 대부분 도시 중심부의 수도원들에서 일어났다.

왼쪽, 오른쪽

일인용 열람실(carrel)

1400년경, 영국 글로스터 대성당

중세 수도원 회랑은 도서관으로 쓰이는 경우가 많았다. 대개는 기존 공간에 벤치와 책상을 가져다 놓는 식이었다. 북쪽 지역에서는 한 걸음 더 나아가 창과 목재 칸막이를 설치해 일인용 열람실을 만들었다. 글로스터 대성당의 수도사들은 한 단계 더 나아가 창문이 달린 석조 열람실을 21개 만들어줄 것을 요청했다(오른쪽). 역사학자 J. W. 클라크가 앉아서 책을 읽는 사진(왼쪽)을 보면 열람실의 크기가 충분히 가늠이 된다. 1381년부터 1412년 사이에 건축된 이 회랑은 끝을 목재 칸막이로 막아 도서관 대용으로 사용했다.

새로운 수도회와 새로운 대학

작은 마을의 수도원들이 보유한 장서는 소규모였고, 외부인이 수도원에 찾아와 장서를 보는 경우는 거의 드물었다. 유럽에 대학이 세워지면서 바로 더 많은 독자들, 즉 대학에서 공부하는 사람들이 장서를 쉽게 이용할 수 있는 구조가 필요해졌다. 초기 대학들은 느슨한 구조로 짜인 교수 연합체였기 때문에 독자적인 건물을 보유한 경우는 거의 없었다. 대학들은 대개 도시에 위치한 종교 시설에서 장소를 빌려 사용했다. 이런 방식은 대학들이 해당 도시와 분쟁이 생길 때마다 다른 곳으로 이전하겠다고 위협할 수 있다는 점에서 유용한 전략이었다. 실제로 이전이 이루어진 경우도 적지 않았다. 대표적인 사례가 옥스퍼드 대학 출신의 교수들이 독립하여 케임브리지 대학을 세운 것이다. 종교 재단 역시 대학에 시설을 빌려주는 방식으로 자신의 목표를 달성할 수 있었다. 예컨대, 여러 연구자들에 의해서 이탈리아 대학들과 도미니코수도회와 프란체스코수도회 간의 관계가 드러나고 있다.[56]

성 도미니코(1221년 사망)와 성 프란체스코(1226년 사망), 그 밖의 군소 탁발수도회들이 세운 수도회 회칙들은 주로 교육과 설교에 치중해 있었다. 수도회의 목표는 저마다 달랐다. 프란체스코수도회는 도서관을 수사들이 외부인들을 상대로 설교할 수 있도록 훈련시키는 도구로 여겼고, 도미니코수도회는 도

왼쪽

웰스 대성당 도서관

1428년, 영국 웰스

애초에 도서관 용도로 지어진 방들이 등장하기 시작한 것은 13세기 말부터다. 하지만 이런 건축 방식은 그 뒤로도 오랫동안 희귀한 방식으로 남아 있었다. 이런 도서관은 회랑 상층에 세워지는 경우가 많았다. 창문은 내부에 놓인 독서대에 빛이 잘 들 수 있는 높이와 간격으로 두 개씩 짝을 이루어 배치되었다. 애초에는 한 구획에 양쪽으로 창이 두 개씩 나 있었는데, 17세기 말에 서가가 벽과 수직을 이루도록 배치하는 방식으로 전환되면서 창문의 수를 반으로 줄였다.

왼쪽

누아용 참사회 도서관

1506-7년, 프랑스 누아용

도서관 내부는 건축 이후 크게 개수되었다. 원래는 길고 밝은 창을 양쪽으로 세 개씩 내고 독서대를 놓은 도서관이었다. 17세기 말에 서쪽으로 난 창을 막고 벽에 선반을 나눈 내실 동쪽에 새로 창을 내고 독서대를 치웠다.

서관을 이단과의 전쟁에서 사용할 중요한 무기라고 보았다. 이 수도원들은 차츰 대학으로 전환되었고, 대학에서 교수들이 육성되었다. 도미니코수도회 본부가 있었던 이탈리아 볼로냐에 유럽 최초의 대학이 세워진 것은 우연이 아니다.

1270년경 도미니코 로망스 태생의 도미니코수도회 소속 수도사 홈베르토는 수도사들이 최고의 책을 참고할 수 있도록 수도원 내에 조용하고 햇빛이 잘 드는 공간을 마련하고 책들은 도난을 막을 수 있도록 사슬을 이용해 책상에 묶어두어야 한다는 글을 썼다. 홈베르토는 십중팔구 이미 세워진 건물 모습이나 자신이 목격한 건물의 모습을 상상하며 글을 썼을 것이다. 1289년에 소르본 대학 도서관이 설립되었다. 초기 도서관으로 손꼽히는 곳은 피사에 있는 성 프란체스코 성당 도서관(1355), 볼로냐에 있는 성 도미니코 성당 도서관(1381), 아시시에 있는 성 프란체스코 성당 도서관(1381), 플로렌스에 있는 산타 마리아 델 카르미네 성당 도서관(1391), 파두아에 있는 성 안토니오 성당 도서관(1396), 로마에 있는 성 마르셀로 성당 도서관(1406) 등이다.[57] 영국에 있는 웰스 대성당 도서관(1428)도 초기에 세워진 도서관이다. 이곳은 17세기에 가구가 교체되었는데, 이에 대해서는 나중에 다시 논의할 것이다. 이 도서관은 1300년대, 1400년대에 세워진 도서관 서고들과 마찬가지로 지상에 설치되었다.[58] 중세에 지어진 지상 건물은 대개 바닥에 석재나 타일을 깔아 포장을 했고, 그래서 늘 습기가 많았다. 초기에는 흔히 책 표지에 금속제 징을 박아 넣었는데, 이것은 바닥에 놓아두어도 습기가 침투하지 않게 하려는 의도에서 마련된 대책이었다. 습기는 벽을 타고 올라 벽까지 축축하게 만들었다. 습기와 곰팡이 번식은 회랑 안의 모든 공간과 서고에 문제를 일으키는 요인이었다. 습기를 확실하게 막을 수 있는 곳은 2층뿐이었다. 2층은 보안상으로도 안전했다. 창문을 손이 닿지 않는 높이에 설치하면 밖에서 기다리는 공범자에게 창살 너머로 책을 넘겨주는 것을 막을 수 있었다.

새로운 도서관 서고는 대부분 이용이 편리하도록 회랑에 마련되었다. 회랑과 열람실을 연계시키는 방식 역시 계속 유지되었다. 대개 수도원 중심부에 방을 낼 수 있는 여유 공간은 이곳뿐이었다. 자금 상황이 좋은 경우에는 화재 피해를 막기 위해 서고 건축에 석재를 이용했다. 초기에는 서고 상부는 목조 트러스를 노출시킨 채 지붕을 덮지 않았다. 화재 위험을 줄일 수 있는 더 효율적인 방법은 석재나 벽돌재를 이용해서 말라테스타 도서관의 천장처럼 반원통형 천장을 올리는 것이었다. 처음부터 석조 구조물을 지을 여력이 없는 기관들은 처음에 목조 구조물을 지었다가 나중에 석조로 교체하곤 했다. 프랑스 누아용 대성당에는 중세 목조 도서관의 외양을 짐작할 수 있는 희귀한 목조 도서관이 그대로 남아 있다. 누아용 도서관은 여러 번 내부 개조를 거쳤지만, 최초의 설계도를 그대로 재현하고 있다.[59]

북부 유럽에는 중세에 세워진 도서관 서고들이 많이 보존되어 있다. 내부 시설물까지 고스란히 남아 있는 가장 오래된 도서관은 네덜란드 쥐트펜에 있는 성 피터 성 발부르가 교회의 쾌적한 교구 도서관이다. 이 교회는 14세기에 2층 성물실 바로 옆에 작은 서고를 지었다. 1555년에 교회위원이었던 콘래드 슬라인드위터와 허먼 버너는 점차 강해지는 개신교의 위협을 막기 위해서 장서 규모를 늘리고 교구민들에게 도서관을 개방하기로 결심했다. 지금 남아 있는 건물은 1561년부터 착공해서 4년 만에 완공된 것이다.[60] 따라서 이 건물의 구조는 1, 2백 년 전 도서관

누아용 첨사회 도서관
1506-7년, 프랑스 누아용

도서관 동쪽에서 그린 정면도를 보면 중세 목재 골조 도서관의 모습이 어땠는지 분명히 알 수 있다. 17세기에 원래 있던 창문이 높고 좁은 창문으로 바뀌었고, 끝에 설치한 석조 전면부도 나중에 추가된 것이다. 이것 말고는 이 건물은 크게 바뀌지 않았다.

들의 일반적인 구조라고 볼 수 없다. 하지만 이 건물은 매우 독특한 구조를 지니고 있다. 건물의 크기는 가로 18.2m, 세로 8m이지만, 직사각형 건물은 아니다. 교회 측면 벽에 붙여 지은 단층 건물인데, 동쪽 끝부분은 교회 건물 동쪽 끝부분을 따라 둥글게 휘어 있다. 건물 구조가 특이해서 가구를 배치하는 데 어려움이 있었다. 단층 구조는 교회 창문을 막지 않는다는 이점이 있긴 하지만 이상적인 방법이 아니다. 일곱 개의 창과 석조 지붕을 설치한 이 건물에서 가장 눈길을 끄는 것은 건물 내부에 설치된 가구다. 건물 안에는 책상이 18개가 있는데, 말라테스타 도서관의 방치와는 전혀 다른 구조의 책상이다. 이 책상은 길이 2.7m, 바닥에서 상단 장식까지의 높이가 1.7m로, 경사진 독서대가 책상 양면에 설치되어 있다. 독서대와 좁은 좌석은 받침목으로 연결되어 있어서 열람자는 어느 쪽 좌석이든 이용할 수 있지만, 좌석이 아주 좁아서 두 열람자가 한 좌석에서 등을 대고 앉을 수는 없다. 말라테스타 도서관과는 다르게, 서가는 따로 설치되어 있지 않고 경사진 독서대에 책이 놓여 있다. 책은 사슬에 묶여 있고, 이 사슬은 독서대 상단에 설치된 쇠막대기에 고리로 연결되어 있다.[61]

이 장에서는 1500년 이전에 세워진 도서관들 가운데 극소수만이 지금까지 보존되고 있고, 이 시기 도서관들과 관련된 사료들이 많지 않다는 걸 살펴보았다. 쥐트펜의 도서관은 1300년-1550년 사이에 세워진 도서관의 구조를 폭넓게 반영하고 있다는 속설이 있지만, 실제로는 그 이후에 지어진 것이다. 이 시기의 도서관들은 요즘 도서관 설계 시에 당연히 고려되는 여러 가지 요소가 배제되어 있다. 도서 열람을 위한 방들은 간소한 구조로 독서대가 설치되어 있다. 서가가 설치된 경우에도 책을 수직으로 세워 꽂는 게 아니라 수평으로 눕혀 꽂았다. 개방형 서가가 설치된 사례는 아예 찾아볼 수 없다. 서가를 빼곡히 설치한 사례도 없다. 책은 폐쇄형 서가나 책궤에 보관했다가 필요할 때만 꺼내갈 수 있게 되어 있었다. 쥐트펜 도서관에서는 책을 책궤에 넣지 않고 사슬을 이용해서 책상에 단단히 묶어 놓았다. 이런 방식은 다음 세기에도 계속 채택되었다. 그러나 16세기에는 책 생산이 급증하면서 도서관 디자인에 큰 변화가 일어났다. 다음 장에서는 이 내용을 다룰 것이다.

성 피터 성 발부르가 도서관
1555년, 네덜란드 쥐트펜

이 교구 도서관은 가장 오래된 독서대 양식의 도서관으로, 건축 당시의 원형을 거의 보존하고 있어서 북부 유럽의 중세 독서대 양식 도서관의 구조를 분명히 확인할 수 있다. 책들은 사슬에 묶여 독서대 상단에 설치된 쇠막대기에 고리로 연결되어 있고, 쇠막대는 사슬을 함부로 빼낼 수 없도록 한쪽 끝에 걸쇠와 잠금장치가 있다. 책은 독서대 위 정해진 자리에 놓여 있다. 이탈리아 도서관과는 달리, 책상 양쪽에 경사진 독서대가 있기 때문에 양쪽 독서대를 이용하는 열람자들은 서로 마주보는 자세로 좁은 좌석에 앉아야 한다.

수납장, 사슬, 진열대

16세기의 도서관

이 장에서는 1500년대, 1600년대 유럽의 종교개혁 시기를 다룬다. 16세기 초기의 도서관과 후기의 도서관은 아주 상이하다. 비교적 최근까지도 이 차이는 제대로 인식되지 않아서 여러 가지 오해가 계속 발생하고 있다. 인쇄술의 발명과 종이 도입은 일부 저술들이 주장하는 것처럼 유럽 도서관 디자인에 직접적인 영향을 미치지 않았다. 첫 인쇄기가 유럽에 등장하고 50여년이 지난 1500년에도 변한 것은 거의 없었고, 도서관들의 외양은 200년 전과 비슷했다. 출판되는 책은 늘어갔지만, 아직은 이를 수용할 물리적 공간에는 큰 변화가 일어나지 않았다. 16세기에는 도서관 형태에 중대한 발전이 있었다. 책을 보관하는 방들에 변화가 있었고, 설비와 장식에도 변화가 있었다.

하지만 이 장에서는 유럽이 아니라 중국 이야기로 시작하려 한다. 중국 밖에서 중국 도서관에 대해 쓴 저술의 양은 극히 미미하며, 그나마 서구의 언어들로 집필된 저술은 대부분 중국 사회에서의 책의 역할과 도서 소장 사례에만 집중해왔다. 현존하는 가장 오래된 중국 도서관은 16세기에 지어진 것이지만, 중국 도서관의 역사는 그보다 훨씬 오래되었다.

히어포드 성당 도서관
17세기, 영국 히어포드

이곳은 지금도 도난을 막기 위해서 사슬로 책을 선반에 묶어 놓는 관습을 유지하고 있는 몇 안 되는 도서관 중 하나다.

중국에서의 도서관 발달

중국 도서관 건물 중에 온전히 남아 있는 가장 오래된 것은 상하이에서 남쪽으로 150km 떨어진 닝보에 있는 톈이거(天一閣)이다. 퇴직한 관료였던 판 친이 1561년경(정확한 연도는 알 수 없다)에 지었으며, 4백년 가까이 그의 직계 후손들의 소유 아래 있었다.[1] 판 친은 26세 때인 1532년에 과거에서 장원급제했고, 관료로서 승승장구하면서 중앙관직을 거쳐 여러 지방의 수장직을 맡았고, 1560년에는 지금의 국방부 차관에 해당하는 직책에 올랐다. 그가 맡은 마지막 직위는 오래 가지 않았다. 그는 문책을 당하는 고초를 겪은 후 관직에서 물러나 고향으로 돌아가 개인 도서관을 짓는 데 몰두했다.[2]

중국 도서관들의 상당수가 화재로 소실되었다. 판 친은 자신의 장서를 보호하기 위해서 고대 중국의 풍수사상을 적용해 도서관을 짓고자 했다. 건물의 위치, 방향 및 배치만이 아니라 도서관 명명에도 특별한 주의를 기울였다. 이때 참조한 것이 본질적으로 점술서이지만 초기 중국 철학서로 상당히 중요하고 추앙받는 주역이었다. 톈이(天一)는 '하늘의 수 1'이라는 뜻이다. 한나라(기원전 206-기원후 220) 때 주역에 주해를 달았던 학자들은 '하늘의 수 1'을 북쪽에 놓으면 물을 부르는 것이라고 보았다. '톈이'라는 이름을 붙인 것은 전통적으로 책과 건물의 적으로 꼽히던 불을 막겠다는 의도였다. 풍수 효과를 극대화하기 위해서 판 친은 건물 앞에 연못을 파고 지붕 목재에 물결과 너울의 그림을 그려 넣었다. 《주역》에 따르면 6이라는 수 역시 물을 암시하는데, 그는 건물 곳곳에 이 수의 개념을 반복해서 표현해놓았다. 그는 건물을 6칸 구조로 나누었으며, 서가도 이 개념을 따라 배치했다.[3]

톈이거는 개인 도서관이었다. 계단 꼭대기 2층에 다다르면 긴 비문이 서 있다. 가족이 아니면 아무도 들이지 말 것이며, 친지라고 할지라도 도서관 경내에서 책을 가지고 나가게 해서는 안 된다는 내용이다. 도서관 경내에는 정자와 정원이 있고, 정원 주위에는 담이 둘러져 있다. 골목길을 따라가면 정원으로 들어가는 문이 있지만, 문에는 자물쇠가 채워져 외부 세상과 완전히 격리되어 있다. 도서관을 에워싼 높은 벽돌담과 골목길은 인근 건물에서 화재가 발생할 경우 도서관을 보호하기 위해 고안된 것이다. 넓은 아래층은 독서와 작문을 하기에 적합하며 정원에서 들어가게 되어 있다. 책들이 보관되어 있는 위층은 골목길에 난 출입구 바로 안쪽에 있는 알아보기 힘든 문을 통해서 들어가게 되어 있다. 요즘은 일반인은 정원 안까지만 들어갈 수 있고, 도서관에는 들어가지 못하게 되어 있다. 원래는 두 곳 모두 가족들 중에서도 어른이 아닌 사람은 접근할 수 없게 되어 있었다.

건물은 목조이고 바깥 담장은 벽돌조이다. 책은 2층에 보관되어 있다. 2층은 6칸 구조인데, 첫 번째 칸에는 계단이 있고 마지막 칸은 화재로부터의 보호를 위해서 비어 있다. 장서고 자체는 4칸으로 나뉜 방 하나로, 지붕까지 트여 있고 양옆으로 창이 나 있다. 창에는 미닫이 창살문이 달려 있다. 공간은 꽤 어둡다. 책들은 문이 달린 서가 안에 보이지 않게 보관되어 있는데, 양

아래

텐이거

1561년경, 중국 닝보

도서관 아래에 위치한 1층 방의 문은 바로 정원으로 이어진다. 이 방은 예전에는 독서와 집필 용도로 사용되었던 것으로 보이는데, 지금도 도서관을 소유한 가족 성원들만 들어갈 수 있다.

옆에 수납장을 세우고 뒤쪽에 수납장 하나를 세우는 형태로 여러 개의 구획이 나뉘어져 있다. 세 번째 칸은 다른 수납장보다 크고 장식이 많은 수납장이 세워져 있는데, 이는 황제로부터 하사받은 선물이라 한다.

중국에서의 책의 발전

텐이거에 소장된 책은 사진으로 볼 수 있다. 이 책들은 요즘 책들과는 다르게 중국 전통 방식에 따라 마치 꾸러미처럼 쌓여 있다. 이 책들은 종이로 만들어졌다. 중국인들은 종이 발명 이전까지는 금과 은을 포함한 여러 가지 필기 재료를 사용하였지만, 의외로 동물 가죽에 글을 쓰는 서구의 관습은 받아들이지 않았다. 신석기 시대에는 메소포타미아인들처럼 점토에 글을 썼고, 은나라(기원전 1600-1046) 때는 뼈와 조개껍질, 동, 대나무, 그리고 나무에 글을 썼고, 주나라(기원전 1030-722) 때는 대나무, 돌, 비취, 비단에 글을 썼다.[4] 이런 초기 재료들은 대부분 주술문을 쓰는 데 사용되었다. 좀 더 흥미로운 것은 지금까지 남아 있

는 석판이다. 175-180년에 7개의 유가경전(儒家經典)이 46개의 석비에 새겨졌는데, 그 글자 수가 20만 개에 달한다. 175-1900년 사이에 돌에 새겨 경전을 보존하려는 시도가 일곱 번 있었고, 이는 그중 하나일 뿐이다.[5] 현존하는 석경(石經) 가운데 가장 인상적인 것은 팡샨에 남아 있는 석경이다. 수도승들이 7,000개 이상의 석판 위에 4백만이 넘는 단어를 써서 105개의 불교경전을 새겨 넣었다. 이 작업은 605년에 시작하여 1091년에 끝이 났고, 경전을 영원히 보존하려는 염원으로 밀폐된 동굴 안에 봉해졌다. 불행하게도 이 동굴들은 방수가 되지 않았다. 동굴이 발견되었을 때 그 안에서는 석판 대다수가 심각하게 훼손되어 있었고, 석판들은 보존을 위해 다른 곳으로 옮겨졌다.[6]

중국어의 세로 필기 방식은 긴 대나무 조각이나 나무 조각을 필기 재료로 사용한 데에서 유래한다. 긴 글을 쓸 때는 대나무 조각을 엮어 만든 두루마리를 사용했고, 편지나 짧은 글을 쓸 때는 나무 조각을 사용했다.[7] 대나무나 나무의 대체 재료는 비단이었다. 고고학 자료를 보면 비단은 기원전 6세기나 7세기경에 처음으로 필기 재료로 사용되었고, 남북조시대(420-589)에도 계속 사용되었음을 알 수 있다. 필기에 사용된 비단을 '보(bo)'라고 불렀고, 염색을 하지 않은 것을 사용했다.[8] 글씨는 붓과 먹물(검댕으로 만든 것)로 썼다.[9] 비단은 가볍고 내구성이 비교적 좋지만 비쌌기 때문에, 결국에는 훨씬 싸면서도 표면 재질이 비단에 밀리지 않는 종이에 밀려 쓰이지 않게 되었다.

종이의 발명

종이는 필기 재료로 완벽했다. 값싸고 생산하기도 쉽고 표면이 매끈하고 내구성도 좋은 데다, 원료도 어디서나 쉽게 구할 수 있었다. 당대 중국인들의 설명에 따르면, 종이를 발명한 것은 카이 룬(蔡倫, 121년 사망)이었다. 그는 환관으로 황실에 들어갔다가 97년에 무기와 기구를 관장하는 부서의 책임자로 승진했다. 그의 종이 발명 이야기는 이렇게 전한다.

> 고대에는 일반적으로 대나무판이나 … [키안보] … 라고 불리는 비단 조각 위에 글쓰기를 했다. 하지만 비단은 비싸고 대나무는 무거워서 사용하기에 편리하지 않았다. … [카이 룬] … 이 나무껍질과 삼베 조각, 헝겊과 어망을 이용해서 종이를 만들려는 구상을 했다. 그는 … [원흥 원년(元興元年, 105년)에] 그 결과를 황제에게 보고했고, 황제는 그의 능력을 치하하였다. 이때부터 종이는 세상에서 널리 사용되었고, '채후지(蔡侯紙)'라는 명칭으로 불리고 있다.[10]

지금은 그 이전에도 다른 종류의 종이가 있었음이 밝혀졌고, 따라서 카이 룬은 종이를 발명한 것이 아니라 기존의 기술을 새로운 용도로 변용하였을 것으로 추측한다. 그렇다 하더라도 더 값싸고 더 효율적인 종이제작 과정을 발전시키고 대중화한 것은 그의 업적이라고 하겠다.

아래
텐이거
1561년경, 중국 닝보
서가 뒤에 좁은 통로를 설치한 유일한 목적은 수납장 뒤쪽의 통풍을 고려한 것이다.

餕二次
前後假山植有花木今春略為增蒔如有子姓攀
折毀傷罰不與餕一次
花壇假山及一應石砌毋得扒掘損壞捶白擣衣
違者罰不與餕一次
登樓

왼쪽, 위

톈이거

1561년경, 중국 닝보

계단 꼭대기에 난 계단참(왼쪽)에 걸린 액자에는 가족이 아닌 사람은 결코 들어올 수 없으며 도서관 구역 밖으로 책을 반출하는 행위는 일체 허용되지 않는다는 권고와 도서관 규칙을 적은 문서가 들어 있다. 이곳은 중국에서 옛 모습을 그대로 간직하고 있는 가장 오래된 도서관이다. 첫 번째 칸의 수납장 문(위)이 열려 있고, 그 사이로 종이로 포장된 책이 보인다. 책들 사이에 놓인 흰 주머니에는 벌레 퇴치용 약초가 들어 있다. 수납장 아래에는 습기를 흡수할 목적으로 커다란 석고 조각을 넣어두었다. 평소에는 수납장을 모두 닫아 놓는다. 이 방에서도 책을 읽을 수는 있지만 대개는 1층 방이나 정원에 가져가서 읽었을 것이다.

물에 불려 부드러워진 섬유질을 발에 걸러 얇은 막 형태로 만든다. 발에 걸러진 섬유질에서 수분이 빠진 뒤 건조시키면 종이가 된다. 기원전부터 종이는 이런 식으로 만들어졌다. 지금도 제작 과정은 거의 동일한데, 큰 차이가 있다면 섬유질의 종류 선택과 발의 제작 방식이다. 카이 룬은 마와 헝겊, 나무껍질을 사용했지만, 종이의 최대 장점은 여러 가지 재료를 이용해 만들 수 있다는 점이다. 주재료는 식물성 섬유질이다. 식물성 섬유질은 거의 모든 식물에 있지만, 길이가 긴 섬유질의 함량이 높고 결합물질의 농도가 낮은 것이 종이 제작에 가장 적합하다. 종이의 원료로 쓸 식물은 쉽게 구할 수 있어야 하고 섬유질을 뽑아내기 쉽고 값이 싸야 한다. 가장 흔히 쓰이는 재료는 대마, 삼마, 라미, 등나무, 뽕나무 껍질, 갈대, 대나무, 목화, 그리고 벼와 밀의 줄기이다. 대마와 목화는 양질의 종이를 만들 수 있는 재료지만, 대개는 직물 제조용으로 비축되었다. 따라서 중국에서는 종이 제작에 뽕나무와 대나무를 주로 썼다.[11]

종이의 발명으로 동양은 서양보다 수백 년 앞서갔고, 덕분에 고도의 행정과 관료체제를 만들 수 있었다. 동양에서 종이는 글쓰기를 위해서 발견된 것이 아니었다. 글쓰기는 종이의 수많은 쓰임새 중 하나였을 뿐이다. 종이벽, 종이가구, 종이옷, 종이우산, 그리고 종이부채, 심지어는 종이갑옷도 만들어졌다. 1393년 무렵 중국 황실에서 화장실 휴지로 연간 72만장의 종이를 소비했다. 엄청난 양의 종이가 생산되었다는 이야기다.[12] 마침내 종이는 실크로드를 거쳐 서양으로 건너갔다. 중앙아시아에서는 7세기나 8세기경에 종이가 사용되었지만, 유럽에서 종이가 널리 쓰이고 책 제작에 사용되었던 것은 14세기가 되어서였다.[13]

초기 중국 도서관

18세기 이전에 중국 도서관들은 두 가지 유형으로 나뉘었다. 관료들을 위한 도서관(황제의 도서관을 포함해서)과 톈이거 같은 민간 학자들을 위한 도서관이 그것이다. 중세 서구에 출연했던 준공공 대학 도서관이나 공공도서관에 해당하는 곳은 없었지만, 개인이 지역 사회에 자신의 장서[14]를 개방하는 경우가 종종 있었다. 중국에는 톈이거 이전의 것으로 부속 가구들까지 온전히 남아 있는 도서관이 없고, 따라서 그 이전의 도서관의 형

위
텐이거
1561년경, 중국 닝보
도서관 뒤편 정원. 왼쪽에 보이는 정원 출입문 옆에 계단으로 이어지는 입구가 있다. 정원은 높은 담으로 사방이 둘러싸여 있다. 가족과 친지만이 정원에 들어올 수 있었다.

태를 유추할 방법은 문헌자료에 의지하는 것뿐이다.[15] 그 가운데 텐이거에 필적할 만한 유일한 건물은 1536년에 완공된 황쉬청(皇史宬)이다. 반원형 천장에 벽돌로 지어진 기록보관소로서 황국의 기록을 보관했다. 그보다 이른 한나라 때는 장서 보관에 대나무 궤(櫃)를 이용했다. 명나라 이후로는 텐이거의 경우처럼 서가를 이용하였다. 한 자료에는 특별히 공을 들인 배치가 다음과 같이 묘사되어 있다.

> 수나라(581-618) 양제(604-607)는 개인 도서관을 소유하고 있었는데, 그곳은 14개 서재로 이루어져 있었고, 각 실에는 창문과 문, 침상, 방석, 책장이 있었으며, 이 모든 물건들의 장식과 배치는 무척 우아했다. 서재에는 2실 건너 1실마다 정방형의 개방형 문이 있고 (문 앞에) 비단 커튼을 달아놓고 (문 위에는) … 날아오르는 모습의 2개의 형상[불멸의 형상]이 있었다. 이들 문 밖의 바닥에는 일종의 제륜 장치가 (설치되어) 있었다. 황제가 도서관으로 향할 때면 향로를 든 궁녀들이 앞장섰는데, 이들이 제륜 장치를 디디면 날아오르는 형상들 … [불멸의 형상들이] … 아래로 내려와 커튼을 들어 올려 원래의 위치로 돌아가고, 그와 동시에 문이 젖혀져 열리고, 책장의 문들이 자동으로 열렸다. 황제가 밖으로 나오면, 모든 것이 다시 닫히고 원래의 상태로 돌아갔다.[16]

초기부터 황궁에는 기록보관소와 도서관이 필요했다. 이 건물들은 왕궁의 북쪽 면에 배치되었는데, 중국인들은 전통적인 우주론에 따라 북쪽은 물과 연관이 있어서 도서관을 화재로부터 보호해 준다고 여겼다. 텐이거에서 보이듯이, 중국인들은 이 건물들의 지붕 재목에 물을 묘사한 형상을 그려 넣고 대개는 인공 해자나 천연 해자로 도서관 주위를 에워쌌다.[17] 중국을 최초로 통일한 진나라의 시황제는 기원전 213년에 역사를 다시 써서 자신의 지배를 정당화하고 저항을 억누르기 위해 책을 태워 없앤 것으로 악

오른쪽
웬유안거
18세기. 중국 베이징 자금성

웬유안거는 건륭제의 명령에 따라《시쿠첸슈四庫全書》한 벌을 보관하기 위한 용도로 1776년에 완공되었다. 건륭제는 관리를 보내 톈이거를 조사하여 자신이 세울 도서관 설계의 근간으로 삼으라고 명했다. 웬유안거가 더 크지만 두 건물의 외관은 비슷하다. 1층 중앙 열람 공간은 황제를 위한 공간이다. 이곳에는 2층 서고의 수납장 외에도 수납장이 설치된 갤러리가 있었다.

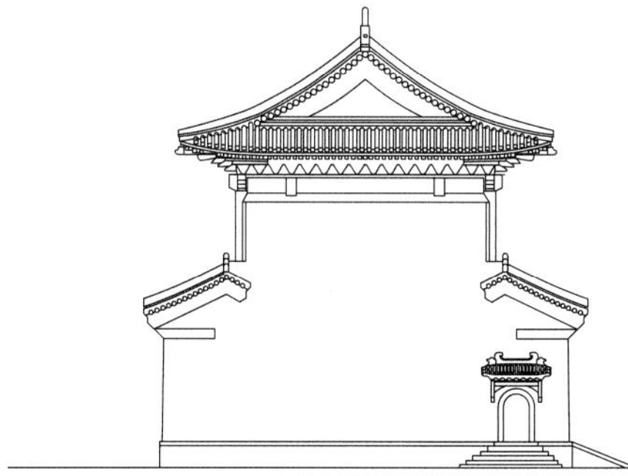

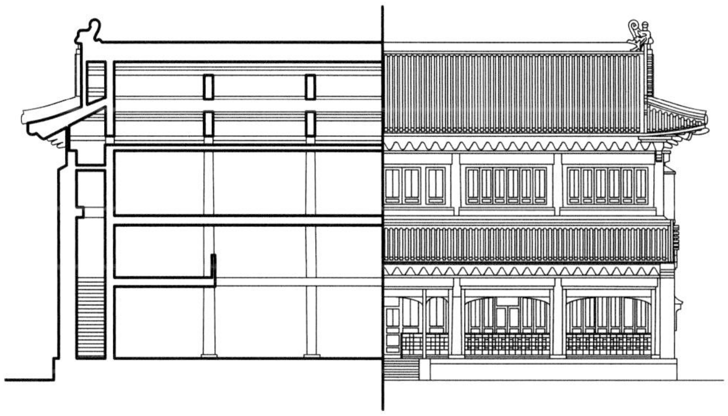

명이 높다. 그는 황궁에 보관되어 있던 장서만 남겨두었는데, 이 역시 기원전 206년에 일어난 반란 당시 소실되었다.[18] 한나라 때는 도서관의 규모가 늘어났고, 황실 도서관을 개선하려는 시도가 나타났다. 널리 알려진 당대의 도서관으로는 시치거(石渠阁)와 톈루거(天禄阁), 그리고 치린거(麒麟阁)가 있다. 이들 모두 중국의 중부에 있는 지금의 시안 중심부에 인접한 거대한 웨이양궁(未央宫)의 북쪽 구역에 세워졌다.[19] 중국에서는 상당수의 옛 건축물들이 소실되었는데, 웨이양궁 역시 후대에 완전히 소실되었다. 지금 전해지는 것은 이 궁전들과 후대에 세워진 중국 도서관들의 물리적 형태에 대한 간단한 묘사뿐이다. 이들 도서관은 대개 여러 개의 목조 누각으로 이루어져 있었는데, 건물 배치는 모든 중국 목조 건물 건축에 적용되던 것과 동일한 원칙을 따르고 있었다. 도서관들은 보통 필사와 제본을 담당하는 관료를 고용했다. 중국 도서관은 초기부터 열람과 장서 보관을 긴밀히 연계시키는 구조를 지니고 있었던 것으로 보인다.[20]

《시쿠첸슈》

황실 도서관들은 대대로 포괄적인 장서 집성을 위한 시도를 반복적으로 시도했다. 가장 방대한 집성 총서는 명나라 1408년에 완성된《영러다디엔永樂大典》이지만, 지금 전해지는 것은 후대에 만든 사본 일부뿐이다.《시쿠첸슈四庫全書》는 18세기 후반에 청나라 황제들의 명에 따라 편찬된 것으로 여러 부의 사본이 남아 있으며, 복사본으로도 인쇄되고 있다.《시쿠첸슈》는 고전, 역사, 철학, 문학 분야의 중요한 문헌들을 집대성하려는 시도였다. 361명의 편집인들이 청나라 전역에 흩어져 있는 약 11,000편의 문헌들을 편집하는 과정에서 3,000개가 넘는 텍스트를 부적당하다고 여겨 삭제하거나 폐기했다. 필경사 3,800명이 편집인의 승인을 거친 텍스트들을 글로 옮겨 7질의 정본을 만들었는데, 이것은 권수로 따지면 36,381권에 이른다(자수로 따지면 8억 자가 넘는다). 이 편찬사업은 9년 동안 진행되어 1782년에 완성되었다. 완성된《시쿠첸슈》는 전용 보관소로 세워진 7곳의 도서관에 한 질씩 보관되었다.[21]

이 도서관들은 당대에도 중국에서 손꼽히던 도서관 톈이거를 본보기로 삼아 세워졌다고 전해진다. 황제가 톈이거에 하사한 서가는《시쿠첸슈》편찬에 기여한 공로를 치하하기 위해서 그 가문에 내린 것이다.[22]《시쿠첸슈》전용 보관소로 건립된 도서관 7곳 가운데서 베이징 쯔진칭(紫禁城)에 있는 웬유안거(文津閣)와 센양에 있는 웬슈오거(文溯閣), 청더의 웬진거(文津閣), 이렇게 3곳만이 오늘날까지 남아 있다.[23] 이 도서관들은 전체적으로 6칸 구조를 유지하면서도, 여분의 소장 공간을 마련하기 위해 1층과 2층 사이에 중이층을 두고 있다는 점이 톈이거와는 다른 특징이다. 1층 한가운데 있는 3칸은 황제의 열람실로 쓰기 위해 중이층을 배치하지 않고 다른 칸보다 두 배 높은 구조로 설치했다. 2층은 도서 소장 전용 공간이다.

《시쿠첸슈》는 중국 황제들이 대대로 지식을 통제하려고 시도했음을 확인할 수 있는 비교적 최근의 사례이다. 황제들은 책을 수집하고 검열하는 데 있어 동일한 방식을 따랐다. 저자 입장에서는 황실 도서관에 자신의 저서가 보관되는 경우에는 영예를 입을 수 있지만, 불허 결정이 날 경우에는 혹독한 시련을 겪어야 했다. 황실 관료로 승진하기 위해 의지할 수 있는 방법은 연줄이 아니라 과거시험이었고, 이는 개인적으로 책을 소장하려는 욕구를 강화했다. 개인 소장가들은 인근에서 과거를 준비하는

왼쪽, 오른쪽
마르치아나 도서관
1564년, 이탈리아 베네치아

2층 입구의 베스티불(왼쪽), 화려하게 장식된 1층 중앙의 입구에서 역시 풍성한 장식이 된 웅장한 계단을 올라가면 나오는 곳이다. 이 베스티불에는 1591-6년 이후에 그리마니 가문이 수집했던 고전주의 조각품들이 보관되어 있다. 이곳을 지나면 열람실(오른쪽 사진의 입구 뒤쪽으로 보이는 곳)이 나온다. 천장 원형 그림들은 당대에 명성을 날리던 베네치아 미술가들이 그렸다. 이 방에는 말라테스타 도서관에 있는 방치 형태의 독서대가 양쪽 벽 쪽에 19개씩 38개가 줄지어 있다. 책들은 사슬에 묶여 독서대에 연결되어 있다.

사람들이 이용할 수 있도록 자신의 도서관을 개방하기도 했다. 장서 소유 여부에 따라 개인의 사회적 지위가 결정되었는데, 이는 중국에서만이 아니라 유럽에서도 널리 공인되는 관점이었다.

이탈리아 르네상스 시대의 도서관

15세기와 16세기—이른바 '이탈리아 르네상스' 시대—에 이탈리아 건축물은 유럽 건축의 역사에서 독보적인 역할을 담당하고 있다. 그 후 여러 세기에 걸쳐서 유럽 전역의 건축가들이 이 시대의 건물들을 그리고, 토론하고, 출판하고, 세심하게 관찰하는 과정에서 그 위상은 점점 커져왔다. 이 시대 이탈리아 건축물들의 양식과 형태는 18세기, 19세기까지도 고전적인 건축 디자인의 표본이라는 위상을 유지했다. 1500년대 무렵에도 이탈리아 도서관들은 꽤 긴 역사를 가지고 있었다. 나중에 다시 살펴보겠지만, 1200년대 후반에 이미 도서관이 세워졌는데, 이들은 2층에 방을 두고 개방형 목조 천장을 올린 형태였다. 새로운 유형이 탄생한 것은 1400년대 중반에 건축가 미켈로초가 메디치가를 위해 피렌체에 산 마르코 도서관을 지으면서부터다.[24] 이때 지은 방은 지금도 남아 있지만, 가구들은 오래전에 소실되었다. 이전의 도서관과 마찬가지로 2층에 방을 두었지만, 아치형 석조 천장을 설치했다. 중앙 통로에는 긴 반원통형 천장을 올렸고, 양쪽에 있는 기둥과 기둥 사이 공간에는 교차형 반원통형 천장을 올렸다. 앞 장에서 길게 논했듯이, 마테오 누티는 체세나에 말라테스타 도서관을 설계하면서 이 디자인을 거의 그대로 본떴다. 교회 신도석 모양의 의자(방치)가 양쪽에 줄지어 놓여 있고, 중앙 통로에 지주 기둥이 두 줄로 서 있는 방은 1400년대 후반 이탈리아 도서관의 전형적인 모습이다. 기둥이 아래층 벽체에 맞춰 세워져 있는 경우가 드물어서 반원통형 천장을 만들기에 어려움이 있었다. 도서관들이 모두 이런 설계를 따랐던 것은 아니었다. 역시 피렌체에 있는 산타 크로체 도서관(1427)과 산티시마 안눈치아타 도서관(145)은 기둥을 세우지 않고 단일 경간(span) 구조였던 것으로 보인다. 하지만 콰트로첸토(quattrocento, 1400년대) 말기에는 기둥을 두 줄로 세워 공간을 3개로 나눈 형태가 여전히 널리 채택되었다는 게 통설이다.[25] 1500년대에 이르러 변화가 일어나면서 후대의 도서관 디자인에 큰 영향을 미치는 중요한 진전이 이루어졌다. 첫 번째 진전을 확인할 수 있는 곳은 마르치아나 도서관이다.

마르치아나 도서관

베네치아 산 마르코 광장에 있는 마르치아나 도서관은 이탈리아에서 손꼽히는 중요한 학술도서관이다. 지금은 학술 목적을 위해서 인접한 건물 몇 곳을 함께 사용하고 있는데, 그중에는 17세기 말에 박하 저장 목적으로 세워진 건물도 포함되어 있다. 애초에 도서관으로 세워진 건물은 여전히 도서관에 속해 있지만, 지금은 박물관과 안내소로만 사용된다. 이 도서관은 산 마르코 광장과 피아체타(소광장)가 만나는 모퉁이에 있다. 산 마르코 광장과 그랜드 캐널을 잇는 피아체타는 양옆에 두칼레 궁전과 도서관 회랑을 끼고 있다.

마르치아나 도서관의 역사는 라벤나의 바르실리오스 베사리온 추기경(1403-1472)의 죽음에서 비롯한다. 베사리온은 로마에서 그리스 문헌 전문 학술원을 운영하는 인문학자였다.[26] 르네상스 시대의 인문주의는 혹자가 말하는 것처럼 지적 생활의 중심에 인간을 두는 철학이 아니라 인문학의 부흥을 추구하는 학술운동이었다. 중세 학자들은 신과 관련된 문제에만 골몰해 있었다. 인문학자들은 어떤 형태로 되었든 모든 고전 문헌을 찾

왼쪽
마르치아나 도서관
1564년, 이탈리아 베네치아
도서관 전면부. 피아체타라고 불리는 소광장에 면해 있고 두칼레 궁전을 마주보고 있다. 도서관은 오른편 2층 창문들 뒤에 있다.

오른쪽
로렌티안 도서관
1571년, 이탈리아 피렌체
독서대 끝부분의 세부. 열람자들이 사슬에 묶인 책의 위치를 찾을 때 쓰는 목록이 게시되어 있다.

아내고자 했고, 지금 전해지는 부실한 사본들과 훼손된 파편들을 연구하여 학술적 가치가 있는 정확한 고전 문헌을 편찬해내려고 했다.[27] 인문주의의 융성에 힘입어 개인들은 다양한 주제를 연구하는 일에 뛰어들었다.

베사리온은 막대한 부와 직위의 힘을 이용해서 고대 그리스 문헌 필사본 수집에 나섰고 세계적으로 손꼽히는 훌륭한 장서를 이뤄내었다. 길고 긴 협상 끝에 그는 열람을 원하는 모든 사람에게 개방한다는 단서를 붙여 자신의 장서를 베네치아 공화국에 넘기는 데 동의했다.[28]

베네치아는 예전에 문헌 취득과 관련해서 안타까운 일을 겪은 적이 있었다. 르네상스 인문주의의 아버지라고 불리는 페트라르카(1304-1374)는 자신의 장서를 베네치아 공화국에 넘기는 문제를 의논했지만 협상은 결렬되었고, 그가 죽자 장서는 파두아로 옮겨졌다. 처음에는 베사리온의 장서 역시 적절한 보관 장소를 찾지 못할 것처럼 보였다.

1472년부터 1485년에 이르기까지 도서 1,024권이 밀봉한 상자 안에 그대로 보관되어 있었다. 1488년에 사서가 정해졌지만, 이 도서들은 수십 년 동안 임시 보관소를 벗어나지 못했고, 학자도 일반인도 이 도서를 이용할 수 없었다. 피에트로 벰보 추기경(1470-1547)이 베사리온의 장서를 관리하는 사서 역할을 맡았던 1530년대에 이르러서야 변화가 일어났다. 벰보는 직위의 힘을 동원해서 산 마르코 광장 주변의 건물을 관리하는 행정관들에게 베사리온 장서를 소장할 적당한 공간을 마련해야 한다고 설득하는 한편, 뛰어난 건축가 자코포 산소비노(1486-1570)에게 설계를 맡겼다. 여러 가지 문제와 역경이 따르긴 했지만, 이 건축 사업은 결국 고전주의 건축의 극치를 낳았다.[29]

산소비노는 산 마르코 광장의 한쪽 면과 거기서 이어지며 두칼레 궁전을 마주하고 있는 피아체타의 한쪽 면을 재개발하는 계획의 일부로 도서관 설계를 진행했다. 그의 생전에 이루어지진 못했지만, 지금 산 마르코 광장 인근의 모습은 산소비노가 구상한 계획과 얼추 일치한다. 도서관은 피아체타 재개발 계획의 일환으로 우선적으로 추진되어 거의 마무리 단계에 접어든 1564년에 장서를 그곳으로 옮겨 보관했다. 하지만 도서관의 미완성 부분은 27년이 흘러 계획에 포함되는 부지 전체가 모두 정리된 뒤에야 공사가 마무리되었다. 그때까지 도서관은 미완성 상태였다. 도서관을 비롯한 산소비노의 산 마르코 광장 재개발 계획은 17세기에 들어와 빈첸초 스카모치의 손을 거쳐 완공되었다.[30]

산소비노가 지은 도서관 건물에서 가장 관심을 끄는 부분은 건물의 전면부다. 종전과 같이 도서관은 2층에 배치되었다. 대개의 경우 이런 배치는 습기를 피하기 위한 대책이지만, 베네치아에서는 항상 존재하는 홍수의 위협을 피하기 위한 대책으로 마련된 것이었다. 마르치아나 도서관의 형태는 익히 알려진 베네치아 건축 양식을 따른 것이다. 1층에 아치를 올린 회랑(아케이드)을 두고 그 위에 인상적인 주요 층(피아노 노빌레)을 올린 형태다. 산소비노가 뛰어난 기량으로 크고 작은 기둥과 아치를 혼합하여 배치한 방식은 후대의 건축가들 사이에서 큰 호평을 받았다. 도서관으로 들어가는 내부 통로의 설계에 기울인 배려 역시 독창적이다. 광장에 접한 1층 회랑에 들어서면 웅장한 문이 나온다. 이용자는 화려하게 장식된 첫 번째 계단을 올라가 계단참을 끼고 돌아 두 번째 계단을 오르면 베스티불(vestibule, 다른 방으로 이어지는 현관 역할을 하는 방)이 나온다. 티티안이 그린 천장화가 있는 이 베스티불은 사립학교의 교실 용도로 설계되었지만, 이 용도로 쓰인 기간은 길지 않았다. 이곳은 1591-6년에 추기경 그리마니가 소장했던 고전주의 조각품들을 보관하는 웅장한 박물관으로 개조되어 지금까지 이어지고 있다. 지혜를 상징하는 티티안의 천장화는 열람실을 찾는 이용자들에게 마음의 준비를 하게 했다.[31]

이처럼 웅장한 입구를 거쳐서 들어서는 열람실은 이용자에

SANCTI PATRES LATINI
CONTINENS
MSS. CODD. X

로렌티안 도서관
1571년, 이탈리아 피렌체

입구에서 바라본 도서관 전경. 완공 직후에는 양쪽 벽에 난 창문들이 대칭을 이루었지만, 19세기에 도서관을 확장하면서 오른쪽 창문들 중 상당수를 막아버렸다. 끝에 보이는 문 너머에는 희귀 도서 서고가 설치될 예정이었지만, 실현되지 않았다. 도서관 창문은 도서관 외부에 있는 회랑 지붕을 고려한 높이에 설치되었다. 이 방은 메디치 가문의 진귀한 소장 도서를 효과적으로 과시할 수 있도록 설계되었다.

게 다소 실망스러움을 안긴다. 원래 있었던 열람용 가구들이 놓여 있지 않은 것이 주된 이유다. 건축 당시에는 38개의 책상이 열람실 양쪽에 줄지어 놓여 있었다(그 화려함은 말라테스타 도서관의 책상들에 못지 않았을 것이다).[32] 중앙에 있는 통로를 따라 발코니로 다가서면 산 마르코 광장과 종탑이 내려다보인다. 동쪽으로 거대한 창문을 통해 빛이 들어오고(비트루비우스의 권고를 따랐다), 두칼레 궁전이 내다보인다. 맞은편 아치형 창문들은 대개 막힌 창문인데, 이쪽 면은 다른 건물들이 에워싸고 있기 때문이다. 천장은 큰 실패를 딛고 이뤄낸 업적이다. 처음에 산소비노는 열람실 공간 위에 높이가 낮은 거대한 반원통형 석조 천장을 올렸는데, 이 천장이 무너지는 바람에 건축가는 감옥에 갇혔다가, 자비를 들여 천장을 복원하라는 지시를 받고 풀려났다.[33] 새로 지은 천장이 지금 같은 걸작으로 탄생한 데는 건축가가 이전의 실패를 만회하기 위해 심혈을 기울인 것이 한몫을 했을 것이다. 천장을 장식한 원형 그림(라운델, roundel)들에 그림을 그려 넣은 것은 파올로 베로네세(1528-1588)를 비롯한 당대의 유명한 베네치아 화가들이었다. 그들은 도서관에서 찾은 주제들과 갖가지 덕목을 그림으로 묘사했다. 그 결과 숨이 막힐 만큼 놀라운 작품이 탄생했다. 도서관 완공 직후에 이 특별한 방에 놓인 책상에 앉아 공부를 하는 사람들의 기분이 어땠을지 충분히 짐작이 간다. 하지만 피렌체에는 이 도서관의 화려한 베네치아 실내 건축을 능가하는 도서관이 있었다.

로렌티안 도서관

산소비노의 마르치아나 도서관에 역경의 역사가 있듯이, 미켈란젤로가 설계를 맡아 피렌체의 산 로렌초 성당에 세운 로렌티안 도서관 역시 역경의 역사가 있다. 줄리오 데 메디치 추기경(1478-1534)은 교황 클레멘트 7세로 선출된 직후 미켈란젤로에게 도서관 설계를 맡겼다. 미켈란젤로(1495-1564)는 1534년에 피렌체를 떠난 뒤 돌아오지 않았고, 당시 열람실 벽과 지붕은 완성되었지만 화려한 천장과 아름다운 타일 바닥은 미완성 상태였고, 책상 조각 사업은 아예 시작되지도 않았다. 베스티불 역시 미완성이었다가 19세기에야 완성되었다. 로마에 있던 미켈란젤로는 1559년에 점토를 이용해 웅장한 계단 모형을 만들어 보내왔다. 미켈란젤로가 설계 의뢰를 받은 때로부터 42년 뒤, 미켈란젤로가 죽고 7년 뒤인 1571년에야 도서관은 미완성

상태로 문을 열었다.[34]

이 도서관은 전혀 개수를 거치지 않은 것처럼 보이지만, 19세기에 근본적인 개수가 있었다. 원래 공간은 긴 직사각형 꼴의 단일한 홀이었다. 도서관을 하나의 홀로 구성하는 것은 새로운 생각이 아니었지만, 미켈란젤로의 디자인은 이전의 것과는 근본적으로 달랐다. 이전의 도서관 공간은 일반적으로 높이가 낮은 반원통형 천장이나 개방형 목조 지붕으로 되어 있었다. 단면도를 보면 로렌티안 도서관은 정사각형 꼴이 아니지만(너비 10.54m, 높이 8.45m), 천장은 편평하고 목조로 되어 있다. 따라서 전체적으로 보면 길고 높은 직육면체 꼴의 공간이다. 원래 설계에서는 양쪽 벽에 난 창문으로 빛이 들어왔다. 양쪽 벽은 완벽한 대칭을 이루는 구조로 붙임기둥(필라스터)을 이용해 15칸으로 구획되어 있었고, 벽의 하단에는 보통 창문이, 상단에는 막힌 창문이 나란히 배치되어 있었다. 그런데 19세기에 들어서 건축적 반달리즘(vandalism)의 대표적인 사례라고 설명할 수 밖에 없는 개수가 이루어졌다. 도서관 동쪽 면에 열람실을 덧붙인 것이다. 결국 동쪽 면에 있던 대부분의 창문들이 막히고 책상들도 일부 치워졌다. 새 열람실 문은 스타일 면에서는 조화를 이루고 있지만, 이런 변경은 미켈란젤로가 애초에 구상했던 구조, 완벽한 대칭을 이루는 직육면체 공간에 양쪽 벽에 난 창문으로 빛이 들어오고 양 끝에 출입구가 하나씩만 있는 구조를 완전히 바꿔놓았다.[35] 건축 당시의 모습을 재구성하려면 꽤 많은 상상력을 동원해야 한다.

마르치아나 도서관은 화려한 외관으로 유명하다. 하지만 미켈란젤로가 지은 도서관의 외관은 거의 눈에 띄지 않고, 그의 독창성이 이룬 위업은 바로 실내 건축이다. 이 도서관은 2개 층의 회랑을 둘러싼 기존 수도원 건물 위에 세워져 있다. 방문객이 반원통형 천장으로 덮인 웅장한 계단을 오르면 2층 회랑에 이르고 작은 문을 통과하면 베스티불이 나온다. 이 매너리즘 건축 양식의 계단은 건축사에서 가장 많은 토론을 빚어낸 공간이다. 하지만 사실은 이 공간은 미켈란젤로가 죽고 한참이 지난 후에 그의 의도와는 전혀 다른 방식으로 마무리되었다.[36]

로렌티안 도서관의 주실은 지금의 형태만으로도 경탄을 자아낸다. 양쪽에 난 긴 벽은 외벽이 뒤집혀 안으로 들어온 듯한 모습이다. 벽체를 최대한 얇고 가볍게 만들어야 했기 때문에 미켈란젤로는 원통형 기둥이나 반원형 기둥 대신에 석조 붙임기둥을 나란히 배치했다. 이 붙임기둥은 바닥에서 시작하지 않고, 독서대 상단 높이에 돌을 띠처럼 둘러서 만든 징두리(다도, dado) 위에서 시작한다. 미켈란젤로가 남긴 도면에 따르면, 그는 방의 높이와 폭을 같게 하기 위해 엇비슷한 크기의 2단 창문을 구상했던 것이 확인되지만, 구조적 한계 때문에 이런 구상을 실현하는 데 어려움을 겪었던 것으로 보인다.[37] 편평한 천장을 채택한 것도 마찬가지 이유에서였다. 반원통형 천장을 올릴 경우 천장이 바깥쪽으로 밀어내는 힘을 지지하는 구조를 채택할 방법이 없었기 때문이다. 그러나 미켈란젤로는 반원통형 천장 구조를 설치하려는 구상을 심각하게 고려하지는 않았던 것으로 보인다.

도서관 디자인의 역사에서 로렌티안 도서관이 차지하는 위상에 대해서는 많은 논쟁이 있었다. 건축 역사가 제임스 오고만(James F. O'Gorman)은 반원통형 천장 구조를 가진 공간이 직육면체 구조의 공간으로 바뀐 것을 중대한 변화로 보는 관점을 치열하게 반박했다. 그의 주장에 따르면, 그 이전에도 기둥으로 가로막히지 않은 홀 구조로 지어진 도서관들이 있었다.[38] 현대의 일부 건축 역사가들은 미켈로초의 산 마르코 도서관, 그리고

로렌티안 도서관
1571년, 이탈리아 피렌체
미켈란젤로는 독서대 설계를 위해 정교한 그림을 그렸다. 이 그림에서 그는 독서대 옆면 디자인을 삼각형과 직사각형으로 단순하게 표현했다. 경사진 독서대 옆면은 삼각형으로, 책상 아래 선반 옆면은 직사각형으로 표시되어 있다. 기품이 넘치는 디자인이지만, 등받이가 수직으로 곧추서 있기 때문에 이용자 입장에서는 말라테스타 도서관의 경사진 등받이에 비해 훨씬 불편할 뿐 아니라 등받이 꼭대기에 있는 장식용 몰딩 때문에 등을 기대기도 어렵다.

살라 시스티나
1587년, 이탈리아 로마 바티칸 궁
살라 시스티나의 구조는 18세기에 제작된 이 판화에 표현된 모습을 거의 그대로 유지하고 있지만, 이 판화에는 오해의 소지가 있다. 이곳은 애초에 독서대 도서관으로 지어졌고, 수납장이 설치된 때는 1640년대였다. 이 판화는 수납장의 크기를 과장해서 표현하고 있다.

그와 비슷한 도서관들은 소장 장서의 종교적 기반을 강조하기 위해 의도적으로 종교 건축을 흉내냈으며 미켈란젤로의 도서관은 도서관 디자인을 세속화한 사례에 해당한다고 주장했다.[39] 그러나 반원통형 천장 구조가 있으면 종교적인 공간이고 편평한 천장 구조가 있으면 종교적인 공간이 아니라고 보는 이론은 당시의 상황에 비추어 볼 때 전혀 근거가 없는 것이다. 게다가 미켈란젤로는 건축의 이론화에 확고히 반대하는 입장이었다.[40] 이 도서관의 진정한 위상을 파악하기 위해서는 애초의 설계 목적이 무엇이었는지 검토해야만 한다.

줄리오 데 메디치는 교황이 되자 자신이 가진 막대한 재산의 일부를 헐어 피렌체에 메디치 가문이 변함없는 권력을 과시할 상징을 세우기로 결심했다. 그는 산 로렌초 성당에 메디치 가문의 묘를 수용할 성구보관소와 도서관을 새로 세우는 사업을 추진했다. 미켈란젤로는 이 두 사업을 맡을 건축가로 선택되었고, 이 사업에 비용을 아끼지 말라는 지침을 받았다. 메디치가 가족 묘지를 세우려고 한 것은 굳이 설명이 필요치 않지만, 상징적 기부 사업으로 도서관을 선택한 것에 대해서는 더 많은 설명이 필요하다. 학자들 사이에서 인문주의는 독자적인 연원에서 비롯한 것일 수 있지만, 인문주의가 먼지 쌓인 필사본이라는 한계를 뛰어넘어 르네상스라고 불리는 총체적인 문화를 수용하는 문화운동을 꽃피울 수 있었던 것은 인문주의를 지원하는 강력한 재정적 후원 덕분이었음은 의심의 여지가 없다. 조반니 디 비치 데 메디치(1360-1429)가 소장했던 책은 세 권뿐이었다. 그의 아들 코시모(1389-1464)는 적극적으로 학자들을 찾아냈고, 산 마르코 도서관의 건축 비용을 댔다. 학자들의 언행에서 드러나듯이, 메디치가는 개별적으로 활동하는 학자들을 은밀히 지원한 것이 아니라, 자신들의 정치적 입지를 정당화하고 확고히 하기 위해 과시적으로 예술가들과 학자들을 지원했다. 그들은 지식뿐 아니라 지식 획득을 지원하는 것을 권력의 또 다른 상징으로 삼았다.[41]

이런 점에서 보면, 산 마르코 도서관과 로렌티안 도서관은 단순히 메디치가가 도시에 기증한 건축물이 아니라, 메디치의 권력을 과시하는 수단이었다. 이 도서관들은 호화로운 전시장으로 기획되었고 소장품의 과시 효과를 최대화할 수 있도록 설계되었다. 특히 중요한 점은 이 도서관들이 정해진 수의 장서를 수용할 목적으로 설계되었다는 점이다. 다시 말해서, 이 도서관들에 보관된 장서들은 도서관이 건축되기 전에 이미 모아져 있었다. 메디치가는 산 마르코 도서관이 완성된 후에도 계속해서 장서를 수집했지만, 새로 수집한 장서를 이미 완성된 도서관에 기증하지는 않았다. 그들은 이미 완성된 도서관은 그것으로 완결되었다고 생각했기 때문에 새로 수집한 장서는 자택에 보관하면서 새로운 장서의 과시 효과를 최대화할 수 있는 새 건물이 지어지기를 기다렸다. 그 장서가 새 건물이 완공되기 전까지 어떻게 보관되었는지에 대해서는 알려진 바가 없다.[42] 그들이 새로 구입한 장서 중 상당수는 구입 당시 들어 있던 상자 밖으로 나오지 못했을지도 모른다.

이처럼 로렌티안 도서관은 이미 수집된 장서를 전시하기 위한 전시 공간으로 이해해야만 한다. 이 도서관은 인쇄 기술이 이미 확립된 시대에 지어졌지만, 당시에는 인쇄된 책들이 양피지에 필사된 품위 있는 책들보다 격이 떨어지는 싸구려 대체물로

톈이거
1561년경, 중국 닝보

'보서루(寶書樓)'라고 쓰인 현판. 중앙의 수납장은《시쿠첸슈》편찬 과정에서 장서를 기증한 공로를 인정하여 황제가 하사한 선물이라고 전해진다. 양옆으로 수납장들이 세워져 알코브라고 불리는 구획을 이루고 있다.

여겨지던 때라 희귀한 제본 형태로 남아 있는 필사본들을 돋보이게 전시하도록 설계되었다. 메디치가의 장서는 사람들 앞에 전시되는 순간 그 목적을 달성했다. 조악한 것들을 추가해서 장서의 격을 떨어뜨리는 것은 허용될 수 없었다. 핵심은 최대한 효과적으로 장서를 과시하는 데 있었다. 클레멘트 교황은 미켈란젤로와 서신을 교환하면서 도서관의 모든 사항을 긴밀히 의논했는데, 이들이 특히 중요하게 다루었던 것은 바로 독서대였다.[43]

수납장에서 독서대로

요즘 사람들은 도서관 하면 벽 선반을 떠올린다. 도서관에는 독서대가 워낙 희귀해서 우리는 독서대라는 개념을 거의 떠올리지 못한다. 그러나 16세기 초 도서관의 책 수납 방식은 두 가지가 있었다. 수납장에 넣어두는 방식과 독서대에 올려두는 방식이다. 르네상스 시대의 책 수납장이 가장 많이 소장되어 있는 곳은 바티칸 박물관이다. 이곳에는 책 수납장이 벽면을 따라 나란히 늘어서 있고, 날마다 수천 명의 관광객이 수납장 앞을 지나간다. 바티칸의 도서관은 르네상스시대 교황들의 창작품이다. 니콜라스 5세(1447-55)가 바티칸에 도서관을 개관했고 1471년에 식스투스 4세가 여러 개의 방을 도서관 목적으로 개조했다. 4개의 방에 독서대가 전형적인 방식으로 놓여 있다. 애초부터 독서대로는 장서를 모두 수용할 수 없었기 때문에 수납장과 책궤도 함께 사용되었고, 책이 늘어남에 따라 책 수납장 제작도 꾸준히 이루어졌지만, 애초에 지어진 4개의 방은 열람실이라는 원래 목적을 그대로 유지하고 있다.[44] 가장 빼어난 수납장들이 있는 곳은 1587년에 교황 식스투스 5세를 위해서 지은 살라 시스티나다. 벨데베레의 안뜰에 동서 방향으로 걸쳐 있는 이 방은 길이 56m, 너비 17.4m이고, 한쪽 벽에 창문이 나 있고 반원통형 석조 지붕으로 되어 있다. 이 방 안에 있는 수납장과 벽, 천장은 모두 화려한 장식이 되어 있다. 사실 장식이 너무 화려하기 때문에 수납장이 있다는 걸 거의 알아차릴 수 없다. 방의 중앙에서 보면 수납장들은 지붕을 떠받치며 줄지어 늘어선 기둥들의 하단 받침대처럼 보인다. 2m가 약간 넘는 높이의 수납장 안에 장서가 완전히 감춰져 있기 때문에 사전 지식이 없는 일부 방문객들은 이곳이 도서관이라는 걸 알아채지 못하고 넘어갈 정도다. 도서관의 장서는 그만큼 완벽하게 숨겨져 있다.[45]

톈이거의 경우도 그렇듯이, 채색 장식이 있는 수납장은 이상적인 책 보관 방식이다. 수납물을 벌레와 먼지로부터 보호하고 도난 위험을 피할 수 있게 안전하게 지켜준다. 중세와 16세기에는 책을 수평으로 쌓고 통풍을 고려해 책 주위에 여유 공간을 충분히 두었다. 책이 눈에 띄지 않기 때문에 어떻게 쌓아두든 문제가 되지 않았다. 수납장이 꽉 찼거나, 조금 찼거나, 완전히 비었거나 해도 아무 상관이 없었다. 방문객들에게는 꽉 찬 수납장만 보여주고 나머지 수납장은 다 비워두는 것도 가능했다. 어느 시대를 막론하고 개인 소장가들은 다양한 형태로 수납장을 책 보관 용도로 이용했다.

수납장이라는 주제가 나왔으니, 잠시 르네상스 시대의 스투디올로에 대해 살펴보자. 여러 필자들은 이탈리아 군주들을 위해 만들어진 이 협실들이 화려하게 장식이 된 도서실이며, 책을 보관하는 수납장 문을 감추기 위해 벽면에 화려한 장식의 판넬을 붙인 거라고 주장한다.[46] 그러나 널리 알려진 이탈리아 구비오의 공작궁에 있던 스투디올로(지금은 뉴욕 현대미술관으로 옮겨져 있다)과 우르비노 공작궁에 있는 스투디올로에는 수납장이 없다.[47] 장식용 판넬은 벽에 딱 붙어 있다. 이 공간은 도서관이 아니라, 방의 주인이 습득하고자 하는 덕목과 기술을 표

말라테스타 도서관
1452년, 이탈리아 체세나

독서대의 세부. 책상 밑에 붙은 선반에 책이 놓여 있다. 선반에서 책을 꺼내 독서대 위에 놓고 열람한 후 선반에 다시 꽂아둔다. 권한이 없는 사람이 책을 빼낼 수 없도록 책에 연결된 사슬을 독서대 모서리 앞을 가로지르는 쇠막대에 걸어놓았다. 장의자는 뒤에 선 책상의 앞쪽에 부착되어 있다.

시하기 위해서 벽면을 화려하게 장식한 초소형 개인 공간이다. 과거에 어떤 가구가 놓여 있었는지는 알 수 없지만, 아마도 간소한 집필용 탁자와 의자만 놓여 있었을 것이다. 일본의 벽감형 서재의 용도처럼, 이 방의 주인은 다른 방이나 건물에 있는 보관 장소에서 필요한 책을 한두 권씩만 꺼내서 방에 가지고 오고 사용한 뒤에는 다시 치워놓았다. 훨씬 화려하게 갖춰진 서재 안에서 학자들이 공부하는 모습을 그린 당대의 그림들도 남아 있다.[48] 이 그림에 따르면 수납장과 책궤, 그리고 벽에 매단 책장에 책이 놓여 있다. 벽에 매단 책장만 봐도, 요즘 흔히 볼 수 있는 것처럼 바닥에서 천장까지 꽉 채우는 게 아니라 책상 높이에서 시작된다. 글을 쓰는 사람들은 예외 없이 경사진 독서대를 이용해서 책을 읽고 글을 썼다. 독서대 또는 경사진 책상은 중세나 르네상스 시대 도서관의 핵심적인 가구였다. 세심하게 제작된 로렌티안 도서관 독서대의 형태를 보면 독서대가 도서관 디자인에서 핵심적인 위치에 있었음을 알 수 있다. 안타깝게도 지금껏 남아 있는 독서대는 많지 않다. 체세나의 독서대와 로렌티안의 독서대를 잠시 살펴보면서 16세기 도서관 가구에 배여 있는 당대의 사고를 읽어보도록 하자.

독서대와 사슬

체세나 같은 중세 후기 도서관에 비치되었던 독서대는 요즘 사람들 눈으로 보면 교회 신도석과 아주 흡사하다. 하지만 이런 시대착오적인 관점은 버려야 한다. 요즘 교회에서 흔히 보는 19세기 양식의 독서대 일체형 신도석은 15세기에 사용되던 신도석과는 전혀 다른 형태다. 중세 대부분의 기간에 신도들은 선 채로, 혹은 바닥에 무릎을 꿇은 채로 예배에 참여했다. 15, 16세기에는 교회 회중석에 긴 의자가 놓였지만, 의자에 굳이 독서대를 달 필요가 없었다. 당시 신도들은 예배 중에 토착어 성경이나 찬송가책을 읽지 않았을 뿐 아니라 그런 책을 아예 구할 수도 없었다.[49] 세로로 늘어놓은 좌석이 배치되었던 곳은 수도원의 성가대석과 대학 부속 예배실이었다. 찬송가책은 대체로 크기가 매우 컸고, 찬송가책을 보유한 교회는 그 책을 성가대석 앞 중앙의 커다란 독서대 위에 올려놓았을 것이다. 따라서 종교적 기능을 가진 가구를 도서관용으로 개조해서 도서관에 들여놓았다고 보는 것은 잘못된 해석이다. 독서대는 도서관 나름의 특별한 상황에 맞게 개발된 가구였다.

도서관 독서대의 유형

르네상스와 중세 도서관의 독서대로 지금까지 전해오는 것은 매우 희귀하다. 전해오는 것들은 몇 가지 유형으로 나뉜다. 미켈란젤로가 설계한 로렌티안 도서관의 독서대는 방치(banchi) 중에서도 아름답기로 손꼽히는 것이다. 독서대와 장의자가 일체형으로 된 구조로, 장의자 등받이 부분에 뒤에 앉은 사람이 사용할 수 있도록 독서대가 얹혀 있다. 이런 양식은 이탈리아 밖에서는 발견된 사례가 없을 뿐 아니라 그 지역에서만 사용되었던 것으로 보인다. 체세나에 있는 말라테스타 도서관에는 방치가 벽에서 떨어져 배치되어 있기 때문에 열람자들이 벽쪽 통로를 이용하면 이미 의자에 앉아 있는 열람자에게 방해가 되지 않고도 같은 의자를 편하게 이용할 수 있다. 로렌티안 도서관의 경우 미켈란젤로는 이런 배치를 하려 했던 애초의 계획을 바꿔 벽과 책상 사이에 난 공간을 좁혔다. 벽에 책상이 딱 붙어있지 않아서 비좁게나마 지나다닐 수는 있지만, 통로라고 부를 만한 공간은 아니다.

체세나에 있는 방치 끝 부분의 독특한 모양은 장의자 등받이와 독서대의 경사로 인한 형태이며, 방치 측면에 양각을 새기

왼쪽
레이든 대학교 도서관
1575년경, 네덜란드 레이든

1607년에 제작된 이 판화는 열람용 책상 위에 선반이 설치되어 서서 읽도록 제작된 독서대가 비치된 도서관의 모습을 묘사하고 있다. 사슬을 매다는 쇠막대가 뚜렷이 보인다. 선반에는 책등이 안쪽을 향하게 책이 꽂혀 있고, 책 표지에 책을 닫아둘 때 사용하는 죔쇠가 박혀 있는 것도 보인다. 앞쪽과 뒤쪽에 있는 수납장들은 귀중한 자료들을 보관하는 용도로 짐작된다. 천장을 높이 내고 큰 창을 설치한 이 방은 원래 교회로 쓰이던 공간을 개조하여 만든 것이다. 교회 공간에 한 층을 삽입해서 아래층에는 해부학부와 소예배당을, 위층에는 도서관을 배치했다.

는 방식으로 질서 정연함을 유지하고 있다. 하지만 미켈란젤로는 이런 해결책에 만족하지 않았다. 지금 전해오는 스케치에 따르면 그는 장의자 등받이의 경사 문제로 고심했음을 알 수 있다.[50] 그는 이 문제를 해결하는 최종안을 마련했다. 그는 장의자의 등받이를 수직으로 세우고, 장의자 끝 부분에 각 책상에 수납된 장서 목록표를 넣을 수 있도록 벽기둥을 본뜬 직사각형 판을 배치했다. 책상 하나를 벽에 붙인 벽기둥의 중심선에 일치하게 놓고 그 뒤에 다른 책상 두 개를 놓은 뒤 다시 다음 책상을 다음 벽기둥의 중심선에 일치하게 놓았다. 이런 배치 덕분에 책상들이 도서관 건축물의 일부처럼 보인다. 독서대의 경사 때문에 생겨난 삼각형꼴 옆면에는 양각을 넣고, 바로 아래 선반 옆면에는 직사각형 판넬을 부착하고, 장의자 하단과 독서대 하단 옆면에는 통일감이 느껴지도록 직사각형 판넬과 소용돌이 모양 조각을 부착했다. 이런 구도는 미학으로는 만족감을 주지만 기능적인 손실을 감수한 결과다. 등받이 상단의 장식용 몰딩이 열람자의 목과 머리의 접합 지점과 거의 일치하기 때문에 등받이에 몸을 기대기 어려울 뿐 아니라 수직형 등받이는 열람자 입장에서 매우 불편한 구조다. 이런 면에서 체세나에 있는 장의자는 인체공학적으로 완벽한 구조다.

말라테스타 도서관과 로렌티안 도서관의 독서대들은 정교한 목공 기술로 마감되어 있는데, 바로 이것이 이 독서대들이 지금까지 남아 있는 비결이라고 할 수 있다. 다른 곳에 남아 있는 몇 안 되는 옛 가구들은 이것들과 비교하면 디자인과 목공 기술 면에서 훨씬 조야하다. 가장 간단한 가구 배치는 등받이 없는 장의자 하단 바닥면에 목재 가로대를 설치하고 그 위에 수직으로 부착한 목재를 기둥 삼아 독서대를 놓는 것이다. 독서대와 의자가 분리된 구조는 거의 남아 있지 않다. 이탈리아 밖에서는 대개의 경우 독서대가 서로 마주보게 놓여 있다. 이런 도서관들에서 장의자가 딸린 단독 독서대는 맨 앞과 뒤쪽 벽 바로 옆에만 배치되어 있다. 두 개의 독서대를 서로 마주보게 배치하고 양 독서대 앞에 분리된 장의자를 놓는 초기의 구조는 영국 링컨에 있는 중세 성당 도서관에 유일하게 남아 있다.

서서 읽는 독서대

지금까지는 앉아서 책을 읽는 사람들을 고려하여 설계한 독서대를 살펴보았다. 서서 읽도록 만들어진 독서대도 있었다. 서서 읽는 독서대가 도입된 시기와 이유는 분명하지 않다. 서서 읽는 구조의 한 방향 독서대로 보이는 유형은 레이든 대학 도서관을 묘사한 1607년의 판화에서 확인된다. 케임브리지 트리니티 홀에는 1600년경에 만들어진 독서대가 있고, 케임브리지 세인트 존

오른쪽
트리니티 홀 도서관
1600년경, 영국 케임브리지

정교함이 돋보이는 서서 읽는 독서대는 열람용 책상 아래쪽 선반 밑에 꺼내 펼칠 수 있는 낮은 책상을 설치한 특이한 구조다. 처음에는 선반이 하나만 있었기 때문에 열람자가 다리를 뻗을 수 있는 공간이 있었다. 장의자와 독서대는 도서관 바닥에 길게 가로 놓인 지지대에 고정되어 있다. 책과 연결된 사슬은 맨 위 선반 아래 부착된 쇠막대에 걸려 있다. 독서대 끝 꼭대기 장식 아래쪽으로 책들을 빼낼 때 쓰는 잠금 장치가 보인다.

스 칼리지에는 1624년경에 만들어진 독서대가 있다.[51] 가장 오래된 것으로 케임브리지 퀸스 칼리지의 독서대를 꼽기도 하는데, 이 독서대는 빠르게는 1400년대 중반에 제작되었다는 주장도 있지만(118쪽 참조), 근거가 모호하기 때문에 1500년대 말이나 1600년대 초에 제작된 것으로 보기도 한다. 트리니티 홀과 퀸스 칼리지에는 서서 읽는 독서대와 앉아서 읽는 독서대가 일체형으로 된 가구가 있다. 열람자는 의자에 앉아 낮은 책상을 이용할 수도 있고 선 채로 높은 책상을 이용할 수도 있다. 당시에는 이런 배치가 흔히 사용되었던 것으로 추정된다. 초기 도서관들은 부속가구들이 거의 모두 교체되었기 때문에 원래의 모습을 정확히 알기 어렵다. 확실한 것은 독서대 형식의 도서관들은 1200년대 말에도 있었고, 350년 후인 17세기 초에도 계속 세워지고 있었다는 점이다. 독서대 형식의 도서관이 이처럼 오랫동안 채택되었던 것은 사슬로 책을 묶는 방식을 추가하는 게 용이했기 때문이다.

사슬 도서관

말라테스타 도서관과 로렌티안 도서관, 케임브리지 대학의 트리니티 홀과 퀸스 칼리지, 그리고 쥐트펜의 성 피터 성 발부르가 도서관(앞 장에서 설명)은 한 가지 공통점이 있다. 모두 사슬 도서관이라는 점이다. 사슬 도서관이란 소장된 책들을 모두 사슬로 책상에 묶어두는 도서관이라는 뜻이다. 앞 장에서도 설명했듯이, 양피지 필사본 도서는 대단히 귀중한 것이었다. 책 제작비용이 상당히 높았기 때문에 유수의 학술기관에 몸담은 비교적 정직한 사람들도 책을 훔치고픈 유혹을 느낄 정도여서, 책 절도가 늘 문제였다. 도서 기증자들은 책을 기증할 때마다 책을 사슬로 책상에 단단히 묶어놓아야 한다는 확고한 단서 조항을 내놓았다.[52] 책을 사슬로 묶는 관행이 시작된 것은 아주 오래전부터다. 14세기 중엽에 제작된 도서관 물품 목록들에는 사슬 설비에 대한 언급이 있었고, 이런 관행이 도서열람실이 처음 등장했던 1200년대 말부터 시작되었을 거라는 추정도 가능하다.[53]

사슬 도서관을 연구할 때 우리는 두 가지 측면을 반드시 살펴보아야 한다. 하나는 책에 사슬이 어떻게 묶여 있느냐 하는 것이다. 사슬 부착 방식에 따라 이용하는 사람이 없을 때는 책이 어떤 방식으로 선반에 보관되었는지 가늠할 수 있다. 또 하나는 사슬이 선반이나 책상에 어떻게 묶여 있느냐는 것이다. 사슬에 묶인 책들 가운데 가장 오래된 책들은 하단에 사슬이 묶여 있다. 쥐트펜의 경우에는 책 표지 하단 중앙에 박은 죔쇠에 사슬이 묶여 있다.[54] 죔쇠는 나무판으로 만든 책 표지에 단단하게 박혀 있다. 보통 책 제본에는 이밖에도 여러 가지 용도(모서리 훼손을 막기 위한 보강쇠, 책을 닫아둘 때 쓰는 죔쇠, 책상 표면에 밀착되어 습기에 훼손되지 않도록 박아 넣는 징)의 쇳조각이 쓰인다. 사슬의 다른 쪽 끝에는 고리를 달아 책상에 단단히 고정된 쇠막대에 걸어놓았다.

사슬 도서관들은 예외 없이 쇠막대를 사용한다. 사슬을 책상에 직접 고정시키는 경우는 없다. 사슬을 사용하는 목적은 권한 없는 사람이 책을 옮기는 걸 막으려는 것일 뿐, 일체의 책 이동을 차단하는 데 있는 것이 아니다. 따라서 쇠막대 한쪽 끝에 잠금 장치를 달아두어서 필요할 때는 사서가 열쇠를 이용해 열 수 있게 해두었다. 자물쇠를 열고 쇠막대를 빼내면 책을 묶은 사슬을 벗겨낼 수 있다. 하지만 이런 장치를 설치해놓아도 책 한 권을 빼내는 건 쉬운 작업이 아니다. 책 한 권을 꺼낸 뒤에는 책을 묶은 사슬들이 엉키지 않도록 조심하면서 순서대로 다시 끼워 넣고 자물쇠를 채워야 한다. 쇠막대를 배치하는 위치와 쇠막대를 잠그는 방법은 설계자의 독창성을 반영하여 각양각색이었다. 쥐트펜에서는 쇠막대를 독서대 상단에 설치하고 쇠막대를 끼워 넣는 구멍을 걸쇠로 덮어 자물쇠를 채운다. 하지만 책을 읽을 때는 사슬이 책 위로 늘어져 책 읽기를 방해할 수 있다. 이와는 달리 로렌티안 도서관과 말라테스타 도서관에서는 이런 문제를 예방하기 위해 쇠막대가 독서대 하단에 설치되어 있다. 로렌티안 도서관에서는 독서대에 특별히 독창적인 잠금장치를 사용한다.[55] 사슬로 책을 묶는 관행은 권한 없는 사람이 책을 빼내는 것을 막기 위해 고안되었지만, 책이 크게 늘어나면서 소장 공간을 늘리는 것이 심각한 문제로 대두되었다.

독서대에서 진열대로

유럽에서는 인쇄기가 발명되고 한 세기가 훨씬 지나서야 도서관 디자인에 변화가 일어나기 시작했다. 하지만 변화는 급속하고 혁명적으로 진행된 것이 아니라 느리고 점진적으로 진행되었다. 변화 속도가 무척 느리긴 했지만, 16세기 후반에서 17세기 초반에 영국에서는 진열대 형식을 도입한 새로운 도서관이 탄생했다. 사람들은 대개 진열대 도서관을 중세 시대의 것이라

웰스 성당 도서관

1680년대, 영국 웰스

책을 사슬에 묶는 방법은 비용이 많이 들뿐 아니라 걸쇠와 사슬 때문에 책에 손상을 입힐 수도 있었다. 사슬은 17세기 후반과 18세기 초기에 대부분 제거되었다. 이 사진에서는 중간 선반에 꽂힌 책 몇 권은 여전히 사슬에 묶여 있다. 사진에서 볼 수 있듯이, 사슬에 묶인 책들은 아래 선반에 꽂혀 있는 사슬이 없는 책들과는 달리 책등이 안쪽으로 들어가게 꽂아야 했다. 사서들은 흔히 책을 쉽게 찾기 위해 책배에 잉크로 제목을 써놓았다. 독서대 도서관에서는 대개 책 앞표지 하단에 사슬을 묶어놓았다. 진열대 시스템 도서관에서는 사슬 묶는 걸쇠를 책 앞표지 오른쪽 중앙으로 옮겨야 했다. 만일 책표지에 사슬 묶는 걸쇠가 옮겨진 흔적이 있다면 원래는 이 책이 독서대 도서관에 있었다는 걸 짐작할 수 있다.

왼쪽, 오른쪽
머튼 칼리지 도서관
1589년, 영국 옥스퍼드
이곳은 최초의 진열대 시스템 도서관으로 확실시되고 있다. 도서관 건물은 ㄴ자 모양으로 꺾여 있다. 한쪽 동은 아침 햇빛이 들도록 창이 동향으로 나 있고, 다른 쪽 동은 거의 남북 방향으로 놓여 있다. 이 도서관은 14세기 후반에 지어졌다. 원래는 양쪽 동에 모두 독서대 시스템이 적용되었고 양쪽 벽면에 낸 낮은 창으로 채광이 되었다. 반원통형 지붕은 1502-3년에 설치되었다. 1589년에는 원래 있던 독서대를 진열대로 개조하고 돌출된 책상 위쪽에 선반을 서너 개 추가했다. 기존의 창문 위치를 고려하여 진열대 사이의 간격을 정했기 때문에 장의자의 폭을 좁게 했다. 이때도 책은 여전히 사슬에 묶여 있었다. 독서대 형식으로 설계된 방에 진열대를 설치한 결과 채광 조건이 크게 악화되자 지붕 위로 돌출한 지붕창을 설치했다.

고 생각하는데, 이것은 많은 도서관들이 옛날 열람실을 개수하는 방식을 채택했고, 도서관 건축사를 다루는 몇몇 책들이 예전의 착오를 되풀이하고 있기 때문에 빚어지는 혼동이다.[56] 그러나 진열대 도서관은 중세에서 유래한 것이 아니다. 그중 첫 도서관이 세워진 것은 16세기 말, 근대가 막을 여는 때였다.

옥스퍼드 대학의 머튼 칼리지

진열대 도서관의 개막은 확실치는 않지만, 1580년대 옥스퍼드 머튼 칼리지의 헨리 사빌(1549-1622)의 구상이 출발점이었던 것으로 보인다. 사빌은 영국 여왕이 직접 개입해서 머튼 학장에 오를 만큼 막강한 연줄을 가지고 있었다. 그는 보들리안 도서관의 창립자인 토마스 보들리(1545-1613)의 가까운 친구였고, 유럽 여행으로 넓은 견문을 가지고 있었다. 사빌은 1575년과 1589년 사이에 머튼 칼리지에서 대학평의원 자격으로 대학 도서관 개혁을 주도했다. 그는 기금을 모으고 사서 직위를 만들고 기존 도서관의 동쪽 끝에 있던 독서대 도서관을 진열대 도서관으로 개조했다.[57] 진열대 형식의 서가는 지금도 그대로 남아 있어서 사빌이 이룬 혁신을 똑똑히 확인할 수 있다. 그는 예전에 쓰던 장의자를 그대로 놓아두되, 책상을 사람 키를 넘는 높이의 자립형 서가로 교체하고, 서가를 이용해 공간을 여러 개의 진열대 구획으로 나누었다. 진열대 도서관이라는 명칭은 이런 배치에서 유래한다. 처음에는 책들이 사슬에 묶여서 책등이 안쪽으로 향하게 수직으로 꽂혀졌고, 책에 묶인 사슬은 서가 전면부 앞쪽에 가로로 부착된 쇠막대에 연결되었다. 서가 앞쪽에는 책을 올려놓고 읽기에 알맞은 높이에 책상이 부착되어 있었는데, 이 책상에는 독서를 방해하지 않도록 늘어진 사슬들을 젖혀 놓을 수 있는 틈이 나 있었다. 책상 위쪽에 있는 네 개의 선반이 양쪽 지지대만으로는 감당할 수 없을 만큼 무거웠기 때문에 중간에 수직으로 버팀목을 세웠는데, 이것은 서가를 분할하는 역할까지 겸비했다.

이런 배치를 사빌이 독창적으로 고안한 것인지 다른 데서 본 것을 적용한 것인지는 확실치 않지만, 네덜란드 레이든 대학 도서관의 배치와 유사한 것만은 분명하다. 그보다 더 가까운 국내의 도서관들에서 착안했을 가능성도 있다. 옥스퍼드 대학 뉴 칼리지의 자료에 따르면, 머튼보다 몇 년 앞서서 독서대 형식으로 유지되던 도서관의 목재구조물에 대해 대대적인 변경이 시행되었던 것으로 추정되지만, 구체적인 내용은 확인되지 않는다. 어쨌든 사빌이 채택한 도서관 시스템은 급속하게 퍼져나갔다. 사빌과 보들리는 후일 '보들리안 도서관'으로 명명되는 도서관의 개조 과정에 개입했다. 이 개조 과정 중 일부는 다음 장에서 다루기로 하고, 이 장에서는 듀크 험프리 도서관 개수 과정을 살펴보도록 하자.[58]

왼쪽, 오른쪽

듀크 험프리 도서관

1598년, 영국 옥스퍼드

15세기 후반에 지어진 이 방은 지금은 보들리안 도서관에 포함되어 있다. 완공 당시에는 독서대 도서관으로 출발했다. 최근 개수 과정에서 처음에 바닥에 독서대가 놓였던 흔적이 발견되었다. 독서대는 서적 몰수가 이루어진 1550년대에 철거되었다. 현재의 배치는 1598년에 토마스 보들리에 의해 이루어져 초기 진열대 시스템 도서관으로 자리 잡았다. 낮은 위치에 비교적 작은 창이 설치된 공간에 커다란 수직형 책장(왼쪽)들을 놓으면서 방 중앙 부분의 채광 조건이 악화되었다(오른쪽). 원래는 책들이 사슬에 묶여 있었다. 책상 뒤쪽에 틈이 나 있어서 책 열람에 방해가 되지 않도록 이 틈으로 사슬을 흘러내리게 할 수 있었다. 사슬은 선반 앞쪽에 설치된 쇠막대에 연결되어 있었다.

옥스퍼드 대학의 듀크 험프리 도서관

랭카스터 가문으로 초대 글로스터 공작이 된 험프리(1390-1447)는 헨리 5세의 동생이었다. 그리스어나 라틴어를 읽었던 것 같진 않지만, 그는 인문주의의 강력한 지지자였다. 그는 인문주의자를 비서로 고용하고 인문주의 작가들을 지원하며 필사본을 수집했다. 하지만 그의 명성을 드높인 것은 옥스퍼드 대학에 기증한 도서(1439년에 129권, 1444년에 134권)였다.

험프리의 기증도서를 수용하기 위해서 디비니티 스쿨 위에 새 도서관이 마련되었다. 이 도서관은 1480년 완공 당시에는 독서대 도서관이었다. 이곳의 소장 도서들은 다른 여러 도서관들의 도서들과 같은 운명이 되어 1550년에 국왕의 행정관들에 의해 압수되었고, 가구들은 1556년에 대학당국에 의해 철거되면서 1598년 보들리의 손에 재정비되기 전까지 안타까운 상태로 방치되었다.[59]

보들리가 시작한 듀크 험프리 도서관 재정비 과정과 사빌이 시작한 머튼 도서관 재편 과정에서 진열대 도서관의 문제점이 드러난다. 영국의 독서대 도서관은 일반적으로 독서대와 독서대 사이에 고딕 창문 한 쌍이 들어가도록 지어진 구조였다. 이 창문들은 독서대에 빛이 잘 들도록 벽 아래쪽 독서대 높이와 가까운 높이에 세워져 있었다. 독서대는 높이가 낮았기 때문에, 창을 통해 들어온 빛은 독서대를 넘어 방 전체를 고루 밝혀주었다. 그런데 보들리가 독서대 대신에 높은 서가를 들여놓자 방안에는 빛이 제대로 들지 않았다. 서가에 설치된 책상에는 빛이 들어왔지만, 우뚝 선 높은 서가 때문에 다음 칸이나 방 중앙

왼쪽, 오른쪽
웰스 성당 도서관
1680년대, 영국 웰스

이 도서관은 15세기 중반에 웰스 성당 회랑 위에 지어진 것으로(84쪽 참조), 원래는 독서대 도서관으로 운영되었다. 도서관 건물은 회랑 위에 지어져서 길고 좁은 방 형태였기 때문에 독서대는 한쪽 벽에만 설치해야 했을 것이다. 1680년대에 장서량이 기존 구조로는 감당할 수 없을 만큼 늘어나면서 독서대가 치워졌다. 기존 창문 사이의 벽 공간이 좁아 진열대 시스템에 필요한 훨씬 폭이 넓고 높은 책장을 배치할 수 없었다. 결국 하나 건너 하나씩 창문을 막은 뒤 책장을 놓아 책장에 고정된 책상과 양쪽으로 앉을 수 있는 장의자를 사용할 수 있는 공간을 확보했다. 책들은 선반에 사슬로 묶여 있었다(111쪽 참조).

에는 빛이 들지 않았다. 머튼 도서관은 채광 문제가 심각하게 대두되자 지붕 중앙에 커다란 창을 내는 파격적인 해결책을 동원했다.[60] 하지만 듀크 험프리 도서관은 지붕이 낮기 때문에 이 방법을 쓸 수 없었다. 결국 책상은 창을 통해 자연채광이 되었지만, 도서관 전체적으로는 무척 어두웠다. 앞으로 살펴보겠지만, 진열대 도서관들에 공통되었던 채광 문제는 17세기 후반이 되어서야 해결책을 찾는다.

지금은 머튼 도서관의 서가에는 책상 밑에도 선반이 있지만, 이것은 후대에 추가된 것이다. 책들은 선반에 사슬로 묶여 있기 때문에 책상 위에 내려놓아야만 읽을 수 있었고, 따라서 선반은 책상 위쪽에만 설치되어야 했다. 애초에는 책상 아래 공간이 비어 있어서 열람자들이 발을 들이밀 수 있었다. 듀크 험프리 도서관과 웰스 성당 도서관의 복원된 구역에서는 이런 배치를 확인할 수 있다.

웰스 성당 도서관

영국의 웰스 성당 도서관은 특히 복원된 부분을 알아차리기 어렵다. 이 도서관은 15세기 중반에 성당 회랑 위에 지어졌다. 이 건물의 외관에 대해서는 흔히 이용되던 이런 배치를 채택한 사례로 앞 장(85쪽 참조)에서 다룬 바 있다. 웰스 성당 도서관은 1680년대에야 되어서야 재정비가 이뤄졌다.[61] 이 도서관은 사슬을 사용했지만, 그 무렵에는 이미 사슬로 책을 묶는 방식이 쇠퇴하고 있었기 때문에 17세기 후반에 세워진 도서관들은 대부분 사슬 설비를 갖추지 않았다.

진열대 도서관은 1580년대에 옥스퍼드 대학에서 시작되어 그곳의 모든 칼리지로 퍼져나갔다. 세인트 존스와 올 소울즈, 그리고 퀸스를 필두로 1590년대에는 듀크 험프리 도서관, 그 후에는 뉴 칼리지(1602-1603), 코퍼스 크리스티(1604), 모들린(1610-1611), 크라이스트 교회(1611)가 진열대 도서관을 채택했다. 케임브리지 대학에서도 트리니티(1618-1640)와 세인트 존스(1624), 피터하우스(1628), 그리고 퀸스 칼리지 등이 이를 따랐다.[62]

이 도서관들은 신축 도서관과 재정비한 구 도서관 건물이 혼합되어 있다. 기존 도서관을 재정비할 때는 일반적으로 가구를 모두 교체하는 방식을 채택했다. 웰스에서는 새 서가를 들여놓기 위해서 창문을 하나 걸러 하나씩 막아야 했다. 퀸스에서는 비용을 절감하기 위해서 기존 서가를 해체해서 사용했고, 그 결과 매우 독특한 서가 디자인이 탄생했다.

아래, 오른쪽

퀸스 칼리지 도서관

17세기 중반, 영국 케임브리지

이곳은 독서대를 책장으로 개조하는 작업을 여러 차례에 걸쳐서 진행해서 진열대 도서관을 탄생시킨 특이한 도서관이다. 책장 하단의 곡선형 옆면은 원래는 트리니티 홀에서 볼 수 있는 것처럼(109쪽 참조) 선반 아래에 부착한 책상을 빼낼 수 있게 만든 서서 읽는 독서대의 옆면이었다. 1차 개조 때는 독서대의 경사진 윗부분을 걷어낸 자리에 옆면에 장식이 있는 선반을 올렸다. 2차 개조 때는 추가된 선반을 들어올려 현재의 책장 상단으로 만들고 그 사이에 선반을 추가로 끼워 넣었다. 원래는 비어 있던 책장 하단에도 선반을 추가했다.

케임브리지 대학의 퀸스 칼리지

퀸스 칼리지는 1446년 설립과 동시에 건축이 시작되었다. 앞쪽 광장 주변 건축은 두 단계로 진행되었다. 1448-9년의 1차 건축 때는 정문과 소예배당, 도서관 건물이 세워졌고, 1449-50년의 2차 건축 때는 식당과 남쪽 구역이 세워져 앞쪽 광장 건축이 완성되었다. 이 칼리지는 당시에 막 유행하기 시작한 영국산 백악토로 만든 벽돌로 지어졌다. 건축 직후에는 도서관에 독서대를 배치했다. 이 독서대가 바로 지금의 수직형 서가의 근간이 되었다고 알려져 있다. 이곳 독서대는 트리니티 홀의 독서대처럼, 앉아서 책을 읽을 수 있는 낮은 책상과 그 위쪽에 서서 읽는 독서대가 2단 구조로 배치되어 있었다. 양 방향에서 쓸 수 있는 독서대가 양쪽 벽을 따라 5개씩 놓여 있고, 맨 앞과 뒤쪽 벽 바로 옆에는 한 방향에서 쓸 수 있는 독서대가 2개씩 있고 독서대 사이사이에는 고딕 창문이 한 쌍씩 나 있었다.[63]

퀸스 칼리지의 독서대는 초기 소장 도서를 수용하는 데 안성맞춤이었다. 종교개혁과 연이은 서적 몰수가 진행되면서 도서관의 장서 상당수가 없어졌다. 초기 소장 도서들은 일반적인 관행에 따라 책상에 묶여 있었고, 트리니티 홀과 마찬가지로 독서대의 상단에 쇠막대가 설치되어 있었다. 1612-3년(어쩌면 1590년대)에 위쪽 독서대를 철거하고 대신에 옆면에 자코비안 양식(혹은 엘리자베스 양식)의 양각 장식이 있는 선반 두 개를 추가했다. 17세기 후반 무렵에는 처음에 추가했던 두 개의 선반을 들어올리고 그 사이에 선반을 추가로 끼워 지금처럼 높은 수직형 서가를 만들었다.[64]

16세기 말

16세기와 17세기 초반의 진열대 시스템은 영국에서만 볼 수 있는 독특한 형식이다. 대학의 칼리지에서 시작된 이 시스템은 전국의 사립 및 공립 도서관들로 퍼져나갔다. 진열대의 배치로 도서관 공간이 작은 칸으로 나뉜 덕분에 열람자는 중세 수도원의 일인용 열람실과 엇비슷한 사적 공간을 확보할 수 있었다. 각 칸은 도서관 안에 자리 잡은 작은 도서관이 되었다. 이 시스템은 나중에는 영국 이외의 지역에서도 채택되었지만, 당시에는 비교적 제한된 지역에서만 채택되었다. 진열대 시스템 덕분에 이 장의 서두에서 설명한 중국 톈이거의 수납장 배치로 탄생한 공간과 놀라울 정도로 흡사한 공간이 만들어졌다. 영국 이외의 지역에서는 16세기 말 무렵에는 독서대형 도서관에 변화가 일어나기 시작했지만, 진열대 시스템으로 대체된 것은 아니었다. 스페인, 프랑스, 이탈리아, 독일 등 유럽 대륙에서는 이후 수세기 동안 도서관 디자인의 지배적인 양식으로 자리 잡게 되는 새로운 도서 배치 양식이 등장했다. 바야흐로 '벽 시스템' 시대가 시작된 것이다.

벽, 돔, 벽감

17세기의 도서관

17세기는 현대 도서관 건축의 출발점이다. 책값이 점점 싸지면서 도서관 설계 방식에 큰 변화가 나타나기 시작했다. 일반적인 책값은 16세기를 거치는 동안 크게 떨어졌지만, 도서관 설비에 주목할 만한 변화가 나타난 것은 다음 세기였다. 제작비용을 줄이기 위해서 새로운 책의 판형이 도입되었다. 책 크기가 작아지고 가격이 내려가면서 책장에 책을 보관하는 방식도 달라졌다. 중요한 혁신으로 평가되는 진열대 시스템(앞 장에서 살펴보았다)과 벽 시스템은 모두 16세기에 고안되었지만, 이 혁신은 17세기에 이르러서야 풍성한 발전을 이루었다. 17세기에는 진열대 시스템이 알코브의 고안으로 이어졌다. 아직 본격적으로 논의하진 않았지만, 벽 시스템은 17, 18세기에 유럽에서 가장 흔히 사용되던 시스템이었다. 이 시스템 덕분에 원형 도서관이라는 새로운 유형의 도서관 건물이 탄생했다.

왼쪽
보들리안 도서관
1612년, 영국 옥스퍼드

보들리안 도서관 아츠 엔드의 동창으로 아침 햇살이 비춰든다. 장의자를 벽을 마주보게 놓는 것은 보기 드문 배치 방식이지만, 이런 배치 덕분에 책에 묶어둔 사슬을 선반 앞쪽 가장자리에 매단 쇠막대(지금은 제거되었다)에 걸어놓을 수 있었다.

다음면
에스코리알 도서관
1585년, 스페인 산 로렌초 데 엘 에스코리알

이 웅장한 방은 벽 시스템을 사용한 최초의 대형 도서관이었다. 벽을 등지고 세워놓은 책장들은 정교한 세공과 장식적인 건축 요소로 풍성하게 장식되어 웅장한 방과 조화를 이루는 아름다운 가구다.

벽 시스템의 기원

벽 시스템의 기원은 분명치 않으며 앞으로도 완전한 대답이 나오진 않을 것이다. 개념 정의에도 문제가 있다. 중세에는 책을 보관하는 방안 벽에 개방형 선반이 붙어 있었다. 15, 16세기 개인 서재를 묘사한 판화를 보면 벽에 선반이 걸려 있고 바닥에 뚜껑이 없는 수납장이 놓여 있다.[1] 하지만 이런 방들은 책을 보관하거나 학자들이 혼자 쓰는 작은 방이기 때문에 도서관이라고 정의하기는 어렵고 서재나 책을 넣어두는 서고라고 하는 게 알맞다. 규모가 큰 벽 시스템을 채택한 도서관은 오랜 세월이 지나서야 등장했다. 그중에서 가장 중요한 도서관이자 현존하는 가장 오래된 도서관은 스페인에 있는 에스코리알 도서관이다.

에스코리알

"에스코리알이 뿜어내는 사상은 그 어떤 것을 통해서도 얻을 수 없다. 영국의 윈저 궁도, 러시아의 페테르호프 궁도, 프랑스의 베르사이유 궁도 에스코리알에 견줄 수 없다. 이것은 그 어떤 것과도 견줄 수 없으니, 시대를 자신의 뜻을 따르게 만든 사람에 의해 창조되었고, 가도 가도 해가 지지 않는 영토를 차지한 왕이 잠 못 이루는 밤에 떠올린 공상이 암석으로 표현된 것이다." 1846년에 알렉상드르 뒤마가 쓴 글이다.[2] 에스코리알 도서관은 특이한 건물이며 그 후 수백 년 동안 수많은 수도원과 왕궁의 본보기가 되었다. 수도원과 왕궁을 결합하는 건축 방식은 새로운 것이 아니었지만, 에스코리알은 그 어떤 건축물보다 독특했다. 건축적으로 보자면, 에스코리알은 단연 영향력과 위상 면에서 유럽 건축사에 손꼽히는 건물이며 도서관 디자인의 정수다.

에스코리알 왕궁은 길고 복잡한 디자인 역사를 지니고 있다. 도서관은 왕궁 건축의 후반기인 1575-1583년에 지어졌고 설계와 건축은 후안 데 에레라(1530-1597)가 맡았다.[3] 펠레그리노 티발디가 그린 천장 프레스코화는 1585년경에 완성된 것으로 추정된다. 반원통형 지붕을 얹은 길이 68m 단일 공간으로, 양쪽 벽면을 완전히 덮는 창이 드문드문 나 있다. 창문 사이 간격이 충분히 확보되어 커다란 책장이 벽면에 꼭 들어맞게 놓여 있다. 벽을 등지고 세워진 대형 책장들은 그 자체로 하나의 독립적인 구역을 이룬다. 그러나 이 책장들은 이전 도서관의 수납장들과는 디자인 측면에서 근본적으로 다르다. 이곳에서는 책이 훤히 모습을 드러내며 전시되어 있다. 책은 도서관 벽장식의 일부다. 개방형 서가를 설치한 에스코리알의 구조는 앞을 내다본 것이었을 뿐 아니라 후대에 큰 영향을 미쳤다. 벽을 따라 책장이 빽빽이 들어서 있고 책장에 책들이 보기 좋게 배열되어 있는 이런 거대한 방은 처음이었다. 커다란 방에 책장을 벽면에 기대 세워놓고 책을 빽빽하게 꽂아놓는 구조는 이곳에서 처음으로 채택되었다. 장식 효과를 냄과 동시에 생동감을 불어넣는 구조로 장서를 배치한 거대한 도서관 홀의 구도는 그 후 오늘날까지 도서관 건축의 일반적인 구도가 되었다. 이것이 바로 우리가 흔히 생각하는 도서관의 모습이다.

벽 시스템의 정의

중세 시대에 쓰이던 양피지의 크기는 가축의 손실을 최대한 줄일 수 있는 크기로 결정되었고, 동물의 몸집이 클수록 큰 가죽을 얻을 수 있었다. 새로 도입된 인쇄기로 제작된 책은 가죽 대신에 종이를 사용했고, 책의 원료인 종이는 독자의 요구와 책의 크기에 따라 다양한 크기로 생산할 수 있었다. 양피지 책은 큰

16

윈쪽, 오른쪽

에스코리알 도서관

1585년, 스페인 산 로렌초 데 엘 에스코리알

얼핏 보면 좌우대칭을 이루는 것 같지만, 방의 양쪽 벽이 약간 다른 구조로 되어 있다. 사진(왼쪽)에 보이는 벽은 왕궁 앞에 있는 광장 쪽에 면해 있고 벽 아래쪽에 창문이 한 줄로만 나 있고, 앞면 사진의 왼쪽 벽은 안마당 쪽에 면해 있고 창문이 두 줄로 나 있다. 벽 위쪽에 난 창문은 반원통형 석조 천장을 파고든 형태로 나 있다. 인물화가 붙어 있는 부분(오른쪽)은 안으로 튀어 나온 기둥이 있어 선반을 설치할 수 없는 곳이다.

양피지를 한 번 접어 만든 큰 판형이었지만, 종이 책은 대개 4절판 혹은 8절판의 소형 판형이었다. 종이 한 장을 두 번 접으면 4절판, 네 번 접으면 8절판이 된다. 종이를 6번 접어 만든 64절판으로 7.6×5cm의 초소형 책을 만들기도 했다. 책은 제본을 해서 팔기도 했지만, 제본을 하지 않고 낱장으로 팔기도 했다. 종이는 양피지보다 얇고 뻣뻣함이 덜해서 책을 닫아두는 죔쇠를 박아넣을 필요도 없었다. 책 표지는 나무판 대신에 훨씬 값이 싼 양피지나 판지로 대체되었다.[4]

이런 변화는 도서관이 갖추어야 할 서가의 형식에 직접적인 영향을 미쳤다. 독서대는 과거의 책 제작 방식에 따라 2절 판형(38×30cm)의 책들을 수납할 수 있도록 제작되었다. 이런 책들은 제본 방식 때문에 수평으로 눕혀서 보관해야 했고, 가격도 비쌌기 때문에 사슬로 책상에 묶어둬야 했다. 이런 식으로 보관하려면 책 한 권당 30cm, 책 서너 권이면 약 1m의 공간이 필요했다. 따라서 규모가 꽤 큰 도서관에서도 보관할 수 있는 책의 양은 300~600권 정도였다.[5]

17세기 무렵에는 새로 생산된 종이 책들이 값이 싸지면서 사슬에 묶어두는 관행이 사라졌다. 책 두께가 2.5~5cm 남짓이라 책을 수직으로 세워서 꽂으면 1m짜리 선반에 24~25권씩 수납할 수 있었다. 선반을 여러 단으로 올릴 수 있으니, 1m 너비의 벽에 6~10단 짜리 선반을 세우면 책 200~400권이 너끈히 들어갔다. 새로운 도서 배열 방식을 채택하면 독서대 도서관에서 방 한 칸을 차지했던 책들을 1~2m 너비의 벽형 책장에 전부 수납할 수 있었다.

책 제작비용이 낮아지고 책 생산이 크게 증가하면서 장서 규모도 크게 늘어났다. 17세기 초반에 이르러 이전의 독서대 도서관으로는 많은 장서를 감당할 수 없게 되면서 새로운 해결책이 마련되어야 했다. 영국에서는 과도기적 해결책으로 앞 장에서 다룬 진열대 시스템이 채택되었다. 유럽 대륙에서는 책의 보급이 훨씬 일반화되었던 까닭인지 진열대 대신 벽 시스템이 채택되었다.

벽 시스템의 특징

벽 시스템의 가장 큰 특징은 명칭 그대로 벽면에 책이 꽂힌다는 점이다. 에스코리알의 책장은 벽에 기대 세워져 있다. 벽면에 붙여 세워두었지만 벽면의 일부로 완전히 녹아들어가지는 않는 정교한 독립형 가구처럼 느껴진다. 벽 시스템은 책장이 벽의 일부로 보이게끔 벽면 전체를 가리는 책장을 만드는 단계로 발전했다. 이런 유형의 도서관 중에서 지금까지 남아 있는 가장 오래된 도서관일 뿐 아니라, 이런 배치를 채택한 세계 최초의 도서관으로 추정되는 곳이 밀라노의 암브로시아나 도서관이다. 이런 유형의 도서관에서는 벽면을 최대한 가득 채우는 책장을 설계하는 데만 치중하지 않았다. 이런 도서관을 설계할 때 가장 먼저 결정해야 하는 것은 책장의 높이였다. 일반적으로 이용자가 손을 뻗어 닿을 수 있는 최대 높이는 남자의 경우 2.06m, 여자의 경우 1.83m이다.[6] 벽 시스템을 설계하는 경우에는 이 정도면 상

아래
암브로시아나 도서관
1609년, 이탈리아 밀라노

이 도서관은 초기에 세워진 갤러리가 딸린 벽 시스템 도서관이다. 반원통형 천장을 올리고 양쪽에 반원형 창문을 낸 구조는 로마 건축에서 유래한 것으로 후대에 많은 도서관에서 채택되었다. 양쪽에 창문이 나 있지 않아 실내가 약간 어둡다. 2차 세계대전 때 폭격으로 심각하게 훼손되었지만, 지금은 충실하게 복원되어 있다.

당히 낮은 높이다. 따라서 암브로시아나 도서관을 비롯한 대부분의 도서관에서는 3~4m 높이의 책장을 짜 넣는다. 위쪽 선반의 책을 꺼내려면 사다리를 이용해야 한다.

아무리 벽 시스템 도서관이라고 해도 맨 아랫단 선반을 바닥에 곧바로 얹어 놓는 경우는 찾아볼 수 없다. 하단 선반 하부에는 받침대나 굽도리널이 설치되어 있다. 책장의 선반에는 수직 지지대를 삽입해서 여러 개의 칸으로 분할해 그 공간에 꽂힌 책의 하중을 버틸 수 있게 했다. 독서대 도서관의 경사진 독서대에는 기껏해야 책 두세 권을 올려놓기 때문에 지지대를 설치할 필요가 없었다. 그러나 책을 빽빽이 꽂는 새로운 시스템에서는 약 1m 간격으로 지지대를 넣어야 했다. 수직 지지대는 간소하고 눈에 띄지 않는 구조로 설치하기도 했지만, 눈에 뜨이도록 화려한 장식을 덧붙일 수도 있었다. 사다리를 딛고서도 손이 닿지 않을 만큼 높은 선반을 설치할 때는 벽면에 갤러리를 추가해야 했다.

갤러리를 이용한 벽 시스템을 처음으로 채택한 것도 역시 밀라노의 암브로시아나 도서관이다. 옥스퍼드 대학의 보들리

암브로시아나 도서관
1609년, 이탈리아 밀라노

보기 드물게 지상층에 세워진 이 도서관은 외관이 매우 아름답다. 경사진 지붕을 올린 소박한 직육면체 건물이며, 박공 장식이 있는 웅장한 현관실이 딸려 있다. 처음부터 암브로시아나 도서관은 공공도서관으로 설계되어 모든 방문객에게 개방되었다.

안 도서관보다 2년 앞서긴 하지만, 두 도서관은 건축 연대가 거의 비슷하기 때문에 한 곳이 다른 곳에 영향을 주었다고 보기는 어렵다.

암브로시아나 도서관

암브로시아나 도서관은 밀라노의 수호성인 성 암브로시오의 이름을 딴 곳이다. 아로나 백작의 차남이며 성 가롤로 보로메오의 사촌인 페데리코 보로메오 추기경(1564-1631)이 설립했다. 페데리코는 파비아에서 법과 신학을 공부하고 로마에서 학업을 마친 뒤 23세에 추기경이 되었고, 1595년에 밀라노 대주교가 되었다. 밀라노에 정착한 그는 직위와 가문의 권력으로 확보한 막대한 재산을 이용해서 그리스, 시리아를 비롯하여 유럽 전역에서 필사본을 사들였다. 그중에는 이탈리아 인문주의자로 갈릴레오의 멘토였던 지안 빈첸초 피넬리(1535-1601)의 필사본도 있었다. 보로메오가 수집한 장서는 워낙 규모가 커서 상자 70개가 가득 찰 정도였다. 보로메오는 자신이 수집한 필사본 15,000권과 인쇄된 서적 30,000권을 보관할 도서관을 설립하기로 결심했다. 암브로시아나 도서관은 1603년에 착공되었다.[7]

도서관 설계도면을 준비한 사람은 렐리오 부치였다. 그는 밀라노 성당 건축 당시 공사 감독으로 건축에 발을 들여 놓았다. 그는 1569년에 일어난 분쟁에서 석재 건축 분야에 경험이 없고 실력이 부실한 사람으로 언급되기도 했다. 그러나 승진을 거듭해 밀라노 성당 건축 때 공사 감독이 되었고, 밀라노 인근에서 건축가로 꽤 명성을 날렸다. 그는 밀라노 성당 공사를 하는 동안 보로메오 추기경과 알게 되었을 것으로 추정된다. 하지만 프란체스코 마리아 리치노, 아우렐리오 트레치, 알레산드로 세나우로도 암브로시아나 도서관 건축의 여러 단계에 참여했다는 기록이 남아 있기 때문에 실제로 암브로시아나 도서관을 설계한 사람이 누군지는 확실치 않다. 이 도서관은 이런 건축 사업들이 흔히 그렇듯이 여러 사람들의 손을 거쳐 완성되었을 것이다.

누구의 공인지는 알 수 없지만, 이 건물의 디자인은 매우 단순하고 일관성이 있다. 이 도서관은 처음에는 커다란 직육면체 방 내부에 세워졌다. 오늘날 살라 프레데리치아나라고 불리는 이 건물은 당대의 다른 도서관들과는 달리, 지상에서 계단 네댓 개를 올라선 곳에 입구가 있다. 도서관에 들어가려면 돌출된 벽 중앙에 박공지붕을 이은 현관실을 지나게 되어 있다. 원래는 이 곳에는 문 하나만 달랑 있었다. 내부로 들어서면 사방 벽면에 책장이 서 있다. 하단부에 세워진 책장은 4m, 갤러리 위에 세워진 책장은 2.6m 높이다. 지금은 연결된 동의 계단을 올라가 갤러리로 통하는 문을 지나면 갤러리로 들어갈 수 있지만, 원래는 모퉁이에 있는 나선형 계단을 통해 갤러리로 올라갔다. 갤러리 책장 위 벽면에 두른 돌출부에는 그림 액자가 나란히 걸려 있고 갤러리 난간에도 그림이 걸려 있다. 반원통형 천장에는 인상적인 장식이 되어 있고, 양쪽 끝에 있는 커다란 반원형 창문을 통해 빛이 들어온다.

암브로시아나 도서관은 오랜 세월에 걸쳐 크게 개조되었다. 완공 직후에는 화랑과 학술원을 들이기 위해 증축 공사가 시작되었다. 그 후 여러 차례에 걸쳐 배치와 비품이 바뀌었고, 2차 세계대전 때 크게 파손된 후에는 거의 새로 짓다시피했다. 지금 건물은 원래의 건물을 그대로 복원해놓은 것이다. 하지만 역사적으로 손꼽히는 중요한 도서관 건축이라는 점은 변함이 없다. 암브로시아나 도서관은 1609년에 문을 열었는데, 당시에는 누구에게나 개방되었던 것으로 보인다. 이곳을 방문했던 영국인 리처드 라셀즈가 1670년에 쓴 글에는 "암브로시아나는 이탈리아에서 가장 훌륭한 도서관이다. 자신이 노출되는 것을 꺼리는

왼쪽, 오른쪽

보들리안 도서관

1612년, 영국 옥스퍼드

보들리안 도서관은 옥스퍼드 대학의 학자인 토마스 보들리가 설립했다. 듀크 험프리 도서관(114-15쪽 참조)의 증축부로 세워졌고, 예술 관련 책들이 보관되어 있어 아츠 엔드라고 불렸다. 지금은 스쿨즈 쿼드랭글의 한 축을 이루는 이 증축 건물(왼쪽)은 기존 건물과 조화를 이루도록 고딕 양식으로 설계되었다. 중앙에 난 커다란 창 바로 밑에는 출입구가 있다. 양 모퉁이 사각탑에 놓인 계단을 오르면 도서관(오른쪽)에 이른다. 이곳 역시 갤러리가 딸린 벽 시스템 도서관 가운데 초기에 세워진 것으로 암브로시아나 도서관이 문을 연 지 만 3년 뒤에 문을 열었다.

다른 도서관들과는 달리 내숭을 떨지 않기 때문이다. 오고가는 모든 사람에게 문을 활짝 열고 마음대로 책을 골라 읽을 수 있게 놓아둔다."[8]고 적혀 있다. 암브로시아나 도서관의 개방적인 태도를 두고 일부에서는 유럽 최초의 공공도서관이라는 명성을 얻으려고 보들리안 도서관을 견제하는 것이라는 분별없는 주장을 펼치기도 한다. 앞 장에서 살펴본 바에 의하면, 이것은 어불성설이다. 이전에도 여러 도서관들이 특정한 제한을 두기는 했어도 일반인의 접근을 허용했다. 하지만 보들리안 도서관은 다른 측면에서 암브로시아나 도서관에 뒤지지 않는 명성을 얻고 있다. 같은 시기에 갤러리를 갖춘 벽 시스템을 채택하여 지은 열람실 아츠 엔드 덕분이다.

아츠 엔드와 보들리안 도서관

앞 장에서 언급한 대로, 토마스 보들리 경은 옥스퍼드 대학 머튼 칼리지의 대학평의원이었고, 헨리 사빌의 친한 친구였다. 사빌은 머튼 도서관 시스템 설비를 맡았고 1598년에는 보들리를 도와 듀크 험프리 도서관을 재정비했다.[9] 보들리는 옥스퍼드의 대학 도서관을 재정비하기로 결심했다. 대학 도서관은 16세기에 종교개혁과 정치적 격동 속에서 책과 가구를 잃어버린 상태였다.

그는 현대적인 방식으로 건축 기금을 조성했다. 그는 기부자에게 답례를 하는 것이 얼마나 중요한지를 강조했고, 다른 사람들의 기부를 권면하기 위해 스스로 거액의 사재를 내놓았다.[10] 기금 모금은 1608년에 완결되었지만, 1610년 7월에야 착공이 되어 1612년 말에 완공되었다. 보들리는 건강이 좋지 않아 공사 현장을 방문할 수 없었기 때문에 도서관 시공과 관련한 책임의 상당부분을 사빌에게 위임했다.[11]

보들리가 듀크 험프리 도서관에 증축한 열람실은 예술 분야의 책을 소장했기 때문에 '아츠 엔드(Arts End)'라고 불렸다. 아츠 엔드는 외관 면에서 디비니티 스쿨과 듀크 험프리 도서관과 최대한 조화를 이룰 수 있도록 이전에 유행하던 수직식 고딕 양식을 채택하여 설계되었다. 증축된 건물은 기존 건물과 직각을 이루는 방향으로 세워져서 도면상으로 보면 T자 모양이었다. 방문객은 새 건물 1층에 마련된 현관실을 통해서 입장한다. '프로스콜리움(Proscholium)'이라고 불리는 이 방은 디비니티 스쿨(Divinity School) 의 주출입구가 되었다. 현관실 양쪽 끝에 난 계단을 오르면 도서관에 이른다. 이전 도서관들은 일반적으로 중앙에 출입구가 있었지만 현관실 바로 위층에 있는 아츠 엔드는 출입구가 양쪽 끝에 있다. 창문은 양쪽 끝에 하나씩, 중앙에 하나가 있다. 아츠 엔드가 완공되기 전에 이미 더 큰 공간을 확보하기 위해 도서관 앞 쿼드랭글을 둘러싸는 건물들을 짓는 공사가 착수되었다.

듀크 험프리 도서관은 진열대 도서관으로 재정비되었지만, 아츠 엔드는 처음부터 벽 시스템 도서관으로 건설되었다. 어디서 영감을 얻어 이런 배치를 하게 되었는지는 분명히 알 수 없지만, 사빌이 해외여행으로 얻은 견문이 한몫을 했을 것이다.[12] 어쨌든 아츠 엔드는 유럽에서 오랜 연원을 가진 벽 시스템 도서관으로 손꼽힌다. 하지만 이곳의 벽 시스템 구조는 매우 독특하다. 암브로시아나 도서관처럼 책장이 벽면을 가득 채우고 있지만, 암브로시아나에서는 도서관 중앙에 놓인 책상에서 책을 읽게 되어 있는 반면에, 아츠 엔드는 통행자를 고려해서 중앙을

ANTIQUAS SCALAS ANNO MDCXII
HIC EXSTRUCTAS POSTEA DIRUTAS
PIO ANIMO REFECIT ANNO MCMXIX
LUDOVICUS DUVEEN
ENTRANCE

보들리안 도서관
1612년, 영국 옥스퍼드

아츠 엔드의 갤러리는 다른 곳에서는 찾아볼 수 없는 독특한 구조다. 갤러리는 장의자의 지지대 겸용으로 쓰이는 기둥 위에 설치되었다. 장의자는 열람자가 앉으면 벽을 마주보게 배치되어 있고 책들은 책상 위쪽 선반에 사슬로 묶여 있다. 갤러리에 있는 책들은 사슬에 묶여 있지 않지만, 나무 창살이 계단을 둘러싸고 있어서 권한 없는 사람은 올라갈 수 없다.

CLASSIS SCRIPTURISTICA

왼쪽, 오른쪽, 다음면

스트라호프 수도원 신학 도서관

1679년, 체코 프라하

17세에 건축된 도서관 가운데 화려한 미관으로 손꼽히는 곳이지만, 지금의 외관은 애초의 것과 다르다. 1720년대에 천장을 로코코 양식으로 개조하고, 기존 책장 위에 책장을 추가했다. 이곳에는 회전식 선반이 있는 책상(이것은 개인 서재에서 흔히 볼 수 있는 가구였다)과 정교한 지구본 수집품(다음면)이 놓여 있다. 도서관을 다룬 17세기 저서들은 도서관을 과학 기자재를 전시하는 공간으로 활용하기를 장려했다. 지구본과 천구본이 특히 장려되었다.

비워두었다. 책상은 책장 발치에 놓여 있다. 갤러리를 지지하는 기둥의 일부를 활용해 장의자를 설치했다. 열람자는 벽을 마주 보게 놓인 의자에 앉아 책장에 돌출되어 있는 책상에서 책을 읽는다. 약간 어색한 이런 배치에 독특함을 더하는 것은 아주 작은 책들이 벽장 상단 창살문 뒤에 보관되어 있고 하단에 있는 대부분의 책들이 사슬에 매여 있다는 점이다. 위쪽 개가식 서가를 이용할 수 있도록 갤러리가 설치되어 있다. 갤러리는 장의자의 등판 기능을 겸하는 기둥에 의해 지지되고, 나선 계단을 창살로 막아놓고 권한 없는 사람의 접근을 차단하기 위해 잠금 장치까지 달아놓은 계단실을 이용해야 접근할 수 있다. 이 서가 시스템은 더할 나위 없이 정교한 목공 작품을 이루고 있으며, 다른 어떤 곳에서도 모방된 적이 없다. 1640년에 듀크 험프리 도서관의 다른 쪽 끝에 증축한 셀든 엔드에는 훨씬 간단한 서가 시스템이 적용되었다. 셀든 엔드는 이곳에 8,000권의 책을 기증한 변호사 존 셀든(1584-1654)의 이름을 딴 것이다.[13]

1단 벽 시스템 도서관

가장 단순한 형태의 벽 시스템은 갤러리를 설치하지 않고 1단 책장만을 사용한다. 이런 구성은 개인 주택의 일반적인 방과 높이가 비슷한 곳에 안성맞춤이다. 개인 도서관은 책을 사슬에 묶을 필요가 없었다. 1단 벽 시스템은 16세기에 왕궁이나 부유한 수집가의 주택에서 처음으로 출연했을 것이다. 당연히 당시에 훨씬 규모가 큰 공공건물에서는 1단 벽 시스템을 채택하지 않았다. 많은 1단 벽 시스템 도서관들이 수백 년이 지난 뒤에 유행에 맞춰 재정비되거나 더 큰 건물로 대체되었다. 프라하에 있는 스트라호프 수도원 신학 도서관은 1단 벽 시스템 도서관의 좋은 사례다. 이 도서관은 1671-9년에 수도원장 예론님 히른하임에 의해서 설립되었다. 기존 수도원 경내에 세워지는 건물이라 주위 건물들과 조화를 이루도록 간소한 외관으로 설계되었다. 건축의 초점은 내부에 두어졌다.[14]

반원통형 석조 천장에는 1721-6년에 화려한 석고 세공이 추가되어 지금까지 전해진다. 석고 세공은 늘어나는 장서를 수용하기 위한 확장 공사가 진행되던 1721년에 시아르트 노세츠키가 의뢰를 받아 제작한 것이다. 반원통형 석조 천장은 화재 예방 효과가 있어 도서관 건물에 널리 채택되었다. 내부 화재 예방보다는 다른 곳에서 난 불이 옮겨 붙지 않도록 하는 데 주안점이 있었다. 석탄이나 나무로 난방을 하던 중세와 르네상스 시대에는 화재가 큰 위험 요인이었다. 특히 위험한 촛불 사용을 제한하기 위해서 도서관들은 대개 해질 무렵이면 문을 닫았다. 도서관 화재는 시대를 가리지 않고 발생하는 참사다.[16] 스페인의 에스코리알은 1667년에 큰 화재가 나서 기록보관소와 왕궁의 대부분이 파괴되었지만, 다행히 석조 천장을 올린 도서관은 거뜬히 화재를 면했다.[17]

반원통형 천장 대신 등장한 것이 바로 로렌티안 도서관에 있는 것 같은 수평 천장이었다. 둘 다 고전적인 양식으로 여겨졌지만, 수평 천장은 목재를 이용하기 때문에 비용이 훨씬 적게 들었다. 더구나 수평 천장을 설치할 경우에는 큰 창문을 내기가 수월했다. 반원통형 천장의 하단은 벽 상단에 꼭 들어맞아야 했다. 옆 벽면에 창문을 내는 경우에는 창문이 천장이 휘어지는 지점 아래나 천장의 일부를 잘라낸 곳에 자리를 잡아야 했다. 천장의 일부를 잘라내는 방식은 비용도 훨씬 많이 들 뿐 아니라 창문틀이 벽체보다 방 안쪽으로 깊이 들어가기 때문에 채광량이 줄어드는 단점도 있었다. 이 문제는 창문을 통한 채광이 어려웠던 스트라호프 신학 도서관에서 분명하게 드러난다.

천장과 벽체의 접합 부분이 오목한 곡선형으로 처리된 코브형 천장(coved ceiling)은 반원통형 천장과 수평 천장의 시각적 효과를 절충한 결과물이다. 이 천장은 17세기 프랑스에서 유행

CLASSIS CIVILISTICA

스트라호프 수도원 신학 도서관
1679년, 체코 프라하

책장의 선반이 고정되어 있어 시각적으로 통일성을 준다. 책장 상단에 올린 목재 장식이 반원통형 천장과 벽체의 이음부를 가려준다.

했는데, 1642년에 건축가 피에르 르 뮈에가 당시 파리 루 드 리셸리우의 마자랭 도서관을 위해서 설계한 천장이 가장 주목할 만하다. 그 후 1668년에 마자랭 도서관은 칼리쥐 데 꺄트르-나시옹 안에 있는 지금의 자리로 옮겨져서 1689년에 일반인에 개방되었다. 유사한 해결책이 도입된 것은 1675년에 시작해 여러 단계를 거쳐서 완성되었던 파리의 생트 쥬느비에브 도서관의 첫 번째 건설 단계에서였다. 이 도서관은 생트 쥬느비에브 수도원의 상층에 세워졌는데, 양쪽 벽면에 책장이 늘어서 있고 긴 갤러리가 설치되었다. 이 도서관은 1699-1700년과 1719년, 1732년에 확장되어 십자형 구조가 되었다. 1730년에는 십자형의 교차 부분에 반원구형 지붕(cupola)을 올렸는데, 이는 돔형 공간의 시각 효과보다는 채광과 통풍의 효과를 노린 것이었다. 마자랭 도서관에 설치된 아치는 책장 뒤편 상단 벽체에서 시작되는데, 이 때문에 책장 상단에 평평한 앞면 장식판을 설치해야 했다. 생트 쥬느비에브 도서관의 아치는 책장 앞쪽에서 시작되기 때문에 책장이 벽면 안으로 들어가 있는 듯 보인다.[18]

스트라호프 수도원 신학 도서관에서는 낮은 원통형 천장이 책장 뒤쪽으로 넘어가서 벽체와의 접합부가 가려져 있다. 책장 위에 덧붙인 장식이 천장과 벽체가 이어지는 어색한 모습을 가려준다. 책장 맨 아래쪽 선반이 돌출되어 있어 장의자 역할을 한다. 열람자들은 이 의자에 앉아 독립형 책상을 사용했을 것이다(이것은 나중에 설명하는 옥스퍼드의 코드링턴 도서관과 유사한 배치다). 책장 맨 아래쪽 선반에서 돌출된 부분은 의자로 쓰이기도 하고, 사서들이 높은 선반에 있는 책을 꺼낼 때 디딜 수 있는 고정된 발판으로 쓰이기도 했다.

박물관으로서의 도서관

오늘날 스트라호프 신학 도서관의 중앙에는 여러 개의 지구본과 일상적인 수집품들이 전시되어 있다. 나중에 추가된 것들이라서 그곳의 정체를 파악하는 데 방해가 된다고 생각하기 쉽지만, 꼭 그런 것만은 아니다. 도서관에 관한 글을 썼던 17세기 저술가들은 지구본과 천문학 장비를 전시하는 것을 권장했다. 17세기 이전에는 도서관 디자인을 다루는 글이 거의 없었다. 이 주제를 다룬 초기 도서에는 가브리엘 노데의 《도서관 설립에 대한 충고*Advis Pour Dresser une Bibliothèque*》(1627)와 클로드 클레망의 《개인과 공공을 위한 박물관이나 도서관의 설립,

지침, 관리, 사용*Musei sive bibliothecae tam privatae quàm publicae extructio, instructio, cura, usus*》(1635)이 있다. 노데의 책은 디자인 이야기는 별로 하지 않고 장서의 수집과 관리 과정에서 발생하는 문제를 주로 다뤘다. 클레망의 연구서는 장식과 전시의 중요성을 강조하고 도서관을 '무세이온' 즉, 뮤즈의 거처로 여기라고 권고하고 있다는 점에서 건축학적인 함의가 크다. 17세기에는 이런 관념이 강화되어, 다음 장에서 살펴보려 하는 웅장한 로코코 양식 도서관들을 뒷받침하는 원동력이 되었다. 이 저술들의 골자는 도서관에 적용되어야 할 기본 원칙에 대한 고찰인데, 이것은 건축가의 역할을 논할 때 가장 먼저 연상되는 내용이다.

건축가와 후원자

17세기에 쓰이던 '건축가'나 '디자이너'라는 말은 현대에 쓰이는 것과는 미묘한 차이점이 있었다. 요즘처럼 뚜렷이 구분된 건축 관련 직업도 존재하지 않았다. 당시에 건축가라는 단어는 주로 고대 로마 건축을 다룬 중요한 저술을 남긴 비트루비우스와 연관해서 쓰였다. 이 저술은 15세기 이탈리아에서 널리 논의되었다. 비트루비우스는《건축십서》중 첫 권에서 건축가가 습득해야 할 주제들을 다루고 있는데, 이 목록에는 사실상 모든 방면의 시도들이 망라되어 있다.[19] 비트루비우스는 건축가는 곧 '박식한 사람'이라고 보고 있다. 15세기 이탈리아 건축가이자 작가인 레온 바티스타 알베르티는 이런 사고를 발전시켜 건축이란 공격적인 기술자들뿐 아니라 신사에게도 적합한 직업이라고 주장했다.[20] 건축가에 대한 근대적인 사고는 르네상스 시대에 이탈리아에서 시작되었고, 이때부터 조각가, 화가, 목조기술자, 석조기술자가 건축계에 발을 들여놓으려고 시도했다. 16세기 무렵에는 기반을 잡은 건축가 밑에서 일을 하는 것으로 건축가로서 필요한 자질을 연마할 수 있었다. 이런 사고는 르네상스의 여러 가지 사고와 더불어 북쪽으로 퍼져나갔다. 프랑스와 스페인에는 16세기에 건축가들이 활동했다. 영국 같이 비교적 뒤처졌던 나라들에서는 17세기에 들어서도 건물의 설계는 대부분 숙련된 석조기술자와 숙련된 목조기술자의 손에 맡겨지고 있었다.

어떤 도서관 디자인이 어느 한 사람의 것인지를 따질 때는 신중을 기해야 한다. 그런데 건축사학자들은 지나치게 성급하게 수많은 건물들의 디자인을 특정 건축가의 것이라고 규정한다. 하지만 건축가라는 직업이 탄생한 뒤에도 돈 많은 신사들은 수납장 제작자, 화가, 장식가에게 자문을 구해가면서 자기 집 내부의 가구 배치를 손수 계획하는 경우도 있었을 것이다. 그들은 인건비도 비싸고 십중팔구 변덕이 죽 끓듯 하는 건축가에게 굳이 일을 맡겨야 할 필요가 없다고 보았을 것이다. 모든 역사적 사건은 개별적인 상황을 고려하여 검토되어야만 한다. 예컨대, 우리는 사료를 통해서 르 뮈에가 마자랭 도서관의 방뿐 아니라 내부 비품까지 설계했다고 판단할 수 있다.[21] 물론 때로는 판단하기가 애매한 상황도 있다. 예컨대, 보들리안 도서관 아츠 엔드의 설계는 건축가의 개입이 전혀 없이 이루어졌던 것으로 보이는 반면에, 암브로시아나 도서관의 설계에는 건축가 여럿이 개입했던 것으로 보인다. 예컨대, 17세기 영국 건축가 크리스토퍼 렌 경(1632-1723)은 여러 도서관의 건축에 관여했다. 그중에서 지금까지 남아 있는 가장 오래된 도서관은 영국의 링컨 성당 도서관이다.

링컨 성당 도서관

크리스토퍼 렌은 유럽에서 17세기 후반에 이루어진 도서관 건축에 가장 많이 참여했고 도서관 디자인의 발전에 크게 기여한 건축가다. 렌은 1665년 파리 여행 중에 벽 시스템 도서관을 처음으로 접하고 이 시스템을 영국에 도입하기로 결심했던 것으로 보인다. 더구나 그는 옥스퍼드의 대학 도서관들의 상황을 훤히 파악하고 있었다.[22] 지금까지 남아 있는 1단 벽 시스템 도서관으로 손꼽히는 건물은 그가 링컨 성당에 지은 도서관이다. 이전에 지어진 많은 도서관들이 그랬듯이, 이 도서관은 성당 회랑 위에 세워져야 했기 때문에 디자인 면에서 여러 가지 제약을 받았다. 건축 설계를 의뢰한 사람은 링컨 성당의 주임사제 마이클 하니우드(1597-1681)였다.[23] 건축은 1674년에 시작되었는데, 전해지는 건축 계약서에는 '크리스토퍼 렌 경의 감독과 톰슨의 모형에 따라' 건축되어야 한다고 명기되어 있다.[24] 여기서 '톰슨'은 렌이 세인트 폴 성당, 햄프턴 코트 궁전, 켄싱턴 궁전, 런던의 여러 교회를 건설할 때 고용했던 석조기술자 존 톰슨(1650-1700년경)을 이르는 것으로 보인다.[25] 당시 영국에서는 '모형'이라는 단어가 '디자인'이란 뜻으로 쓰이기도 했지만, 여기서는 물리적인 모형 자체를 의미했던 것으로 추정된다. 이 모형의 설계와 제작 과정에서 렌이 정확히 어떤 역할을 맡았고 톰슨과 하니우드

Y
Z
Aa
Bb
Cc
Dd

왼쪽
링컨 성당 도서관
1674년, 영국 링컨

크리스토퍼 렌이 설계한 이 도서관은 기존 회랑의 한쪽 편에 폭이 좁고 긴 공간을 조성해 만들었다. 이 도서관이 주임사제관과 목조 골재로 된 중전의 도서관(지금은 일부가 철거되었다)을 연결해주었다. 2층에 위치한 기품이 넘치는 이 도서관 한쪽 벽에는 채광을 위한 창이 나 있고, 맞은편 벽에는 책장이 놓여 있다.

오른쪽
세닛 하우스
1675년, 영국 케임브리지 대학

렌은 옥스퍼드 대학의 학위수여식에 쓰일 공간으로 셸도니안 극장을 설계했다. 그는 1675년에 케임브리지 대학에 비슷한 용도의 세닛 하우스를 설계할 예정이었지만, 건축 계획이 취소되었다. 그의 계획에 따르면, 세닛 하우스 안에 케임브리지 도서관으로 쓰일 아름다운 방을 마련할 예정이었다. 그는 측면 벽에 창을 내고 당시로서는 특이한 구조인 긴 채광창을 지붕 중앙에 낼 계획이었다.

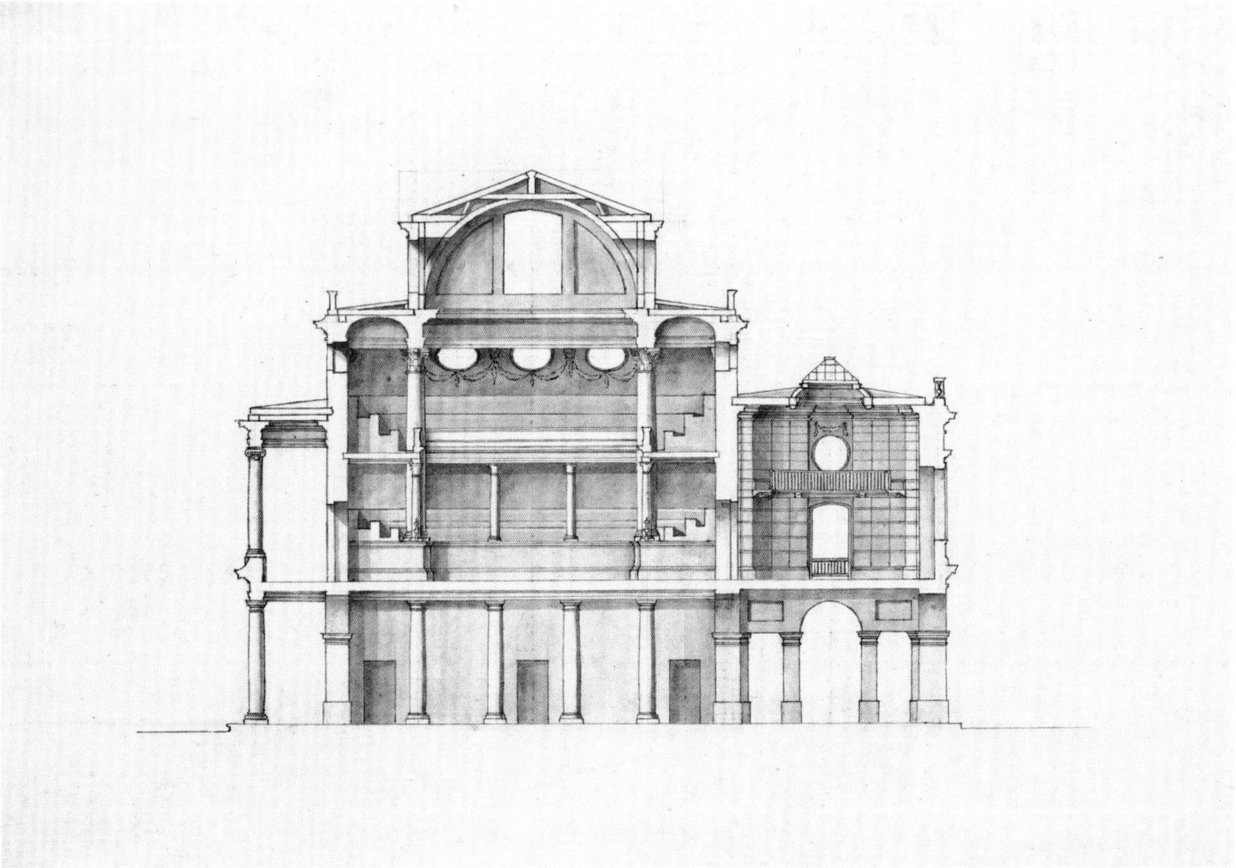

가 얼마나 기여했는지는 분명치 않다. 도서관 건물은 지금도 완공 당시의 원형을 그대로 간직하고 있다. 건물은 회랑 위에 놓인 긴 갤러리 형태로 되어 있다. 한쪽 벽에는 책장들이 늘어서 있고 맞은편 벽에는 창문이 나 있다. 코브형 천장에 개가식 붙박이 책장이 설치되어 있다. 비품들은 비교적 단순한 형태다. 책장에는 책상이 설치되어 있지 않지만, 책장 맨 아랫단 선반은 면이 넓은 징두리 판이 둘러져 있고 상단의 선반보다 크기가 큰 것으로 보아, 애초에는 징두리 판 아래쪽에는 수납장이 있었던 것으로 추정된다. 책장 상단에는 들쑥날쑥한 형태의 과장된 배내기 장식(cornice)이 둘러져 있어서 긴 벽면을 분할하는 역할을 한다.

링컨 도서관 다음으로 렌이 맡은 일은 케임브리지 대학의 새 도서관 겸 세닛 하우스(Senate House)로 쓰일 건물을 설계하는 것이었다. 애초 설계에 따르면 이곳에는 2단 벽 시스템을 설치하고 측면 벽에 창을 내고 지붕 중앙에 긴 채광창을 낼 계획이었다. 17세기에는 지붕채광창은 제작이 어렵기 때문에 흔히 사용되지 않았다. 애초의 원안대로 만들어졌다면 시대를 앞서가는 형식이었겠지만, 렌이 내놓은 원안은 비용 문제를 고려하여 폐기되었다.[26] 하지만 렌은 세인트 폴 성당을 건축할 때 2단 벽 시스템 도서관 채택을 밀어붙였다.

세인트 폴 성당의 주임사제 도서관

이 도서관은 성당 남측 트리포리움(성당 회중석의 양측에 있는 긴 회랑 바로 위에 있는 층)에 있다. 도서관에 드나들 때는 남서쪽 탑에 있는 인상적인 계단실을 이용한다. 설계는 1690년대에 완성되었지만, 18세기로 넘어와 성당 건축의 최종 단계에 지어졌다. 설계 원안에 따르면, 남측에 주임사제를 위한 도서관을 짓고 북측에 일반인이 이용할 수 있는 도서관을 지을 예정이었다. 그러나 북측 도서관 건축은 취소되고, 그 방은 렌의 성당 모형을 상설 전시하는 공간이 되었다. 주임사제 도서관은 렌이 설계한 대로 완공되었다.[27]

이 도서관은 널찍한 방으로, 남쪽 벽 높은 곳에 대형 창이 나 있다. 2단 벽 시스템을 채택해서 나무 받침대를 이용해 폭이 넓은 갤러리를 설치했다. 최근에 이루어진 조사 결과, 엉성한 시공 때문에 갤러리가 군데군데 심하게 기울어 있는 것이 확인되었다. 도서관 외부의 독립된 공간에 설치된 나선형 계단이 갤러리로 통한다. 희한하게도 대성당에서는 보기 드문 대형 벽난로가 있다. 화기가 닿는 곳에 불에 잘 타는 책들을 놓아두면 화재가 날 우려가 있기 때문에 도서관에 벽난로를 설치하는 경우는 거의 없었다.

벽 시스템 도서관에 갤러리를 설치하는 것은 높은 공간을 편리하게 이용할 수 있을 뿐 아니라 안전한 공간을 확보하는 데도 긴요하기 때문이다. 암브로시아나 도서관에서는 책장 하단 선반에 철망문을 달아 권한 없는 사람이 제멋대로 꺼낼 수 없도록 해놓았다. 이 철망문은 후대에 설치된 것인지 모른다. 하지만 보들리안 도서관의 아츠 엔드는 처음부터 이와 비슷한 문을 채택했다. 크기가 작아 슬쩍 주머니에 집어넣을 수 있지만 사슬

LOCKE

왼쪽, 오른쪽

렌 도서관

1695년

영국 케임브리지 트리니티 칼리지

렌의 걸작품으로 꼽히는 케임브리지의 트리니티 칼리지 도서관은 아름다운 안마당의 한쪽 끝에 세워졌다. 외부(오른쪽)에서 보면 도서관 바닥이 아래쪽 기둥 상단의 높이에 맞춰져 있고 창문 사이에 책장이 놓인 전통적인 진열대 도서관인 것처럼 보인다. 하지만 렌은 우아한 바로크 양식을 활용해서 기둥에서 아치가 갈라지는 지점을 바닥 높이로 정했고, 따라서 열람자는 도서관에 들어서는 순간(왼쪽) 방의 높이가 예상했던 것보다 훨씬 높다는 걸 깨닫게 된다. 건물 측면과 양쪽 끝에 책장보다 높은 위치에 창이 나 있어 빛이 충분히 쏟아져 들어온다. 벽과 수직을 이루도록 책장들이 배치되어 알코브가 조성되어 있다. 이 혁신적인 배치는 이후의 도서관 디자인에 큰 영향을 미쳤다.

로 묶어둘 수 없는 소형 책들을 꽂아둔 아래층 책장 상단에 철망문을 설치했다. 아래층 책장의 상단 선반은 사다리나 발판을 이용하면 누구나 접근할 수 있었다. 하지만 거의 모든 도서관에서 갤러리는 사서들만 접근할 수 있는 공간이었다. 지상에 선 채로 이용할 수 있는 책과 갤러리에 개가식으로 진열되어 있지만 사서의 도움을 받아야 꺼내올 수 있는 책을 구분하여 배치하는 방식은 그 이후에 세워진 도서관들의 중요한 특징이 되었다. 갤러리로 오르는 계단을 눈에 띄지 않게 숨기는 것은 미관을 고려한 것이기도 하지만, 권한 없는 사람의 이용을 방지하는 방법이기도 했다. 계단을 숨겨두면 아무나 사서가 보지 않는 틈을 타서 몰래 올라가는 걸 막을 수 있었다.

세인트 폴 성당의 도서관은 형식 면에서는 후대에 스위스, 오스트리아, 독일에 세워진 로코코 양식의 도서관들과 몹시 비슷하지만 명성 면에서는 훨씬 뒤처져 있다. 렌이 설계한 도서관 중에는 아예 건축되지 않았거나 파괴된 것들도 있다. 하지만 가장 중요한 위상을 차지하는 트리니티 칼리지 도서관은 렌이 설계한 원안대로 지어져서 지금까지 온전한 모습을 간직하고 있다.

케임브리지 대학의 트리니티 칼리지

옥스퍼드와 케임브리지의 칼리지들이 17-18세기에 건축한 몇몇 도서관들은 세계적인 명성을 자랑한다. 이 시기에는 장서를 기증하는 사람들은 많았지만 대학 차원에서 제공하는 시설들은 충분치 않았다. 결국 학생들에게 공부할 공간을 만들어주는 책임은 칼리지로 넘어갔다. 초기에 마련된 대책은 독서대 형식의 기존 도서관 대신에 진열대 시스템으로 재편하는 것이었다. 옥스퍼드의 아츠 엔드가 채택한 벽 시스템이 칼리지 단위의 도서관으로 확산되기까지는 오랜 세월이 걸렸다. 초기 대열에는 옥스퍼드의 유니버시티 칼리지, 지저스 칼리지, 세인트 에드문드 홀이 합세했고, 이들은 1668년에서 1682년 사이에 벽 시스템을 채택했다.[28] 18세기까지도 사슬로 책을 묶는 관행을 유지했던 칼리지가 있긴 했지만, 사슬을 사용하는 도서관은 점차 줄어들었다. 사슬로 책을 묶는 관행이 유지되었던 것도 벽 시스템의 확산을 가로막는 요인이었지만, 결정적인 요인은 진열대가 도서관의 표준적인 비품으로 확립되었던 데 있었다.[29] 1624년에 완공된 케임브리지의 세인트 존스 칼리지 도서관은 진열대 도서관이었지만, 사슬에 묶인 책을 넣기 위해서 진열대 방식을 채택한 것은 아니었다.[30] 케임브리지의 트리니티 칼리지 도서관은 17세기에 세워진 칼리지 도서관 가운데 가장 웅장하고 가장 호평을 받았던 곳이다.[31] 이 도서관은 진열대 방식의 재편에 앞장섰던 곳이기도 했다.

진열대 방식의 재편 사업은 케임브리지 대학의 부총장이자 트리니티 칼리지 학장이었던 아이작 바로우가 주도했다고 알려져 있다. 렌에게 케임브리지 대학 도서관이 들어서게 되는 세닛 하우스의 재건축 계획안을 의뢰한 사람이 바로 바로우 학장이었다. 로저 노스(1651-1734)가 남긴 기록에 따르면, 바로우는 렌이 내놓은 설계안이 거부되었을 때 몹시 화를 내면서 "당장 칼리지로 가서 건물의 기초공사를 시작해서 뒷마당을 넓히고 한쪽에 웅장한 도서관 건물을 세우겠다. 그렇게 되면 내가 처음 제안했던 것보다 훨씬 규모가 크고 훨씬 비용이 많이 들어가는 공사가 될 것이다." 라고 을러댔다고 한다. 바로우가 직접 한 말이 아니니 과장되었을 수도 있지만, 어쨌든 그는 당장 새 건물 건설에 착수했다. 렌의 세닛 하우스 설계안이 거부되고 몇 개월이 지난 1676년에 기초공사가 시작되었다.[32]

트리니티 칼리지는 지금은 케임브리지에서 가장 재정이 튼튼한 칼리지로 알려져 있다. 17세기에는 임대료 수입에 크게 의존했는데, 경기가 침체되면서 재정 위기에 부딪혔다. 결국 도서관 건축 기금 조성 사업을 벌여야 했다. 기금 조성 사업이 시작되고 기부 서약도 이어졌지만, 재정 문제로 공사가 지연되어 1695년이 되어서야 완공되었다.[33]

트리니티 칼리지의 거대한 도서관을 짓기 위한 렌의 최종 계획안은 독창적이고 대담했다. 트리니티 칼리지는 캠 강의 한 섬에 있었는데, 공사 중에 강의 한쪽 지류가 막혔다. 강물이 범람해 건물이 물에 잠길 위험이 높았기 때문에 렌은 2층에 도서관을 배치하는 관행을 따랐다. 기존의 안마당은 좁고 정원을 향해 트여 있었다. 렌은 기존 건물들의 양쪽 날개부를 확장해서 안마당을 넓히고, 트인 부분에 새 도서관을 앉혔다. 기존 날개부 아래쪽에 있던 회랑을 확장해 도서관 아래까지 연결했다. 평면도로 보면, 완성된 도서관은 강을 따라 길게 가로놓인 직사각형꼴 형태로 트리니티 칼리지의 외곽을 이루고 있으며, 긴 서쪽 면은 강을 마주보고 있고 약간 짧은 동쪽 면은 안마당을 마주보고 있다. 렌은 양쪽 벽에 마주보게 창문을 배치했다. 새 건물들과 안마당 양쪽 끝이 만나는 지점에는 마지막 칸의 창문도 다른 칸의 창문들과 같은 높이에 배치할 수 있도록 채광정을 냈다.

지금은 아름다운 잔디밭 옆으로 강이 흐르고 있지만, 17세기에 이 강은 화물선이 다니는 곳이라 그다지 아름답지 않았다. 따라서 강을 마주보는 쪽의 건물 외관은 건물의 후면으로 여겨 장식을 최소화했다. 공사비의 대부분은 안마당을 마주보는 쪽(방문객들의 눈에 뜨이는 곳)의 외관과 내부 장식에 투입되었다. 마당 한가운데에 난 보도는 건물 정중앙의 아치형 입구로 바로 연결되는데, 정중앙 아치 상단에는 알렉산드리아 도서관에서 프톨레마이오스가 칠십인역성서(Septuagint)를 받는 모습을 묘사한 부조가 있고, 지붕 위에는 신학, 법학, 의학, 수학을 상징하는 조각상 네 개가 있다.[34]

안마당쪽 건물 외관은 렌이 직접 설계한 것이다. 디자인 습작들을 보면 그가 최종안을 정하기까지 설계안을 여러 차례 변경했음을 알 수 있다. 그는 이탈리아를 방문한 적이 없지만, 바로우는 산소비노의 마르치아나 도서관을 본 적이 있으니 렌에게 그 도서관 이야기를 해줬을 수도 있다.[35] 그 영향을 받았다는 것이 역사학자들의 중론이다.[36] 또한 렌의 디자인과 팔라디오가 저서 《건축사서*Quattro libri dell' architettura*》에 포함시킨 공공건물 삽화 사이에도 뚜렷한 유사성이 있다.[37] 하지만 최종 설계안은 렌의 독자적인 것이다. 그가 고심했던 문제는 우아한 비례와 장대한 규모와 격조 높은 균형미가 돋보이는 외관을 가진 도서관에 적당한 높이의 2층 바닥을 설치하는 것이었다. 칼리지는 도서관의 2층 바닥의 높이를 도서관 양쪽에 있는 건물들의 2층 바닥의 높이와 똑같게 해서 두 건물 2층이 직접 연결되는 걸 원했다. 렌은 기발한 해결책을 내놓았다. 그는 일반인들이 예상하는 것처럼 도서관 2층 바닥을 회랑 기둥들 위에 얹힌 수평 부분의 높이에 맞춘 것이 아니라, 기둥에서 아치가 갈라져 나가는 부분의 높이에 맞추고 아치의 반원 부분을 막았다. 이렇게 해서 2층 방의 내부 높이는 외부에서 보는 사람이 예상하는 것보다 훨씬 높아졌다.[38] 도서관은 건물 북쪽 끝에 위치한 부속동의 계단을 통해서 들어간다. 설계 원안에는 양쪽 끝에 하나씩 두 개의 부속동이 있었지만, 비용 절감을 위해 하나로 줄였다.

도서관 알코브의 고안

이 도서관 디자인에서 가장 독창적인 것은 렌이 설계한 실내 배치다. 그중에서도 핵심은 1단으로 늘어선 책장 위쪽에 창을 내고, 벽 시스템 도서관처럼 책장들을 벽에 기대 세우면서 동시에 진열대 도서관처럼 벽과 직각을 이루도록 세우는 방식을 결합해서 삼면이 책으로 둘러싸인 이른바 '알코브(alcove)'를 조성하는 것이다.

알코브는 방 안의 방이다. 벽 시스템과 진열대 시스템의 장점을 결합한 것이 알코브다. 벽과 직각을 이루도록 책장을 세우

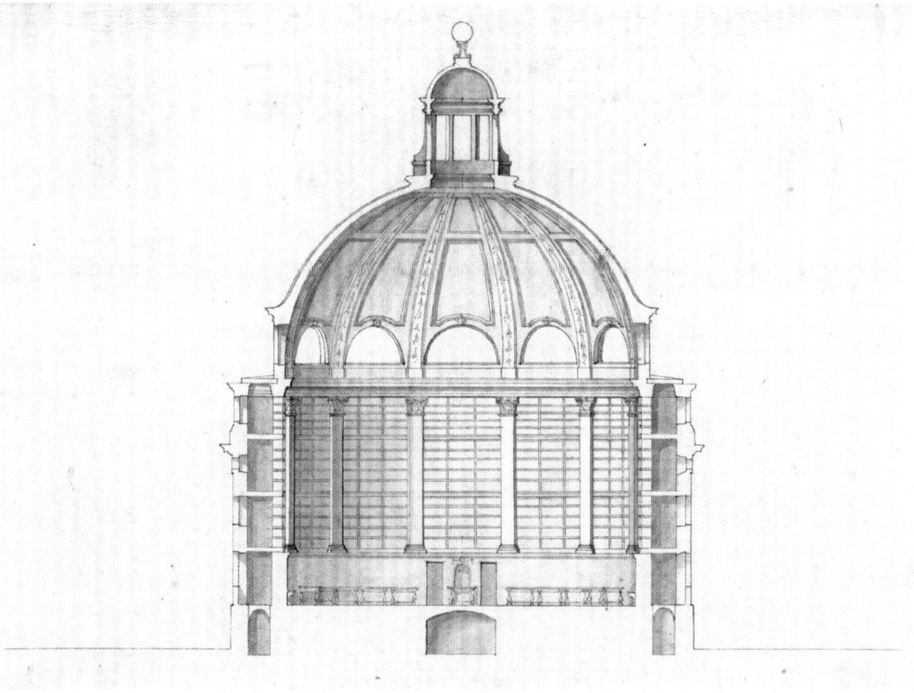

건축으로 이어지지 못한 케임브리지 트리니티 도서관 계획안
렌이 트리니티 칼리지 도서관으로 처음 구상한 디자인은 독립적인 구조의 부속건물이었다. 이 단면도를 보면 정육면체 공간 위에 웅장한 돔을 올리고 돔 아래에 높은 창을 설치하려 했음을 알 수 있다. 원형 열람실의 벽을 따라 양쪽이 트인 책장을 놓고 사서들이 책을 꺼내올 때 쓸 수 있도록 벽 쪽에 통로를 낼 예정이었다.

면 훨씬 많은 책을 수납할 수 있을 뿐 아니라 큰 방을 효율적인 열람 공간으로 분할할 수 있다. 책장보다 높은 위치에 창을 내면 빛이 잘 들지 않는 단점을 극복할 수 있고, 창이 없는 벽면을 더 많은 책을 수납할 수 있는 공간으로 쓸 수 있다. 이렇게 해서 고전주의 도서관 디자인은 세계 최초의 '알코브' 도서관이라는 놀라운 위업을 이루었다.

도서관 내부 비품

렌은 실내 건축의 마무리 단계에서 책장 위에 실제 사람 크기의 전신 조각상을 올려 장식할 생각이었다. 네덜란드 저술가 유스투스 립시우스가 저서 《도서관의 역사*De bibliothecis syntagma*》(1602)에서 밝힌 도서관 장식에 관한 의견과 가브리엘 노데의 의견을 따른 것이었다.[39] 하지만 전신 조각상을 세우기에는 예산이 부족했기 때문에 유명한 작가들의 흉상으로 대체되었는데, 대부분 렌의 사후에 갖추어졌으며 루이-프랑소아 루빌리악의 작품이 많다. 이 흉상들 외에 유일한 장식은 책장 옆면과 문 위에 있는 문장과 꽃장식인데, 이는 도서관 후원자들을 기릴 목적으로 조각가 그린링 기번스에게 의뢰하여 제작한 것이다.

트리니티 칼리지 도서관 건축 계획안을 보면 건축가가 비품의 디자인을 직접 감독한 것을 알 수 있다. 책장, 책상, 스툴을 디자인한 도안이 지금까지 전해진다. 렌이 구상한 책장들은 아름다움을 뽐내고 있다. 책장들은 전부 바닥 위에 설치한 목조 마루 위에 놓여 있다. 이 마루는 방음 및 단열 효과뿐 아니라, 대리석 바닥재의 수요를 줄이는 효과를 낳았다. 책장의 맨 아랫단은 수납장 겸 기반이다. 선반의 높이는 위로 올라갈수록 줄어든다. 원래는 선반이 고정되어 있었지만, 일부는 오랜 세월이 흐르는 동안 옮겨지기도 했다. 일반적인 관행에 따라 가장 작은 책들은 보조 도구가 없으면 손이 닿지 않는 꼭대기에 배치했다. 스툴에는 벌어진 형태의 다리가 달려 있어서 의자 겸 발판으로 쓸 수 있고, 탁자에는 회전식 독서대가 설치되어 있다. 책상 옆면의 서가 목록은 작은 문이 달린 판넬 안에 들어 있다. 도서관 양쪽 끝은 옆 건물과 겹쳐지기 때문에 기둥 사이 간격이 일정치 않다. 건물 양쪽 끝에 기둥 간격이 다른 곳보다 좁은 곳과 넓은 곳이 하나씩 있다. 이 부분에는 필사본을 보관하기 위해 수납장과 진열대에 잠금장치가 있는 문을 달아두었다. 도서관의 목적에 비추어 지나치게 크고 화려한 감이 있긴 하지만, 외국인 방문객들의 극찬을 받는 국가적 자랑거리다.[40]

최초의 원형 도서관

렌이 맨 처음에 세웠다가 거부당한 트리니티 칼리지 도서관 계획안은 실제로 건축된 도서관보다 훨씬 흥미롭다. 그가 남긴 도면에 따르면, 그는 원래 안마당에 단독 구조의 원형 부속건물을 세우려는 구상을 다듬고 있었다.[41] 르네상스 시대 내내 건축가들은 원형 건축물에 매료되어 있었다. 레오나르도의 스케치북에는 교회, 요새, 궁전을 원형 구조로 설계한 디자인들이 많다. 원형 도서관을 구상한 것은 렌이 처음이었다. 렌의 구상은 비록 실현되지는 않았지만 대단한 영향력을 미쳤다.

렌은 약 1.8m 높이의 사각형 기부 위에 세워진 원형 도서관을 구상했다. 열람자가 계단을 오르면 붙임기둥을 사용한 주랑 현관이 나오고, 타원형의 작은 현관을 지나면 열람실이 나온다. 사서는 입구를 마주보는 곳에 놓인 커다란 의자에 앉아 있다. 열람자는 석조 벽을 등지고 놓인 장의자에 앉아 책상을 이용해 책을 읽는다. 고개를 들면 돔형 천장까지 책장이 층층이 쌓인 모습이 보이지만, 책장에 손이 닿진 않는다. 채광을 위해 벽 상단에 창이 줄지어 나 있고, 돔 중앙에도 창이 나 있다.

이 디자인이 흥미를 끄는 것은 특이한 책 진열 방식을 염두에 두었기 때문이다. 16세기에는 책을 선반에 수직으로 세워서 꽂는 방식이 처음으로 등장했지만, 당시에는 지금과는 달리 책등이 안으로 가고 책배가 바깥으로 나오게 책을 꽂았다. 에스코리알에서는 지금도 책을 이렇게 진열한다. 제목은 표지로 가려지지 않아 종이가 드러난 부분, 즉 책배에 잉크나 연필로 썼다. 사슬에 묶은 책은 앞표지 가장자리에 사슬이 매여 있기 때문에

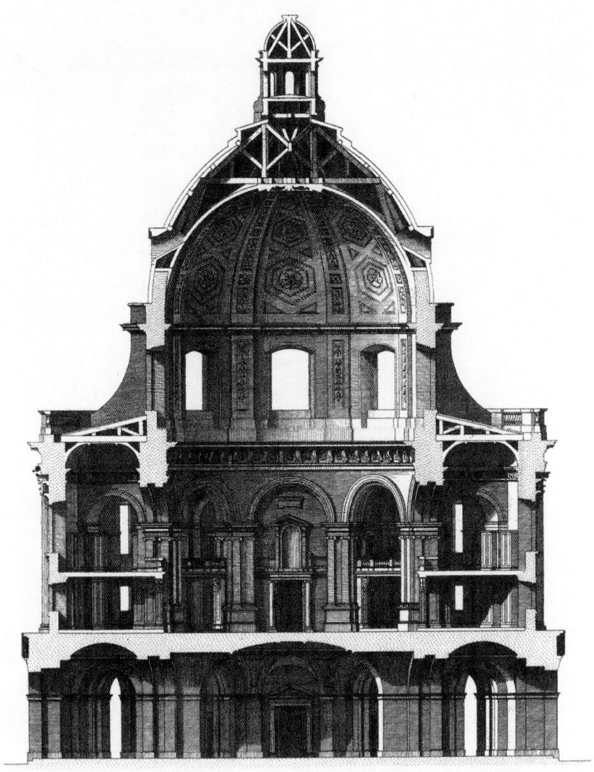

맨 왼쪽, 왼쪽, 오른쪽
래드클리프 카메라
1749년, 영국 옥스퍼드

제임스 깁스가 디자인한 이 도서관은 존 래드클리프 박사가 사후에 기증한 사재를 바탕으로 탄생했다. 건축에는 오랜 기간이 걸렸고, 복잡한 일도 발생했다. 니콜라스 혹스무어가 구상한 설계 원안은, 렌이 구상했으나 건축으로 이어지지 못한 케임브리지 트리니티 칼리지 도서관 계획안(앞면 사진 참조)의 영향이 분명히 느껴진다. 건설 부지에 있던 기존 주택 철거가 지연되면서 공사가 연기되었고, 혹스무어가 사망한 뒤에야 착공이 되었다. 처음에는 건물 맨 아래층의 비어 있는 공간으로 출입을 하고 야간에는 문을 닫아두었다(왼쪽). 나중에는 아래층 창에 유리를 끼워 도서관으로 사용하고 외부 계단을 새로 냈다(맨 왼쪽). 내부 공간은 비효율적인 구조라고 비판하기 어려울 만큼 인상적이다(오른쪽).

이렇게 꽂아야만 사슬이 책에 깔리는 일 없이 선반 앞으로 늘어진다. 책값이 떨어짐에 따라 사슬로 책을 묶을 필요가 없어졌고, 사슬로 묶는 비용이 책값보다 더 들었다. 드디어 책들은 책등이 바깥으로 나오게 꽂혔다. 비로소 책등에 제목을 쓰기 시작했고 때로는 금박이나 양각 장식을 넣기도 했다. 책등이 바깥을 향하게 되자 같은 장서 목록에 포함되는 책들을 똑같은 디자인으로 제본하는 방식이 선호되었고, 결국 책장이 서 있는 도서관 벽면이 통일성을 갖추게 되었다. 책등에 글이 들어간 책들은 16세기에 처음 등장했지만, 이 관행이 널리 정착한 것은 17세기 말부터였다.

렌이 트리니티 칼리지에서 고안했던 원형 도서관 디자인은 종전의 관행과 새로운 관행 사이의 전환점이었다. 렌은 양쪽이 뚫린 책장을 구상했던 것으로 보인다. 사서가 책을 꺼내가는 갤러리 쪽에서 보면 책배가 드러나게 책들이 꽂혀 있고, 열람실 안쪽에서 보면 가죽으로 제본한 책등이 드러나 책들이 벽을 장식하는 효과를 낸다. 책 제목이 책배 쪽에 드러난 종이 가장자리 면에 표시되어 있다는 걸 전제로 한 디자인이다. 책등에 제목이 표시되어 있다면 사서가 책배만 확인할 수 있는 구조에서는 원하는 책을 찾을 수 없을 테니 말이다. 렌의 구상이 현실화되었다면 세계 최초의 원형 도서관이 탄생했겠지만, 트리니티 칼리지는 이를 거부했다. 하지만 이 구상은 렌의 제자였던 니콜라스 혹스무어(1661-1736년경)의 머릿속에 고스란히 간직되어 있었다.

옥스퍼드의 래드클리프 카메라

혹스무어는 렌이 내놓은 수많은 디자인의 도면 작업과 건축 감독을 맡았다. 그는 트리니티 도서관 일에 관여했으니 좌절된 원형 도서관 계획안에 대해 잘 알고 있었을 것이다. 혹스무어는 1712-14년 옥스퍼드에서 원형 도서관을 디자인할 수 있는 기회를 맞았다. 유명한 의사 존 래드클리프(1652-1714)가 보들리안 도서관에 증축할 건물의 건축비용을 대려고 마음먹고 혹스무어에게 설계를 맡겼다. 혹스무어는 듀크 험프리 도서관을 주축으로 하고 셀든 엔즈와 연결되는 원형 도서관 계획안을 만들었다. 이 계획안은 엑스터 칼리지 부지에 있는 건물들에 영향을 미칠 수밖에 없었다. 이 계획이 현실성이 없다는 게 드러나자, 래드클리프는 인근 광장 주변에 있는 기존 주택들을 철거하고 광장 중앙에 도서관을 세우기로 했다. 래드클리프는 1714년에 사망하면서 거액의 도서관 건축 자금을 남겼다. 그러나 주택 철거는 어렵게 진행이 되었고, 건축 부지가 확보된 1736년에 혹스무어는 사망했다. 건축 책임을 넘겨받은 제임스 깁스(1682-1754)는 혹스무어 계획의 핵심을 그대로 유지하라는 지침을 받았다. 깁스의 감독 하에 1749년에 완공된 도서관은 '래드클리프 카메라(Radcliffe Camera)'로 명명되었다.[43] 1714년에 혹스무어의 원안대로 지어졌다 하더라도 래드클리프 카메라는 원형 서고를 지닌 세계 최초 도서관의 영예를 안지는 못했을 것이다. 렌이 1675년에 트리니티 칼리지를 위해 원형 도서관 설계를 하고 래드클리프가 1712년에 사재를 털어 옥스퍼드 대학에 도서관을 짓겠다

왼쪽
래드클리프 카메라
1749년, 영국 옥스퍼드

돔 내부의 모습. 래드클리프 카메라는 초기의 돔형 도서관이긴 하지만 최초는 아니다.

아래, 오른쪽
헤르초크 아우구스트 도서관
1710년, 독일 볼펜뷔텔

세계 최초의 돔형 도서관인 헤르초크 아우구스트 도서관은 1705-1710년에 건축가 헤르만 코프의 디자인으로 완공되었다. 디자인은 인상적이었지만, 시공이 부실했기 때문에 1886년에 철거되었다.

고 결심하는 사이에, 그 영예는 이미 다른 곳으로 넘어갔다. 그것은 독일 볼펜뷔텔에 있는 헤르초크 아우구스트 도서관으로 지어진 첫 건물이었다.

헤르초크 아우구스트 도서관

헤르초크 아우구스트 도서관은 브룬스윅 공작 여러 명의 후원 속에 탄생했다. 가장 큰 기여를 한 사람은 도서관 설립을 위해 사후에 35,000권 넘는 책을 기증한 아우구스트 공작(Duke August the Younger, 1579-1666)이다. 수학자이자 철학자로서 브룬스윅 공작령에서 여러 직무를 맡았던 고트프리트 빌헬름 라이프니츠(1646-1716)가 도서관장을 맡았다.[44] 건물 설계는 헤르만 코프(1656-1735)가 맡았다. 그는 목조기술자였고, 건축가로서 경륜은 독자적으로 쌓은 것으로 보이지만 재능이 출중했다. 그는 브룬스윅 공작령에서 승진을 거듭하여 1704년에 수석 건축 감독이 되었다. 코프가 지은 건물은 대부분 석조 건물을 모방하여 지은 목조 건물이었기 때문에 지금은 남아 있지 않다. 헤르초크 아우구스트 도서관도 목조였던 것으로 추정된다.

도서관의 건물 배치는 매우 독창적이었다. 남아 있는 도면에 따르면 열람자는 탑을 통해 건물에 들어가는데, 이 탑 안의 계단을 이용하면 2층으로도 갈 수 있다. 건물 중앙에는 정확한 원형이 아니라 타원형 도서관 서고가 배치되었다. 빛이 잘 들도록 천장 가까운 곳에 높은 아치형 창을 설치했다. 벽면에 흰 도료를 칠한 붙박이 책장을 빙둘러 세우고 책들을 꽂았다. 창 바로 아래에는 외벽에 붙은 경사지붕이 보이지 않도록 벽을 막아 화려한 무늬로 장식했다. 헤르초크 아우구스트 도서관은 1705년에서 1710년 사이에 지어졌다. 하지만 건축에 문제가 많아 1886년에 철거되었고, 그 자리에는 규모는 훨씬 크지만 다소 밋밋한 석조 건물이 들어섰다.[45]

코드링턴 도서관

래드클리프 카메라는 혹스무어가 설계한 게 아니라고 볼 수도 있지만, 옥스퍼드의 올 소울즈 칼리지 코드링턴 도서관은 그의 책임 하에 지어졌다. 이 건물은 그가 래드클리프의 도서관 설계를 끝낸 직후인 1716년에 기공되어 1720년에 완공되었다. 하지만 내부 설비는 1751년에야 완성되었다.[46] 코드링턴 도서관의 특징은 1층에 세워졌다는 점이다. 1층 도서관들이 전통적으로 안고 있던 습기의 문제점을 덜기 위해서 지하층을 두고 그 위에 올려졌다.

코드링턴 도서관은 래드클리프 카메라와 마찬가지로 건축비를 후원한 사람의 이름을 땄다. 올 소울즈 칼리지의 대학평의원이었던 크리스토퍼 코드링턴은 죽은 뒤에 서적 12,000여권과 도서관 건축 기금을 남겼다.[47] 대학평의회는 고딕 양식의 칼리지의 기존 건물들과 융화되도록 새 도서관을 지어야 한다고 주장했다. 하지만 건물 내부에 대해서는 당대에 선호되던 고전주의 디자인을 반영하기를 원했다. 혹스무어는 이 까다로운 과업을 재치있게 해결했다. 건물 양 끝에 창문을 낼 때, 안쪽은 고전적인 베네치아 창문(중앙에 아치형의 주된 창을 두고 양옆에 작은 창을 두는 구조)으로 외부는 고딕 양식의 창문으로 설계했다.

왼쪽, 오른쪽
코드링턴 도서관
1751년, 영국 옥스퍼드
올 소울즈 칼리지

올 소울즈 칼리지의 대학평의원이었던 크리스토퍼 코드링턴은 사후에 도서관 건축을 위해 사재를 기증했다. 북쪽 벽 중앙 움푹 들어간 공간에 로마 복식을 한 코드링턴의 조각상(왼쪽)이 있는데, 이것은 헨리 취어의 작품이다. 보기 드물게 지상층에 배치된 도서관이며 1716년에 착공되었다. 칼리지는 안마당 양쪽에 서 있는 중세 건물들과 조화를 이루는 건물을 지으라고 요구했고, 니콜라스 혹스무어의 설계 원안은 철저히 고딕 양식을 고수하고 있었다. 그러나 아마추어 건축가이자 대학평의원인 조지 클라크 박사가 개입하면서 시공에 대대적인 변경이 이루어졌다. 최종 디자인은 외부는 고딕 양식으로, 내부는 고전주의 양식으로 결정되었다. 내부에서 보면 양쪽 끝 벽에 있는 베네치아 창문을 지지하는 기둥들이 있는데(오른쪽), 외부에서 보면 이 기둥들이 고딕 양식 창문의 장식 창살로 가려져 있다(오른쪽 아래).

도서관의 내부 배치는 매우 독창적이다. 부지에 제약이 있어서 건물 양쪽 끝과 한쪽 면에만 창문을 낼 수 있었다. 벽 시스템을 기반으로 네 벽면의 아랫부분을 전부 책장으로 채웠다. 책장은 벽면에 붙여 설치한 견고한 목재단 위에 놓여 있다. 열람자는 이동 가능한 작은 책상을 이용해서 책장을 등지고 앉아 책을 읽는다. 책장의 선반은 높이 조정이 가능하고 철망문이 달려 있다.[48] 철망문은 에스코리알에서도 사용되었고, 17세기 도서관을 다룬 저서들에도 기록이 되어 있는 것으로 보아, 당시에 널리 쓰였던 것으로 보인다. 철망문을 사용하면 공기의 순환이 자유롭고 열람자가 책등에 적힌 제목을 읽을 수 있으며, 권한 없는 사람이 멋대로 책을 빼내는 것을 막을 수 있다. 철망은 아무리 비싸도 유리보다는 값이 쌌을 것이다. 책장에 유리문을 다는 경우는 흔치 않았다. 케임브리지의 모들린 칼리지에 보존되어 있는 새뮤얼 피프스의 도서관에는 1666년에 만들어진 유리문 책장이 있다. 1684년에 제작된 파리 생-빅토르 도서관의 설계 도면에도 유리문 책장으로 보이는 책장이 나온다. 하지만 당시 도서관에는 철망문이 유리문보다 많이 쓰였고, 18세기에는 더 일반화되었다. 높이를 조정할 수 있는 선반은 18세기의 발명품으로, 당대의 도서관들에서 대거 확인된다.

코드링턴 도서관
1751년, 영국 옥스퍼드 올 소울즈 칼리지

도서관의 완공은 혹스무어의 생전에 이루어지지 못했고, 제임스 깁스에 의해 마무리되었다. 천장의 배내기 장식 판넬이 혹스무어의 원안에 표시된 것보다 두께가 훨씬 두꺼운데, 이를 보면 혹스무어는 원래 북쪽 벽면에 갤러리를 2개 층으로 만들려고 했음을 알 수 있다. 원안을 따랐다면, 책장이 배내기 장식에 닿게 세워졌을 것이다. 애초에는 열람자들이 책장 하단에 길게 설치된 장의자(왼쪽 아래를 주시하라)에 앉아 이동식 책상을 사용했다.

코드링턴 도서관에서 혹스무어는 갤러리를 두 개 층으로 설치할 계획이었지만, 완공을 보지 못하고 사망했다. 완공 책임을 맡은 깁스는 여러 가지 설계를 변경했다. 그는 천장을 단순화시키고 갤러리를 1개 층으로 줄여 책장 위에 흉상을 놓을 공간을 남겨두었다. 건축가 두 명이 관여한 것이긴 하지만, 코드링턴 도서관은 완벽한 고전주의 디자인을 뽐내고 있다.

18세기

코드링턴 도서관은 고딕 양식의 독특한 외관에 소박하고 고전주의 양식을 정확히 따르는 도서관 디자인의 걸작이다. 이 도서관은 건축가 여러 명이 관여하여 복잡한 설계 과정을 거치는 경우에도 인상적이면서도 통일성을 유지하는 건축물이 탄생할 수 있음을 입증한 또 하나의 사례다. 이 도서관은 18세기 말과 19세기 초에 출현하여 20세기 전반기에 모더니즘이 출현하기 전까지 도서관 디자인계를 풍미했던 신고전주의를 선도적으로 구현하고 있는 건축물이다. 17세기에는 벽 시스템을 채택한 도서관 디자인이 꽃을 피웠고, 진열대와 도서관 알코브가 도입되었다. 17세기에 도서관 가구는 예상치 못한 변화를 맞았다. 1580년대에 에스코리알에서 처음으로 등장한 벽 시스템은 17세기 초에 암브로시아나 도서관과 보들리안의 아츠 엔드를 거쳐 유럽 전역으로 확산되었다. 18세기에는 이런 요소들이 한층 발전하여 알코브와 원형 도서관 같은 독창적인 형태가 탄생했다. 그러나 코드링턴 도서관, 더블린의 트리니티 칼리지 도서관(24쪽 참조), 래드클리프 카메라, 헤르초크 아우구스트 도서관은 18세기에 세워진 최고의 도서관에 포함되지 않는다. 최고의 영예는 후원자와 건축가, 화가, 석고기술자, 목조기술자의 협력 작업을 거쳐 역사상 최고의 도서관을 탄생시킨 새로운 기풍의 도서관 디자인에게 돌아갔다. 바로 로코코 양식의 도서관이다.

천사, 프레스코, 비밀 문
18세기의 도서관

바로크와 로코코 도서관은 이 책의 한 장을 온전히 할애할 만한 가치가 있다. 이들은 역사적으로 특별한 시대를 대표하기 때문이다. 이 시대에는 장서 규모가 대단한 건축적 위용을 떨치는 방을 차지할 자격이 있을 만큼 크게 늘어났지만, 방대한 규모의 장서를 하나의 공간에 맞춰 넣는다는 게 불가능했다. 도서관 건축을 특별히 중시하고 시간과 돈을 아낌없이 쏟아부었던 이 시대의 대표적인 건물들을 이 장에 모두 모아놓았다. 이들은 또한 특정한 도서관 장식관을 반영하고 있다. 그것은 단순히 장식 효과를 내기 위해 화려한 실내장식을 원하는 태도가 아니라, 그림과 조각, 석고 세공을 이용해서 특별한 메시지를 담아내고 그것을 읽어낼 능력이 있는 사람들이 이해할 수 있게끔 전달하려는 욕망이었다. 이들 도서관은 교회와 계몽주의자들 간의 건축 경연장이 되어 당대의 지적인 논쟁거리를 반영하고 있었다. 도서관들은 당대의 갈등을 표현했다. 이 장에서는 불가분의 관계로 얽혀 있는 교회와 국가가 한편으로는 카톨릭교회의 혁신을 요구하는 목소리와 다른 한편으로는 새로운 과학이 선사하는 자극과 타협을 시도하고 있던 가톨릭 국가들에서 놀라우리만큼 독특한 도서관들을 탄생시킨 복잡한 요인들을 소개할 것이다.

바로크와 로코코의 정의

바로크와 로코코는 비교적 최근에 출현한 용어다. 처음에는 남용의 의미로 쓰였던 이 용어들이 명확한 정의를 가지게 된 것은 19세기에 들어 예술을 분석하고 범주화하고자 시도하던 예술사학자들 덕분이었다. 바로크라는 용어는 일반적으로 1600년경 이탈리아에서 시작하여 유럽 전역으로 확산된 예술과 건축 양식을 묘사할 때 사용된다. 바로크 건축 양식은 고전주의적 질서의 적용에 대한 새로운 접근법을 채용하고 과다한 장식을 사용하는 태도를 말한다. 극적인 효과를 내기 위해 질서를 파괴하는 자유를 우선시하게 되면 모든 질서에는 적절한 사용법이 있다는 생각은 폐기된다. 건물 외관에서는 곡선을 강조하는 장식이 부각되고, 원형보다는 타원형이 선호되고, 세부적인 장식이 전반적으로 늘어난다. 경계를 구분하기 어려울 정도로 건축과 조각, 그림이 시각적 연속성을 지니는 경우가 많다.

로코코는 바로크처럼 명확히 정의되어 있지 않다. 로코코를 18세기의 모든 바로크 건축에 적용할 수 있는지, 아니면 흔히 로코코의 어원이라고 하는 '로카이유'라는 특별한 유형의 조개껍데기 모양 장식을 사용하는 건축에만 한정해야 하는지를 둘러싼 논의가 분분하다. 이런 의미에서 보자면, 후자의 의미로 쓰이는 로코코는 18세기 초 바로크 장식을 더 가볍고 유쾌한 형태로 채용한 루이 14세의 베르사이유 궁전에서 비롯되었다는 게 통설이다.[1] 로코코 양식은 일반적으로 원색 바탕에 흰색 혹은 금색 도료를 입혀 선명하고 가느다란 소용돌이무늬를 내는 것이 특징이다. 장식은 몹시 현란하고 상상력을 자극하는 효과를 내며, 대개 착각을 유도하는 트롱플뢰유 기법을 사용한 은유적 천장화와 벽화를 채택한다. 로코코 건축은 18세기 프랑스와 독일 남부, 오스트리아에서 흔히 찾아볼 수 있고, 1780년대 혹은 1790년대에 들어 시들해졌다.

당시 도서관 건축에 참여했던 예술가들에게는 이런 식의 분류가 아무 의미 없었을 것이다. 이 도서관들은 그저 당시 유행하던 장식을 수용해서 지어진 건물일 뿐이다. 영국에서 로코코는 '모던 양식'이라고 불렸다. 외적 형식에 따라 양식을 분류하는 방식은 일반적인 관점에서 유용하다. 하지만 수많은 연구들에서 볼 수 있듯이, 공간과 장식의 형태 변화를 꼼꼼히 연구했던 19세기 건축사학자들이 그토록 선호하던 분류 방식은 만족스러운 결실을 내지 못했다. 이런 분류 방식은 누구나 예상할 수 있는 결과만 제시한다. 말하자면 어떤 지역은 최신 유행을 따랐고, 어떤 지역은 한동안 최신 경향을 수용하는 걸 완강히 거부했으며, 해당 지역의 상황이 어땠고 어떤 예술가가 관여했느냐가 훨씬 더 중요한 요인이었다는 식이다. 예술은 언제나 발전 단계상의 특정 범주에 딱 맞아떨어지는 법이 없었다.

로코코는 대중들의 관심을 끌기 위해 고안된 것이지만, 또 한편으로는 교양 수준이 가장 높은 관객의 마음을 사로잡기 위해 고안된 것이기도 했다. 로코코는 예술 분야에서는 보기 드문 업적을 달성했다. 교육받은 층과 그렇지 않은 층 모두의 관심을 이끌어낸 것이다. 바로 이것이 로코코가 성공한 이유이다. 말하자면 로코코는 여러 차원에서 음미될 수 있고, 늘 그것을 노리고 설계되었다. 교양 수준이 높은 사람들은 회화와 조각을 사회

카자나텐스 도서관
1710년, 이탈리아 로마

카를로 폰타나와 안토니오 마리아 보리오니가 설계한 이 도서관은 이탈리아에서 가장 빼어난 바로크 양식의 후기 도서관이다. 방 높이의 절반이 책장으로 완전히 덮여 있고, 반원통형 석조 천장에 난 창문으로 빛이 들어온다.

왼쪽, 오른쪽, 다음면
요아니나 도서관
1728년, 포르투갈 코임브라

안마당에 이어진 커다란 출입문에 들어서서 맞은편 맨 안쪽 벽을 마주보았을 때 눈에 들어오는 전경(왼쪽). 맨 안쪽 벽면에 도서관 건축을 위해 재산을 기증한 주앙 5세의 초상화가 보인다. 초상화 주위에 있는 왕실 문장은 세 개의 방을 구분하는 아치형 통로 위에도 있다. 이 아치형 통로(오른쪽)는 목재와 석고로 만든 정교한 무대장치이다. 이곳에는 갤러리로 이어지는 계단이 있다. 갤러리를 지지하는 이오니아 양식의 기둥은 아래로 갈수록 가늘어지는 형태에 금박으로 장식되어 있다. 뒤쪽에 있는 사진은 두 번째 방의 갤러리에서 세 번째 방을 바라보고 찍은 것이다. 두 방에 있는 책장의 색채가 확연히 다르다. 두 번째 방의 책장은 적색으로 칠해져 있고, 책장 테두리에는 중국풍의 금박 장식이 입혀져 있고, 선반 뒤쪽은 대비색인 녹색으로 칠해져 있다. 독특하게 설계된 사다리가 보인다. 이 사다리는 쇠막대를 이용해 당겨서 빼낼 수 있고, 사용하지 않을 때는 세워서 책장 사이의 틈에 밀어넣을 수 있다. 사다리의 테두리는 책장 테두리와 같은 색으로 칠해져 있어서 틈에 밀어넣으면 책장과 구분이 되지 않는다.

를 바라보는 여러 가지 관점(도서관의 경우에는 지식을 대하는 태도와 관련된 여러 가지 관점)을 전달할 목적으로 설계된 구체적인 상징 제시 방법이라고 이해했다. 예술에 녹아 있는 상징을 해석해내는 일은 결코 쉽지 않았다. 기록을 보면 당시에는 교육받은 사람들도 어떤 천장화에 담긴 메시지를 정확히 이해하기 위해서는 보통 문헌자료의 도움을 받아야 했다.[2] 교육받지 못한 사람들은 그처럼 화려한 실내장식을 만들어낸 사람들의 노력과 기교에 그저 감탄할 뿐이었다. 하지만 프레스코화나 다른 형태의 장식은 결코 무작위적으로 선택된 것이 아니었으며, 항상 어떤 사고나 의미를 전달하기 위해 선택된 것이었다. 그중에서 가장 핵심적인 사고는 바로 근대국가의 왕실과 교회의 역할이었다. 포르투갈의 코임브라 대학에 있는 요아니나 도서관을 비롯한 18세기 초의 몇몇 도서관들이 왕실의 후원 속에 탄생한 것은 우연이 아니다.

왕립도서관

요아니나 도서관은 인공으로 조성된 절벽 끝에 서 있다. 방문객이 도서관 주 출입구를 마주하고 서면 오른편으로 코임브라 대학의 안마당과 면한 2층 건물이 눈에 들어오고, 왼편으로는 깎아지른 절벽과 그 끝에 서서 강을 굽어보고 있는 도서관 남측 면이 보인다. 이 대학은 원래 알카소바 궁전이 있었던 곳에 들어서 있다. 포르투갈에서 가장 오래된 대학이자 유럽에서 오랜 역사로 손꼽히는 대학이며, 대학의 운영이 중단된 적이 없다. 이 대학은 1290년에 리스본에서 스투디움 제네랄레(국가와 지역에 상관없이 학생들을 받았던 중세 대학)로 설립되었다.[3] 코임브라 대학은 옛날에는 대학들이 건물을 거의 갖고 있지 않았기 때문에 비교적 이전이 쉬웠음을 보여주는 대표적인 사례다.[4] 이 대학은 리스본 도심부에서 문제가 생기자 1308년에 코임브라로 옮겼다가, 1338년에 다시 리스본으로 되돌아갔고, 1354년에 다시 코임브라로 옮겼다. 그리고 1377년에 다시 리스본으로 옮겼다. 대학은 주앙 3세가 알사코바 궁전을 대학에 넘겨준 1537년에 순회의 역사를 마감하고 지금까지 그 자리를 지키고 있다.[5] 웅장한 도서관 건물은 주앙 5세(1706-1750년 재임)가 제공한 선물이었고, 대학에 세워졌긴 하지만 그런 의미에서 이곳은 왕립도서관이었다.

물론 18세기 이전에도 유럽에는 왕립도서관들이 있었고, 대단히 중요한 필사본들을 소장하고 있는 곳도 많았다. 영국에서는 17세기 왕족이 소유한 장서의 방대함을 본 방문객들은 크게 감탄했다. 그러면서도 방문객들은 그 책들의 안타까운 보관 상태에 혀를 내둘렀다. 그 책들은 임시 보관소로 쓰이는 비좁은 방의 책상과 바닥에 빼곡히 쌓여 있었고, 진열이나 장서 보존에 필요한 환경 따위는 아예 고려되지 않았다.[6] 16세기 오스트리아 황제의 장서도 마찬가지였다. 네덜란드의 칼뱅주의자 휴고 블로티우스(1533-1608)는 빈의 호프비블리오테크의 책임자로 임명되었을 때 장서의 보관 상태를 보고 경악했다. "모든 것이 방치되어 어찌나 황량해 보이던지! 어디를 보나 곰팡이가 피고 부패해 있고, 좀나방과 책벌레, 여러 겹의 거미줄이 있었다. … 창문들은 몇 달째 꼭 닫혀 있어 햇빛 한 점 들어오지 않았고, 불쌍한 책들은 서서히 피폐해지고 있었다. 창문을 열었을 때는 역한 냄새가 진동했다!"[7] 16세기 프랑스에서는 왕족의 장서는 번듯한 상설 보관소에 안착하지 못하고 이 건물 저 건물로 옮겨다녔다.[8]

16-17세기에 일어난 지식인 운동은 면모의 얼굴을 바꿔놓았다. 종교개혁, 가톨릭교회의 혁신, 근대 과학의 탄생은 지식을 대하는 태도를 근본적으로 변화시켰다.[9] 군주들은 미래를 내다보며 새로운 학문과 과학, 예술을 장려하는 옹호자로 보이기를 간절히 원했다. 이들은 비슷한 시기에 비슷한 사업을 벌이는 일

요아니나 도서관
1728년, 포르투갈 코임브라

갤러리 아래 책장 뒤에 설치된 개인 열람실. 창문 너머로 계곡이 보인다. 다른 방에 설치된 똑같은 공간은 보관실이다. 이 개인 열람실은 학자들이 도서관 안에서 장기간 연구를 하는 데 안성맞춤이었다.

이 많았는데, 이것은 결코 우연이 아니다. 이들은 경쟁자를 따라잡으려고 안간힘을 썼다. 더구나 이들은 전략적 결혼에 따라 인척관계로 맺어지는 경우가 많았다. 이를테면, 코임브라와 마프라에 도서관을 설립한 주앙 5세는 합스부르크 황제 찰스 6세의 매제 여동생을 아내로 맞았다. 찰스 6세는 빈에 호프비블리오테크를 지었는데, 이곳은 18세기에 건설된 왕립도서관 가운데 웅장하기로 손꼽힌다. 18세기 왕립도서관 가운데 아름답기로 손꼽히는 곳은 요아니나 도서관이다.

요아니나 도서관

포르투갈의 주앙 5세는 브라질에서 발견한 거대한 금광 덕분에 도서관 건축 자금을 풍족하게 댈 수 있었다. 코임브라 대학 총장은 주앙 5세에게 편지를 보내 부실한 기존 도서관을 확장하려 하니 자금 지원을 해달라고 요청했다가 뜻밖에도 왕으로부터 건축 규모를 더 확대했으면 좋겠다는 답장을 받았다. 주앙 5세는 자신의 명성을 드높이기 위해 대학에 화려한 장서를 수용할 신축 건물을 지어주겠다고 대답했다.[10] 결국 기존 건물 위에 도서관을 짓고 안마당에서 곧바로 도서관으로 들어갈 수 있도록 궁전 안마당을 기존 규모의 3배로 확장한다는 계획안이 완성되었다. 건축비용을 아끼지 말라는 지시도 떨어졌다. 이렇게 해서 탄생한 것이 실내에 금박 장식과 값비싼 그림, 석고세공, 조각품이 전시된, 화려하기 짝이 없는 바로크 양식 도서관이었다.

도서관은 세 개의 방으로 이루어져 있다. 구조상으로는 굳이 이처럼 흔치 않은 배치를 채택할 필요가 없었다. 이것은 전적으로 미관만을 고려한 배치였다. 연결된 세 개의 방은 각각 다른 의미를 지니고 있다. 다른 도서관에서 볼 수 있듯이, 방 하나를 세 개의 다른 구획으로 나누는 배치로도 인상적인 미관을 살릴 수 있지만, 방을 세 개로 나누는 편이 훨씬 빼어난 미관을 제공할 뿐 아니라 방을 분할하는 목재 벽 덕분에 책장을 놓을 공간이 훨씬 많이 확보된다. 목재 벽은 방 양편에서 갤러리로 올라가는 직선형 계단을 감추는 데도 효과적이다.

첫 번째 방은 옆 건물과 면해 있어 한쪽으로만 채광이 되지만, 나머지 방은 양쪽으로 채광된다. 따라서 도서관은 입구에서 멀어질수록 빛이 잘 든다. 첫 번째 방에는 문학 및 역사 서적, 두 번째 방에는 법률과 자연과학 서적, 세 번째 방에는 신학과 교회법 서적이 있다. 첫째 방에는 아기천사들이 네 개의 대륙(아프리카, 아시아, 유럽과 아메리카)에서 책을 모으는 내용의 천장화가 있다. 이 천장화 안에는 '이 책들이 선반을 장식하고 있으니 기뻐하라'는 표제가 새겨져 있다. 둘째 방 천장화 중앙에는 '대학'이라는 설명을 붙은 인물이 있고, 그가 대표하는 덕목, 즉 '영예', '선행', '부', '명성'이 그 인물을 둘러싸고 있다. 이 천장화 주위에는 대학 교육의 고전주의적 전통을 대표하는 라틴 작가들(베르길리우스, 오비디우스, 세네카, 키케로)을 표현한 인물들이 그려져 있다.[11] 마지막 방의 벽 중앙에는 금박을 한 트럼펫과 왕관에 둘러싸여 있는 왕의 커다란 초상화가 있어서 이 사업을 추진한 사람을 분명히 드러내고 있다. 이 방 천장화에는 모든 지식을 한데 모으려는 백과전서주의적 노력과 신학, 법학, 자연과학(의학), 수학, 철학, 예술, 음악 같은 모든 학문이 묘사되어 있다. 각 방의 목재 책장은 서로 다른 색(첫 번째 방은 녹색, 두 번째는 적색, 마지막은 흑색)으로 칠해져 있으며 중국 칠기를 모방한 화려한 장식이 새겨져 있다.

이 웅장한 도서관은 1717년에 착공되었다. 1722년에 석조 골조 건축이 마무리되었지만, 그 전에 이미 실내장식이 시작되었다. 리스본 출신의 미술가들인 안토니오 시모에스 리베이로와 비첸테 누네스가 천장화를 그렸고, 전문 장식가인 마누엘 다 실바가 칠기장식을 맡았다. 실내장식이 마무리되자, 이탈리아 목조공예가 프란체스코 레알디노가 정교한 장식을 넣어 만든 탁자 여섯 개가 배치되었다. 1728년에야 모든 작업이 끝났다.[12] 그러나 주앙 5세가 포르투갈에 선사한 도서관은 코임브라 도서관 말고도 또 있었다. 그는 죽기 전에 리스본에서 북서쪽으로 27km 떨어진 마프라에 있는 자신의 궁전에 이미 훨씬 큰 도서관을 짓고 있었다.

마프라 궁전 도서관

1711년에 주앙 5세는 아내인 오스트리아 태생의 마리아 안나가 아이를 낳으면 수도원을 짓겠다고 서약했다. 바로 그 해에 딸 바바라(이 아이는 나중에 스페인 여왕이 된다)가 태어났다. 1713년에 새 수도원 부지가 정해졌다.[13] 이 부지에는 수도원뿐 아니라 궁전도 세워질 계획이었다. 왕실 사냥터로 편리하게 이동할 수 있는 곳이어서 궁전과 수도원이 함께 건설된 곳으로는 16세기에 건설된 에스코리알이 있다. 그러나 에스코리알 도서관은 검소한 데 반해서, 마프라 궁전 도서관은 현란하고 호화스러웠다.

왼쪽, 오른쪽, 다음면
마프라 궁전 도서관
1771년, 포르투갈 마프라

마프라 궁전 도서관(왼쪽과 다음면)은 길이 88m, 너비 9.5m, 높이 13m로, 로코코 양식 도서관 중에 가장 길다. 궁전의 건설은 1717년에 시작되었지만, 도서관은 1771년에 완공되었다. 그 무렵에는 실내를 화려한 금박으로 장식하려던 원안이 폐기되었다. 규모는 크지만, 창은 대부분 한쪽으로만 나 있다. 중앙 돔형 공간에만 양쪽에 창이 나 있다. 책장(오른쪽)은 전부 붙박이식이다. 작은 판형의 책들은 갤러리에 보관된다.

게다가 에스코리알보다 규모가 훨씬 크다. 1717년 11월 11일 기공식 때 첫 주춧돌이 놓였고, 13년 만에 완공되었다. 그 즈음에는 아무리 거대한 건축물이어도 일꾼 수백 명 정도만 투입되었는데, 마프라에는 2만에서 5만에 이르는 일꾼이 투입되었다. 질서 유지를 위해서 투입된 군인들만 따져도 6천 명이었다.[14] 궁전은 엄청난 규모로 지어질 예정이었다. 총면적 37,720m²에, 계단이 154개, 방이 880개, 문과 창문이 4,500개에 이른다.[15] 주요 건물 한 곳의 전면 길이만 따져도 220m다.

건물 설계는 로마에서 은세공 기술자로 일하다가 건축을 공부한 뒤 건축가로 탈바꿈한 독일인 요한 프리드리히 루드위크가 맡았다. 궁전 건축에서는 로마 건축가 프란체스코 보로미니의 구상을 그대로 모방한 요소들을 대개 채택했다.[16] 에스코리알의 경우는 궁전과 수도원이 통합되어 있었는데, 교회가 맨 뒤쪽에 있고, 도서관은 맨 앞쪽 입구 위에 있다. 마프라의 경우는 정반대다. 수도원은 독립 구조를 이루며 부지의 뒤쪽을 차지하고, 도서관은 맨 뒷건물 중앙에 있다. 교회는 마프라 궁전의 전면부를 이루는 주요 건물의 중앙에 있다. 1773년에 손님 6,500명을 초대한 성대한 축제 속에 공식 개방이 되긴 했지만, 마프라 궁전은 왕이 사망한 1750년에도 완공되지 않은 상태였다. 그즈음에 주앙 5세가 진행했던 대규모 건축 사업들 때문에 막대한 금 보유량이 바닥이 나면서 나라는 파산 위기에 처해 있었다. 1755년에 리스본에서 일어난 큰 지진 때문에 실내 공사가 중단되었다가 1760년대에야 재개되었다. 1760년대에는 건축가 마뉴엘 카에타노 데 소우사(1738-1802)가 완공 책임을 맡았다.[17] 1771년에는 로코코 양식의 책장과 대리석 바닥은 완성되었다. 원래는 목조 부분에 전부 금박을 입히고 천장에는 그림을 그려 넣을 계획이었지만, 도서관 천장 전체를 흰색 도료로만 마감했다. 1834년에 수도원이 해체되기 전까지는 마프라는 수도원으로 운영되었고, 왕족들이 이곳을 좋아하지 않아서 궁전은 거의 비어 있었다. 대부분 사냥용 숙소로만 사용되었다. 1807년에 주앙 6세가 이곳에 1년 동안 거주하면서 부분적인 개수가 이루어졌다. 그러나 그는 나폴레옹의 군대를 피해 브라질로 달아날 때 이곳에서 가장 멋진 가구들을 가져갔다. 1848년에 마프라 수도원은 군대로 넘어갔고, 지금도 일부가 병영으로 쓰이고 있다.[18]

코임브라와 마프라는 왕립도서관이지만, 이 건물들을 지은 포르투갈 왕들은 이 공간을 채울 장서를 가지고 있지 않았다. 마프라 도서관은 19세기에도 오랫동안 빈 공간이 많았다.[19] 하지만 유럽의 다른 지역에서는 군주들이 왕실 소장용 장서뿐 아니라 대중에게 개방할 장서까지 만들어가고 있었다. 후자에 속하는 장서 가운데 가장 규모가 큰 것이 바로 빈에 있는 호프비블리오테크다.

빈의 호프비블리오테크

호프비블리오테크의 부지 선정에 대해서는 오해의 소지가 있다. 지금 도서관이 있는 빈의 중심부는 건설 당시에는 도시 외곽이었다. 도서관 정면은 새로 조성된 요제플라츠 광장을 바라보고 있었고, 후면은 방어 전략 차원에서 비워두는 경사면 성벽을 굽어보고 있었다. 전면부 외관은 입지에 어울리는 방어용 건축과 궁전 건축이 혼합되어 있다.[20] 건물 기반은 요새의 벽처럼 거칠게 깎은 돌을 쌓아 완만한 경사를 이루고 있지만, 궁전과 흡사한 전면부에는 1680년에 클로드 페로가 디자인한 루브르 궁전의 새로운 전면부처럼 쌍둥이 기둥들이 있다. 호프비블리오테

마프라 궁전 도서관
1771년, 포르투갈 마프라

이 사진에는 갤러리로 통하는 문(왼쪽 정중앙에 보인다)이 보인다. 당시의 많은 도서관들과는 달리, 이 문들은 감춰져 있지 않고 로코코 양식의 네모난 액자형 장식이 있다. 책장 꼭대기에 있는 장식 명판에는 은유적 그림을 넣을 계획이었던 것으로 보인다. 천장에 매달린 등은 원래부터 있었던 것이다. 개관 당시부터 도서관에는 작은 박쥐들이 서식했다. 최근 연구에 따르면, 박쥐들은 겨울에는 책장 뒤에 머물고, 여름에는 바깥에 있는 과수원에 머물다가 밤이면 도서관에 들어와 책을 갉아먹는 벌레를 잡아먹어 책이 훼손되는 것을 막아주었다.

크는 궁전과 연결되어 있기는 하지만 늘 국가의 장서를 보유하는 공공도서관으로 여겨졌다. 애초부터 이곳은 '무지한 사람, 하인, 부랑자, 수다쟁이, 게으름뱅이'를 제외한 모든 사람들에게 문호를 개방할 예정이었다.[21]

호프비블리오테크의 외관은 간소한 편이지만, 내부는 마치 화려하게 꾸며진 무대 같다. 내부에서 이처럼 극장 분위기가 나는 건 우연이 아니다. 당시는 셰익스피어가 '온 세상이 전부 무대다'라는 글을 썼던 시대였고, 그 시대 사람들은 연극과 화려한 구경거리에 특별한 관심을 두고 있었다. 행렬과 가면극, 무도회, 각종 의식을 위한 정교한 무대장치에 엄청난 돈이 투입되었다. 이런 구경거리들은 본질적으로 일시적인 것이었다. 우리가 그 시대의 행사들에 대해서 알 수 있는 내용은 인쇄물과 당대 사람들이 남긴 기록뿐이다. 이런 행사들은 군주와 백성이 어우러지는 집단적인 행사를 통해서 국가적 소속감을 강화하기 위해 고안된 방법이었고, 한편으로는 대중이 지배자들과 어울리고 그들로부터 즐거움을 얻을 수 있는 드문 기회였다. 행렬은 놀라우면서도 재미가 있어야 했다. 동물과 광대, 연주가들, 정교한 장식 수레가 행렬을 이루어 이동했다. 임시 통로도 설치되었는데, 건축가와 장인들이 이를 설계하고 건설하는 작업을 담당했다.[22] 요즘의 구경거리(축제, 개막식, 국가적 의식)들은 호화스럽게 연출된 당시의 구경거리와는 비교도 되지 않는다. 이 시대에는 극장 건물도 형태가 바뀌어서 옛날 원형 극장에서 차용한 프로시니엄(액자형) 무대가 등장했다. 프로시니엄이 장면의 관측되는 각도를 통제하고, 무대 세트는 관객석에서 쑥 들어가는 구조가 되었다. 따라서 우리는 호프비블리오테크를 야외극과 무대 디자이너로 당대에 명성을 떨치던 건축가가 설계를 맡은 곳이라는 관점이 아니라, 이런 화려한 구경거리와 무대 세트 디자인 뒤에는 사회, 정치적 요인이라는 배경막이 있었다는 관점에서 파악해야 한다.[23]

요한 베른하트 피셔 폰 에를라흐(1656-1723)는 오스트리아 남부의 그라츠에서 태어났다. 그의 젊은 시절에 대해서는 알려진 바가 거의 없다. 그의 아버지는 인근 귀족들을 위해 장식품을 만들어주던 조각가였다. 그는 아버지 밑에서 석조공예기술을 연마하다가 10대 중반에 로마로 건너가 오스트리아 이민자인 요한 폴 쇼르 밑에서 조각 일을 배웠다. 쇼르는 인근에서 지오반니 파올로 테데스코라는 이름으로 불렸고, 아들 필립과

왼쪽, 오른쪽

호프비블리오테크

1730년, 오스트리아 빈

호프비블리오테크는 피셔 본 에를라히가 설계하고 그의 아들 요제프 엠마누엘이 완성했다. 이곳은 길이 77.7m, 너비 14.2m, 높이 19.6m로, 로로코 양식 도서관 중에 가장 규모가 크다. 갤러리로 올라가는 나선형 계단이 네 개 있는데, 각각 벽면에서 돌출한 둥그런 벽 안에 있다(왼쪽). 발판형 사다리의 크기와 비교해보면 책장이 대단히 높다는 걸 알 수 있다. 중앙의 공간(오른쪽)에는 궁정 예술가 다니엘 그란의 그림들이 실제처럼 착각을 불러일으키는 트롱프뢰유 기법으로 장식이 되어 있다. 이 그림들은 1730년에 완성되었는데, 이 도서관을 지은 찰스 6세를 신격화하는 내용이며 도서관 건설을 은유적으로 표현한 내용도 있다.

크리스토프를 데리고 조각 일을 했다. 쇼르는 야외 행사를 위한 임시건축을 전문으로 하면서 동시에 실내장식에 들어갈 그림과 조각도 맡았다. 피셔 폰 에를라흐는 스웨덴 여왕직에서 물러난 크리스티나의 의뢰로 일을 하던 중에 테데스코를 통해서 바로크 양식을 선도적으로 주창하던 당대의 조각가 겸 건축가 지안 로렌초 베르니니(1598-1680)를 처음 소개받았다. 십여 년이 지난 후에 피셔는 로마를 떠났고, 나폴리 주재 스페인 총독 마르케스 델 카르피오 밑에서 3년을 보낸 뒤 1686년에 오스트리아로 되돌아왔다.[24]

피셔는 이탈리아에서 일을 했던 경력 덕분에 황제의 아들(후일 요제프 1세)을 가르치는 건축학 교사에 임명되었다. 후일 그는 이 인연 덕분에 궁정 및 유희 건물 총감독관으로 임명되는 기회를 잡게 된다. 하지만 그 무렵에도 이미 피셔는 오스트리아의 실력 있는 건축가로 학자들 사이에서도 존경을 받고 있었다. 그는 라이프니츠의 후원을 받아 왕립학회원이 되었고, 1711년에 요제프 1세의 뒤를 이은 찰스 6세에게《역사적 건축물의 개관*Entwurff einer historischen Architektur*》의 초고를 제출했다. 한마디로 그는 황제로부터 도서관 설계를 의뢰받을 만한 경륜을 갖추고 있었다. 1711년 즈음에는 그의 건축이 이탈리아 건축가들의 시각으로는 약간 뒤처져 있는 것으로 비춰지기 시작했지만, 오스트리아에서는 여전히 실력 있는 건축가로 인정받고 있었다.[25]

17, 18세기 건축의 가장 중요한 특징은 보는 사람에게 깊은 인상을 주는 것이다. 요아니나 도서관에서 방을 분할하는 아

호프비블리오테크
1730년, 오스트리아 빈

도서관의 양쪽 끝은 장식이 서로 다르다. 사진에서 보이는 공간은 입구가 있는 곳인데, 이 공간은 '전쟁실', 반대편 끝에 있는 공간은 '평화실'이라고 불린다. 전쟁실 상단의 큰 아치형 벽면의 그림에는 그리스에 알파벳을 들여왔다고 전해지는 카드무스의 이야기가 표현되어 있다.

치는 석조 아치처럼 보이지만 실제 재료는 목재와 석고다. 무얼 재료로 썼는가는 중요하지 않다. 중요한 것은 눈에 보이는 결과를 만들어내는 방법이 아니라 눈에 어떻게 보이는가다. 요아니나의 아치는 인조대리석을 비롯한 모조 건축재들이 내는 효과다. 인조대리석 기법은 대리석 분말이나 설화석고 분말을 섞은 도료를 사용해서 대리석 효과를 내는 기법이다. 유성 도료를 사용해서 고급 목조공예 효과를 내는 연마 기법도 적용된다. 이 두 가지 기법은 부담스럽지 않은 비용을 들여 고급 재료에 버금가는 효과를 낼 수 있기 때문에 17세기, 18세기에 널리 쓰였다. 호프비블리오테크에서는 실내장식을 완성하는 데 거의 30년이 걸렸다. 로코코 양식 도서관들이 흔히 그렇듯이, 호프비블리오테크는 진짜 자재와 모조 자재를 구분이 불가능할 정도로 효과적으로 혼합해 사용했다. 실내는 여러 개의 아치가 늘어선 것처럼 보인다. 마치 관객이 무대 세트 안으로 들어가서 연속된 방을 지나가는 것 같은 효과를 낸다. 앞에 있는 방이 다음 방의 일부를 가리고 있어서 관객이 어떤 각도에 서도 공간 전체가 한눈에 들어오지 않아 그 공간의 규모를 가늠할 수가 없다.

도서관 중앙에는 타원형 돔 천장이 설치되어 한가운데 있는 거대한 찰스 5세 조각상에 시선이 집중된다. 이 조각상 주위에는 실물 크기의 찰스 5세 조상들의 조각상이 서 있다. 일부에서는 이 공간이 돔 천장을 채택한 18세기 도서관들의 전범이 되었다고 주장한다. 하지만 실제로는 그렇지 않았을 것 같다. 호프비블리오테크의 건설에 워낙 오랜 세월이 걸렸기 때문이다. 건설 계획이 처음 논의된 때가 1716년, 기공이 시작된 때가 1722년, 완공이 된 때가 1730년이었다. 볼펜뷔텔의 헤르초크 아우구스트 도서관(147쪽 참조)은 1710년에 완공되었으니 이미 널리 알려져 있었을 것이다. 호프비블리오테크만큼 인상적이진 않지만, 돔형 천장은 1730년경에 완공된 파리의 생트 쥬느비에브 도서관에도 채택되었다(136쪽 참조).[26] 하지만 호프비블리오테크는 나중에 세워진 오스트리아 도서관들에 큰 영향을 주었다. 모방을 통해 황제의 비위를 맞춘 것이 분명한 이점으로 작용하여 긍정적인 효과를 발휘했던 것으로 짐작된다.

호프비블리오테크의 규모는 눈이 휘둥그레질 정도다. 흔히들 고전주의 건축물이 인체와 유사한 비율을 따르고 있다고 말한다. 이런 생각은 비르투비우스의 견해를 그릇되게 이해한 데서 비롯한다. 그는 여러 건축 양식(도리아와 이오니아, 그리고 코린트 양식)이 채택하는 상대적 종횡비를 남자와 여자, 그리고 소녀에 비유했다. 그러나 이런 비유는 모든 건축물이 인간 신장의 배수로 구성되어야 한다는 의미로 쓰인 것이 아니다. 고전주의 건축물들이 인체 비율에 따른 비례를 채택한 적은 없다. 고전주의 건축물의 각 부분은 상호 일정한 비율에 따라 구성되어 있다. 고전주의 신전은 크기와 관계없이 그 구성요소들은 일정한 비례 관계를 유지한다. 문과 창문의 크기가 비례에 따라 맞춰져 있다. 따라서 거대한 주랑 현관실을 갖춘 박물관에는 그에 어울리게 거대한 문이 있다. 구성요소의 비율이 인체의 비율에 맞춰 정해지는 게 아니라 건축물의 비율에 맞춰 정해져 있다. 로마시대 신전을 본떠서 정원에 설치할 소형 건물이나 대규모 건축물을 만들 수 있는 것은 규모에 관계없이 비례를 맞추는 방식을 채택하기 때문이다. 멀리서 보아서는 고전주의 건축물의 규모를 정확히 파악하기 어렵다. 그렇기 때문에 고전주의 건축물은 아무리 소규모로 세워져도 웅장한 인상을 남길 수 있는 것이다.

호프비블리오테크의 실내 구조는 규모에 대한 이런 판단을 활용한 사례다. 소장 도서는 방의 규모를 짐작할 수 있는 시각적 지표가 되지만, 벽을 완전히 덮는 대형 책장을 설치했기 때문에 방의 크기를 짐작하기 어렵다. 책장 크기를 알아낼 수 있는 첫 번째 단서는 책을 빼낼 때 사용되는 사다리의 높이다. 갤러리 아래에 놓인 책장에서 가장 높은 선반은 도서관 바닥에서 5m 높이에 있다. 아랫단에 놓인 책장들은 위에 놓인 발코니를 지지할 수 있도록 돌출되어 있다. 책장에서 뻗어 나온 인상적인 받침대도 기둥이 있는 곳까지 뻗어 있는 발코니를 지지한다. 이곳의 갤러리는 대부분의 도서관에서 채용하는 갤러리보다 훨씬 폭이 넓다. 갤러리 위에 놓인 책장이 갤러리 아래에 놓인 책장만큼 높아서 가장 높은 선반에 손이 닿으려면 사서들이 갤러리 위에서 5m 길이의 사다리를 사용해서 도서관 바닥에서부터 따지면 10m 높이까지 오르내려야 하기 때문이다. 이곳 책장들은 건물의 크기와 비례관계에 있고, 건물은 인간이 아니라 거인이 쓸 수 있는 크기다.

갤러리로 올라가는 나선형 계단은 둥그런 벽 안에 설치되어 있다. 하지만 가장 흥미를 끄는 공간은 돔 바로 옆 하단과 돔의 바깥 둘레를 에워싸고 있는 상단에 있다. 건물 밖에서 보면 이 위치에 창이 있지만, 실내에서는 창이 전혀 보이지 않고 책장만 보인다. 알고 보면 이 책장들은 작은 방들을 가리고 있다. 이 공간은 외벽에 난 커다란 창으로 채광이 되며 더 많은 책들을 보관할 수 있는 공간이다. 이 공간은 문처럼 여닫을 수 있도록 경첩이 달려 있는 책장의 일부분을 이용해야 들어갈 수 있다. 선반에 꽂힌 책들의 무게가 상당하기 때문에 이 책장 밑에는 바퀴가 달려 있다. '비밀의 방'으로 통하는 문이 열려 있을 때 방문객의 눈에는 언뜻 무대 뒤쪽의 모습이 들어온다.

호프비블리오테크는 도서관 디자인과 관련해서 대단히 중요한 위상을 지니고 있다. 일반 대중에게 공개된 왕립도서관이기 때문에 원하는 사람들은 누구나 와서 볼 수 있다. 지금도 이곳은 2세기 전과 마찬가지로 방문객들의 마음속에 경외심을 이끌어내는 힘이 있다. 이곳이 건축적으로도 흥미를 자아내는 까닭은 17세기 말 이탈리아 바로크 건축에 뿌리를 두고 있기 때문이다. 이 건물이 완공될 무렵에는 이탈리아에서는 이미 건축 양식의 변화가 일어난 뒤였다. 이곳은 카자나텐스 도서관 등의 도서관을 이용하던 이탈리아 사람들이 보기에는 한참 유행에 뒤떨어진 곳으로 보였을 것이다.

카자나텐스 도서관

카자나텐스 도서관은 로마에 있는 도미니코 수도원인 산타 마리아 소프라 미네르바 경내에 있다. 도서관 명칭에 이름을 빌려준 지롤라모 카자나타 추기경(1620-1700)은 이곳을 대중에게 개방하라는 유언을 남겼다. 이곳은 지금도 이탈리아 문화부 산하의 학술도서관으로 운영되고 있다. 중앙의 방은 1690-2년에 건설되었고 1719년에 증축되었다. 설계에 누가 참여했는지는 분명하지 않다. 베르니니 밑에서 오랫동안 일했던 건축가 카를로 폰타나(1638-1714)가 건축에 관여했다. 그는 건축사학자들 사이에 고전주의 규범으로의 회귀를 추구하는 디자인 양식을 채택했다고 알려져 있다. 이 양식은 카자나텐스 도서관에서 뚜렷이 확인된다.[27] 폰타나만큼 널리 알려지지 않았지만, 건축가 안토니오 마리아 보리오니가 시공에 관여했다.[28] 이 도서관의 디자인은 길고 반원통형 천장에 벽면을 책장으로 채운 암브리시아나 도서관의 구조를 연상시킨다(125-8쪽 참조). 두 곳 모두 2단 벽 시스템을 채택했지만, 이곳에서는 반원통형 천장의 양쪽 측면을 파고드는 창들을 설치하여 채광 문제를 해결하였다. 어두운 색감의 나무 합판으로 만든 책장만이 화려함을 뽐낸다. 장식 효과를 내는 받침대 위에 설치된 갤러리에는 단순한 곡선형

카자나텐스 도서관
1719년, 이탈리아 로마
이곳을 설립한 지롤라모 카자나타 추기경의 동상이 주인다운 모습으로 당당하게 서 있다. 뒤쪽에 보이는 문이 지금 사용하는 주 출입구다.

D D
INTERPRETES
D
C C
LING·EXOT
C

카자나텐스 도서관
1719년, 이탈리아 로마

이 도서관은 원래 방문객이 출입구에서 이 지점으로 들어와서 내부를 둘러보도록 설계되었다. 긴 직육면체 공간에 반원통형 천장을 올리고 네 벽면에 모두 책장을 채워 넣어 굉장히 단순하다. 석조 천장 바로 아래 반원형 벽면에 난 창문으로만 채광이 된다.

황동 난간이 달려 있다. 책장의 디자인 역시 단순하다. 고전주의 양식의 기둥이 책장의 골조를 이루고 책장 위쪽 소용돌이 모양의 정교한 금박 테두리를 두른 판 안에는 해당 책장에 꽂힌 도서들의 주제가 표시되어 있다. 양쪽 끝 벽면에만 특별한 장식이 되어 있다. 원래 입구로 쓰이던 한쪽 벽면의 문 뒤에는 양쪽 갤러리로 이어지는 나선형 계단 두 개가 있고, 반대쪽 벽면에는 설립자의 동상이 세워져 있다. 이곳은 바로크 양식인지 신고전주의 양식인지 구분하기 어렵다. 더구나 소용돌이 모양의 장식판을 보면 로코코 양식이 연상된다.

안젤리카 도서관

로마에 있는 안젤리카 도서관은 복잡한 건축 과정을 거쳤고, 1765년에야 현재의 모습을 갖추게 되었다.[29] 이 도서관은 아우구스티누스수도회 본부인 아우구스티누스 수도원 경내에 지어졌다. 도서관 설립을 추진한 것은 아우구스티누스회 수사로 로마 교황청의 위임을 받아 불가타 성서(라틴어역 성서) 인쇄본 제작을 진행했던 안젤로 로카(1545-1620)였다. 안젤로는 불가타 성서를 제작하면서 교회에서 유력한 지위에 올랐고 방대한 장서를 모았다(장서 규모가 20,000권이 넘는다고 알려져 있다). 그는 아우구스티누스 수도원에 자신이 모은 장서를 기증하면서 제한, 검열, 정부의 간섭 없이 누구나 이용할 수 있어야 한다는 엄격한 단서를 달았다. 지금 안젤리카 도서관은 유럽을 넘어서서 세계 최초의 공공도서관이라고 자부하고 있다. 하지만 앞 장에서도 논의했듯이, 이런 주장은 아무 의미가 없다.

애초에는 보로미니의 설계로 바로크 양식의 벽 시스템 도서관으로 건축이 시작되었다. 지금의 모습은 건축가 루이지 반비텔리(1700-1773)가 수도원과 도서관의 재건축을 의뢰받아 1753-65년에 진행한 대규모 재건축 사업의 결과물이다.[30] 안젤리카 도서관은 갤러리를 두 단이나 올려 3단 벽 시스템을 채택한 희귀한 사례다. 갤러리 난간이 최대한 눈에 뜨이지 않도록 금속 난간을 기술적으로 허용되는 한도 내에서 최대한 가늘게 만들어 달았다. 건축가에게는 이 갤러리에 올라가는 통로를 확보하는 것이 특히 난감한 문제였다. 비밀의 문은 흉상을 놓은 대좌 밑에 숨겨져 있다. 바로 이곳에 나선형 계단이 있다. 각 갤러리는 책장에 경첩을 달아 만든 비밀의 문을 통해 들어간다. 채광은 건물 두 면을 통해서만 이루어지지만, 방문객은 까마득히

MATHEMAT
PHILOSOPH

왼쪽, 아래

안젤리카 도서관

1765년, 이탈리아 로마

벽 시스템 도서관 가운데서도 특히 인상적인 도서관으로 손꼽힌다. 책은 3단으로 된 책장에 꽂혀 있다. 1단의 높은 선반을 이용할 때 쓰는 사다리가 보인다(왼쪽, 아래 왼쪽). 기둥 없이 벽면에서 돌출해 있는 목조 갤러리에는 우아한 금속 난간이 설치되어 있다. 창은 두 벽면에만 나 있고, 나머지 두 벽면에 있는 '창문'은 가짜다. 하지만 낮에는 충분히 책을 읽을 만큼 빛이 든다. 1단의 책장이 가장 높은데, 하단에 수납장이 있다. 수납장 위판은 책을 훑어보는 책상으로 안성맞춤이다(아래 오른쪽). 네 모퉁이에 있는 흉상의 대좌 부분에는 비밀의 문이 있다. 벽장으로 통하는 문도 있지만, 이 사진에 보이는 것처럼 일부 문 뒤에는 갤러리로 올라가는 나선 계단이 설치되어 있다.

쌓인 책에 압도되어 이 공간이 대칭을 이룬다고 착각하게 된다.

지금의 모습으로 보면 안젤리카 도서관은 정교한 장식이 되어 있지만, 로코코 양식은 아니다. 후기 바로크 건축의 미학은 이곳 아닌 다른 곳에서 다양한 방식으로 꽃을 피웠다. 예컨대, 라틴 아메리카의 바로크 양식은 스페인과 포르투갈의 영향을 받았지만, 한편으로는 토착 공예 기술과 재료를 채택하여 독자적인 장식 기법을 정착시켰다.

신세계에 세워진 오랜 연륜의 도서관

마프라 궁전과 코임브라에 세워진 도서관(155-63쪽 참조)들은 남아메리카에게 가져온 금으로 건축비용을 충당했다. 스페인과 포르투갈이 이곳에 원정대를 보내 신세계를 발견했다고 하지만, 이곳은 이미 오랜 도서관의 역사를 지니고 있었다. 마야인들은 나무껍질을 찧어서 만든 아마틀(스페인어로는 아마테)라는 종이에 글을 썼다.[31] 학자들 사이에서 아마틀이 발명된 시기를 두고 의견이 엇갈리지만, 기원후 500년 이후에는 아마틀이 필기 재료로 일상적으로 쓰였다는 것은 통설이다. 마야인들은 띠 모양의 긴 종이를 실로 이어 아코디언 모양으로 접어 책을 만들었다. 유카탄 반도에 상륙한 스페인인들은 마야인들이 만든 책들을 불태운 사실을 기록으로 남겼다.[32] 16세기 초반에 스페인인들은 800년 넘게 지속되었던 마야의 문학전통을 말살했다. 지금까지 전해지는 마야의 책은 3권뿐이라고 알려져 있다. 멕시코 중부에 있던 아즈텍인들도 많은 책들을 만들어 당시 수도였던 테노치틸란의 '기록보관소'에 보관했다.[33] 그중 대부분이 가톨릭 종교재판을 거쳐 불 속에 던져졌다. 지금 전해지는 아즈텍의 책은 14권뿐이다.

남아메리카에서도 마찬가지로 참혹한 상황이 전개되었다. 잉카인들은 실을 꼬아 매듭을 짓는 독특한 방식으로 기록을 남겼다. 이들을 정복한 스페인인들은 이런 기록들이 가득 차 있는 방들을 발견하고 불길한 징조라고 여겨 불태웠다고 기록해두었

왼쪽, 오른쪽, 다음면
팔라폭시아나 도서관
1772-3년, 멕시코 푸에블라
이 아름다운 도서관을 설계한 사람의 이름은 확인되지 않는다. 이곳은 후안 데 팔라폭스 이 멘도자 주교가 백 년 전에 기증한 장서를 수용하기 위해 1772년에 지어졌다. 방문객이 문을 들어서서 맨 먼저 보게 되는 것은 공간을 압도하는 황금빛 제단장식이다(왼쪽). 길이 43m의 이 방은 반원통형 천장 아래 반원형 벽면에 난 창들과 한쪽 벽면에 1단 높이로 난 창들로만 채광이 된다. 갤러리는 보기 드문 형태로 배치되어 있다. 각 단의 갤러리는 바로 아래에 놓인 책장으로만 지지가 되는 구조여서 단면으로 보면 도서관은 계단처럼 폭이 점점 줄어든다. 계단은 1단의 책장 뒤에 숨겨져 있고, 책장 전면에 붙은 나무문을 열면 계단이 나온다. 1단의 책장들에는 책을 보호하기 위해 철망문을 달았다. 특히 눈길을 끄는 것은 2단 높이로 난 창문 위에 아치형으로 휘어 있는 갤러리 부분이다(오른쪽). 1단과 2단의 책장들은 처음 건축 당시 설치된 것이고, 두 번째 갤러리(다음면)와 3단의 책장들은 19세기에 추가된 것이다. 원래의 구조에서는 황금빛 제단 장식이 훨씬 더 눈에 띄었을 것이다. 이 도서관은 1999년에 두 차례나 지진 때문에 손상을 입었다가 2001년에 복원 및 보강 공사를 마치고 2003년에 다시 문을 열었다.

다.[34] 1450년경 잉카제국의 통치자 파차쿠텍의 명령에 따라 금으로 만든 얇은 판에 잉카의 역사가 기록되어 태양의 신전인 코리칸차의 전용보관소에 보관되었다. 이 기록은 침공자들의 손에 넘어가서 금에 눈이 먼 유럽인들의 욕심을 채우기 위해 불에 녹여졌다.[35] 중남미 고대 도서관들의 역사는 파괴와 상실의 역사다. 축적되었던 기록물 자체가 사라졌기 때문에, 유적 현장에서 옛 도서관 건물을 확인할 수 있는 방법도 없다.

신세계를 침략한 기독교인들은 토착민들이 만든 책들을 파괴한 뒤 더 어울리는 책이라고 판단하는 책들을 그 빈자리에 채워 넣으려 했다. 예수회는 선교활동을 지원할 목적으로 유럽에서 많은 책을 들여왔다. 18세기에 스페인과 포르투갈이 중남미에서 예수회를 몰아내면서 예수회가 축적한 장서 대부분이 사라졌지만, 몇몇 장서들이 간신히 살아남아 그 일부가 공공도서관에 놓였다.[36] 멕시코의 푸에블라에 있는 팔라폭시아나 도서관은 이렇게 살아남은 도서관의 대표적인 사례다.

팔라폭시아나 도서관

이 도서관의 이름은 푸에블라 주교(1639-1655)였던 후안 데 팔라폭스 이 멘도자(1600-1659)의 이름에서 비롯했다. 그는 푸에블로에 산 후안 이 산 페드로 칼리지(Collegio de San Juan y San Pedro)를 설립했고, 1646년에 장서 6,000권을 기증하면서 일반인에게 개방되어야 한다는 단서를 달았다.[37] 팔라폭스가 기증한 장서는 지금 이 도서관의 근간을 이루고 있지만, 제대로 된 도서관에 자리를 잡기까지는 1세기가 넘는 세월을 기다려야 했다. 이 도서관은 1772-3년에 프란치스코 데 파비안 이 푸에로 주교의 지휘하에 지어졌다.[38] 웅장한 실내에서도 가장 눈길을 끄는 것은 맨 안쪽 벽면의 대부분을 차지하고 있는 황금빛 제단장식이다. 깊은 양각 기법을 채용한 목재 장식은 이 지역 특유의 바로크 양식 실내장식이다. 이런 특징은 당시 유럽에서 성행하던 가늘고 구불구불한 장식들을 채용한 로코코 양식과 현격한 대조를 이룬다.

중남미의 바로크 양식이 지역적인 특징을 가졌듯이, 18세기 로코코 양식도 지역적인 특징을 가졌다. 로코코는 독일 남부와 오스트리아의 수도원에서 특히 융성했고, 세계적으로 손꼽히는 화려한 도서관 실내장식을 탄생시켰다. 종교시설 내부에 이처럼 화려한 공간을 마련한 데는 여러 가지 복잡한 동기가 있었다. 그 대표적인 곳이 오스트리아의 멜크 수도원 도서관이다.

멜크 수도원

멜크 수도원의 입지는 더할 나위 없이 인상적이다. 궁전처럼 커다란 건물이 굽어진 다뉴브 강줄기가 내려다보이는 곳에 서 있다. 강이 내려다보이는 수도원의 핵심부에 있는 교회는 양옆에 연회장과 도서관을 거느리고 있다. 귀빈 접대를 위해 사용되는 대연회장은 수도원에서 교회 다음으로 중요한 공간이다. 도서관을 대연회장과 대등한 위치에 놓은 배치는 도서관의 위상을 나타낸다. 요즘 사람들의 눈에 특이하게 비칠 수 있는 수도원의 규모와 장대함은 수도원의 건축 배경을 알아야만 이해할 수 있다.

당시에 수도원은 단독 건물이 아니라 거대한 수도원 영지의 중심부이자 소수 귀족이 거처하는 궁전으로 여겨졌다. 수도원의 최고 실권은 수도회 총회와 성당 참사회장, 또는 수도원장에게 있었다. 신성 로마제국 때는 수도원장이 매우 높은 신분이었고, 군주와 다름없는 권력을 행사하면서 넓은 수도원 영지에 대한 실권을 행사했다.[39] 17세기 중반 이후부터는 대규모의 건

왼쪽, 오른쪽
멜크 수도원 도서관
1732년, 오스트리아 멜크

18세기 오스트리아의 수도원들이 대부분 그렇듯이, 멜크는 중세 수도원 복합체에서 웅장한 로코코 양식의 궁전 겸 수도원으로 바뀌었다. 수도원의 고전주의적 외관과 균형을 이룬 대칭적 구조는 스페인의 에스코리알과 포르투갈의 마프라 궁전을 연상시킨다. 멜크는 특히 인상적인 장소에 있다(오른쪽). 우뚝 솟은 첨탑이 다뉴브 강을 내려다보며 굽이쳐 흐르라고 명령하는 듯하다. 왼쪽의 도서관과 오른쪽의 대연회장은 교회를 양쪽에서 막아주고 두 건물은 강이 내려다보이는 외부 발코니로 연결되어 있다. 내부(왼쪽)는 인근 지역을 통치자의 권좌가 놓인 곳이자 황제를 영접하는 기관이라는 지위에 어울리게 화려한 금박으로 장식이 되어 있다.

설 사업이 정치권력과 명망을 표현하는 방법으로 일반화되었다. 수도원장이 취임하자마자 건설 사업을 시작하는 게 당연시되었고, 건설을 하지 않는 수도원장은 뭔가 문제를 안고 있다고 여겨졌다. 건설 사업은 농지에서 얻은 수입을 사용해서 지역경제를 활성화시키는 방법으로 인정을 받았고, 왕실은 정기적으로 수도원에 사람을 보내 수도원의 활동과 시설을 점검하고 예산을 제대로 지출했는지 확인하게 되어 있었다. 이런 맥락을 알아야만 왕실의 방문을 고려한 웅장한 숙소를 갖춘 대규모 시설과 수도원장이 행사하는 권력, 그리고 황제의 수도원 방문을 제대로 이해할 수 있다. 수도원의 규모와 수도원에 마련된 숙소는 그곳에 수도사들이 얼마나 많이 거주하느냐(대부분의 경우 수십 명 정도일 뿐이었다)와는 거의 관계가 없었다는 이야기다.

이처럼 건축이 중시되고 있었기 때문에, 고위성직자들은 당연히 건축에 대한 이해력을 갖추고 있어야 했다. 건축은 이들이 신학교와 대학에서 배워야 하는 필수 과목으로 여겨졌고, 이들이 자신의 감독하에 건설되는 건물의 설계 과정에서 적극적인 역할을 담당하는 게 당연시되었다. 이들은 초상화에서 자신의 감독하에 건설된 건물의 설계도면을 안고 있는 모습으로 그려지기도 했다.

18세기에는 수도원 설계 방법이 확립되어 있었다. 수도원 건축에서 가장 중요한 부분은 교회였다. 다른 건물들이야 어떻게 배치해도 상관없지만, 교회는 수도원 건축 설계에서 가장 중요한 위상을 차지한다는 게 뚜렷이 드러나야 했다. 교회의 위상을 부각시키기 위해서 다른 건물들은 보통 최대한 통일성이 드러나게 설계되었다. 그러나 이런 통일성이 장엄한 건축을 가로막는 법은 없었다. 통상적인 방법은 긴 건물에 창문을 일정한 간격으로 배치하는 것이었다. 그리고 모퉁이와 중앙에 장식 효과를 높일 수 있는 부속건물을 세웠다. 물론 이런 방법은 전혀 새로운 것이 아니었다. 16세기에 세워진 에스코리알은 동일한 특징을 지니고 있었고, 왕궁들은 17세기 말까지도 동일한 방식으로 지어졌다. 수도원이 텅 빈 땅 위에 세워지는 경우는 드물었다. 대개는 원래 있던 중세 사원이 조금씩 조금씩 재건축되는 과정을 거치면서 맨 처음에 세워진 건물이 새로운 건물들에 깊이 파묻히거나 안마당을 새로 확보하기 위해 철거되곤 했다. 새롭고 더 만족스러운 건물이 완공되면 낡은 건물은 주저 없이 철거되었다. 멜크 수도원이 바로 그랬다.

멜크 수도원은 1089년 오스트리아의 후작 레오폴드 2세가 베네딕트수도회에 기증한 성을 기반으로 설립되었다. 멜크 수도원은 12세기에 귀중한 필사본들을 소장한 수도원으로 명성을 날렸고, 15세기에는 수도원 개혁의 중심점이 되었다. 베르톨드 디트마이어 수도원장은 바로크 양식으로 대대적인 전환을 추진하면서 중세 건물들을 철거했다.[40]

디트마이어(1670-1739)는 30세에 멜크 수도원장에 취임했다. 취임 직후 잇달아 여러 정치적 직위를 맡게 되어 세 명의 황제들(레오폴드 1세, 요제프 1세, 찰스 6세)의 고문관과 로마와 폴란드의 황실 칙사로도 활동했고, 1706년에는 빈 대학 총장으로 취임했다. 수도원을 자주 비운다는 것과 막대한 건축비, 건축 계획의 급선회 때문에 그와 멜크 수도회 총회 사이에 마찰이 생겼다.[41] 디트마이어는 처음에 이탈리아 건축가 카를로 안토니오 카를로네(1635-1708)에게 새 건물의 설계와 감독을 맡겼고, 1702년에 건설이 시작되었다. 첫 설계는 별 문제가 없었지만, 1705년에 디트마이어는 마음을 바꿔 전면 재건축을 하기로 결정하였다. 카를로네가 사망하자 야콥 프란타우어(1660-1726)

가 지휘봉을 잡았다.[42] 프란타우어의 초반 약력에 대해서는 알려진 바가 거의 없다. 화가인 한스 게오르크 아삼의 도제 생활을 했던 것으로 추정되지만, 어머니가 사망할 무렵에는 조각가로 불리기도 했다. 그는 크렘스뮌스터 수도원에서 카를로네와 같이 일했던 것으로 보인다. 이곳에는 1680년에 길이 65m의 단층 방에 화려한 그림이 돋보이는 바로크 도서관이 있다. 프란타우어가 사망한 뒤에는 그의 조카인 요제프 무게나스트(1680-1741)가 멜크 건설을 이어받았다.[43]

디자이너

멜크 수도원 도서관을 설계한 사람이 누군지는 분명하지 않다. 수도원장이 관심이 대단했으니 손수 설계도를 그렸을 법도 하다. 건축가가 도서관 건물을 책임지는 것이 일반적인 관행이었지만, 목조기술자가 책장 설계를 맡고 석고기술자가 벽과 천장의 석고장식 설계를 맡는 경우도 있었다. 천장 프레스코화에 넣을 내용을 정하는 것은 건축가가 아니라 수도원장이었다. 대개는 수도원장이 화가 한두 명에게 편지를 보내 자신이 원하는 구도를 설명하면, 화가들이 초안을 보내 수도원장의 승인을 받았다.[44]

멜크 도서관은 보기 드문 위치에 있다. 도서관이 교회를 가운데 두고 대연회장과 대칭을 이루고 있다. 이것은 실용성보다는 외관을 고려한 구조였다. 그 즈음에는 수도원을 찾는 방문객들은 대연회장과 성당은 물론 도서관도 둘러보는 게 일반적이었다. 하지만 1731-2년에 다뉴브 강이 내려다보이는 외부 베란다가 만들어지기 전까지는 대연회장과 도서관을 오고가는 동선이 매우 복잡했다.[45] 외부 베란다로 확보된 동선도 겨울에 쓰기에는 문제가 있었다. 대연회장은 최대한 개방형으로 지어져 커

아래, 오른쪽

멜크 수도원 도서관

1732년, 오스트리아 멜크

도서관의 주된 공간(아래)은 길이 20m, 너비 9m, 높이 9m다. 안쪽 끝 벽에 보이는 문은 다뉴브 강이 내려다보이는 외부 통로로 이어지며, 이 외부 통로는 교회의 다른 편에 놓인 대연회장으로 연결된다. 이 건물은 측면을 따라 양쪽에 5개의 창문이 나 있지만, 안에서 보이는 것은 3개뿐이다. 1단에 세 개씩 구획을 이루는 책장들 가운데 중앙에 있는 책장에는 바퀴와 경첩이 달려 있어서 비밀의 방으로 통하는 문이 된다. 이 비밀의 방은 개인 열람실로 사용되며, 각각 안에서 보이지 않는 창문이 하나씩 나 있다. 하느님의 지혜를 표현하는 천장화는 파울 트로거의 작품이다. 책장들(오른쪽)은 붙박이고 선반들은 위로 갈수록 높이가 낮아져서, 갤러리 맨 위의 선반은 가장 작은 판형의 책만 꽂을 수 있다. 이 선반의 빈자리에는 가짜 책이 꽂혀 있다. 전통적으로 작은 판형의 책은 도난의 대상이 되기 쉬워 갤러리에 놓아두었다.

ANNO
A PVLSA E REPVBL.
LITERARIA BARBARIE
CCXXIV
ECCE QVAS MVSIS AEDES CONDIDI
EXCEL. BERTH. PLAVDENT FILIIS

인쪽
멜크 수도원 도서관
1732년, 오스트리아 멜크

도서관의 주된 공간에 출입할 때 쓰는 이 작은 방은 1767년에 추가된 것이다. 이곳에는 석조 원통형 벽체를 두른 나선형 계단이 있다. 이 계단을 통해 아래쪽으로 내려가면 현대식 열람실이 나오고, 위로 올라가면 로코코 양식의 희귀 도서 보관실과 갤러리가 나온다.

오른쪽
알텐부르크 도서관
1742년, 오스트리아 알텐부르크

수도원의 1층에서 내려오는 웅장한 계단은 비교적 단순하기 때문에 방문객이 문 너머에 있는 도서관의 규모나 장식을 거의 짐작할 수 없게 만든다.

다란 창 너머로 계곡의 전망을 즐길 수 있었다. 도서관은 대연회장과 똑같은 외관을 지니고 있지만, 커다란 창 때문에 책장을 놓을 공간으로 활용할 벽면이 많지 않았다. 해결책으로 책장을 방 안쪽으로 깊이 밀어넣고 창 앞에도 책장을 놓는 방식이 채택되었다. 책장들 뒤의 공간은 책장에 설치된 비밀의 문을 통해 들어갈 수 있는 작은 서재로 만들었다. 책장에 비밀의 문을 다는 방식은 호프비블리오테크의 착상을 빌려온 것처럼 그 도서관이 채택한 방식과 아주 흡사하다.

고정된 책장

멜크 도서관의 책장 선반은 모두 고정되어 있다. 덕분에 사방 벽에 놓인 선반들이 가지런히 높이를 맞추기 때문에 수평 방향으로 규칙적인 띠 모양이 형성된다. 하지만 선반마다 꽂아넣을 수 있는 책의 크기가 정해질 수밖에 없다. 멜크 도서관에서는 가장 아래 선반에 큰 책들이 꽂혀 있고, 위로 갈수록 선반의 높이가 줄어든다. 이런 선반 배치는 갤러리 위에서 천장 바로 아래까지 적용되기 때문에 원근감을 과장하는 효과를 내고, 방이 실제보다 더 높아 보인다. 맨 꼭대기 선반은 높이가 낮아 아주 작은 판형의 책조차 꽂을 수 없어서, 이 선반에는 책처럼 보이도록 채색을 한 나무 블록에 'Anonymous de Xylo(나무, 익명 지음)'과 'Lignarus de Vacuo(공허, 나무꾼 지음)' 같이 우스꽝스러운 제목을 적어 꽂아놓았다.[46]

책장은 합판으로 만들어 무늬를 박아 넣고 금박과 양각 장식으로 꾸며져 있다. 책장의 폭은 가장 무거운 책을 놓아야 하는 맨 아래 선반의 폭을 기준으로 결정되었다. 책장의 수직 골조에는 코린트 양식의 벽기둥이 붙어 있고, 기둥뿌리 높이까지 닿는 받침대가 설치되어 있다. 가장 큰 2절 판형 책들이 꽂힌 선반 바로 위에는 가로대가 있지만, 책상은 설치되지 않았다. 앞서 말한 비밀 서재에 있는 책상을 제외하면 열람자가 책을 읽을 때 쓸 만한 가구는 전혀 없다(그 이유는 나중에 설명한다). 코린트 양식의 기둥머리들은 수평으로 놓인 목재부를 지탱한다. 수평 목재부에서 뻗어나간 금박장식이 된 버팀대가 허공에 뜬 갤러리 밑바닥을 괴고 있다. 갤러리로 올라가는 계단은 작은 방 안에 있는데, 이 방은 벽면에 책장이 채워져 있고 1층에 설치된 소규모 특별 서고와 이어져 있다. 로코코 양식으로 장식된 특별 서고는 일반인에게 공개되지 않는 곳이다. 11세기 이후로 베네딕트수도회 학문 연구의 중심을 이루었던 멜크 수도원은 귀중한 필사본 장서를 보유하는 곳으로 세계에서 손꼽힌다. 당시 수도원들이 모두 이런 지위를 누린 것은 아니다.

알텐부르크의 착시 효과

알텐부르크 수도원은 빈에서 멀지 않은 로우어 오스트리아에 있는데, 멜크 수도원과 긴밀한 관계에 있었다. 요제프 무게나스트(프란타우어 다음으로 멜크 건설을 맡았던 건축가)와 파울 트로거(멜크에서 천장화를 그린 화가)가 함께 알텐부르크 수도원에서 굵직한 재건축 사업을 맡아 진행했다. 재건축 과정에서 교회뿐 아니라 참사회장과 수도원장이 쓸 궁전 같은 숙소와 황제 방문 시에 사용할 방, 귀빈들을 위한 웅장한 내빈용 거처(그리고 귀빈의 말을 수용할 마구간까지), 연회실이 여러 개 딸린 거대한 홀이 세워졌다. 이 모든 시설들이 완공된 후에야 도서관 건축이 관심사로 떠올랐다.

알텐부르크 수도원은 특별한 문제를 안고 있었다. 수도원 경내에 세워진 대규모 건물들과 적절한 조화를 이루는 도서관

왼쪽, 오른쪽

알텐부르크 도서관

1742년, 오스트리아 알텐부르크

중앙 돔에서 도서관 공간 절반까지만 보이는 이 사진(왼쪽)만으로도 그 규모가 느껴진다. 파울 트로거와 요한 야콥 자일러가 제작한 프레스코화 가운데 남쪽 돔의 그림(오른쪽)을 보면 위쪽에는 예수가 십자가에 달리는 장면이, 아래쪽에는 월식 현상을 설명하는 디오니시우스 아레오파기타의 모습(철학)이, 오른쪽 중앙에는 착한 사마리아 사람의 모습(의술)이 있다.

이 필요했다. 멜크 수도원은 책 제작과 장서 수집의 연륜이 깊었고 필사본뿐 아니라 인쇄된 책들로 구성된 방대한 장서를 자랑하고 있었지만, 알텐부르크 수도원은 안타깝게도 장서 규모가 변변치 않았다.[47]

수도원의 본분을 충실히 수행하고 있음을 입증하기 위해서 수도원 경내에는 반드시 도서관이 있어야 했다. 그러나 많은 수도원들이 내세울 만한 책을 거의 가지고 있지 않았고, 수도원장과 건축가에게는 이것이 고심거리였다. 한 가지 해결책은 작은 도서관을 짓고 최대한 화려한 장식으로 꾸며서 방문객이 소장 도서에 관심을 돌리지 않게 하는 것이었다. 바바리아에 있는 메텐 수도원이 이 전술을 채택해서 단층 도서관을 짓고 눈이 휘둥그레질 만큼 화려한 장식을 하고 반원통형 천장을 지탱하는 기둥에 특이한 우화적 형상들을 조각해놓았다.[48]

로우어 오스트리아에 있는 장크트 푈텐 수도원은 설득력이 떨어지는 또 다른 해결책을 채택했는데, 그것은 책들을 수납장에 넣어 감춰두는 것이었다.[49] 그러나 이 방식은 방 어느 곳에서 보아도 소장된 책이 모두 보이게 배치해야 한다는 당시 도서관 설계 지침을 거스르는 것이었다. 이 문제를 해결하기 위해서 어퍼 스와비아에 있는 슈센리트 수도원은 책장에 책을 보관하면서도 특별한 조치를 강구했다. 책장 하단의 나무문에 책을 그려 넣고 즉석에서 책을 읽을 수 있도록 접이식 책상을 설치함과 동시에 책장 상단의 여닫이문에는 가짜 책이 그려진 천을 덮어놓았다.[50] 저술가들은 수납장을 이용하면 책을 온전하게 보관할 수 있다는 글을 남기기도 했다. 그들은 수납장 표면에 안에 든 책과 일치하는 책 그림을 그려 넣는 방법도 있지만 책을 옮겨 꽂을 때마다 그림을 바꿔야 한다는 이유를 들어 이 방안은 권장하지 않았다.

알텐부르크 도서관을 설계한 사람들은 바로 이 세 번째 방식, 즉 건축의 마술을 선택했다. 수도원장과 건축가는 장서가 변변치 않음을 드러내는 작은 단층 도서관을 짓기보다는 가파른 산비탈 위에 있는 수도원 옆에 커다란 건물을 이어짓기로 결정했다. 인상적인 바로크 양식 계단이 수도원의 중심 구역과 새 건물을 잇는다. 도서관은 너비 9.5m, 길이 47.5m, 높이 15m의 거대한 홀이다.[51] 이 방은 각각 돔 천장을 올린 세 개의 공간(입구, 중앙, 맨 안쪽)으로 이루어져 있는데, 이 공간들 사이에는 반원통형 천장이 설치되어 있다. 문에 들어선 관람객의 눈에는 홀 가운데 난 부분만 보이고, 돔 아래 공간의 옆면은 보이지 않는다. 돔 사이에 있는 반원통형 천장 아래 공간에는 커다란 책장이 놓여 있어서, 관람객은 모든 벽면에 책장이 세워져 있을 거라고 추측한다. 하지만 방 안에 있는 책장은 맨 안쪽 끝 벽에 놓인 책장과 이 책장들뿐이다. 돔 천장 아래 벽에는 창만 나 있지만, 일단 돔 아래에 들어선 관람객은 자연스럽게 돔 천장에 그려진 트로거의 웅장한 천장화에 시선을 빼앗긴다. 얼마 안 되는 책들만 수납할 공간을 가진 거대한 도서관, 그야말로 그 수도사들이 원했던 도서관이다.

이 도서관 아래에는 더 놀라운 공간이 있다. 당시 수도원에는 방이 충분했지만, 비탈진 부지를 선택해 도서관을 지었기 때문에 도서관 아래에 여분의 공간이 남았다. 이곳에는 거대한 지하 납골소를 지어 만들기로 했다. 미래의 성당 참사회장들이 도서관 아래, 장례 전용으로 설계된 방에 매장될 터였다. 지상에는 죽은 자의 글을, 지하에는 죽은 자의 몸을 놓아두는 구조였다.

도서관의 입지

알텐부르크 도서관은 높이가 무려 15m로, 1단 벽 시스템 도서관치고는 상당히 높다. 부지가 비탈져 있고 수도원 측면에 지어

인쪽, 아래

알텐부르크 도서관

1742년, 오스트리아 알텐부르크

이 도서관(왼쪽)은 장서의 가치를 돋보이게 할 의도로 설계되었다. 이 도서관은 규모는 거대하지만, 책장은 세 개의 돔을 가르는 벽면 네 곳에 각각 두 개, 끝 벽에 하나, 이렇게 모두 9개다. 돔이 있는 공간의 벽에는 창문을 내고 책장은 놓지 않았다. 도서관 밑에 있는 납골소(아래)는 수도원장들의 매장지로 설계되었다. 죽은 자가 생각했던 바를 저장해놓은 보관실 밑이 죽은 자를 기념하는 공간으로 쓰인다.

졌기 때문에 건축가는 일반적인 경우보다 자유로운 배치를 구상할 수 있었다. 그럼에도 도서관의 지붕 높이와 창의 배치는 수도원의 중심 건물들과 동일하게 맞춰져 있다. 따라서 도서관은 창이 두 단으로 나 있어서, 밖에서 보면 방이 2층으로 이루어져 있는 것처럼 보인다. 도서관의 외관은 내부 공간의 전용 목적을 전혀 반영하지 않고, 수도원 안의 다른 건물들에 섞여 두드러지지 않게 하려는 의도를 관철하고 있을 뿐이다. 도서관의 목적을 드러내지 않고 수도원에 섞이도록 숨겨 놓은 것은 외부에서 보는 사람이 한눈에 알아볼 수 있도록 교회만 돋보이게 하고 나머지 건물들은 교회에 부속되어 있다는 걸 드러내려는 일반적인 전략이다.

이런 면에서 수도원들은 내부 설계가 완성되기 전에도 외벽 공사를 시작할 수 있었다. 다시 말하면 완공에 필요한 돈이 모아질 때까지는 껍데기만 세워두고 알맹이는 비워둘 수 있었다. 이런 전략을 택할 경우에는 좁은 수도사 숙소와 그보다 훨씬 큰 내부 공간을 동시에 조성해야 하기 때문에 이 두 가지 요구를 충족할 수 있도록 외부 건축 설계를 해야 한다. 표준적인 해결책은 존재하지 않았다. 비블링겐 수도원도 한 가지 전략을 선택했다.

비블링겐 수도원

비블링겐 수도원은 독일 어퍼 슈바비아, 울름 근처에 있다. 이곳은 1093년에 설립되었고, 다른 유명한 수도원들과 마찬가지로 성물을 보려고 오는 순례자들의 기부로 재정을 충당했다. 이곳에 있는 성물은 예수의 처형대로 쓰였던 십자가 파편이었다. 이

오른쪽, 다음면

비블링겐 수도원 도서관

1744년, 독일 비블링겐

길이 23m, 너비 11m의 이 장엄한 도서관은 1737-40년에 건설되었고, 1744년에 장식이 완성되었다. 도서관은 수도원 복합체에 속하는 건물 양쪽 벽을 꽉 채운다. 덕목과 학문 분야를 상징하는 조각상들(다음면)은 목재이지만 대리석처럼 보이게 채색되어 있고, 기둥 역시 목재이지만 인조대리석으로 마감해놓았다.

수도원은 15세기에 멜크 개혁에 동참했다. 멜크 개혁이란 베네딕트수도회가 처음에 마련했던 규율과 목적을 엄격히 지켜 수도사의 본분을 회복하자는 취지에서 멜크 수도원에서 시작된 운동이었다. 이 운동은 배움을 장려하여 오스트리아와 독일 남부에 인문주의를 확산하는 중요한 역할을 담당했다. 멜크 개혁을 지지하는 수도원들은 학문 연구를 적극 권장했다.

비블링겐은 필사실을 열심히 운영했고, 18세기 중반에는 도서관에 15,000권 넘는 장서가 있었다.[52] 수세기 동안 수도원은 몇 차례 재건축을 거쳤다. 지금의 건물들은 1714-83년에 지어졌다. 하지만 한쪽 동은 20세기에도 미완성으로 남아 있었다. 전체 설계는 크리스티안 비드만(1680-1739)이 맡았다. 도서관을 포함하는 건물은 공사가 미뤄지다가 1737년에야 시작되었고, 건축은 그의 조카인 요하네스가 맡았다. 도서관 건물은 1740년에 완공되었고, 1744년에 프란츠 마틴 퀸의 그림 등으로 대부분의 실내장식이 완성되었다. 갤러리의 바닥 밑면의 장식은 1750년에 마무리되었다.[53]

가장 먼저 방문객을 놀라게 하는 것은 화려한 파스텔 색상이 돋보이는 인조대리석 기둥과 발코니의 굽이치는 난간이다. 인조대리석의 분홍색과 하늘색은 실제 대리석과는 아무 관련이 없다. 덕목(복종, 고독, 경건, 독실)과 학문(철학, 역사, 법학, 신학)을 상징하는 목조 조각상은 도료를 칠해놓아 매끄러운 대리석처럼 보인다. 갤러리에 있는 양쪽 출입구는 시민과 왕의 권위를 상징하는 조각상들이 세워진 벽감 뒤에 숨겨져 있다.[54] 양쪽 벽감에는 경첩과 바퀴가 달려 있어 문처럼 열린다.

공간을 꽉 채우는 방식과 복도 공간을 남겨두는 방식

비블링겐 수도원 도서관은 긴 건물 중앙에 솟아 있는 부속건물에 있다. 밖에서 보아서는 도서관이 있다는 걸 알아차릴 수 없다. 2층 높이의 도서관에는 창문이 2단으로 나 있고, 돔형 천장을 설치할 수 있도록 지붕이 옆 건물의 지붕보다 약간 높다. 도서관은 건물 폭 전체를 차지하고 있다. 이런 배치는 양쪽에 창을 내 채광을 할 수 있다는 점에서 이상적이지만, 도서관을 관통해서 이동하는 걸 허용하지 않을 경우에는 도서관 양옆에 있는 방들 사이의 통행이 차단된다는 단점이 있다. 대개는 보안 문제 때문에 도서관을 관통해서 이동하는 게 허용되지 않았다. 도서관들은 거의 잠겨 있었고, 18세기에는 사서가 열쇠를 가진 채

PATRES

왼쪽, 오른쪽

장크트 플로리안 수도원 도서관

1750년, 오스트리아 장크트 플로리안

1744-50년에 지어진 이 도서관은 남쪽 안마당을 둘러싸고 길게 뻗은 동쪽 건물의 일부에 배치되어 있다. 긴 면 중앙에는 도서관 출입구로 쓰이는 웅장한 계단이 있다(왼쪽). 도서관은 한쪽으로만 채광이 된다(오른쪽). 아우구스티누스 교단의 전통과 종교가 덕목과 학습을 결합시키는 모습을 묘사하는 장식은 수도원장의 구상을 바르톨로메오 알토몬트가 현실에 옮긴 것이다.

자리를 비워서 도서관에 들어갈 수 없다고 불평하는 도서관 방문객들이 자주 있었다. 도서관에는 양쪽 끝에 문이 있는 경우도 있었지만, 이 문들은 특별한 경우(이를테면 왕족의 방문)에만 통행용으로 이용되었다. 흔한 경우는 아니지만, 이 문들은 필사본 보관실이나 사서 업무실로만 연결되기도 했다. 통행 문제를 해결할 수 있는 또 다른 방법은 도서관을 건물 한쪽에 배치하고 다른 쪽을 복도로 만드는 것이었다.

도서관을 건물 폭 전체를 차지하게 배치하면 대개는 방 높이에 비해 너비가 넓어지기 때문에 상당히 큰 공간이 낮아 보일 우려가 있었다. 비블링겐 도서관은 효과적인 대안을 찾았다. 바로 넓은 갤러리를 설치하고 이를 지지하는 데 필요한 기둥을 세우는 방식이었다.

일반적으로 독일의 로코코 양식 도서관들에서는 기둥을 사용해서 갤러리를 지지하고, 오스트리아 도서관들에서는 벽체에서 튀어나온 갤러리를 하단 책장에서 뻗어 나온 받침대를 사용해 지지한다. 하지만 이것은 단순한 분류이고, 실제로는 이런 분류에서 벗어나는 경우가 많다. 독일에도 벽체에서 튀어나온 갤러리를 받침대로 지지하는 2단 벽 시스템 도서관(아모르바흐 수도원과 퓌센 수도원)이 있고, 오스트리아에도 기둥으로 갤러리를 지지하는 도서관(최초였지만 철거된 아드몬트 도서관과 장크트 람브레흐트 수도원)이 있다.[55] 독일에서는 건물 폭 전체를 차지하는 공간에 기둥을 세워 갤러리를 지지하는 도서관이 더 흔했다. 도서관 한쪽에 복도 공간을 남겨두는 방식은 어퍼 오스트리아에 있는 장크트 플로리안 수도원에서 볼 수 있다. 이곳에서는 도서관 한쪽에만 창을 내고 다른 쪽에는 복도와 다른 방들을 배치했다.

장크트 플로리안 수도원

장크트 플로리안 수도원은 원래 야콥 프란타우어(멜크의 건축가)가 1710-16년에 설계했지만, 1744-50년에 요한 고타르트 하이베르거(1695-1764)의 지휘하에 건설되었다.[56] 도서관은 수도원 정문에서 안마당을 가로질러 동쪽 면에 서 있다. 창을 동쪽으로 낸 배치는 비트루비우스의 충고를 따른 것일 수도 있지만 그보다는 단순히 편의를 고려한 결과일 것이다.[57] 도서관은 중앙에 솟아 있는 부속건물 2층에 있으며, 수도원 정문과 대칭을 이루는 웅장한 바로크 양식 계단이 있다.

로코코 양식 도서관은 대부분 한쪽 끝에 출입구가 나 있어서 이곳에 들어선 방문객은 도서관이 길다는 걸 체감할 수 있다. 오랜 전통에 따라 성서들은 한쪽 끝 벽, 대개는 맨 안쪽 끝 벽에, 성서 이외의 책들은 성서와의 연관을 고려해 배치되어 있다. 성서와 가까운 쪽에는 신학서와 사도 교부들의 서적이, 세속의 서적과 문학은 가장 먼 쪽에 놓여 있다. 장크트 플로리안 수도원에서도 이런 배치가 유지되었지만, 출입구가 중앙에 있기 때문에 중앙 출구로 들어선 방문객의 입장에서는 이런 책 배열이 아무런 의미가 없다.

장크트 플로리안 도서관에서 볼 수 있는 도서관의 복잡한 배치와 회화와 건축의 빼어난 조화 때문에 일부에서는 로코코 양식 도서관 건축을 종합예술이라 부르기도 한다. 하지만 연구에 따르면, 이 도서관들은 한 사람의 구상에서 나온 것이 아니라 여러 사람의 복잡한 협력에서 비롯한 결과였다.[58] 장크트 플로리안에서 도서관 건축을 책임졌던 건축가로 하이베르거를 꼽을 수 있다. 그러나 자료에 따르면, 이 도서관은 이 수도원 참사회장이었던 요한 게오르그 비스마이어(1732-1755년에 활약)의 구상에서 비롯한 것이다. 그는 신중하게 도서관을 구상했고, 예술가들과 전문기술자들과 긴밀히 협력했다.[59] 하지만 한 사람

장크트 플로리안 수도원 도서관
1750년, 오스트리아 장크트 플로리안

도서관의 주된 공간은 너비 13m, 길이 24m, 높이 10m다. 양쪽 끝 벽의 반원통형 책장에는 경첩과 바퀴가 달려 있어서 이 책장을 열면 동전 수집품을 비롯한 각종 물건과 필사본을 보관하는 부속실이 나온다. 이 반원통형 공간에 있는 나선 계단은 갤러리에 설치된 비밀 문으로 이어져 갤러리로 출입하는 데 쓰인다.

의 천재가 중심이 되어 모든 세부적인 사항을 결정하고 통제한 것은 아니었다. 건축의 통일성은 건축에 참여하는 각각의 사람에게 어떤 성과를 기대할 수 있는가를 파악할 수 있는 능력에서 비롯한 것이었다.

독서를 위한 공간

장크트 플로리안 도서관은 2단 벽 시스템을 채택해 모든 벽면에 합판으로 만든 책장을 세워놓았다. 고전주의 양식의 기둥은 보이지 않는다. 책장은 맨 윗부분이 아치형으로 꺾이는 가느다란 목재로 구획되어 있다. 갤러리 난간은 섬세하고 화려하게 장식되어 있다. 갤러리에 서면 난간이 빈약해 보여서 발을 헛디디면 큰일이겠다 싶기도 하지만, 갤러리에는 사서들만 출입을 허용한다는 걸 전제로 한 설계라 이것이 문제가 되지 않았다. 기능보다는 장식 효과에 치중해서 아래서 보이는 쪽만 장식을 해놓은 것을 보면 건축이 무대 세트로 취급되었다는 걸 알 수 있다. 난간의 뒤쪽은 무대의 뒤편으로 사서들만 드나드는 곳이라서 거칠게 접합이 되어 있고, 못과 고정부품들이 훤히 눈에 뜨인다. 갤러리로 올라갈 때 쓰는 나선형 계단은 경첩이 설치되어 문처럼 열리는 책장 뒤에 있다. 이 문들은 필사본과 지구본, 과학 기구와 지도들을 보관하는 작은 방으로도 연결된다. 금서를 보관하는 방도 있었는데, 수도사들은 금서 목록에 포함된 책들을 보려면 그 책을 보아야 할 특별한 이유를 제시하고 수도원장의 허가를 받아야 했다.

방 중앙에는 필사본 등의 물품을 넣어두는 수납장과 서랍이 부착된 붙박이 탁자 네 개가 있다. 수납장 문 몇 개는 당겨서 열면 의자가 된다. 하지만 이 의자는 수도사들이 책을 잠깐 살펴보는 경우를 고려해서 만든 것이지, 오랜 시간 독서를 하는 경우를 고려한 것은 아니었다.

로코코 양식의 수도원 도서관들은 난방이 되지 않았다. 수도사들의 개인 숙소에는 난로가 있었으므로, 필요할 때는 책을 빌려와 각자의 방에서 읽도록 되어 있었다. 일부 도서관들은 난방이 되는 별도의 독서용 공간을 따로 마련해 그 안에 개인 열람실들을 설치했다.[60] 이처럼 웅장한 로코코 양식 도서관들은 모두 장서를 보관하고 전시하는 용도로 이용되었을 뿐, 책을 읽는 용도로 이용되지 않았다. 애초부터 이 도서관들은 연구용 공간으로 설계된 곳이 아니었다.

왼쪽, 오른쪽, 다음면
장크트 갈렌 수도원 도서관
1763년, 오스트리아 장크트 갈렌
이 도서관에는 여러 가지 형태의 장식이 있다. 책장 상단 벽감에 놓인 아기천사들는 기술 분야와 순수예술 분야를 상징한다. 사진에서 허리에 설계 도구를 차고 도면을 손에 든 아기천사는 건축학을 상징한다(왼쪽). 도서관 건물(오른쪽)은 건축가 피터 툼이 1758-60년에 지었다. 장식은 1762-3년에 완성되었다. 도서관은 3층에 있으며 너비 9.95m, 길이 28.4m, 높이 7.3m다. 앞으로 돌출한 맨 안쪽 책장 구획(다음면) 뒤에는 갤러리로 통하는 계단이 있다. 갤러리에 있는 문은 필사본 보관실로 통한다. 반넨마허가 그린 프레스코 천장화는 수도사의 학자와 목회자, 교육자로서의 삶의 지침이 되는 가톨릭 교의를 상징한다.

책의 배열

장크트 플로리안 도서관에서는 책장 상단에 부착된 장식 명판에 적힌 알파벳으로 책의 위치를 알 수 있다. 성서는 보통 'A'가 적힌 책장에 있다. 하지만 나머지 명판에 적힌 알파벳은 장서 목록을 보면서 책의 위치를 확인하는 용도로 쓰였다. 명판에는 책장에 진열된 책들이 다루는 주제를 적어두지 않았다. 18세기에는 장서 규모가 빠르게 늘어났기 때문에 책들을 주제별로 배열하는 방식이 적질치 않았다. 책들은 계속해서 이리저리 옮겨졌다. 일부 저술가들이 지적했듯이, 그림과 조각을 활용한 장식이 시각적 이미지를 활용한 일람표로 쓰이지 않았던 데는 이런 이유가 있었다. 조각과 그림은 지식의 이상적 배열 방식을 표현하고 있었다. 여기에는 거의 예외가 없었다. 이 도서관들은 하나같이 인간들이 발견한 지식을 모두 포괄하고 있다고 공언하긴 했지만, 대개는 어떤 주제(신학이 전형적이다)에 대해서는 철저하지만 다른 주제(자연과학이나 수학과 같은 주제)에 대해서는 취약했다. 대규모 장서를 가진 도서관이라도 장식을 책의 배열을 알리는 수단으로 이용하지는 않았다.[61]

장크트 갈렌 수도원

스위스 장크트 갈렌에 있는 장크트 갈렌 수도원에는 가장 유명한 중세 도서관이 있다(78-82쪽). 장서 수집은 8세기 중엽 왈도 수도원장(740-814)에 의해 시작되었다. 그는 그 후 독일 남부 라이헨나우 수도원에서도 대규모 장서를 모았다. 그 후 2백 년 넘게 장크트 갈렌은 책 제작의 중심지였다. 이때 제작된 귀중한 필사본 가운데 지금 남아 있는 것은 4백 권뿐이다.[62] 13세기에 수도원과 장크트 갈렌은 신성 로마제국의 군주의 지위를 지닌 수도원장이 통치하는 수도원령으로 독립했다. 수도원령은 1805년에 해체되어 수도사들이 쫓겨나고, 수도원은 주교의 관할 아래 놓였으며, 수도원 교회는 주교가 관할하는 대성당이 되었다. 장크트 갈렌 수도원은 15세기에 많은 난관에 부딪혔고, 여러 차례에 걸친 도난과 습격 때문에 장서를 잃어버리기도 했지만, 지금도 2,100여 권의 필사본과 1,650권이 넘는 인큐내불라(인쇄술 발명 직후부터 1500년까지 유럽에서 인쇄된 책을 이른다)를 소장하고 있다. 서구에서 손꼽히는 중요한 장서를 보유하는 도서관이다.[63] 지금의 수도원 건물은 장크트 갈렌이 수도원으로 운영되던 마지막 시기에 지어졌다. 설계는 1749년에서 1768년 사이에 건축가 피터 툼(1681-1766)이 진행했다.[64]

장식의 일람표 기능

이 도서관에서 주제를 표시하는 것은 책장 상단 벽감에 놓인 아기천사이다. 이 아기천사는 각 학문 분야와 관련된 물건을 들고 있다. 하지만 이 형상을 도서관 곳곳에 놓아둔 것은 장서가 포괄하는 주제의 범위를 표현하는 것일 뿐, 주제에 속하는 책의 위치를 알려주지는 않는다. 수도원 도서관들이 거의 그렇듯이, 여기서도 책들은 주제 순서로 배열된 책장에 꽂혀 있다. 조각과 천장화는 이상적인 수도원 도서관이 보유해야 하는 지식의 범위와 그 지식의 이상적인 배열을 묘사하고 있으며, 주제에 속하는 책의 양이 많을수록 많은 책장이 할당된다. 장크트 갈렌에서는 책장 사이에 있는 판넬을 젖혀 열면 기발한 수납목록이 나타난다. 로렌티안 도서관(101-7쪽 참조)과 크리스토퍼 렌의 트리니티 칼리지 도서관(140-2쪽 참조)에서 보았듯이, 책장 끝에 수납목록을 붙이는 것은 수백 년 전부터 이어져온 관례였다. 하지만 이 목록은 대개 종이로 되어 있어서 책을 다른 곳으로 옮기는 경우에는 목록에서 그 책 이름을 지워야 했다. 장크트 갈렌은 나무판에 수직 방향으로 가늘고 긴 틈을 내고, 여기에 책 제목을 표시한 작은 카드들을 옆 선반에 꽂힌 순서대로 꽂아놓았다. 책의 위치를 바꿀 때는 카드의 위치만 바꾸고, 책이 대출되는 경우에도 표시를 해두었다.

이 독특한 도서관의 천장화는 요제프 반넨마허(1722-1780)가 그렸다.[65] 1762-3년에 완성된 이 천장화는 사도 시대의 교부들과 공회의가 확립한 교의를 샛별로 삼아 수도원의 본

왼쪽
장크트 갈렌 수도원 도서관
1763년, 오스트리아 장크트 갈렌
갤러리 아래 책장 옆에 부착된 기둥은 장식적인 효과만 내며, 경첩이 달려 있어 기둥 앞면을 열면 선반에 비치된 수납목록이 나온다. 책장 하단 대좌에는 낱장으로 된 종이를 보관하는 서랍이 감춰져 있다. 1단의 책장들에 도난 방지용으로 설치된 철망문은 비슷한 스타일이긴 하지만 원래 있던 것은 아니었을 것이다.

오른쪽, 다음면
아드몬트 수도원 도서관
1776년, 오스트리아 아드몬트
건축가 요제프 후에버의 설계로 1764-74년에 지어졌다. 도서관을 장식하는 그림은 바르톨로메오 알토몬트와 요한 게오르크 달리허가 1776년에 완성한 것이다. 중앙 돔(오른쪽) 아래에 놓인 '청동' 조각상은 사실은 목재이며, '마지막 네 가지 일'을 상징한다. 도서관(다음면)은 너비 13m, 길이 72m로, 수도원 도서관으로는 세계에서 가장 길다. 위쪽 선반을 이용할 때는 책장 하단 돌출된 선반 위에 걸쳐 있는 특별한 구조의 발판 사다리를 사용한다.

분을 다해야 한다는 내용을 주창하고 있다. 로코코 양식 도서관들이 흔히 그렇듯이, 이곳에서는 석고 세공 장식들이 천장을 여러 개의 구획으로 나눈다. 중앙에는 니체아와 콘스탄티노플, 에페수스, 칼체돈에서 있었던 공의회들과 '하느님의 지혜'를 상징하는 성모 마리아가 그려져 있다. 서쪽 창문 위쪽 작은 구획 안에는 라틴어 문화권의 교부들(그레고리우스 대제와 암브로시우스, 아우구스티누스, 제롬, 그리고 캔터베리의 안셀무스로 추측되는 인물)을 묘사한 그림이 있다. 동쪽 창문 위쪽 그림들은 그리스 문화권의 교부들(나치안츠의 그레고리우스와 아타나시우스, 바실리우스, 요한 크리스토무스, 그리고 예루살렘의 치릴로스로 추측되는 인물)을 묘사하고 있다. 창문 사이에 있는 작은 구획 안에는 수도사들이 학자, 교육자, 목회자로 활동하는 모습이 그려져 있다.[66] 이 장면들은 착각을 유도하는 트롱플뢰유 기법의 한 유형인 콰드라투라 기법으로 그려져 천장에 건축적 환영을 창조하고 있다. 이 그림들은 방의 한쪽 끝에서 올려다보는 것을 예상하여 배치되었다. 이곳에서 올려다보면 원근감 때문에 방의 공간이 그림 속으로 이어져 있는 것처럼 착각하게 된다. 착시를 유도하는 이런 유형의 천장화는 17세기 후기 포초(1642-1709) 등 로마 화가들에 의해서 유행되었다. 예수회 수도사이자 화가이며 건축가인 포초는 로마의 산 이그나치오 교회 천장화로 명성을 얻었다. 그는 인생의 마지막 몇 년을 빈에서 보내면서 예수회 교회와 리히텐슈타인 가든 궁전의 허큘리스 홀에 천장화를 그렸고, 1709년에 사망했다.[67] 장크트 갈렌은 18세기 수도원 도서관 중에서 가장 방대한 장서를 가지고 있었지만, 건축적인 측면에서 가장 인상적인 곳으로는 아드몬트 수도원 도서관이 단연 으뜸이다. 아드몬트 수도원은 오스트리아에 있으며 1764년에서 1779년 사이에 지어졌다.[68]

아드몬트 수도원

아드몬트 수도원은 1074년에 잘츠부르크 대주교 겝하르트가 잘츠부르크에 있는 베네딕트수도회 소속 장크트 페테르 수도원 출신의 수도사들과 함께 설립했다. 기록에 따르면 그는 새 수도원에 금은 장식품과 책, 비단 제의, 성배, 그리고 성무일과에 필요한 모든 것들을 제공했다. 장크트 페테르 수도원에서 옮겨진 필사본들이 지금도 이곳에 보관되어 있다. 1100년대에 아드몬트 수도원은 필사실을 성공적으로 운영하면서 수많은 필사본을 제작했다. 또한 필사본 제작이 중단된 후에도 수세기에 걸쳐서 구입이나 기증을 통해 장서를 모았다.[69]

15세기에 아드몬트 수도원은 성모예배소 위에 서고를 짓고 수납장을 빼곡히 채워놓았다. 17세기에는 길이 34m의 도서관을 지어 역시 수납장을 비치했다. 그 후 장서 95,000권을 수용하기 위해 건축된 도서관들 중에는 장크트 플로리안 도서관을 설계한 하이베르거가 설계한 것도 있었는데, 이 건물은 지반이 가라앉으면서 버려졌다. 현재의 건물은 요제프 후에버(1716-1787년 추정)의 설계로 1764-76년에 세워졌다. 화가인 바르톨로메오 알토몬트(1694-1783)는 건물 착공 전에 도서관 천장화 의뢰를 받았지만, 계약서는 그의 나이 74세인 1774년에야 작성되었다. 2년 후에 그는 그림을 완성했다. 배경 채색은 요한 게오르그 달리헤르가 맡았고, 황동처럼 채색된 목조 조각상은 요제프 타도이스 슈탐멜이 만들었다.[70]

도서관 전체 공간에 주로 쓰인 색은 흰색과 금색이었다. 수도원장은 흰색 책장에 어울리게 책에 흰색 돼지가죽 표지를 입히라고 명령했다. 책장 면의 색감이 밝으니 보는 사람의 시선은 자연 바닥과 천장으로 쏠린다. 바닥에는 신기하게도 입체감이 느껴지는 무늬가 그려져 있고, 접시 모양의 천장 6군데와 중앙

SCRIPTURIS

왼쪽, 오른쪽
아드몬트 수도원 도서관
1776년, 오스트리아 아드몬트

도서관의 장식에 어울리게 하기 위해 원래 있던 장서들을 많은 경비를 들여 흰색 가죽 표지로 감쌌다. 갤러리(오른쪽)는 공간 전체에 연속해서 설치되어 있지 않다(중앙 돔에는 갤러리가 없다). 돔에서 가장 가까운 날개형 공간 네 모퉁이에는 기발한 구조의 비밀 문 뒤에 갤러리로 통하는 계단실이 있다(왼쪽).

의 돔형 천장에 천장화가 그려져 있다. 중앙의 돔형 천장 아래에는 성서와 사도시대 교부와 관련된 책들이 보관되어 있다. 중앙에 돔형 천장을 두고 돔을 지지하는 기둥 위에 아치를 얹은 전체적인 배치에서는 빈의 호프비블리오테크에서 영향이 분명히 느껴진다.

장식 디자인

기록에 따르면, 수도원장들은 전문기술자들과 건축가들에게 도서관 설계와 관련해서 약간의 결정권을 인정하면서도 장식에 더 큰 관심을 쏟는 게 일반적이었다. 수도원장이나 참사회장이 천장화에 넣고 싶은 전반적인 주제를 종이에 그려주면, 예술가들은 이것을 토대로 천장화를 구상했다. 다양한 형상들의 특징을 묘사할 때는 널리 쓰이는 상징화 표본서를 참조했는데, 체자레 리파의 《도상학*Iconologia*》(1593)이 가장 훌륭한 표본서로 꼽혔다.[71] 아드몬트가 채택한 주제는 18세기 수도원 도서관들이 채택하는 전형적인 주제였다.[72] 하느님의 지혜를 상징하는 성모 마리아가 핵심 주제였다. 성모는 구약성서와 신약성서를 상징하는 모세와 에클레시아(교회)를 양쪽에 거느리고 있다. 수도사가 공부를 하는 목적은 지혜를 얻는 데 있었다. 교회 내부에서는 수도사들이 공부를 해야 하는가를 두고 상당한 논쟁이 있었다. 이 논쟁에서 제기된 한 가지 중요한 주장은 지식은 독서를 통해 얻을 수 있지만 지혜는 오로지 신앙과 신의 계시를 통해서 발견되거나 드러날 수 있다는 것이었다. 15, 16세기에는 지혜는 지적 추구를 통해서 얻을 수 있다는 새로운 해석이 나타났다. 기존 지식에 대한 이런 식의 회의감이 한 가지 토대가 되었는지, 17세기에는 수도원장 아르망 장 르 부티예 드 랑시는 공부가 신앙심을 기르는 데 도움이 될 가능성을 부정하고 신앙인의 마음은 온전히 신앙에만 초점을 두고 있어야 한다고 주장했다. 반면 베네딕트수도회 수도사이자 학자였던 장 마비용은 지식이 수도사의 삶의 필수적 부분이며 교회를 지적으로 공격하는 적들에 대항하려면 반드시 갖추어야 하는 것이라고 주장했다. 이 논쟁이 계속 이어지면서 교회는 '인간의 지식'과 '하느님의 지혜'의 대치과정에서 신앙심을 더럽히는 일 없이 지적 활동을 수용할 수 있는 방법을 모색하게 되었다.[73]

아드몬트에서는 에클레시아 아래에 4명의 라틴어 문화권의 교부들이 앉아 있다. 이들은 십자가가 셋 달린 총대주교 지팡이를 든 한 인물이 루터주의자와 이단자를 상징하는 인물들을 몰아내는 모습을 지켜보고 있다. 가톨릭 교리의 전통은 돔의 가장자리에 있는 예언자 넷과 복음전도자 넷, 동방박사들의 형상으로 표현되어 있다. 여섯 개의 작은 돔들은 최근에 이루어진 지식 재정비에 따른 학부와 학과의 분류를 따라서 수도사의 생활에 특히 관계가 깊은 학과들을 가장 눈에 띄는 자리에 배치했다. 즉 가장 북쪽에 있는 돔에는 계몽을 상징하는 오로라가 있는데, 오로라 바로 아래에는 그녀가 내뿜는 빛을 받고 짜증을 내는 악덕과 무지, 태만이 있다. 반면에 어린 영혼의 형상은 문법과 수사학, 언어학의 도움을 받아 깨어나고 있다. 문법과 수사학은 중세에도 존재했던 3학과(학생들이 처음 배우는 3가지 주제) 중 하나였지만, 18세기에는 라틴어로만 된 문헌보다 본국어로 쓴 문헌이 크게 늘어나면서 언어학이 필수학과가 되었다.[74]

그 다음에 있는 돔은 역사를 상징하는데, 머큐리의 날개 달린 투구를 쓴 여성이 그려져 있다. 이 여성 머리 위에서는 아기 천사들이 책을 쏟아붓고 있으며, 옆에는 트럼펫과 월계관을 지닌 명성이 날면서 지나간다. 아래쪽에는 날개를 단 천재가 시간이 지탱하고 있는 커다란 책에 글을 쓰면서 푸토(putto)가 들어 보이는 초상화를 보고 있다. 이 돔 가장자리에는 역사의 보조 학과인 논리학과 지리학, 외교학, 문장학, 계보학, 유물학을 상징하는 형상이 있다.

나머지 네 개의 돔에는 교회법 및 시민법, 신학, 의학 및 자연과학, 순수예술 및 기예(mechanical art)가 비슷한 방식으로 표현되어 있다.[75] 한 번의 인생으로는 이 모든 것을 섭렵하기는

왼쪽, 오른쪽

스트라호프 수도원 철학 도서관

1797년, 체코 공화국 프라하

스트라호프 수도원의 신학 도서관(132~6쪽 참조)과 철학 도서관은 작은 안마당을 사이에 두고 서로 마주보고 있다. 책으로 채워진 짧은 복도가 이 두 방을 연결한다. 철학 도서관(오른쪽)은 말기 로코코 도서관의 모습이다. 이곳 책장들(왼쪽)은 다른 도서관에서 가져온 책장들을 새로운 도서관에 어울리도록 이그나츠 팔리아르디가 장식을 덧붙인 것이다. 프란츠 안톤 마울베르취가 그린 천장화는 천지창조부터 성서의 가르침을 통해 구원에 이르는 인간 계몽의 과정을 묘사하고 있다.

무리이며 모든 세속적 지식은 덧없는 것임을 웅변하듯, 중앙의 돔 아래에는 '마지막 네 가지 일', 즉 죽음, 심판, 천당, 지옥을 상징하는 조각상이 놓여 있다.[76]

로코코의 종말

계몽주의가 수도원 도서관에게 던진 도전은 지적인 분야를 넘어서서 정치적, 사회적 분야까지 퍼져나갔다. 유럽 전역의 국가에서 수도원의 권력과 재산을 부러운 눈으로 쳐다보던 통치자들은 수도원의 재산을 빼앗아 자기 금고를 채우기 위해 개혁사상을 구실로 내세웠다. 건축 사조 역시 변화했다. 고고학은 고대 건축에 대한 새로운 견해를 내놓았고, 이런 견해는 다시 새로운 건축 설계 방식을 제시했다. 프라하, 스트라호프 수도원의 철학 도서관은 로코코 양식 수도원 도서관들 가운데 후기 건물이다. 1780년대 무렵 스트라호프의 기존 도서관(132-6쪽)은 확장이 시급히 필요해졌다. 모라비아 남서부 즈노이모 근처 로우카에 있던 프레몬트레 수도원이 해체된 후에 거기서 가져온 책장들이 한몫을 했다. 1782-4년에 스트라호프는 도서관에 연결된 건물을 대대적으로 재건축하고, 1794-7년에 앞서의 책장들을 개조하여 설치했다.[77] 철학 도서관에 놓인 책장에 추가된 목조부는 화려한 금박장식이 되어 있어 로코코 양식임을 한눈에 알 수 있다. 로코코 양식 도서관들에서 흔히 볼 수 있듯이 계단은 여닫을 수 있게 만든 가짜 책장 뒤에 있는데, 이 책장들은 트롱플뢰유 기법을 사용해 진짜 책장처럼 보인다. 그러나 천장화의 테두리로 사용되던 조개껍질을 닮은 로카이유 석고장식을 사용하지 않고 배내기 장식 바로 위에서부터 은유적 천장화가 시작된다. 이런 점에서 이 책장이 놓인 철학 도서관은 로코코가 아니라 신고전주의 양식이다.

18세기 로코코 양식 도서관들은 아주 특별한 시대를 대표한다. 17세기에 가브리엘 노데(136-7쪽 참조)는 방문객이 정중앙에 서면 세상에 알려진 모든 책들이 책장에 꽂힌 것을 볼 수 있는 도서관을 만드는 게 꿈이었다. 18세기 말에 이 꿈은 환상이 되었다. 인쇄 기술이 나날이 발전해 책 출간 속도가 빨라졌기 때문에 아무리 큰 도서관을 지어도 출간된 책들을 전부 수용할 수 없게 된 것이다. 방 하나로 도서관을 만드는 시대는 끝이 나고, 건물 전체를 도서관으로 만드는 시대가 시작되었다. 그럼에도 화려하게 장식된 방이 모든 분야의 책들을 품어 안은 이미지는 도서관 디자인에 지속적으로 영향을 미쳤고, 그 결과물은 오늘날까지 우리 눈앞에 남아 있다.

68

철재 서고, 가스등, 카드식 목록

19세기의 도서관

19세기에 기계화의 진전으로 출간되는 책이 갈수록 늘어나자 도서관들은 대응책을 세워야 했다. 그러나 도서관의 크기와 도서 수용 능력에서만 변화가 일어난 것은 아니다. 건축 의뢰, 재정, 직원, 가구, 난방, 채광, 그리고 도서관 조직 및 건설과 관련해서도 새로운 방식이 출현했다. 무엇보다 큰 특징은 도서관의 수뿐만 아니라 도서관을 이용할 수 있는 열람자의 수가 크게 증가했다는 점이다. 이런 변화가 순간적으로 일어난 것은 아니다. 19세기 초 무렵에 도서관은 외관상으로는 17, 18세기 도서관들과 비슷했다. 18세기 도서관의 특징인 웅장한 홀 형태의 도서관은 계속해서 널리 채용되었다. 물론 이 홀 주변의 공간은 점점 더 커지고 점점 더 복잡해졌다.

19세기 도서관과 관련한 신화들이 꽤 있다. 19세기에 처음으로 부속기관이 아닌 독립기관으로서 도서관이 등장했다는 주장도 있고, 처음으로 공공도서관이 도입되었다는 주장도 있고, 처음으로 국립도서관이나 원형 도서관이 등장했다는 주장도 있다. 반면에 서고의 이용과 기술의 중요성, 진열 일람표의 배치 장소 등 도서관 디자인과 관련한 사항들은 널리 논의되지 않고 있다. 19세기에는 이런 분야에서 급속한 발전이 이루어졌다. 하지만 도서관들은 19세기에도 여전히 개인적인 후원에 크게 의존했다. 이 장의 논의는 공공도서관이 아니라 부유한 개인들이 세운 사립도서관에서 시작하는 것이 합리적일 것 같다.

18, 19세기 전원저택의 도서관

르네상스 시기에 메디치가 등의 가문이 시작한 개인 장서의 과시적인 전시는 18, 19세기에 부와 권력을 휘두르던 사람들의 궁전과 전원저택에서도 계속되었다. 이 시기에 영국에서는 귀족가문들이 엄청난 부를 축적하고 넓은 토지를 장악하여 거대한 전원주택을 지었다. 이들은 '애호가(dilettante)'를 자처하며 유럽 대륙 순회 여행길에 이탈리아에서 가져온 그림과 조각을 모아 놓고 자랑하길 즐겼다. 영국에서 내로라하는 집안에는 예외 없이 이런 수집품을 전시할 화랑은 물론이고 소장하고 있는 장서를 과시하기 위한 도서관이 갖춰져 있었다.[1] 영국 귀족으로 이루어진 어느 단체는 '책 수집광'이라고 자처하며 혁명을 겪은 프랑스 도서관들로부터 도서를 대량으로 사들였다. 스펜서 공작 2세인 조지 존(George John, 1758-1834)도 그 일원이었다. 스펜서가 사망할 무렵, 그의 도서관은 유럽에서도 아름답기로 손꼽히는 곳이었다. 그가 책 수집가들을 모아 만든 록스버러 클럽은 강한 영향력을 행사하는 배타적 집단으로 지금도 유지되고 있다. 스펜서의 장서는 최종적으로 맨체스터에 있는 존 라이랜즈 도서관으로 옮겨졌다. 그 밖에도 많은 개인 장서가들의 사후 기증이 영국박물관 도서관(나중에 영국 도서관이 된다)을 비롯한 공공도서관의 토대가 되었다.[2]

런던에서 북쪽으로 30km 거리에 있는 하트필드 주택은 대표적인 19세기 전원저택 도서관이다. 전원저택 도서관에는 보통 벽면에 책장이 세워져 있었고, 책장의 수는 거의 책의 수량에 따라 결정되었다. '도서관'이라고 하면서 장서가 빈약한 곳도 있었지만, 대부분의 도서관들은 바닥에서 천장까지 벽을 모두 책으로 덮으려고 노력했다. 높은 선반에 책을 넣고 뺄 때는 대개 발판사다리를 사용했다. 지구본, 가죽 안락의자, 가죽으로 마감한 책상 등 도서관에 어울린다고 여겨지는 다양한 분야의 비품들이 전시되었다.

18세기 후기와 19세기 초에는 규모가 큰 개인 도서관에서는 화랑 설치가 크게 늘어나 보편화되었다. 이런 특징들은 '집밖의 집'을 자처하며 런던 팰 맬과 세인트 제임스 스트리트에 자리 잡은 신사 클럽들의 도서관들로 퍼져나갔다. 애서니엄 클럽, 브룩스 클럽, 칼튼 클럽, 리폼 클럽이 그런 곳들이다.[3]

도서관 설비는 보통 본래 건물의 양식에 맞춰졌다. 스트로베리 힐 저택은 1749-76년에 호래스 월폴(1717-1797)을 위해 런던 남서부에 세워진 고딕복고주의 양식의 저택인데, 이곳의 도서관 책장은 고딕 양식으로 제작되었다.[4] 하트필드 저택은 엘리자베스 양식인데, 이곳에는 영국 전원저택 도서관 가운데 오랜 연륜(도서관 건축 연도 1607-11년)으로 손꼽히는 도서관이 있다.[5] 지금은 원래 있었던 벽난로와 천장에 어울리는 책장이 설치되어 있는데, 이것은 1835년 화재 후에 새로 들여놓은 것이다. 하트필드 저택에는 1870년대에 화랑이 추가되었다.

개인 도서관들이 전부 이처럼 웅장하지는 않았다. 프러시

조지 피바디 도서관
1866년, 미국 볼티모어

철재 서고와 가스등을 채용한 에드문드 린드의 걸작. 19세기에 건설된 도서관 중에서 손꼽히는 미관을 자랑한다.

아래, 오른쪽

하트필드 저택

1875년 추정, 영국 허트포드셔 하트필드

이 방은 1833년에 도서관으로 개조될 때 만들어진 것이지만, 지금과 같은 구조가 된 것은 1870년대에 갤러리를 추가하는 공사가 마무리된 뒤였다. 19세기 무렵에는 큰 개인 저택에는 내용이 알찬 도서관이 필수적이라고 여겨졌다. 도서관은 주로 아침에 머무는 장소로 여겨지거나 서재 겸용으로 쓰이기도 했다.

아 포츠담에 있는 프레데릭 대왕의 산수시 궁전(Sanssouci Palace) 도서관은 작은 타원형 방에 로코코 양식 수납장이 놓여 있고, 수납장 안에 든 장서량도 얼마 되지 않는다.[6] 미국 버지니아 몬티첼로에 있는 토마스 제퍼슨(1743-1826) 도서관도 당시 유럽 전원저택 도서관에 비해 규모가 작다. 하지만 도서관 규모가 크다고 해서 그곳의 장서가 중요하다고 말할 수는 없었다. 19세기에 전원저택을 신축했던 영국인들 가운데는 커다란 도서관을 장식하기 위한 용도로 책장 크기에 맞춰서 '자로 재가며 (by the yard)' 책 내용보다는 장정에 신경을 써서 책을 구입하는 사람들이 많았다.[7]

당시에 개인의 장서가 꾸준히 유지되었다고 하니, 정치적인 안정 역시 유지되었을 거라고 미루어 짐작하기 쉽다. 하지만 18세기 말과 19세기 초에는 세계 전역에서 정치적으로 큰 변화가 일어났다. 어느 나라에서나 교회와 군주, 그리고 정치 권력을 세습했던 사람들과 도서관 건립을 후원했던 사람들이 역경을 맞았다. 유럽 전역에서 수도원 해체가 진행되었고, 군

왼쪽, 아래, 오른쪽
버지니아 대학의 로툰다
1826년/1973년, 미국
버지니아 샬로츠빌

로툰다는 토마스 제퍼슨이 버지니아 대학을 신설할 때 구상한 핵심 건물로 설계되었다. 외관은 로마 판테이온을 모델로 삼았다(왼쪽). 주랑 현관으로 들어서면 현관실이 나온다(아래). 현관실에 인접한 세 개의 타원형 방은 강의실로 쓰였다. 출입문 좌우에 있는 계단은 도서관으로 이어진다(오른쪽). 이 인상적인 공간에는 목재와 석고를 재료로 한 돔 천장이 덮여 있다. 지금의 건물은 20세기에 재건축된 것이며, 소규모의 장서가 보관되어 있다. 원래의 건물에는 갤러리 벽면에 기대 선 책장과 방의 중앙에서 방사형으로 놓인 책장에 책들이 꽂혀 있었다.

주들은 의회와 민주적 기구로 점점 더 많은 권력을 넘겨주어야 했다. 정치 구조가 새롭게 바뀌면서 건축적 표현도 새롭게 바뀔 수밖에 없었다.

버지니아 대학 도서관

제퍼슨은 독립을 선언하고 4년 만에 버지니아 샬로츠빌에 대학을 신설할 계획을 짜기 시작했다. 그가 구상하는 대학은 종교와 무관하다는 점에서 새로운 유형의 대학이었다. 이전의 대학들은 하나같이 건물 핵심부에 종교적 건축물을 두는 게 특징이었다. 그런데 제퍼슨의 계획은 핵심부에 도서관을 두는 것이었다.[8] 교수들이 사는 주택들 사이에 낮은 건물을 배치하여 학생들을 수용하고 교수들이 자기 집 거실에서 학생들을 가르치게 할 계획이었다. 학생들과 교수들이 사는 곳을 나란히 배치한다는 발상 자체는 새로운 것이 아니라, 유럽의 종합대학들을 본뜬 것이었다. 특이한 점은 이 건물들을 넓은 잔디밭을 사이에 두고 서로 마주보게 두 줄로 배치한 것이다. 이 건물들 뒤로 더 많은 건물을 지어 식당 및 추가 시설로 사용했다.

제퍼슨은 잔디밭 맨 안쪽 건물 최상층에 대학 도서관 로툰다를 배치했다. 로툰다의 정면에는 로마 판테이온처럼 주랑과 박공벽을 채용한 웅장한 현관실이 있다. 도서관은 계단 위에 세워진 상부층 전체를 차지한다. 원래 이곳에서는 하부층과 갤러리 위에 책장을 방사형으로 배치하고 가운데 공간은 다른 목적으로 사용할 수 있도록 붙박이 가구를 두지 않았다. 방문객이 가장 먼저 놀라는 것은 수용할 수 있는 장서량이 얼마 되지 않았을 거라는 점이다. 최초의 장서는 충분히 수용했지만, 도서 소장량을 늘릴 수는 없었다. 원래의 건물은 1826년 10월에 완공되었다. 1851-3년에는 커다란 직사각형 부속건물이 뒤편에 추가되었다. 1895년에 화재가 나자 교수들은 로툰다를 지키기 위해 이 확장부를 폭파시키기로 결정했다. 하지만 건물 전체가 무너지고 말았다. 1896-8년에 맥킴 미애드 앤드 화이트 건축회사의 스탠포드 화이트가 재건축을 진행하여 인상적이면서도 훨씬 더 실용적인 돔형 도서관이 탄생했다. 이 도서관은 1939년까지 운영되다가 인근에 신축 도서관이 들어서면서 폐쇄되었다. 화이트의 도서관은 긴 논쟁 끝에 1973년에 철거되었고, 지금 그 자리에는 제퍼슨이 애초에 지었던 로툰다와 똑같은 형태의 건물이 세워져 있다.[9]

아래
브라질 국립도서관
1910년, 브라질 리우 데 자네이루

브라질 국립도서관(1905-10)의 옛날 사진. 1800년에서 1915년 사이에 유행했던 신고전주의 보자르 양식의 후기 건축물이다.

맨 아래
프랑스 국립도서관 설계도
1785년, 프랑스 파리

이 웅장한 설계도면은 에띠엥-루이 불레의 작품이다. 리슐리외 거리에 있는 왕립도서관(프랑스 혁명 이후에 국립도서관으로 이름이 바뀌었다)에는 제대로 된 열람실이 없었다. 불레는 안마당에 지붕을 덮은 거대한 공간 안에 책장들을 계단식으로 세우는 설계안을 만들었고, 비현실적이긴 하지만 후대의 도서관 디자인에 상당한 영향을 미쳤다.

신고전주의

제퍼슨의 버지니아 대학 도서관은 로마 판테이온을 모방한 신고전주의 양식이다. 앞 장에서 설명했던 로코코 양식의 도서관들을 제외하면 18세기 말기와 19세기 초기에 대부분의 나라들에서는 도서관 건축에 신고전주의 양식이 선호되었다. 고딕복고주의 양식 도서관들은 19세기 후반기에 지어졌지만, 1850년 이전에 지어진 것은 매우 드물다.

신고전주의는 로코코와 바로크에 대한 반발감에서 비롯했다. 더 캐고 들자면 그 뿌리는 과학과 학문으로서의 고고학이 시작되고 고대 유물에 대한 관심이 커져가던 17세기 말에서 시작된다. 그리스가 문호를 개방하고 외국 여행이 늘어난 덕분에 부자들은 처음으로 로마와 아테네의 골동품을 접하게 되었다. 요한 요하임 빙켈만을 비롯해서 18세기 저술가들은 그리스와 아테네 예술의 근본적인 차이를 강조하는 글을 썼다.[10] 바로크와 로코코는 건축의 정도에서 벗어난 것으로 여겨졌다. 마르크-앙토앙 로지에는 《건축 에세이*Essai sur l'architecture*》(1753)에서 구조적 합리주의에 기반한 건축으로 돌아가자고 주장했다.[11] 건축가들과 고고학자들은 아테네와 팔미라, 바알베크, 로마, 파에스툼, 폼페이의 유적을 실제로 측량하여 도면으로 만들어 출판했다.

신고전주의는 프랑스와 영국에서 시작되었지만, 곧 유럽 전역으로 퍼져나갔다. 개신교를 채택한 영국은 바로크 양식에 흥미를 보이긴 했지만 결코 완전히 받아들이지 않았고, 1720년 무렵에는 다시 팔라디오 건축으로 회귀했다. 바로크에서 신고전주의로의 과도기는 고고학적으로 정확히 확인된 장식을 사용하려는 욕구가 갈수록 강해지는 식으로 비교적 평이하게 지나갔다. 그러나 로코코의 출생지인 프랑스에서는 이 과도기가 뚜렷한 흔적을 남겼다. 클로드 페로(1613-1688)가 설계한 루브르 궁전 동측 전면부 건축에서 보이듯이, 이 시기의 건축에는 예외없이 바로크와 신고전주의 경향이 병존했다. 사료에 따르면 로마와 고대 그리스에서 도서관이 있었다고 하지만, 고고학적으로 고대 도서관의 유적으로 확인된 건축물은 단 한 점도 존재하지 않았기 때문에 신고전주의 건축가가 참고할 만한 물리적 원형은 전혀 없었다. 따라서 신고전주의 도서관은 고전적인 이념으로의 회귀를 기반으로 삼지 않았다. 오히려 고전주의 건축의 정확한 용법에 대한 최신의 이해를 기반으로 기존 도서관 형태에 약간 다른 옷을 입히는 방식이었다.

하지만 웅장한 18세기 신고전주의 도서관 계획들 중에는 설계도면으로만 살아남은 사례가 많다. 쟈크-제르맹 수플로의 루브르 궁전 도서관 계획과 로버트 애덤의 에든버러 대학 및 레지스터 하우스가 이런 예에 속한다. 주목할 만한 사례로는 에티엥-루이 불레(1728-1799)가 세운 국립도서관 계획이 있다.[12] 불

아래
판농할마 수도원 도서관
1832년, 헝가리 판농할마

이 도서관은 1, 2차 건축을 거쳐 완성되었다. 입구로 들어서면 천장과 한쪽 끝에 창이 나 있는 타원형 홀이 나온다. 이 방은 야노쉬 포츠크의 설계를 거쳐 2차 건축 때 지어졌다. 이곳에서 오른쪽에 있는 아치형 통로로 들어서면 반대편에 직사각형 홀이 있다.

레의 계획안은 규모가 너무 커서 당시의 기술로는 엄두도 낼 수 없는 것이었지만, 언젠가는 중요한 설계로 부상하게 될 것이다.

불레의 국립도서관

불레의 국립도서관 계획(당시로 따지면 왕립도서관)은 1785년에 완성되었다. 가장 인상적인 내부 전경 도면에는 길이 100m, 너비 30m(실제로 건축되었다면 당시로서는 세계 최대의 실내 공간이 되었을 것이다)의 공간에 거대한 반원통형 천장이 덮여 있다. 양 끝 벽에 (라파엘의 프레스코 천장화인 〈아테네 학당〉에 묘사된 아치에 근거를 둔) 커다란 반원형 창이 하나씩 나 있고, 천장에 긴 직사각형 꼴로 커다란 창이 나 있다.[13] 불레의 도면에는 중앙 공간에서 책을 보고 있는 열람자들의 모습이 보인다. 중앙 공간과 서가를 가르는 철재 난간 너머에는 사서들이 계단식으로 배치된 책장에서 책을 꺼내고 있다. 이런 배치가 실현되지 않은 데는 여러 가지 이유가 있었다. 무엇보다 이런 배치는 엄청난 공간 낭비였다. 하지만 불레가 설계한 도서관은 건축가들에게는 이상적인 계획안으로 자리 잡았고, 그 후 건축가들은 불레의 구상을 반복해서 모방했다.

불레는 이 계획안의 실현 가능성을 따지지 않았다. 그의 도서관은 도서 천만 권을 수용할 계획으로 입안되었지만, 실제 건축을 고려한 본격적인 디자인은 아니었다. 이 계획안은 18세기 말에 도서관을 설계하는 사람들이 누구나 부딪히는 문제를 그림으로 표현한 것이었다. 그것은 바로 갈수록 빠른 속도로 출간되어 계속 늘어나는 책들을 수용할 방법을 찾는 것이었다. 독일을 비롯해서 몇몇 나라에서는 이미 안마당 형태의 열람실 주위에 작은 도서자료실을 배치하여 열람자와 장서를 분리시키는 새로운 유형의 도서관이 등장하고 있었다.[14] 그러나 장기적인 관점에서는 이런 배치는 하나의 커다란 공간으로 구성된 도서관에 비해 건축학적으로 큰 영향력을 발휘할 수 없었고, 커다란 공간으로 구성된 도서관의 건축은 계속해서 이어졌다. 이런 특징을 설명하는 데 도움이 될 만한 곳으로는 헝가리의 판농할마 수도원 도서관과 파리의 국회의사당 도서관, 케임브리지 대학의 신축 도서관, 헬싱키의 핀란드 국립도서관을 들 수 있다.

판농할마 수도원 도서관

베네딕트회 수도원은 996년에 헝가리 북서부 판농할마에 건립

판농할마 수도원 도서관
1832년, 헝가리 판농할마

도서관의 직사각형 홀. 1820년대에 요제프 페렌츠 엥겔의 설계를 거쳐 1차 건축 때 지어졌다. 사진에 정문이 보인다. 도서관은 2단으로 이루어져 있다. 1단 좌우에는 열람실 또는 연구실로 통하는 문이 있다. 2단을 이루는 갤러리에는 책장이 늘어서 있고 더 많은 방으로 통하는 문이 있다.

되었다. 교회 건물은 13세기에 지어졌고, 나머지 건물은 18세기에 대대적으로 재건축되었다. 도서관은 1820년대에 요제프 페렌츠 엥겔(1819-1833년에 주로 활약했다)이 설계하고 야노스 파크(1796-1830)가 완성한 추가 증축부의 일부다. 그림장식은 빈의 예술가 요세프 클리에베르(1773-1850)가 맡았다.[15] 도서관은 기존 건물 옆에 증축한 건물인데, 교회를 사이에 두고 마주보는 비슷한 건물과 조화를 이루도록 설계되었다.

판농할마 도서관은 돔형 천장을 얹은 입구 현관실과 커다란 직사각형 방으로 구성되어 있다. 처음에 세워진 직사각형 공간은 반원통형 천장을 얹은 단순한 공간이다. 반원통형 형태를 온전하게 유지하는 천장은 신고전주의 도서관들이 흔히 채택하던 형태였다. 하지만 이 도서관의 천장은 반원보다는 타원에 가깝다. 가장 눈에 뜨이는 특징은 갤러리다. 갤러리를 지지하는 코린트 양식의 대리석 기둥은 기둥머리 부분이 금빛으로 장식되어 있고, 기둥 위에 놓인 수평부는 분홍과 하늘색 인조대리석이다. 갤러리 난간은 수평부와는 달리 목재로 되어 있어서 갤러리가 상부에 통로를 둔 실외 주랑처럼 보인다. 합판으로 된 책장은 화려한 장식이 된 채 벽면을 덮고 있지만, 가구로 보일 뿐 건축 요소로 보이지 않는다. 전체적으로 조화를 이루는 이 공간은 웅장한 건축 예술품으로 평가된다. 이 예술품의 구상은 한 사람의 머리, 바로 건축가의 머리에서 나온 것이다.

건축가와 건축 교육

이 시기의 도서관을 이해하는 데 있어 결정적인 열쇠는 건축가다. 건축가는 건축물 설계에서 가장 중요한 역할을 맡았다. 건축업의 발전은 나라에 따라 다른 속도로 진행되었다. 프랑스에서는 루이 14세의 재정 각료 장-뱁티스트 콜베르가 독자적인 건축업을 확립하여 길드의 권력을 축소시키려는 계획하에 1671년에 왕립 건축 아카데미를 설립했다. 이 기구는 프랑스 대혁명 이후 에콜 드 보자르로 전환되었고, 프랑스 이외의 지역에서도 건축업에 대한 인식 변화를 불러왔다.[16] 유럽의 다른 지역에서는 대부분의 건축가들이 건축 현장에서 자리를 잡은 건축가들의 도제나 견습생으로 일하면서 현장에서 건축을 배웠다. 특정 분야의 기술자 출신 건축가도 일부 있었지만, 19세기에는 이런 경우는 점점 줄어들었고, 건축가는 대개 신흥 중간층에서 나왔다. 여력이 닿는 이들은 건축의 '기원지'인 로마에 가서 건축을

QUINTILIAN.
ARCHIMEDES.
AUGUSTUS.
LIVIUS.
VIRGIL.
HORAZ.
HERODOT.
HIPPOKRATES.

배웠다. 나폴레옹의 군대가 포진하면서 이탈리아로 가는 게 어려워지자, 이들은 로마를 포기하고 그리스로 갔다. 하지만 이들의 주된 관심은 늘 로마에 있었고, 로마의 르네상스 건축물은 고대 건축물만큼이나 큰 영향을 미쳤다. 이들은 르네상스 건축물의 설계는 물론이고 세부에 고전주의를 채택하는 방식까지 모방했다. 19세기에는 건축업의 위상이 높아졌고, 건축가들이 건물을 지을 때 외관과 내부에 대한 완전한 지휘권을 행사하는 것이 갈수록 당연시되었다. 하지만 19세기 초에는 건축가의 역할이 여전히 모호한 상태였다. 이것은 프랑스 국회의사당에서 뚜렷이 드러난다.

프랑스 국회의사당

프랑스 국회가 사용하는 이 건물은 애초에 부르봉 궁전이었다. 부르봉 궁전은 루이 14세가 몽테스팡 후작부인과의 사이에 얻은 딸(루이-프랑소와즈 부르봉 공작부인)을 위해 지어졌다. 이 궁전은 이탈리아 건축가 로렌초 지아르디니가 설계했고(1724년경), 1765년에 자끄-제르맹 수플로(1713-1780)가 공작부인의 손자를 위해서 증축했다. 프랑스 혁명 때 몰수되어, 1798년부터 5백인회가 사용했다. 나폴레옹이 건축가 베르나르 포예(1742-1824)에게 의뢰해 센 강 방향으로 웅장한 주랑 현관을 추가했다. 부르봉 왕정복고 이후에는 국민회의가 들어서면서 건축가 쥘 드 졸리(1788-1865)에게 의뢰하여 새로운 용도에 적합하도록 대대적인 개수공사가 진행했는데, 이때 도서관이 건립되었다.[17] 1848년 프랑스 2월 혁명 이후에 국회가 이 건물의 주인이 되었다.

졸리가 도서관을 설계하면서 직면한 특별한 문제는 채광이었다. 도서관으로 쓰일 방이 다른 건물에 완전히 둘러싸여 있어서 빛을 끌어들일 수 있는 방법은 천장 가까이에 반달 모양 창을 내는 것뿐이었다. 그 후로 창의 절반을 막아두어서 처음 건축 당시보다 훨씬 더 어두워졌다. 천장은 높이가 낮은 접시 모양의 돔 다섯 개와 양쪽 끝에 하나씩 올린 반구형 돔으로 되어 있고, 원래는 천장에 숨겨진 창으로 채광이 되었다. 이 돔들은 양쪽으로 늘어선 6개의 버팀벽으로 지지된다. 이 버팀벽의 상단부에는 갤러리가 걸쳐 있고 하단부에는 책장이 에워싸고 있어서, 진열대 도서관과 벽 시스템 도서관이 특이하게 혼합된 모습이다. 특히 돋보이는 것은 도서관에서는 보기 드문 난로와 가스등이다. 방 중앙에 난로를 설치하기 위해서 불을 땔 때 나오는 연기를 빼낼 수 있도록 굴뚝을 바닥에서 지붕까지 숨겨야 했다. 가스등은 완공 당시인 1830년대에는 상당히 희귀했다. 파리에서는 가스 가로등이 1820년에 처음 등장했지만, 가스등은 1850년대에 이르러서야 보편화되기 시작했다. 가스등은 다른 조명장치에 비해 비용이 75퍼센트나 적게 들었고 더 안전했다.[18] 가스등의 등장은 도서관의 야간 운영을 가능하게 했다는 점에서 도서관 설계에서 중요한 전환점을 제공했다. 그 이전까지는 도서관 설계에서는 큰 창이 필수적이었지만, 가스등의 도입을 계기로 도서관의 인공조명 의존도는 점점 높아졌다.

그러나 기술적 혁신을 채택한 건축 공간으로서 프랑스 국회의사당 도서관이 지닌 중요성을 완전히 압도하는 것이 따로 있다. 그것은 건축가가 전혀 개입하지 않았던 천장 장식이었다. 이곳의 천장화는 프랑스 낭만주의 예술가 외젠 들라크루와(1798-1863)가 1838년에서 1847년까지 오랜 시간을 들여 완성한 것이다. 계속되는 구조 변경 때문에 책장들은 균형 잡힌 비례에서 멀어져버렸고, 훤히 뚫려 있던 중앙 공간에 지금은 탁자들이 빼곡히 놓여 있지만, 들라크루와의 천장화만은 완벽하게 복원되어 있다. 들라크루와는 천장화의 주제 선택에서 재량권을 인정받았다. 5개의 돔에는 시와 신학, 법학, 철학, 과학을 상징하는 그림이 있다. 돔을 지지하는 기둥 바로 위 세모 꼴 벽면에는 고대의 유명한 인물들이 그려져 있고, 양 끝의 돔에는 전쟁의 혼돈(훈족의 아틸라를 비롯한 야만족)과 낙원의 평화(오르페우스가 그리스인들에게 예술을 가르치는 평화로운 정경)이 그려져 있다.[19]

콕커렐의 케임브리지 대학 도서관과 설계경기의 등장

19세기 이전까지는 건축가와 각종 기술자를 비롯해서 도서관을 설계할 사람들은 일반적으로 주교나 수도원장, 왕족, 귀족 같은 개인들에 의해서 선발되었다. 19세기에는 평의회나 의회를 비롯한 법인이 재정을 공급하는 도서관들이 나타났다. 말하자면 법인이 도서관 건축을 의뢰하는 주체로 부상했다. 법인의 성원들은 각자 건축가에 대한 선호가 다르거나, 뇌물에 흔들리는 경우도 있을 수 있었다. 결국 경쟁을 통한 선발이 점점 늘어났다. 공모 참가자들은 심사위원들이 참가자의 신원을 알아채지 못하도록 응모작을 부호나 기호를 표시하여 제출해야 했다. 설계경기는 가장 효율적인 건축가 선발 방식이라고 여겨졌지만, 여러

프랑스 국회의사당 도서관
1830-47년, 프랑스 파리
이 도서관은 쥘 드 졸리가 설계했고, 길이 42m, 높이 10m의 거대한 홀이다. 홀 중앙에는 돔 천장을 얹은 5개의 구획이 있고, 양 끝에 반구형 돔을 얹은 작은 구획이 있다. 이 도서관은 기존 건물의 한가운데에 지어졌기 때문에 양쪽에 난 반원형 창문과 반구형 돔에 난 창으로만 채광이 된다. 이 방은 1838년에야 완공되어 장식이 시작되었다.

NUMA ET EGERIE
ORPHEE VIENT POLICER LES GRECS ENCORE SAUVAGES ET LEUR

NUMA
ET
EGERIE.

왼쪽, 오른쪽

프랑스 국회의사당 도서관

1830-47년, 프랑스 파리

외젠 들라크루와가 1838년에 의뢰를 받아 그린 이 천장화는 도서관 천장화 가운데 손꼽히는 작품이다. 이 천장화 제작에는 9년이 걸렸다. 그는 천장화 디자인에 대한 자유재량권을 인정받았다. 이 사진(왼쪽)에 보이는 천장화에는 로마의 2대 황제 누마 폼필리우스와 그의 배우자로서 신을 대신하여 지혜와 법률을 가르친 요정 에게리아가 그려져 있다. 갤러리는 반구형 돔 천장을 얹은 방의 끝쪽(오른쪽)까지 이어져 있는데, 이곳에도 들라크루와의 화려한 천장화가 있다.

위, 위 왼쪽, 오른쪽

케임브리지 대학 도서관

1842년, 영국 케임브리지

19세기에 이르자 케임브리지 대학 도서관으로 쓰이던 방들은 도서관 기능을 제대로 감당할 수 없게 되었다. 여러 차례의 설계경기를 거쳐 콕커렐의 설계안이 채택되었다. 2층에 지어진 도서관은 반원통형 천장을 얹은 긴 직사각형 꼴(오른쪽)이며, 아치형 벽에 난 창 너머로 세닛 하우스가 내려다보인다. 갤러리가 여러 개의 버팀벽을 관통하고 있는 구조는 졸리의 프랑스 국회의사당에서 착안한 것이다(위). 이오니아 양식의 기둥머리 장식(위 왼쪽)은 콕커렐이 유럽 순회 여행 때 방문한 바사에에 있는 아폴로 에피큐리우스 신전에서 차용해온 것이다. 이 건물은 지금은 곤빌 앤 카이우스 칼리지 도서관으로 쓰인다.

가지 단점도 가지고 있었다.

케임브리지 대학은 1829년에 킹스 칼리지 채플과 세닛 하우스, 그레이트 세인트 메리 교회 인근 학교 중심부에 들어설 새 건물을 위해 설계경기를 열기로 결정했다. 이 건축 계획이 세워진 것은 킹스 칼리지가 케임브리지 대학 도서관과 대학본부에 인접한 올드 코트를 케임브리지 대학에 매각하는 데 동의한 뒤부터였다.[20] 당시 설계경기 요강에는 건물 1층에는 지질학, 광물학, 식물학, 동물학 분야의 박물관과 신학, 법학, 의학, 예술 분야의 강의실, 잭슨 기금을 받는 자연철학 교수를 위한 모형실, 기자재실, 대학 직원과 사서가 업무를 보는 사무실을 배치하고, 2층은 대학 도서관 전용 공간으로 설계하라고 명시되어 있었다. 설계경기는 참가자를 제한한 형태로 진행되어, 유명한 건축가 네 명(찰스 콕커렐, 데시무스 버튼, 윌리암 윌킨스, 릭맨 앤드 허친슨)만 참가했다. 설계안 제출은 11월 25일에 마감되었고, 콕커렐(1788-1863)이 당선되었다.

그러나 이 설계를 뒷받침할 재원을 마련하는 데 심각한 문제가 있으리라는 점이 드러났고, 결국 부지 뒤쪽에 단순한 건물을 짓기로 하고 2차 설계경기가 진행되었다. 이번에는 콕커렐이 절차상의 이유로 배제된 상태에서 릭맨 앤드 허친슨이 당선되었다. 논란이 이어지면서 응모작에 대한 최종 승인은 보류되었다. 결국 1836년에 원래 부지의 북쪽 일부만 사용하고 건물 크기를 더 줄인다는 전제 하에 3차 설계경기가 열렸다. 콕커렐의 계획안이 당선되었고 최종 승인이 떨어졌다. 건축은 1837년 9월에 시작되어 1842년에 완공되었다.[21]

확정된 예산과 구체적인 설계요강을 제시하지 않고 경쟁을 통해 설계안을 선발하는 과정에서 여러 가지 매혹적이고 훌륭한 설계안이 나오긴 했지만 상당히 많은 시간과 경비가 낭비되었다. 케임브리지 대학은 그나마 참가자를 제한한 형태로 설계경기를 진행한 덕분에, 무명의 설계경기에서 당선자가 가려진 뒤에야 그 당선자가 건축 경험도 능력이 없다는 걸 확인하게 되는 문제점을 피할 수 있었다. 심사위원들을 매혹시키는 설계안을 만드는 것과 기간과 예산에 맞춰서 건설 현장에서 큰 건물의 건설을 감독하는 것은 전혀 다른 차원의 능력을 요구한다. 하지만 이런 경쟁이 이어지면 현실에 이루어질 수도 있는 매혹적인 계획안들이 나온다. 만일 1차 경쟁에서 당선된 콕커렐의 계획이 실행에 옮겨졌다면 참으로 볼만한 건물이 탄생했을 것이다. 안마당을 사방에서 에워싼 네 개의 홀에는 상단에 천창이 길게 난 반원통형 천장이 솟아 있고, 각각의 홀을 잇는 네 모퉁이의 방에는 돔형 천장이 솟아 있는 모습이었을 것이다. 이 홀들 중 한 곳의 모습이 어땠는지는 콕커렐의 최종안에 따라 지어진 건

핀란드 국립도서관
1840-5년, 핀란드 헬싱키

이 건물은 칼 루드비히 엥겔이 헬싱키 대학의 도서관으로 설계했고, 2006년에 핀란드 국립도서관으로 개명되었다. 이 건물은 대칭 구조로 되어 있다. 남관(왼쪽)과 북관이 돔형 천장을 채택한 쿠폴라 홀(다음면 참조)을 사이에 두고 대칭을 이룬다. 반원형 확장부인 로툰다는 1902-7년에 증축된 것이다(233쪽 참조). 남관과 북관의 갤러리는 특히 흥미로운 구조다. 1단 갤러리는 기둥의 중앙부를 의지하고 있고, 열람자 키 높이에 코린트식 기둥머리 장식이 되어 있다. 2단 갤러리는 기둥 위에 가로놓인 수평부 뒤에 있고, 이 수평부는 갤러리에 놓인 낮은 책장을 가리면서 동시에 난간 역할을 한다. 이 엔타블러처 뒤에는 낮은 책장이 숨겨져 있다. 원래는 남관과 북관의 중앙 공간에는 그리스와 로마 양식의 석고상만이 놓여 있었다.

물 1층(천장에 둥근 창 하나가 빠져 있긴 하지만)에서 어렴풋이 맛볼 수 있다.[22]

콕커렐의 도서관은 긴 반원통형 천장을 얹은 공간에 양쪽 끝에 현관실이 있다. 이 건물의 구조는 졸리의 국회의사당과 놀라울 정도로 비슷하다(콕커렐이 어느 도면에 두 건물을 나란히 그려놓은 것을 보면 두 건물의 유사성을 알고 있었을 것이다). 커다란 직사각형 버팀벽이 외벽과 직각을 이루며 서서 천장을 지지하면서 동시에 공간을 분할하고, 책장들이 버팀벽에 등지고 서서 진열대 도서관과 비슷한 구획을 이루고 있다.[23] 갤러리는 버팀벽들에 난 개구부를 통해 연결되어 있다. 갤러리는 중앙 공간을 내려다보는 위치에 책상을 놓아둘 만큼 폭이 넓다. 도서관 하부의 책장으로 둘러싸인 공간은 열람자가 집중할 수 있는 환경을 제공한다. 콕커렐의 독창적인 설계의 강점은 갤러리에서 내려다볼 때 분명하게 드러난다. 그것은 바로 웅장한 홀에 책들이 빼곡히 들어차 있는데도 빛이 잘 드는 공간이라는 점이다.

이 도서관은 긴 반원통형 천장을 얹은 홀에 갤러리를 설치하고 양 측면에 알코브들을 2개 층에 걸쳐서 설치했다. 당시로서는 새로운 유형이었다. 이런 유형은 프랑스 국회의사당과 케임브리지 대학 도서관뿐만 아니라, 1827년에 윌리엄 플레이페어가 설계한 에든버러 대학 도서관, 고딕 양식의 외관을 가진 하버드 대학 고어 홀(1837-41), 딘 앤드 우드워드가 개조한 더블린의 트리니티 칼리지 도서관(1857-61)에서 확인된다.[24] 이런 배치는 당시 독일에서 출간된 L.-A.-C. 헤세의 《도서관학*Bibliothéconomie*》(1839)과 J. A. F. 슈미트의 《도서관, 서적, 서지학 편람*Handbuch der Bibliothekwissenschaft, der Literaturund Bücherkunde*》(1840)에서도 옹호를 받았다.[25] 누가 이 유형을 창안했는가는 분명하지 않다. 여러 건축가들이 비슷한 시기에 고전주의 건축과 도서관의 선례들을 연구하면서 동일한 문제를 풀기 위해 노력하던 중에 고안해낸 것일지도 모른다.[26] 어쨌든 이것은 19세기와 20세기 초까지 유지되었던 독특한 유형이다.

핀란드 국립도서관과 보자르 양식

신고전주의 건축의 특징 중 하나가 엄격한 대칭 설계이다. 파리 이공과대학 건축학 교수였던 장 루이 뒤랑의 강의와 프랑스 국립미술학교인 에콜 드 보자르는 파리에서 대칭 구조의 건축을 전파하는 데 큰 영향을 미쳤다. 이런 배치는 유능한 건축가들에게는 막강한 힘을 발휘할 수 있는 설계 도구였지만, 숙련되지 않은 이들의 손을 거치는 경우엔 유용한 공간보다 동선 공간이 더 많아졌다. 대칭 구조 방식은 건축 내부 공간 디자인을 넘어서서 광장과 도시 구역 전체를 위한 디자인으로까지 확산되었다.[27]

핀란드 대학 도서관(지금의 핀란드 국립도서관)은 독일 건축가 칼 루드비히 엥겔(1778-1840)이 대칭 구조를 채택하여 설계한 신고전주의적 계획안의 결과물이었다. 이곳은 헬싱키 세닛 스퀘어의 일부로 설계되었다. 전형적인 도시형 광장인 세닛 스퀘어의 북쪽에는 엥겔이 설계한 세인트 니콜라스 교회(지금의 헬싱키 성당)가 웅장한 모습으로 서 있고, 동쪽에는 역시 엥겔의 설계로 1832년에 완공된 헬싱키 대학 건물이, 서쪽에는 엥겔이 같은 전면부를 채택하여 1822년에 완공한 정부 청사가 서 있다. 엥겔에게 이 구역 전체의 설계를 맡긴 것은 핀란드의 수도에 새로운 상트페테르부르크를 건설하길 원했던 러시아 황제 알렉산더 1세(1777-1825) 구상의 일환이었다. 당시 핀란드는 러시아 황제를 통치를 받는 자치공국이었다.[28]

도서관은 헬싱키 대학 건물 옆에 들어섰다. 엥겔은 러시아 황제 니콜라스 1세(1796-1855)에게 계획안 세 개를 제출하여 하나를 승인받았다. 성당 서쪽 면을 마주보는 도서관의 정면에는 중앙부에 개선문 양식을 본떠 장식벽을 이고 있는 웅장한 현관실이 있다. 현관실 내부 양쪽에는 옷 보관소(핀란드 겨울 날씨엔 꼭 필요하다)가 있고, 큰 문으로 들어서면 돔형 천장이 솟아 있는 도서관 중앙홀이 펼쳐진다. 중앙홀 양쪽으로 남관과 북관이 있다. 빈의 호프비블리오테크와 마찬가지로, 핀란드 대학 도서관 역시 고전주의 양식 기둥을 채택해 공간이 실제보다 커 보인다. 코린트식 기둥이 2단으로 된 갤러리를 지탱한다. 1단의 갤러리는 기둥 중간 높이에, 2단의 갤러리는 기둥 위에 설치되어 있으며, 기둥 위에 놓인 수평부는 2단 갤러리의 난간을 이루고 아래로는 책장이 세워져 있다. 천장은 격자 모양으로 구획되어 화려한 나뭇잎 금박장식이 그려져 있을 뿐, 인물 장식은 거의 없다. 이 도서관은 원래는 천장화 대신에 고전적인 조각상을 전시했다. 지금 이 공간에 빽빽이 들어차 있는 진열장과 탁자들은 개관 당시에는 없었고, 건물 곳곳의 중요 지점에 조각상들이 세워져 있었다.

이 도서관의 설계를 맡았던 엥겔은 프랑스에서는 교육을 받

왼쪽
핀란드 국립도서관
1840-5년, 핀란드 헬싱키

중앙홀의 모습. 열람자는 이곳을 거쳐서 남관이나 북관(앞면 참조), 혹은 로툰다(233쪽 참조)로 들어간다. 로툰다의 갤러리는 중앙홀의 갤러리와 직접 연결되어 있고 로툰다 안에는 갤러리로 바로 올라갈 수 있는 계단이 없다.

지 않았고, 독일의 프러시아 예술아카데미에서 공부했다. 당시에는 유럽 전역에서 고전주의의 대칭 개념이 미의 근본이라는 생각이 지배적이었다. 그런데 한 가지 문제가 있었다. 문제는 대칭 그 자체가 아니라 대칭이 보자르 양식 설계에서 사용되었던 방식에 있다.[29] 당시에는 설계도면을 실제로 세워질 건물의 묘사가 아니라, 그 자체를 예술작품으로, 종이 위에 그려진 추상적인 그림으로 생각하는 경향이 있었다. 현실에서는 건물 안에서 내가 서 있는 방과 그 반대편에 위치한 방이 똑같은 비례를 이루지 않아도 아무 상관이 없다. 렌이 건축물을 통해 보여주었듯이, 우리는 건물의 양쪽 끝을 동시에 볼 수도 없다. 하지만 도면 위에서는 비대칭이 잘못된 것처럼 보일 수 있다. 건물에 같은 기능의 방을 두 개씩 배치하는 경우는 드물다. 집에 부엌이 두 개나 있을 필요가 없고 도서관에 똑같은 기능을 하는 방이 두 개씩 있을 필요도 없다. 보자르 양식 설계 때문에 사서들은 현실적인 효율성보다는 도면상의 미관만을 고려하여 비실용적으로 배치된 공간에서 일을 해야 하는 경우가 적지 않았다. 대칭 설계 방식의 횡포였다. 훌륭한 설계자는 대칭을 언제 어떻게 무너뜨려야 하는지를 알았지만, 실력 없는 설계자는 그걸 알지 못했다.

철과 생트 쥬느비에브 도서관

에콜 드 보자르와 설계경기 제도가 특정한 공간 구성 방식에 영향을 미쳤다고 본다 해도, 그 방식이 건축 양식에 대한 일관된 태도를 반영하고 있다고 보는 것은 올바른 해석이 아니다. 19세기 내내 건축가들은 시대의 규범을 제대로 표현할 수 있는 적합한 건축 양식을 개발하는 문제를 두고 논의를 거듭했다. 1836년에 영국에서 아우구스투스 퓨진(1812-1852)의 저서《대비*Contrasts*》가 출판되면서 고딕 양식에 대한 관심이 되살아났다. 사실 영국 건축에서는 고딕 양식이 완전히 모습을 감춘 적이 없었다. 베를린에서는 칼 프리드리히 쉉켈(1781-1841)이 초기 작품에서 보여준 고전주의에 등을 돌리고 벽돌조 로마네스크 양식으로 돌아섰다. 에콜 드 보자르에서 일어난 반발도 건축가 헨리 라브루스트가 이끈 신그리스 양식으로 나타났다. 이름과는 달리 신그리스 양식이 지향한 것은 그리스 건축으로 회귀하되 새롭고 자유로운 건축의 파를란테(architecture parlante,

아래
생트 쥬느비에브 도서관
1850년, 프랑스 파리

앙리 라브루스트가 설계한 도서관의 현관실. 벽면에 나무 그림이 그려져 있어 정원을 지나가는 느낌을 준다. 지금은 전기 조명을 쓰고 있지만, 원래 쓰던 가스등이 그대로 남아 있다. 천장의 철재 아치는 2층 열람실의 모습을 어렴풋이 암시한다. 계단은 아치형 통로 좌우로 이어진다.

생트 쥬느비에브 도서관
1850년, 프랑스 파리

이 도서관은 길이 83.5m, 너비 21m에 16개의 철재 기둥이 유명한 철재 지붕을 받치고 있다. 탁자는 후대에 놓여졌다. 원래는 기둥 사이에 책장이 놓여 있고, 탁자가 두 줄로 길게 늘어서 있었다. 갤러리는 계단식이어서 갤러리 밑에 통로가 있고, 건물 전면부에 난 작은 창으로 빛이 드는 이 통로에도 책장이 놓여 있다.

파를란테는 '이야기하듯이'를 뜻하는 음악 용어), 즉 건축의 목적이나 기능을 뚜렷이 보여주는 '이야기하는' 건축을 하자는 것이었다. 신그리스 양식을 논의할 때 빼놓을 수 없는 곳이 19세기 도서관 가운데서도 특히 명성이 자자한 라브루스트의 생트 쥬느비에브 도서관이다.[30]

1880년 무렵 생트 쥬느비에브 도서관(136쪽 참조)은 원래 있던 자리에서는 감당하지 못할 만큼 장서 규모가 늘자 판테이온 뒤편 앙리 4세 고등학교 위층으로 이전한 상태였다. 라브루스트가 의뢰받은 도서관 신축 부지는 판테이온 북쪽, 길이 86m에 너비는 29m에 지나지 않는 공간이었다. 라브루스트는 애초에 이 부지에 광장과 도서관을 분리시키기 위해 정원이 딸린 앞마당을 만들 생각이었다. 그러나 그는 부지의 제약 때문에 부지 전체에 건물 하나만을 세워야 했다. 하지만 그는 정원에 대한 구상을 완전히 버리지는 않았다. 그는 현관실을 나무와 관목이 정원 담장 위로 솟구치는 듯한 모습의 벽화로 장식해 이 구상을 실현했다.[31]

라브루스트가 이 도서관에 철을 사용한 것은 전통적인 석조 건물에 반발한 합리주의적 선택의 결과가 아니었다. 철은 1840년대 건축에 흔히 생각하는 것보다 흔히 쓰였다.[32] 당시는 유럽 전역에 철로가 뻗어나가고 철재 지붕을 얹은 기차역이 건설되던 시대였다. 또한 가스등의 시대였다. 이 도서관에 철을 사용한 것은 라브루스트가 원했던 것이 아니라, 도서관 조명으로 가스를 사용할 예정이었고, 설계요강에는 애초부터 화재방지를 위해서 철을 사용하라는 단서가 붙어 있었다. 철을 사용한 라브루스트의 도서관은 그의 구상에서 나온 것이 아닐 뿐 아니라, 최초로 철을 사용한 도서관도 아니었다. 이 도서관을 최초로 가스조명과 서고를 채택한 도서관이라고 보는 의견이 있긴 하지만, 이곳은 최초로 가스조명을 채택한 건물이 아닐 뿐 아니라, 최초로 서고(서고는 18세기 중반 이후로 이미 사용되고 있었다)를 채택한 도서관도 아니었다.[33] 이 도서관의 독창성은 이미 쓰이고 있던 이런 요소들을 전통적인 형태 안에 숨기지 않고 오히려 그것을 결합하고 두드러지게 표현한 데 있다.

생트 쥬느비에브 도서관은 1층 전체가 높은 책장들을 층층이 쌓아놓고 사다리를 사용하는 서고로 꾸며졌다. 이 서고는 오래 전에 강철 서고로 대체되었다. 서고에서 계단을 올라가면 열람 공간이 나온다. 가스등을 사용할 예정이었기 때문에 라브루스트

생트 쥬느비에브 도서관
1850년, 프랑스 파리
아름다운 조각이 장식된 열람실 철재 기둥의 대좌. 벽면 상단에 난 큰 창으로 아침 햇살이 들어와 조각에 그림자를 드리우고 있다.

는 1층 창문의 크기를 줄여도 되겠다고 생각했다. 현관실은 특히 어두워서 저물녘에 가로등 불빛이 은은히 빛나는 정원을 거니는 듯한 느낌을 준다. 철재 들보를 받치고 있는 사각 기둥은 덩굴이 타고 올라가는 아치형 구조물을 연상시킨다. 현관실에서 이어지는 계단실은 높은 곳에 난 창 덕분에 훨씬 밝아져서 방문객에게 갈 길을 안내하는 역할을 한다. 계단실 꼭대기에는 라파엘의 〈아테네 학당〉 벽화가 장식되어 있다. 이곳에 난 입구로 들어서면 이층 전체를 차지하는 직사각형의 열람 공간이 한눈에 들어온다.[34] 이곳은 1층과는 달리 사방 벽에 커다란 창문이 나 있어 빛이 환하게 든다.

열람 공간은 형태면에서도 전통적인 특징을 보인다. 갤러리는 불레의 국립도서관 설계의 직접적인 영향이 분명히 느껴진다. 책장 앞에는 열람자가 다가갈 수 없도록 철재 울타리가 서 있다. 하단의 책장은 사람 키보다 약간 높아서 높은 곳에도 손이 닿는다. 도서관의 단면을 보면 불레의 계획안처럼 계단식이며 하단의 책장과 통로 위에 갤러리가 설치되어 있다. 이 통로는 라브루스트의 독창적인 구상이다. 작은 창문으로 빛이 희미하게 들어오는 이 통로는 추가적인 보관 장소로 사용된다. 열람실의 지붕에는 중앙에 늘어선 가는 주철 기둥에서 좌우로 갈라진 한 쌍의 주철 아치가 괴어져 있다. 굳이 중앙에 기둥을 세우지 않아도 충분히 지붕의 하중을 버틸 수 있는 구조이지만, 이 기둥들은 순전히 미관을 고려하여 세운 것이다. 도서관 핵심 골조 공사가 시작된 것은 1843년이다. 하지만 도면 자료를 보면 라브루스트는 석재 공사가 한창 진행되었던 1845년까지 철재 공사에 필요한 상세한 도면 작성을 완성하지 않았다는 걸 알 수 있다. 그는 철재에 적합한 새로운 장식 기법을 구상해냈다.[35]

생트 쥬느비에브 도서관의 특징들 가운데 가장 큰 관심을 끄는 것은 전면부다. 라브루스트는 전면부 공사가 꽤 진전된 시점에야 전면부 장식에 관심을 돌렸던 것으로 보인다. 창문 바로 밑에 유명한 작가 810명의 이름이 연대순으로 새겨진 석판이 배치되어 있다. 북서쪽 마지막 석판에 적힌 첫 이름은 미제스이고, 북동쪽 마지막 석판에 적힌 마지막 이름은 스웨덴 화학학자 베르젤리우스다. 이 석판들은 신학에서 근대과학에 이르기까지 지식의 역사를 상징한다.[36]

생트 쥬느비에브 도서관은 도서관 디자인에 커다란 영향을 미쳤다. 맥킴 미애드 앤드 화이트 건축회사가 1887-95년에 지은 보스턴 공공도서관을 비롯해서 여기저기서 이 도서관의 전면부를 모방한 건물들이 등장했다. 물론 이 건물들의 내부 구조는 확연히 달랐다.[36] 이 도서관의 건립으로 라브루스트는 프랑스에서 중요한 건축가로 부상하여 1854년에는 국립도서관 건축가로 임명되었다. 그는 국립도서관에서 다양한 개수 작업을 감독했고, 그 후에는 도서관 신축 설계에 관심을 쏟았다. 그가 가장 먼저 착수한 것은 새로운 철재 서고 '살레 데 마가젱(salle des magasin)'이었다. 라브루스트는 1867년에 서고를 완성하고 뒤이어 1869년에 새로운 열람실 '살레 데 엥프리메 (salle des imprimés)'를 완공했다(228쪽 사진 참조).[37] 두 곳 모두 철재를 사용했고, 서고에는 자립형 철재 책장을 4단으로 배치했다. 각 단은 사서가 사다리 없이도 책을 꺼낼 수 있도록 2m 높이로 제작했다. 바닥이 철재 격자로 되어 있어서 지붕창에서 들어오는 빛이 아래까지 닿았다. 주 열람실과 서고 사이에는 커다란 유리창이 있어서 열람자들은 대출 접수를 할 때 사서 책상 뒤쪽 유리창 너머로 서고를 볼 수 있었다.[38]

사서와 서고

19세기에는 도서관 설계와 관련해서 새로운 인물이 부상했다. 바로 전문 사서였다. 그 이전까지는 사서들이 도서관 설계에서 중요한 역할을 맡지는 않았을 것이다. 국립도서관장의 직위는 대개 원로 학자를 비롯한 공인에게 주어지는 명예직이었고, 이들은 도서관을 직접 관리할 짬이 거의 나지 않았을 것이다. 결국 장서의 상태를 일상적으로 살피고 관리하는 부관장을 두었다. 더 중요한 위치에 있는 도서관들은 상근 사서들을 두고 장서 목록작성과 보존관리를 맡겼다. 신설 도서관들에서는 사서들이

보스턴 공공도서관
1887-95년, 미국 보스턴

맥킴 미애드 앤드 화이트 건축회사의 찰스 맥킴이 설계했다. 창 바로 아래에 작가들의 이름을 새긴 석판을 붙인 것은 생트 쥬느비에브 도서관을 모방한 것이다. 그러나 내부를 보면 두 도서관은 규모와 배치 면에서 현격하게 다르다.

건물 완공 이후에야 고용되었기 때문에 도서관 설계에 개입하는 경우가 드물었다. 도서관의 규모가 커지고 수가 늘어나면서 새로운 유형의 전문 사서가 등장했다. 국가에서 재정지원을 하는 기관의 장을 맡은 전문 사서들은 도서관을 어떻게 확장하고 어떤 모습을 갖춰야 하는가에 대해 결정권을 행사할 수 있었다. 그 대표적인 인물이 영국박물관 관장이었던 안토니오 파니치였다.

파니치(1797-1879)는 이탈리아 모데나에서 변호사로 활동하다가 정치단체와 비교단체가 혼합된 비밀 단체에 빠져들어 결국 반역죄 판결을 받았다. 도망자가 되어 런던에 도착한 그는 빈털터리에 영어도 할 줄 몰랐다. 그는 이탈리아어를 가르치면서 근근이 생계를 꾸리고, 독학으로 영어를 익혔다. 얼마 후에는 런던 대학에서 르네상스 강의를 맡았지만 수입이 변변치 않자 영국박물관의 '보조사서' 일까지 맡았다. 이곳에서 그는 소장 도서 전체를 포괄하는 완전히 새로운 도서일람표를 창안하여 이목을 끌었다. 인쇄도서 책임자(1837-56)로 승진했다가 마침내 사서장(1856-66)이 되었다.[40]

영국박물관은 설립 당시부터 도서관 겸 박물관이었다. 박물관은 설립 당시부터 조지 2세가 기증한 왕실 도서를 비롯해 상당한 양의 장서와 각종 수집품을 보유하고 있었다. 열렬한 도서수집가였던 조지 3세는 버킹엄 궁전에 새 도서관을 지었고, 인상적인 팔각형 도서실에 자신이 모은 장서를 보관했다. 이 장서도 1823년에 영국박물관으로 이관되었고, 납본권 역시 박물관으로 넘어왔다. (법률에 따라 영국에서 출간되는 모든 책은 한 부씩 이 도서관에 제출하게 되어 있었다.) 왕의 장서를 수용하기 위해 지어진 새 도서실 '킹스 라이브러리(King's Library)'는 갤러리를 갖춘 벽 시스템 도서관으로 지금도 관람이 가능하다. 1833년이 되자 도서관의 장서는 25만 권이 넘었다. 증기에 의한 동력을 채용하여 인쇄기 생산이 증가하고 있었고, 각종 출판물이 해를 거듭할수록 늘어났다. 이때까지는 납본제도가 부실하게 운영되었는데, 파니치의 결정적인 기여로 제도상의 문제점이 개선되면서 책이 쏟아져 들어오기 시작했다. 그에 따라 보관 문제가 갈수록 심각해졌다. 해결책을 내놓은 것은 건축가가 아니라 파니치였다. 그는 어두운 곳이라 버려져 있던 박물관 중앙 안마당을 이용한 원형 도서관의 초안 스케치를 그렸고, 나머지 공간에 서가를 빼곡히 채워 보관 문제를 해결하는 방안을 구상했다. 건축가 시드니 스머크(1798-1877년경)가 파니치의 스케치를 건물로 탄생시키는 책임을 맡았다. 공사는 1854년에 시작되었고, 1857년 5월 2일에 완공되어 일반인에게 공개되었다.[41]

라부르스트의 생트 쥬느비에브 도서관은 지붕과 바닥만 철재를 쓰고 벽에는 석재를 썼지만, 영국박물관의 새 원형 도서관은 철재로만 골조를 세운 건물이었다. 철재 돔을 썼기 때문에 기둥을 세우지 않고도 지름이 42.6m에 이르는 커다란 공간을 만들 수 있었다. 이 건축에서 주안점은 신속한 건설과 기존 건물 안에 건물을 짓는 것에 두어졌기 때문에 돔 천장은 풀을 먹인 딱딱한 종이(papier mâché)로 만들어졌다.[42] 서고에는 하중에 강한 주철 책장을 놓았고, 넓은 통로는 철재 격자로 만들어서 유리 지붕에서 들어오는 빛이 낮은 층까지 닿을 수 있게 했다. 서고는 단계별로 지어져서 마지막 부분은 1887년에 완성되어, 총 1억 5천만 권을 수용할 수 있게 되었다. 이 서고는 실용성에 중점을 둔 디자인이라 일반인에게는 개방되지 않고 사서들만 출입할 수 있었다. 건축가는 철재를 사용한 덕분에 자연채광이 될 수 있도록 돔 하단부 전체에 큰 창문을 낼 수 있었다. 불이 날 우려 때문에 가스등은 원래부터 쓸 계획이 없었다. 열람실과 서고는 모두 자연채광에만 의존했다.

열람자가 쓰는 책상은 펜을 비롯한 여러 물품을 놓을 공간과 한번에 책 여러 권을 훑어볼 수 있도록 회전 독서대를 설치했다. 책상은 사서들이 통로까지 훤히 내다볼 수 있도록 중앙에서부터 방사형으로 뻗어나가게 배치되었다. 이것은 열람자들을 감시하는 효과를 볼 수 있는 배치를 선택한 도서관의 초기 사례였다. 1791년에 철학자 제레미 벤담은 중앙에 감시원 한 명을 두고 그 주위에 여러 개의 감옥을 방사형으로 배치하는 원형 감옥 '파놉티콘(Panopticon)'의 구상을 발표했는데, 이 도서관

아래
프랑스 국립도서관
1867년, 프랑스 파리

앙리 라브루스트가 설계한 프랑스 국립도서관의 철재 서고(살레 데 마가젱). 영국박물관의 원형 열람실 주위에 배치했던 철재 서고에서 큰 영향을 받았다. 영국박물관에서는 서고가 숨겨져 있었지만, 라브루스트의 철재 서고는 열람실 사서 책상 뒤에 난 창문 너머로 훤히 들여다보인다. 서고 통로에 철재 격자가 깔려 있어서 천창에서 들어오는 빛이 바닥까지 닿는다.

오른쪽
핀란드 국립도서관
1902-7년, 핀란드 헬싱키

구스타프 니스트룀이 20만 권을 수용할 수 있도록 6개 층으로 설계했다. 이 로툰다는 헬싱키 대학 도서관의 확장부로 설계되었는데, 1902년에 건축이 시작되어 1906-7년에 완공되었다. 골조는 철재이지만 책장은 목재다. 책장을 방사형으로 배치한 것은 열람자를 감시할 목적이 아니라 채광을 고려한 것이다. 외벽에 난 창문들과 유리로 된 반구형 천장에서 빛이 들어온다.

위
영국박물관 원형 열람실
1857년, 영국 런던

사서로 근무하던 안토니오 파니치의 착안을 시드니 스머크가 설계도면으로 옮겼다. 철재 골조를 사용한 지름의 42.6m 원형 열람실이다. 1997년에 세인트 판크라스 철도역 옆에 영국 도서관이 신축되어 개관하기 전까지 국가 소유 장서를 보관하는 주된 시설이었다.

의 착상은 여기서 유래한 것으로 보인다. 앞서 여러 번 이야기했듯이, 원형 도서관이라는 개념은 새로운 것이 아니었다. 혁신은 이 도서관의 규모에 있었다. 사서를 중앙에 두고 그 주위에 방사형으로 열람자들을 배치하고 열람실과 같은 높이에 거대한 서고를 이웃하게 배치한다는 파니치의 착상은 혁명적이었다. 프랑스 국립도서관은 이 구상을 한 단계 더 발전시켜 열람실에서 서고가 보이게 배치해, 책을 꺼내오는 동작이 대단한 구경거리가 되었다.

20세기에 들어와 원형 열람실은 도서관에서 흔히 채택되었다. 리버풀의 픽톤 도서관(1879)과 오타와의 의회 도서관(1880), 베를린의 쾨니글리헤 도서관(1914), 스톡홀름 시립도서관(1924), 그리고 맨체스터 중앙도서관(1934)이 원형 열람실을 설치했다. 브라질 리오 드 자네이로의 포르투갈 왕립도서관은 정사각형 공간에 이와 유사한 중앙집중형 배치를 채용했다. 파니치의 원형 열람실의 영향이 받은 대표적인 도서관은 워싱턴 DC에 있는 의회 도서관이다.

미국 의회 도서관

미국 의회 도서관은 1800년에 존 애덤스 대통령이 설립했다. 1814년 영국군의 방화로 도서관이 파괴되자, 이듬해 제퍼슨이 새로운 도서관의 초석을 놓겠다며 자신의 소장 도서 6,487권을 23,950달러에 도서관에 팔았다. 다시 1851년에 발생한 화재로

THE INQVIRY KNOWLEDGE AND BELIEF OF TRVTH IS THE SOVEREIGN GOOD OF HVMAN NATVRE.

왼쪽, 아래

미국 의회 도서관

1897년, 미국 워싱턴 DC

주 열람실(왼쪽)은 높이 38m에 지름 30.5m의 팔각형 공간이다. 중앙에 있는 높은 책상은 사서의 공간이다. 돔형 천장은 영국박물관의 원형 열람실에서 착안한 것이지만, 의회 도서관에 훨씬 더 화려한 장식이 되어 있고, 열람실로 이어지는 웅장한 계단실(아래)은 무척 웅장하다.

제퍼슨이 내놓은 도서 대부분과 많은 도서가 파손되었다.

미국 의회 도서관은 1870년에 납본 도서관이 되었다. 그러나 도서관 신축을 위한 재원을 마련하기까지는 꽤 시간이 걸렸고 1873년에는 설계공모가 진행되었다. 상당한 논쟁 끝에 건축가 스미스마이어(1832-1908)와 펠즈(1841-1918)의 계획안이 채택되었다. 최종 건설 감독은 군사토목전문가 토마스 링컨 케이시가 맡았고, 세부 부분의 상당 부분의 설계는 그의 아들인 건축가 에드워드 피어스 케이시(1864-1940)가 맡았다. 건물은 한참 뒤인 1897년에야 완공되었는데, 이때는 도서관에 들여놓아야 할 책이 84만 권으로 불어나 있었다.[43]

디자인으로 보면 미국 의회 도서관은 보수적이다. 넓게 보면 신고전주의 양식이며, 보자르 양식의 화려한 채색과 장식이 돋보인다. 열람실의 중앙에 대형 책상이 놓인 것은 파니치의 배치와 비슷한 느낌을 주지만, 나머지 열람석들은 원형을 이루고 있다. 서고는 열람실 뒤편 벽으로 분리된 공간에 있고, 출입구는 지하에 있다. 아름답기는 하지만 혁신적인 건물은 아니었고,

왼쪽
신시내티 공공도서관
1874년, 미국 신시내티
제임스 맥로글린이 설계한 이 도서관은 여러 면에서 조지 피바디 도서관(오른쪽 참조)과 비슷하다. 그러나 책장을 벽과 직각을 이루도록 놓고 현기증이 느껴질 정도로 높이 솟은 갤러리에도 마찬가지로 책장을 놓아 진열대 도서관을 건물 상단까지 늘어놓은 것 같은 모습이다. 1955년에 철거되었다.

당시 보스턴에는 미국 최대로 손꼽히는 공공도서관이 있었다.

철재 서고 열람실의 흥망성쇠

1850년을 전후한 시대는 공공도서관이 급속도로 증가했던 시기였다. 많은 나라에서 법률을 개정하여 지방 자치단체들이 지역 공공도서관을 지원할 수 있는 재정을 세금을 통해서 마련할 수 있도록 허용하였던 것도 한몫을 했다. 재원 마련은 도서관이 첫 출발할 때의 형태와 뒤이은 변화에 모두 중요한 문제였다. 부유한 기부자의 돈으로 도서관을 짓고 난 후 지역 자치단체가 운영하는 것이 전형적이었다. 아주 드물긴 해도 도서관 운영과 장서 마련을 위해 기부자가 기부금을 남기는 경우도 있었다. 이런 도서관의 디자인은 모순되는 기준 몇 가지를 충족해야만 했다. 장서의 확대를 수용할 필요가 있었고(언제나 과소평가되었던 점이다), 장서를 열람할 수 있는 충분한 공간을 마련할 필요가 있었으며(대출보다는 그 자리에서 열람하도록 처음부터 고려한다), 그리고 전체 도서관을 인상적인 한 공간 안에 담아내었으면 하는 바람이 있었다. 이 가운데 마지막 요구가 새로운 유형의 도서관을 낳았다. 철재 서고 열람실이었다.

이 유형의 도서관 구성은 천장 채광의 거대한 중앙 열람실에 키 큰 철재 책장들을 모든 벽에 알코브 형태로 배치하는 것이다. 이런 배치와 구성으로 가장 처음 지어진 도서관은 독일 건축가, 알렉산더 잴처(1814-1883)가 디자인하여 1854년에 개관한 뉴욕의 아스토 도서관이었다.[44] 뒤를 이어 바로 이 형식을 모방한 도서관으로는 1858년에 개관한 첫 번째 보스턴 공공도서관과 제임스 맥로글린(1834-1923)이 디자인하고 1874년에 개관한 신시내티 공공도서관이 있다.[45] 이 유형 가운데 살아남은 가장 인상적인 도서관은 조지 피바디 도서관으로서, 볼티모어 시의 피바디 음악원의 도서관으로 건립되었다.

피바디 음악원 도서관

이 도서관을 탄생시킨 사람은 런던 빈민을 위한 주거 지원을 해온 피바디 재단의 설립자, 조지 피바디(1795-1869)다. 그는 매사추세츠에서 태어나 가난한 집안을 돕기 위해서 11세 때 학교를 그만두고 맨주먹으로 사회에 뛰어들었다. 메릴랜드 볼티모어에서 모직물 사업으로 큰돈을 번 뒤 1837년 런던으로 이주해 사업을 확장하고 투자은행을 세웠다. 그는 생전에도 자선사업에 큰돈을 기부했고, 그 기부금 중 일부가 볼티모어의 피바디 음악원 설립에 들어갔다. 피바디 음악원 건물에는 화랑과 공연장, 도서관이 포함될 예정이었다.[46]

피바디 음악원의 설계는 1850년대에 진행된 설계경기에서 우승한 에드문드 린드(1829-1909)가 맡았다. 피바디 홀과 강의실, 화랑이 포함된 1차 건축은 1866년에 끝났고, 도서관을 비롯한 나머지 부분은 1878년에 완성되었다.[47] 방문객이 도서관 정문의 현관실을 통과하면 커다란 홀이 펼쳐진다. 방문객은 전혀 예상치 않았던 도서관 중앙홀의 규모 때문에 눈이 휘둥그레진다. 높이 18.5m의 홀은 7개 층으로 분할되어 6개 층에 서가가 놓여 있고, 맨 위층은 지붕을 이루고 있다. 천장에 난 큰 창으로 빛이 환하게 들어온다. 인조석으로 만든 천장의 아치를 제외하곤 나머지 골조는 모두 화재 시의 피해를 막기 위해 철재를 사용했다. 장식 기둥도, 서고실의 바닥도, 장식 몰딩도 주철로 만들었다. 장식 몰딩은 원래는 회녹색에 금빛 나뭇잎 장식이 두드러지는 형태였다. 증기 동력을 이용한 소형 승강기를 설치해 사서들이 높은 층에서 책을 가져올 때 이용하도록 했다.[48]

도서관에 철재 서고를 채택한 디자인은 오래지 않아 관심에서 멀어졌다. 위층들은 지나치게 덥거나 습해지는 경향이 있었는데, 가스등을 사용하니 이 문제가 더 심각해졌다. 도서 보관에 좋은 환경이 아닌 데다가 열람자들이 사용하는 지상층 공간은 춥고 외풍이 심했다. 게다가 이런 도서관은 확장하기가 어려웠다. 피바디 도서관은 지금까지 철재 서고를 유지하고 있지만, 지금은 이런 도서관이 아주 드물다. 보스턴 공공도서관은 확

오른쪽
조지 피바디 도서관
1878년, 미국 볼티모어
에드문드 린드가 설계한 철재 서고 도서관의 갤러리 상단부. 현존하는 철재 서고 도서관 가운데 가장 아름다운 곳이다. 높은 공간에 중앙 천창이 나 있고 벽면에 서고가 빼곡히 둘러져 있다. 이 도서관은 자선사업가 조지 피바디가 설립한 피바디 재단에 속해 있었다. 지금은 존스 홉킨스 대학 도서관으로 쓰인다.

아래, 오른쪽

조지 피바디 도서관

1878년, 미국 볼티모어

이 도서관은 튼튼하고 불에 강하다는 이점 때문에 철을 사용했다. 기둥과 모든 실내장식(아래)이 석재처럼 보이지만 실제로는 주철과 연철을 썼다. 이 도서관(오른쪽)은 원래 가스등을 썼다. 갤러리 아래 달린 원형 등이 바로 가스등이다. 가스등을 채택한 덕분에 야간 개장도 가능했지만, 화재 우려를 덜기 위해서 철재를 사용했다. 철재를 사용한 덕분에 열람실 지하에 공연장을 둘 수 있었다.

장 이전 계획에 따라 1895년에 코플리 광장에 신축된 건물로 이전했다. 아스토 도서관은 1911년에 폐관 결정이 내려져 장서는 뉴욕 공공도서관으로 이관되었고, 건물은 사무용으로 사용되다가 1965년에 극장으로 개조되었다. 신시내티 도서관은 1955년에 현대식으로 재건축되었다. 그러나 철재 서고 형식은 20세기의 수많은 건축가들에게 영향을 미쳤다.

19세기 후반 공공도서관의 확장

조지 피바디는 19세기 후반기에 새롭게 등장한 자선가 유형을 대표하는 인물이다. 산업화는 사회 구석구석에 영향을 미치고 변화시켰다. 도시로의 인구 집중이 가속화하면서 빈곤과 도시 과밀 현상이 빚어진 반면, 산업화 덕분에 소수이긴 하지만 상상할 수 없을 만큼 큰 부자(초라한 배경에서 출발한 사람도 종종 있었다)도 등장했다. 이런 유명한 갑부 중에서 도서관 설계에 가장 큰 영향을 미친 사람은 앤드류 카네기였다. 카네기(1835-1919)는 스코틀랜드 던펌린의 가난한 가정에서 태어났다. 십대에 부모를 따라 미국으로 간 후, 처음에는 공장에서 일하며 밤에는 독학을 했다. 펜실베이니아 철도회사에 취직한 것이 인생의 전환점이 되었다. 이곳에서 승진을 거듭했다. 그는 내부 정보를 이용해서 채권과 주식에 투자하는 방식으로 큰돈을 모으기 시작했다. 그는 카네기 철강회사를 설립하여 미국의 철강 생산을 통제하는 위치에 서면서 세계 갑부 대열에 올랐다. 그는 자선 활동과 도서관 설립에 관심이 많았다. 그는 도서관 지원 사업에 350,695,653달러라는 큰돈을 기부했고, 이를 토대로 미국에 1,946개, 영국에 660개를 포함해서 영어권 나라에 총 2,811개의 무료 공공도서관이 설립되었다.[49]

카네기는 도서관 설계에 큰 기여를 했다. 그가 내놓은 돈은 전부 도서관 신축 자금으로 쓰였다. 도서관을 지으려면 토지와 책을 마련하고 도서관을 운영하는 비용에 충당할 재원을 찾아야 했는데, 이것이 도서관 건립을 가로막는 심각한 장애물로 대두되는 경우도 적지 않았다. 카네기의 아낌없는 기부는 도서관 공급을 대폭 증가시키는 데 크게 기여했다. 대도시에는 대개 도서

왼쪽, 오른쪽
토마스 크레인 기념도서관
1882년, 미국 퀸시

헨리 홉슨 리처드슨은 파리의 에콜 드 보자르에서 공부했지만, '리처드소니안 로마네스크'로 알려진 독특한 양식을 발전시켰다. 토마스 크레인 기념도서관은 몇 손가락에 꼽히는 탁월한 작품이다. 주요 공간은 홍상 뒤에 있는 현관실(왼쪽)을 중심으로 둘로 나뉜다. 엄밀한 의미에서 도서관은 이쪽 공간뿐이고, 원래는 칸막이가 설치되어 가려져 있었을 것이다. 책장으로 여러 개의 구획이 나눠지고, 낮은 갤러리가 있다. 접수대 너머 반대쪽 공간(오른쪽)에는 탁자와 안락의자 그리고 벽난로가 있어서 열람 공간으로 쓰인다. 말하자면 판벽으로 마감된 공간은 공공 휴식 공간이다.

관이 있었으므로, 카네기의 도서관은 주로 도시 근교나 소도시에 세워졌다. 도서관 건립 계획안은 카네기나 카네기재단의 승인을 거쳐야 했다. 카네기재단은 1911년에 도서관 건립요강을 발표했다. 도서관 건축 수요가 늘어나자 도서관 전문 건축가도 등장했다. 이 시기에 많은 도서관이 건설된 덕분에 도서관에 대한 중요한 연구들도 진행되었으니, 공공도서관 설계의 발전 과정에 관심이 있는 독자들은 이 연구들을 찾아봐야 할 것이다.[50]

여기서는 헨리 홉슨 리처드슨(1838-1886)이 설계한 매사추세츠 퀸시의 토마스 크레인 기념도서관을 살펴보면서 도서관 설계와 관련된 몇 가지 사항들을 논의하고자 한다.

토마스 크레인 기념도서관

리처드슨은 미국에서 소규모 공공도서관 설계를 여러 번 맡았다. 그 가운데 가장 유명한 도서관이 토마스 크레인 기념도서관이다.[51] 이 건물은 1882년에 완공되었고, 1908년에 윌리엄 에이큰의 설계로 조화롭게 증축되었다.[52] 요즘 이곳을 방문하는 사람들이 가장 먼저 놀라는 것은 완공 당시 건물의 규모다. 이 시기에 건립된 도서관들은 대부분 작았는데, 이곳도 마찬가지였다. 이 도서관은 홀 하나로 되어 있다. 아치형 입구에 들어서면 도서관이 열리기 전에 온 열람자가 궂은 날씨를 피해 앉아 있을 수 있는 의자가 하나 놓여 있다. 도서관 안에 들어서면 바로 사서의 책상이 있고, 왼쪽으로 17세기 옥스퍼드나 케임브리지의 칼리지 도서관과 비슷하게 알코브를 이룬 책장에 책들이 눈에 확 띄게 진열되어 있다. 오른쪽에는 큰 난로가 있고, 그 주위에는 열람자가 앉아서 신문을 읽을 수 있는 공간을 마련해놓았다. 신문은 그곳에서 훑어볼 수 있지만, 책은 그렇지 않았다.

토마스 크레인 기념도서관은 공공대출 도서관이라서, 필요한 책이 있으면 사서에게 부탁해서 빌려다가 집에 가져가서 읽게 되어 있었다. 공공도서관은 처음에는 열람자가 직접 책장에 접근하는 것을 금지했다. 사서는 책이 제대로 관리되고 적절치 않은 책이 엉뚱한 사람 손에 넘어가지 않도록 열람자와 책 사이에 존재하는 필수적인 여과장치로 여겨졌다. 이런 접근의 제한은 당연히 대출 도서관의 형식에 영향을 미쳤다. 규모가 큰 도서관들의 경우에는 신문 열람실을 따로 두어 입식 독서대에 신문을 묶어놓거나, 사전 등의 문제의 소지가 없는 저작들을 직접 꺼내볼 수 있는 특별 열람실을 두는 경우도 있었지만, 대부분의 자료들은 열람자들이 대출 접수대를 통해서 접수를 하면 사서들이 꺼내다주었다. 사서의 유능함을 가르는 중요한 잣대는 특정 정보를 찾는 사람이 도움이 되는 문헌을 찾을 수 있도록 안내해주는 능력에 있었다.[53]

이런 도서관들과 구별되는 도서관으로는, 회원비가 있는 대신에 열람자가 직접 책장에 접근하는 걸 허용하는 회원제 도서

관이나 클럽 도서관이 있었다.[54] 회원제 구조라 바람직하지 않은 사람이나 책을 훔칠 것 같은 사람은 걸러낼 수 있다고 여겨졌던 것 같다. 영국과 미국에서는 1890년대에 들어서서야 도서관에서 일반인이 책들을 둘러볼 수 있게 되었다.[55] 따라서 도서관에서는 일반인과 장서를 분리할 목적으로 설계된 모든 설비가 제거되어야 했고, 도서는 일반인이 원하는 자료를 쉽게 찾을 수 있는 방식으로 배치되어야 했다.

도서일람표와 도서관 설비

전통적으로 도서관들에서는 주제별로 책을 배치했고 선반에 꽂힌 위치에 따라 책에 숫자를 매겼다. 내용이야 어떻든 모든 책이 주제라는 하나의 범주로만 구분되어 배치되었다. 하지만 주제가 같은 책들이 한군데 놓여 있기 때문에 이 책 저 책 훑어보는 게 가능해졌다. 폐가식 서고에서는 열람자가 책들을 훑어볼 수 없고, 책들을 어떤 순서로든 꽂아두는 게 가능했다. 폐가식 도서관에서는 열람자가 대출 신청을 할 때 쓸 수 있는 정확한 도서일람표를 갖추는 게 관건이었다. 도서일람표에서 누락된 책은 결코 대출 신청이 되지 않아 영영 책장 속에 갇혀 있게 되니 말이다. 파니치가 영국박물관에서 고안한 저자별 일람표는 인쇄된 형태로 공급되었다. 이를 포함해서 18세기 내내 널리 사용되었던 인쇄물 형태의 각종 일람표는 발행되는 순간부터 낡은 정보가 되었다.

초기 도서관들은 인쇄된 일람표에 일일이 주석을 달아 정보를 갱신했지만, 19세기 도서관들은 규모가 더 커지고 날마다 새로 들어오는 책들이 많아 이 방법으로는 감당이 되지 않았다. 이를 해결하기 위해 두 가지 방법이 고안되었다. 하나는 19세기 초에 윌리엄 코스웰이 하버드 칼리지 도서관에 처음으로 도입한 쪽지형 일람표 방식이었다.[56] 인쇄된 일람표 사본을 조각조각으로 잘라낸 뒤 스크랩북 사이사이에 새 책 정보를 넣을 공간을 남겨두고 쪽지조각을 붙이는 방식이었다. 이 스크랩북만 해도 엄청난 양이라 많은 공간을 차지했다. 파니치는 영국박물관 도서관에 이 방식을 채택해서 원형 열람실 중앙 책상에 이런 스크랩북을 빙 둘러 비치해놓았다. 1930년대에 케임브리지 대학 도서관이 신축될 당시에는 쪽지형 일람표 전용보관실이 설계되었다.[57] 또 다른 방식은 18세기 말에 처음 등장한 것으로 보이는 카드형 일람표였다. 역사학자 에드워드 기번 역시 자신의 소장 도서 목록을 만들 때 놀이용 트럼프 카드를 사용했다고 한다.[58] 카드는 프랑스 혁명 이후 귀족들의 개인 도서관에서 압류한 책들을 새로 창설하는 국립도서관에 비치할 때에도 사용되었다.[59] 1870년대에는 백지 카드를 사용한 카드형 일람표가 널리 보급되었는데, 여기에는 멜빌 듀이의 활동이 한몫을 했다. 듀이는 사서직을 전문직으로 전환시키는 데 중요한 역할을 했다.[60]

듀이(1851-1931)는 뉴욕 주 북부에서 태어났고, 앰허스트 칼리지에 다녔다. 그는 학비에 보태려고 앰허스트 도서관 조교로 일하는 동안 도서관 개선 방안을 탐구했다. 열람자가 책장에서 어떤 주제의 책이든 손쉽게 찾을 수 있도록 정보를 제공하는 시스템을 구상하던 끝에 새로운 분류법—듀이 십진분류법(Dewey Decimal system)—을 창안했다. 듀이는 1876년에 미국 도서관 협회를 설립했고, 1884년에는 뉴욕의 콜럼비아 칼리지(현 콜럼비아 대학)에 최초로 '도서관학과'를 열었다. 듀이는 분류법으로 명성을 떨쳤지만 사서직을 전문직으로 전환시키고 도서관 설비를 공급하는 활동을 통해 도서관 설계에 더 큰 영향을 미쳤다. 그는 앰허스트 칼리지에 다니던 1876년에 도서관의 효율적인 운영에 필요한 비품을 판매하기 시작했다. 그가 세운

토마스 크레인 기념도서관
1882년, 미국 퀸시

리처드슨의 도서관은 윌리엄 마틴 에이큰에 의해서 1908년에 문의 반대쪽에 새 부속건물을 덧붙여 조화로운 모습으로 확장되었다. 당시 흔히 쓰이던 철재 서가와 유리 선반을 사용했고, 갤러리를 2단으로 설치해 책을 보관하고 사서들이 업무를 볼 공간을 훨씬 넓혔다.

회사 라이브러리 뷰로는 세계 최대의 도서관용품 회사로 성장했다. 라이브러리 뷰로는 표준화된 일람표용 카드와 일람표 수납함, 선반 칸막이, 장서용 도장, 도서관 탁자와 의자를 공급하여 카드형 일람표의 보급을 촉진했다. 이 회사가 공급한 비품들은 19세기 말 이후로 도서관 실내 비품으로 확고한 지위를 확립했다.[61]

사서와 건축가

미국 도서관 협회는 사서들이 경험과 의견을 공유하는 공간이었다. 그들이 신속히 정리하여 발표한 한 가지 의견은 기존 공공도서관들의 설계가 목적에 부합하지 않는다는 것이었다. 리처드슨은 소규모 도서관을 설계하는 건축가들 가운데 가장 영향력이 있었다. 그가 설계한 디자인—작은 방에 알코브가 확보되도록 책장을 배치하고 열람실에 벽난로를 설치하는 방식—이 영국 곳곳의 도서관에서 채택되었다. 하지만 사서들은 이 방식의 비실용성을 재빨리 간파했다. 책 수납공간이 적고 확장할 수 있는 공간도 거의 없고, 작은 창을 배치해 건축적인 미관을 살렸을 뿐 책을 읽기가 불편할 뿐 아니라, 갤러리로 올라가는 계단은 너무 좁고 굽어 있어서 다니기에 위험했다.[62] 도서관 협회는 지방의 소규모 도서관들뿐 아니라 도시의 대규모 공공도서관들까지 공격했다. 철재 서고를 갖춘 대규모 도서관의 경우 아래층은 열람자들이 이용하기에 너무 춥고 위쪽은 너무 더워서 책에 좋지 않은 영향을 끼쳤다. 시티 오브 런던 협동 도서관의 W. H. 오버롤은 도서관 설계를 다루는 어떤 회의에서 이런 입장을 세련되게 요약했다. 그는 "도서관의 적을 둘만 꼽으라면 건축가와 가스다."라고 주장했다.

> 사서의 고통은 도서관 개관과 함께 시작된다. 건축가는 거대한 홀을 세우고픈 욕심에만 매달려 도서관이라는 용도는 거의 고려하지 않는다. 갤러리도 골칫거리다. 건축가는 외관만 고려해서 갤러리를 아주 높게 만들려고 한다. 하지만 사서들의 소원은 도서관의 효율적인 운영을 위해서 일하는 사람들이 사다리를 쓰지 않고도 손이 닿을 수 있는 높이로 선반을 만드는 것이다.[63]

200년 동안 명성을 떨쳤던 도서관들에도 똑같은 비판이 적용될 수 있었다. 예전과 달라진 것은 사서들이 수적으로 늘어났고 조직화를 통해서 목소리를 내기 시작했다는 점이다. 예전에는 도서관에 재원을 댔던 사람들은 날마다 도서관을 지키며 일해야 하는 사서가 아니었다. 그런데 이제는 사서들은 조직을 구축하고 발언을 하기 시작했다. 건축가와 사서의 논쟁은 20세기 내내 뜨겁게 이어졌다. 지금도 사서들은 건축가들을 헐뜯는 경향이 있다. 유능한 건축가와 유능한 사서들은 서로의 세계에 대해서 전문적인 안목을 키우려고 노력했지만, 무능한 사람들은 계속해서 상대를 헐뜯었다.

공공도서관의 수가 짧은 시기에 폭발적으로 늘어난 것 또한 도서관의 설계에 좋지 않은 영향을 미쳤다. 도서관 운영 방식이 변화하는 속도도 연관이 있었다. 소도시의 공공도서관은 일반인이 혼자서 교양을 쌓을 수 있는 공간을 제공한다는 취지에서 건립되었다.[64] 도서관이 혼자서 교양을 쌓을 기회를 제공하는 데 크게 기여한 것은 사실이지만, 처음부터 사서들은 공공도서관 이용자들이 대부분 대중소설만 본다고 불평했다.[65] 도서관 건설을 의뢰하는 사람들은 이런 현실을 받아들이지 않았다. 결국 한 가지 목적만을 고려한 건물이 세워졌고, 나중에 가서야 다른 목적에도 적합하도록 조금씩 조정될 수밖에 없었다.

19세기에 이렇게 세워진 공공도서관들은 처음에 설치했던 비품들을 전부 철거하고 건물과 조화를 이루지 않는 새 비품들을 들여놓는 어려움을 겪었다. 이것을 건축가나 사서의 탓으로 돌릴 수는 없다. 이런 과정에서 특별히 이득을 본 사람은 아무도 없었다. 계속되는 변경 탓에 도서관들은 항상 개보수 공사에 시달려야 했고, 건물들은 갈수록 도서관이 수행해야 할 새로운 목적을 충족하기에 부족한 공간이 되고 말았다. 하지만 소규모 공공도서관은 수가 많아서 눈에 잘 뜨이기는 해도 그저 도서관의 한 유형일 뿐이었다. 학술연구 목적의 도서관을 비롯한 다른 유형의 도서관들은 운영 목적에 큰 변화가 없었던 덕분에 이런 문제를 겪지 않았다. 하지만 이 도서관들 역시 과학기술의 변화와 책 생산의 증가 그리고 건축적 취향의 변화에 발을 맞추어야 했다.

피셔 예술 도서관과 기능주의 학술도서관

필라델피아의 피셔 예술 도서관(원래는 펜실베이니아 대학 도서관이었다)은 건축가와 사서가 설계 과정에서 협력했다는 점

맨 왼쪽, 왼쪽, 오른쪽

피셔 예술 도서관, 펜실베이니아 대학
1891년, 미국 필라델피아

이 도서관의 과감한 장식에서 프랭크 퍼니스의 손길을 곧바로 알아볼 수 있다. 붉은 벽돌과 테라코타를 혼합해 사용한 외관(맨 왼쪽)에서 거친 질감이 느껴진다. 탑에 설치된 계단(246쪽 참조)은 위층의 강의실로 이어진다. 열람실(오른쪽) 중앙에는 아치형 통로가 설치되어 공간을 양분한다. 입구에서 들어서면 천장이 높은 정방형 공간이 나온다. 오른쪽에는 원래는 도서목록 검색대가 있었고, 그 맞은편에는 벽난로가 있다. 밝은 색상의 테라코타 아치 너머 반원형 공간에는 안쪽에 책장으로 이루어진 구획들이 늘어서 있다. 1904년에 퍼니스는 두 공간 사이에 유리 바닥을 사용한 철재 갤러리(왼쪽)와 철재 나선형 계단을 설치했다.

에서 흥미로운 사례다. 또한 아무리 좋은 취지라도 건축적 취향의 변화 때문에 그 건물이 유행에 맞는 건물이 되기도 하고 유행에 뒤처지는 건물이 될 수 있다는 점을 뚜렷이 입증하는 사례이기도 하다. 펜실베이니아 대학은 1884년에 열정적인 사서를 고용해 대학의 장서 관리를 맡겼다. 당시에 펜실베이니아 대학의 장서는 방 한 칸에 보관되어 있었다. 제임스 반웰은 장서 구입을 위한 재원 확보에 매달렸고, 그의 노력이 성과를 거두어 곧 책들이 여기저기에 쌓였다. 그는 도서관 건물 신축을 거듭해서 요청했지만 뜻을 이루지 못하고 1887년에 사직서를 냈다. 이 일을 계기로 교무처장 윌리엄 페퍼는 도서관 신축을 진지하게 고민하기 시작했다. 그는 대학당국을 설득하여 건축회사를 선정하고 유명한 사서들에게 조언을 구해 설계안을 작성해달라고 의뢰했다. 건축회사는 하버드 대학의 고어 홀에 맞춤형 강철 서고 건축을 총괄했던 사서 저스틴 윈저와 멜빌 듀이에게 조언을 구했다. 이들이 얼마나 도움을 주었는지는 분명하지 않지만, 듀이가 건축가 프랭크 퍼니스의 최종 설계안을 승인했음을 알 수 있는 편지가 전해진다.[66]

프랭크 퍼니스(1839-1912)는 필라델피아 출신으로 미국인으로서는 처음으로 파리의 에콜 드 보자르에 진학하여 리처드 모리스 헌트 밑에서 공부했다.[67] 퍼니스는 철로에서 영감을 얻은 철재 세공 방식과 고딕복고주의 양식을 거칠면서도 기묘하게 결합하여 건물을 지었다. 그는 여러 가지 재료를 다양하게 썼는데, 특히 많이 쓴 것이 붉은 벽돌과 테라코타였다. 결국 독특한 양식이 탄생했다. 펜실베이니아 대학 도서관을 설계할 때 퍼니스와 그가 조언을 구한 사서들은 확장성의 문제를 해결하는 데 집중했다. 열람자는 크게 늘어나지 않을 수도 있지만, 책이 무한정으로 늘어날 거라는 것만은 확실했다. 이를 해결하기 위해서 퍼니스는 도서관 한쪽에 경사진 구리 지붕과 붉은 벽돌로 아치를 올린 4층 높이의 서고를 지었다. 철도역 혹은 대성당 신도석을 연상시키는 서고는 완공 당시에는 세 개의 구획으로 지어졌지만, 구획을 하나씩 추가하여 확장할 수 있게 되어 있었다. 부지 끝 150m까지 서고를 확장하면 1백년 넘게 소장 능력을 유지하면서 수백만 권의 장서를 감당할 터였다. 이 도서관이 사서들로부터 큰 호평을 받은 것은 이처럼 대단한 확장 가능성 때문이었다.

유산과 취향

퍼니스의 건물은 처음부터 이처럼 긍정적인 평가를 받았지만, 애초에 의도했던 것처럼 확장이 이루어지지는 않았다. 건물 확

왼쪽, 오른쪽
피셔 예술 도서관, 펜실베이니아 대학
1891년, 미국 필라델피아
아치형 통로에서 반원형 공간을 바라본 모습(오른쪽). 천장에 설치된 밝은 철재 아치는 위층에 있는 연주실을 지지한다. 사진 앞쪽으로 1904년에 8,500권의 도서를 추가로 수용하기 위해서 설치한 갤러리의 유리 바닥이 보인다. 이곳은 지금은 대학원생의 열람석으로 쓰인다. 도서관의 붉은 벽돌 탑(왼쪽)에는 철재 세공이 인상적인 계단만 설치되어 있고 나머지는 비어 있다.

장이 실용성 측면에서가 아니라 미관의 측면에서 문제가 되었기 때문이다. 그의 건축은 20세기 유행에 뒤처져 있었다. 거칠고 기이한 양식이 모더니즘과 조화를 이루지 못한 것도 사실이지만, 대학이 뒤이어 건설한 나머지 건물이 고딕 양식으로 지어졌기 때문이었다. 1948년에 퍼니스의 도서관을 철거하고 그 부지에 새 건물을 짓는 문제가 심각하게 논의되었다. 결국은 다른 부지에 새 도서관이 지어졌고, 퍼니스의 건물은 예술 도서관과 건축학교의 본관으로 쓰이게 되었다.

1957년에 퍼니스의 건물을 방문한 프랑크 로이드 라이트가 '예술가의 작품'이라고 선언하면서 이 건물은 다시 새롭게 주목을 받기 시작했지만, 별다른 조치가 시행되진 않았다. 이미 조화를 고려하지 않은 증축과 개조가 여러 차례 진행된 뒤였다. 1980년대에 취향의 변화가 다시 일어나면서 퍼니스의 작품은 중대한 재평가를 받았는데, 그때는 이미 그의 건물들이 대부분 철거된 후였다. 그는 천재성을 인정받지 못한 안타까운 건축가로 칭송받았고, 결국 도서관은 복원되어 거의 이전 모습을 되찾았다.[68] 피셔 예술 도서관의 역사에서 주목할 점은, 애초에 의도했던 확장을 포기하자는 결정이 내려진 것이 사서들의 의견을 따라서가 아니라 건축 형태면에서 유행에서 뒤처졌다고 보았던 후대의 건축가들과 대중의 비판 때문이었다는 것이다. 이 건물은 기능면에서 매우 효율적이었던 것으로 보이며, 확장을 고려한 설계 덕분에 20세기에도 마찬가지로 효율성을 유지했을 것이다. 19세기에 영향력을 행사하던 건축의 핵심적 주제는 기능주의로 가장한 취향이라고 할 만하다. 참으로 공교로운 일이지만, 20세기에 대해서도 똑같이 말할 수 있다. 흔히 사람들은 20세기의 시대정신으로 냉철한 합리주의를 꼽는다. 그러나 20세기 초에는 건축 일반, 특히 도서관 디자인과 관련해서 수세기 전에 세워진 전통과 변덕스러운 유행이라는 제약이 완강하게 버티고 있었다.

전기, 콘크리트, 강철

20세기의 도서관

건축사학자 니콜라스 펩스너는 1976년에 도서관 설계 역사에 대해 독창적인 논문을 출간했는데, 당시 그는 20세기 도서관에 대해서는 말할 만한 것이 거의 없었다.[1] 그가 조명한 다섯 개의 건물 가운데 아직까지 훌륭한 도서관으로 평가받는 곳은 하나뿐이다. 그는 군나르 아스플룬트, 요제 플레치니크, 한스 샤로운, 또는 루이스 칸이 설계한 건물은 전혀 언급하지 않았다. 하지만 21세기인 지금은 어떤 건물을 넣을지가 문제가 아니라 무엇을 뺄 것인가가 문제다. 1970년대에는 도서관 설계가 폭발적으로 증가했고, 미국이 특히 유난했다. 당시 펩스너가 20세기 도서관을 제대로 다루지 않은 이유는 자신이 지지하는 모더니즘의 관점에서 조망한 20세기 건축사의 규칙을 이 도서관들이 따르고 있지 않다고 보았기 때문일 것이다. 흔히 바우하우스와 르 꼬르뷔제로 대표되는 모더니즘이 20세기를 지배했다고 추정하기 쉽다. 하지만 20세기 전반기의 건축은 전혀 다른 방향으로 발전하고 있었다. 흥미로운 발전이긴 했지만, 이것들은 나중에 일어난 사건들을 설명하려는 성급한 생각에 쫓겨 그냥 무시되고 말았다. 20세기 초 건축가들이 '모더니즘의 원형'을 추구한다고 보는 것은 올바른 관점이 아니다. 아츠 앤드 크레프트와 아르 데코와 같은 건축 양식을 추구했던 건축가들에게는 자기 나름의 관심사가 있었다.

아츠 앤드 크레프트

1차 세계대전 직전까지 건축 분야에서 큰 논쟁이 진행되었지만, 이 논쟁은 도서관 설계에는 영향을 미치지 않았던 것 같다. 이 논쟁의 주요 주제는 두 가지였는데, 둘 다 비교적 보수적인 주제였다. 그중 하나는 아츠 앤드 크레프트 운동(Arts and Crafts)이었다. 앞 장에서 살펴보았듯이, 영국과 미국에서는 카네기재단의 재정 지원 덕분에 소도시에 도서관들이 크게 늘었지만, 유럽의 다른 지역은 이 혜택을 보지 못했다.[2] 미국에서는(비교적 정도는 덜했지만 영국에서도) 이 소규모 도서관은 흔히 집과 같은 편안한 느낌을 주었다. 리처드슨은 로마네스크 양식의 교회와 옥스퍼드 및 케임브리지 대학의 칼리지 도서관을 토대로 하여 도서관 건축 양식을 확립했고, 이 방식은 여러 지역으로 확산되었다.[3] 영국에서는 아츠 앤드 크레프트 양식 도서관들이 있긴 했지만, 웅장한 고전주의 양식이 지배적이었고, 두 차례의 세계대전 사이에는 벽돌을 사용한 네덜란드풍의 모더니즘 건축이 출현했다.[4] 찰스 레니 맥킨토시가 설계한 글래스고우 예술학교 도서관은 아르누보에서 유래한 착상이 섞여 있긴 하지만 아츠 앤드 크레프트의 독창적인 해석으로 유명한 곳이다.

예일 대학의 바이네케 도서관
1963년, 미국 뉴헤이븐

햇살이 대리석 벽을 뚫고 들어와 예일 대학의 희귀 장서를 호박빛으로 물들이고 있다. 20세기 도서관 가운데 아주 강력하고 중요한 실내 디자인으로 손꼽히는 곳이다.

글래스고우 예술학교

찰스 레니 맥킨토시(1868-1928)는 1883년에 글래스고우 예술학교와 첫 인연을 맺었다. 당시 그는 이 학교가 강의실로 쓰고 있던 시립미술관의 방에서 야간 건축 강의를 들었다.[5] 그곳은 학교 시설로는 적합지 않았고, 학교 신축 기금 모금이 진행되어 1895년에 마무리되었다. 지역 내 건축회사 8곳을 상대로 설계경기가 개최되었다. 당선된 회사는 맥킨토시가 1888년부터 근무해온 허니맨 앤드 케피였다.[6] 맥킨토시는 건축학교에서 우수 학생이었고, 일하는 틈틈이 스케치를 했고, 식물과 고딕 양식 건물, 스코틀랜드풍 탑 모양 주택에서 특히 깊은 영감을 받았다. 그는 고전주의 건축보다 자연과 일상적인 건물에 깊은 관심이 있었고, 그림 기법이 워낙 독특해서 대번에 누구 그림인지 알 수 있을 정도였다. 설계경기에 제출된 도면은 물론 그가 그린 것이었고, 건축 지휘도 그가 맡았다.[7]

처음에 확보한 건축 재원에 문제가 생겨서 글래스고우 예술학교 신축은 두 단계로 나뉘어 설계되었다. 1차 건축은 1897년에 시작되었지만 도서관이 포함된 2차 건축은 1909년에 완성되었다. 이 도서관은 2층 높이에 평면도는 정사각형이며, 네 벽에 갤러리가 설치되어 있다.

실내는 전체적으로 검은색 도료를 쓴 목재 널판으로 마감했다. 갤러리를 지지하는 듯이 보이는 기둥들이 방 안쪽으로 툭 튀어나와 있다. 기둥들 속에는 천장에 설치된 보에서 3개 층을 관통하여 도서관 바닥을 지지하는 강철 달대가 감춰져 있다. 실내에서는 이것이 거의 눈에 뜨이지 않는다. 조명등, 난간, 책장, 의자, 탁자가 통일감을 주며, 한쪽에 난 커다란 창에서 들어오는 빛이 실내를 어루만진다. 도서관 개관식에서 존 스털링 맥스웰 경은 맥킨토시가 "전통적이고 비싼, 가끔은 추하기까지 한 장식으로 사방을 가득 채우지 않아도 훌륭한 건물을 지을 수 있다"는 사실을 입증했다고 칭송했다.[8] 이 건물이 네덜란드, 독일,

PERIODICALS are not
to be removed from this room.

아래, 맨 아래
뉴욕 공공도서관
1911년, 미국 뉴욕시

맨해튼 5번대로 45번가에 있는 스테픈 에이 슈왈츠맨 빌딩(아래)은 1911년에 뉴욕 공공도서관의 본관으로 개관했다. 카레어 앤드 헤이스팅스 건축회사의 설계로 16년 만에 완공되었다. 건축비용으로 부지 매입비를 포함해 2천 9백만 달러가 들었다. 당시 신문에도 실린 혁명적인 배치(맨 아래)는 도서관 사서였던 존 쇼우 빌링스가 고안한 것이다. 주 열람실 바로 아래로 8개 층의 서고가 있는데, 이 서고에 있는 선반의 총 길이는 141.6km에 이른다.

왼쪽
글래스고우 예술대학 도서관
1909년, 영국 글래스고우

이 예술대학의 도서관은 놀라울 정도로 간소한 규모다. 조명과 의자, 유리문을 단 책장, 잡지꽂이까지 모든 요소를 찰스 레니 맥킨토시가 디자인했다. 평면도에서 보면 방은 정사각형꼴이고 한쪽 벽에 긴 창들이 나 있다. 돋보이는 것은 갤러리가 방의 네 벽을 두루 감싸면서 창 앞까지 지나고 있는 배치다. 기둥이 갤러리 끝부분보다 앞쪽으로 돌출되어 그 아래 확보된 빈 공간에 책상을 놓아두었다.

스칸디나비아의 초기 모더니즘 건축가들에게 영향을 미쳤다는 주장은 지나친 것으로 보인다. 글래스고우 예술학교는 지금이야 잘 알려져 있지만 당시엔 건축 잡지에서도 거의 다루어지지 않았다. 사진은 1924년에야 공개되었고, 첫 설계도면은 1950년에야 공개되었다.[9]

아츠 앤드 크래프트와 아르누보는 보편적인 양식이 아니었다. 큰 구조물에서는 적절한 무게감과 위엄을 전달해준다고 여겨지는 고전주의 양식이 여전히 우세를 보였다. 건축 재원 기증자들이 고전주의 디자인의 기념비적 측면을 좋아했던 것도 한몫을 했을 것이다. 주목할 만한 예로는 1895년에 완공된 보스턴 공공도서관과 1897년에 마무리된 미국 의회 도서관, 1905-10년에 지어진 브라질 국립도서관(214쪽 참조)이 있지만, 이 시기에 지어진 가장 웅장한 고전주의 도서관은 뉴욕 공공도서관이었다.

뉴욕 공공도서관

19세기에 뉴욕시에는 내세울 만한 대규모 도서관이 있었다. 아스토 도서관(앞 장에서 살펴보았다)과 레녹스 도서관이다. 1892년 무렵에 두 도서관은 재원 기부가 줄고 도서는 늘어나면서 재정적 어려움을 겪었다. 새뮤얼 틸든이 사후에 거액의 재산을 남긴 것을 계기로 뉴욕시는 무료 도서관과 열람실을 설립하고 관리할 수 있게 되었다. 이 기금을 이용해 미래에 확장할 수 있는 형태의 신축 도서관을 짓고 두 곳의 장서를 같이 수장하자는 계획이 세워졌다.[10] 이 방식에 대한 합의가 이루어지자 기금 관리자들은 도서관장 선정에 나섰다. 그들은 존 쇼우 빌링스 박사(1838-1913)를 도서관장으로 임명했다. 그는 군의관 출신으로 공중위생국 도서관을 재조직하고, 의사들과 연구자들에게 최신 연구 결과를 제공할 목적으로 의학 학술지들의 통합 정보를 게재한 인덱스 메디커스를 개발한 경력이 있었다. 빌링스가 뉴욕 공공도서관의 계획 초안을 잡았다.[11]

그의 계획안은 이전 시대의 사고와 새 시대의 사고를 결합해 놓았다. 이를 통해 서고로 이루어진 건물 꼭대기에 열람실을 배치하는 혁신이 탄생했다. 사서의 입장에서는 그야말로 이상적인 배치였다. 서고에서 열람실의 책상까지 곧바로 책을 운반할 수 있도록 전기 승강기와 운반 장치를 설치했다. 신규 도서가 들어오면 맨 아래층에서 포장을 뜯고 목록에 올린 뒤 위층의 서고로 운반해 책장에 꽂았다.[12] 이런 배치를 탄생시킨 구상

위

뉴욕 공공도서관

1911년, 미국 뉴욕시

이 주 열람실은 1998년에 이 공간의 복원 비용을 후원했던 샌드라 프리스트 로즈와 프레데릭 피니스 로즈의 이름을 따서 로즈 열람실로 개명되었다. 이 열람실의 중앙에 놓인 사서들의 책상이 공간을 둘로 나눈다. 너비 23.8m, 길이 90.5m, 높이 15.5m에 이르는 주 열람실의 규모만 따지면, 미국에서 손꼽히는 규모를 자랑하는 곳이다. 원래 열람석은 490석이었지만, 지금은 624석으로 늘어났다. 이 도서관에는 주 열람실 외에도 여러 개의 열람실이 있다. 특별 장서 열람용으로 마련된 다른 열람실들은 이곳만큼 크지 않다.

은 그 후 20세기 초반에 널리 유행했던 시간-동작 연구와 흡사했다. 당시에 이 도서관은 책을 효율적으로 보관, 인출, 재수납하는 목적으로 설계된 기계로 여겨졌다. 열람실을 건물 꼭대기에 배치한 것은 열람실 천장을 높이고 큰 창을 만들어 채광 효과를 극대화하기 위한 방안이었다.

빌링스의 계획안이 승인된 후에 건축가 선정 과정이 시작되었다. 뉴욕에서 손꼽히는 대규모 건축회사들이 참가한 설계 경기를 통해서 당시에는 거의 알려지지 않았던 건축회사 카레어 앤드 헤이스팅스(Carrère and Hastings)가 선정되었다. 건축은 1902년 5월에 시작해서, 1906년에 지붕 공사가 마감되고, 1911년 5월 23일에 완공이 되었다. 당시 이 도서관은 도서 1백만 권을 보유했고 총 120km에 이르는 선반 길이를 자랑했다.[13] 주 열람실은 너비 23.8m, 길이 90.5m, 높이 15.5m로, 당시에는 세계 최대의 열람실이라고 홍보되었다. 특별 장서를 보관하기 위한 용도로 여러 개의 부속 열람실도 마련되었다.[14] 열람실을 서고 위에 두지 않고 옆에 두는 것이 도서관의 일반적인 배치였는데, 이것은 열람실을 굳이 높은 위치에 둘 필요가 없다는 판단 때문이었다. 뉴욕 공공도서관의 경우에는 열람자가 열람실까지 가려면 엄청나게 많은 계단을 올라가서 대리석으로 마감한 웅장한 홀들을 지나가야 했다.

이 건물은 보수적이고 고전주의적 양식을 채택하고 있다. 외관은 대리석이고 벽체가 하중을 견디는 구조이지만, 내부의 서고와 바닥은 강철 소재를 이용한 독립형 구조다. 당시에는 연강(mild steel)이 철을 대신하는 건축재로 점차 대체되고 있었다. 앙리 라브루스트가 파리에 지은 생트 쥬느비에브 도서관을 비롯한 19세기 초기의 건물들은 내화성을 고려해 목재와 석재 대신 철을 사용했다. 물론 철은 인화성이 없지만 불 속에서는 강도가 약해지기 때문에 건물이 무너지기 쉽다. 19세기 중엽에 여러 번 대화재가 발생한 후에 건축계에서는 철재나 강철 골조는 화재 시 불에 직접 닿지 않도록 시멘트나 석재, 벽돌을 덧씌워야 한다는 인식이 형성되었다.[15] 뉴욕 공공도서관이 도입한 신기술은 강철만이 아니었다. 또 다른 신기술이 있었다. 바로 전기였다.

오른쪽
뉴욕 공공도서관
1911년, 미국 뉴욕시
이 건물의 앞쪽 절반을 차지하는 공간은 대부분 책의 이동 통로로 쓰인다. 열람실들이 있는 맨 위층으로 가려면 여러 개 층으로 이루어진 웅장한 계단을 올라야 한다.

전기와 도서관

1911년에는 도시의 거리 곳곳에서 말을 흔히 볼 수 있었다. 하지만 도서관에 가스등이 사용된 것은 거의 백 년째였다. 가스는 완벽한 조명 수단이 아니었다. 가스가 탈 때 나오는 연기와 열은 고스란히 건물 꼭대기로 올라가 책을 손상시켰다. 화재 위험은 상존했다. 미국에서 1880년에 토마스 에디슨이 백열등 특허를 냈고, 영국에서도 같은 해에 조지프 스완이 백열등 특허를 냈다.[16] 영국 뉴캐슬어폰타인의 웨스트게이트에 있는 문학과 철학 협회 도서관은 백열등을 사용한 최초의 공공 건물로 알려져 있다. 스완은 1880년 10월 20일에 이곳에서 전기 백열등 조명 시범을 보인 바 있다.[17] 그런데 전기 아크등의 존재는 망각 속에 묻혀 있다. 이 등은 백열등보다 70년 이상 앞서 발명되었다.[18] 영국박물관 도서관과 리버풀 공공도서관은 1879년에 전기 아크등을 설치했다.[19] 대부분의 도시에서 전기 조명의 상용을 가로막은 결정적인 요인은 전력 부족이었다. 영국박물관 도서관은 처음부터 자체 발전 시설을 운영했다. 그러나 1880년대에는 전력 생산과 공급이 크게 늘어났다. 발전소가 미국과 유럽 전역에 세워지면서 전기등 상용화가 이루어졌다.[20]

당시에는 조명 설계에 대한 과학적 지식이 부족했다. 1908년에 처음으로 표면 조도를 예측하고 측정하는 방법을 자세히 다

BENEFACTORS
ASTOR HALL

왼쪽, 오른쪽
뉴욕 공공도서관
1911년, 미국 뉴욕시
주 현관실(왼쪽)은 오전 개관을 앞둔 몇 분 동안은 인적이 드물지만, 곧 열람자와 방문객으로 채워진다. 1911년 5월 23일 태프트 대통령의 주재로 준공식이 열렸다. 이튿날 일반인의 입장이 허용되자, 3만 명에서 5만 명에 이르는 방문객이 몰려들었다. 세부적인 장식은 보자르 양식의 고전주의이다(오른쪽). 실내는 석회가 아닌 석재로 마감되었는데, 열람실에는 목재 벽널이 쓰였다.

룬 논문이 나왔다. 하지만 건축계의 대응은 아주 느렸다. 20세기 초에 조명 방식은 대개 시행착오를 거쳤다. 물리적 모형 제작은 주광 예측에는 도움이 되었지만, 인공조명은 건물이 완성된 뒤 가설치 과정을 거쳐야 했다.[21] 싸고 안전한 인공조명을 구할 수 없는 조건은 도서관뿐만 아니라 각종 건물에 영향을 미쳤다. 이를테면, 19세기에 북유럽에 있는 학교들은 흐린 날에도 적당한 채광을 얻기 위해서 천장을 높이고 큰 창을 냈다.[22] 이런 구조를 채택한 건물들은 춥고 외풍이 심했다. 효율적인 인공조명이 상용되면서, 천장이 낮아지고 창의 크기도 줄었다. 도서관 역시 비슷한 발전 과정을 거쳤지만, 처음에 도서관에 인공조명을 도입한 것은 독서 효율을 높이기 위한 것이 아니라 개관 시간을 연장하기 위해서였다. 작은 공공도서관들은 주간에 일을 하는 이용자를 고려해서 저녁까지 운영을 해야 하는 경우도 있었기 때문에 인공조명은 늘 중요한 문제였다.[23] 많은 도서관과 서고가 인공조명에 의지하지 않으면 이용할 수 없는 구조였다. 일본의 오사카 도서관이 그 대표적인 사례다.

오사카 도서관

오사카 도서관(나중에 오사카 부립 나카노시마 도서관으로 이름이 바뀌었다)은 서양식 외관이다. 서구 열강들은 식민지를 개척하면서 세계 전역에 이런 도서관을 지었다. 하지만 특이하게도 일본은 식민지를 거친 적이 없는데도 자발적으로 서구 문화를 도입했다. 17세기부터 19세기 중엽까지 일본은 타국과의 정치적 접촉에 소극적이었다. 하지만 서구에 비해서 기술력과 국방력이 크게 뒤처져 있다는 인식이 확산되면서 일본은 새로운 길을 선택했다. 일본은 1860년대 후반부터 산업화를 지향하면서 세계 전역에 시찰단을 보냈다. 1892년 당시 29km였던 철로가 1914년에는 11,200km로 늘어났다. 일본은 서구 사회의 모든 분야를 연구하여 서슴없이 모방했다. 이런 움직임은 교육, 의복, 공공도서관, 서양식 건축 양식 분야까지 확산되었다.

오사카 도서관은 지금은 일본에서 유행에서 뒤떨어진 곳으로 여겨져 소홀히 취급되고 있는 건축 양식을 그대로 간직하고 있는 독특한 사례다. 이 도서관은 1904년에 개관했고, 물론 일본 도서가 소장되긴 했지만, 서구의 공공도서관과 똑같이 운영되었다. 고전주의 양식의 주랑 현관을 지나면 웅장한 원형 현관실이 나온다. 현관실에는 적절한 크기의 창이 없기 때문에 한낮에도 인공조명을 사용해야 했다. 열람실이 2개 층에 양쪽으로 배치되어 있고, 지하층에는 부속 시설과 직원들의 업무 공간이 있다. 책은 뒤쪽에 있는 여러 개의 서고 안 강철 서가에 보관되어 있었다. 설계도를 보면 19세기 독일의 공공도서관들을 연상시키는 구조가 눈에 뜨인다. 특히 프랑크푸르트 시립도서관에서 많은 영감을 받은 것 같다.[24]

고전주의 양식에도 변화가 일고 있었다. 새로운 재료와 신기술이 새로운 가능성을 열어놓으면서 건축가들은 고전주의 양식을 사용하고 발전시킬 새로운 방안을 꾸준히 탐색했다. 파리와 미국에서는 1920년대와 1930년대에 아르데코가 발전했다. 영국에서는 찰스 홀덴(1875-1960)의 설계로 런던 대학의 세닛 하우스와 도서관을 비롯해 기념비적인 고전주의 건물들이 탄생했다.[25] 블라디미르 슈코와 블라디미르 겔프리크가 1927-9년에 설계한 모스크바의 러시아 국립도서관은 현대적 요소를 가미한 신고전주의 양식으로 1930년에서 1941년 사이에 건설되었다.[26] 당시에는 스칸디나비아에서 시구르트 레베렌츠와 군나

왼쪽, 위

오사카 도서관

1904년, 일본 오사카

도서관 외관(왼쪽)만 보면 일본에 세워진 도서관이라는 게 전혀 실감이 나지 않는다. 이 건축물은 일본인들이 유럽을 선망의 눈길로 바라보았던 메이지 시대에 지어진 전형적인 건물이다. 이 도서관은 수미토모 가문이 비용을 대고, 노구치 마고이치와 히다카 유타카를 비롯한 건축가와 공학자 그룹이 디자인을 맡았다. 주 건물은 1904년에 완공되었다. 완공 당시에는 중앙 돔과 주랑 현관, 그리고 양쪽의 직사각형 건물로 이루어져 있었고, 직사각형 건물 안에는 각 층에 양쪽으로 열람실이 있었다. 양쪽 직사각형 건물 끝에 수직 방향으로 세워진 건물은 1922년에 추가된 것이다. 돔을 얹은 원통형 현관실(위)에 2층으로 올라가는 계단이 있다. 이 도서관은 처음부터 인공조명이 설치되었다. 효과는 크지 않지만 현관실에서 유일하게 햇빛이 들어오는 곳은 돔 천장 꼭대기에 낸 둥근 창이다.

아래, 오른쪽

러시아 국립도서관

1945년, 러시아 모스크바

건축가 블라디미르 슈코와 블라디미르 겔프리크는 1927년에 이 건물의 설계를 의뢰받았지만, 도서관은 20세기 중엽에야 현재의 건물로 이전할 수 있었다. 공사는 1930년에 시작되었지만, 15년 동안 공사가 들쭉날쭉 진행되었다. 고전주의를 현대적으로 변용한 디자인이다. 긴 계단 끝에 있는 도서일람표 보관실(오른쪽)에는 엄청난 규모의 카드식 도서일람표가 들어 있다. 주 열람실(아래)에서는 국가권력을 상징하는 거대한 레닌의 동상이 열람석에 앉은 열람자들을 감시한다.

르 아스플룬트, 알바르 알토의 손을 거쳐 주목할 만한 발전이 이루어지고 있었다.

스톡홀름 시립도서관

스톡홀름 도서관 위원회는 여러 사람의 기증으로 충분한 재원이 모이자 1918년에 아스플룬트(1885-1945)를 섭외하여 독일, 영국, 미국을 여행하며 도서관들을 살펴본 뒤에 도서관 설계경기를 위한 요강을 만들어 달라고 의뢰했다. 위원회는 아스플룬트가 낸 보고서에 깊은 감명을 받아 설계경기를 열지 않고 그에게 도서관 설계를 맡기기로 결정했다.[27] 최종 계획안 중 일부는 설계 초기 단계에 확정되었다. 계획안은 중앙에 원형 구조물을 세운 정방형 건물이었다. 아스플룬트는 여행 중에 중앙에 홀을 두고 그 옆에 열람실들을 배치한 도서관들을 많이 보았다. 이런 배치는 19세기 독일에서 흔히 사용되었고, 알버트 칸이 설계한 미네소타 대학 도서관과 미시간 대학 도서관에도 사용되었다.[28] 아스플룬트는 미국 의회 도서관과 영국박물관의 원형 열람실도 시찰했던 것으로 보인다. 처음부터 그는 중앙홀에 돔을 올리려고 했다. 하지만 그의 원형 구조물 설계에 가장 큰 영향을 미친 것은 불레가 설계한 프랑스 국립도서관과 그곳에 채택된 갤러리의 계단식 배치였다. 아스플룬트는 중앙홀의 사방 벽에 계

단식 갤러리를 설치했다. 하지만 이런 계단식 배치는 지금은 큰 이목을 끌지 못하고 있다.

최종안은 여러 차례 번복을 거쳐 완성되었다. 최초의 계획안에는 돔형 천장에 피복을 두텁게 씌울 예정이었다. 이대로 실현되었다면 매우 인상적인 결과가 나왔겠지만, 실용성 면에서는 문제가 많았다. 아스플룬트는 채광을 고려하여 돔형 천장을 원통형으로 바꾸고 균일한 채광을 위해 높은 위치에 창을 내기로 했다.[29] 높이 치솟은 원통형 지붕 덕분에 도서관은 시내에서 돋보이는 장소가 되었다. 책장 상단에서 높은 창 사이에 넓은 면적의 빈 벽이 돋보이는 독특한 실내 디자인 역시 이 원통형 지붕 덕이다. 원통형 지붕은 밖에서 보면 프랑스 신고전주의 건축가 클로드 니콜라 르두(1736-1806)가 설계한 일부 건물들과 놀라울 정도로 닮았다. 특히 1780년대에 파리 도심부 외곽의 세관 건물로 정방형 기단 위에 원통형 구조물이 솟아 있는 라빌레트 통행세 징수소와 흡사하다.[30] 이 건물은 외벽에 장식이 있지만, 아스플룬트의 독특할 만큼 간소한 원통형 구조물은 아무런 꾸밈없이 회칠이 되어 있고, 상단에 단순한 석조 장식띠가 둘러져 있다.

열람자는 거대한 문을 통해 들어가는데, 원래 이 문에는 아담과 이브가 지혜의 열매를 서로 권하고 있는 모습을 형상화한 손잡이가 달려 있었다. 검은색 석재로 된 현관실 벽에는 호머의 일리아드의 한 장면이 돋을새김되어 있다.[31] 현관실을 지나 곧게 뻗은 계단을 올라가면 원형 구조물의 중앙에 다다른다. 이곳은 지금은 열람실 기능보다는 안내소 기능이 강하다. 조명과 분수, 문 손잡이, 난간 손잡이 등 사소해 보이는 작은 부분들에도 신경을 많이 쓴 것이 느껴진다. 모든 것이 고전주의적인 분위기를 뿜어내지만, 그 어느 것도 본질적으로는 고전주의가 아니다. 스톡홀름 도서관은 지금도 현대적인 건축물처럼 보이는데, 건물이 완공되었던 1928년에는 대단히 도발적인 건축물이었을 것이다. 하지만 아스플룬트는 이미 모더니즘 건축에 발을 디딘 뒤였고, 이 도서관은 북유럽 고전주의(Nordic classicism) 양식을 채택

위, 오른쪽
스톡홀름 시립도서관
1928년, 스웨덴 스톡홀름

1918년에 군나르 아스플룬트가 애초에 요청받은 것은 도서관 신축을 위한 설계경기 요강의 작성이었지만, 도서관 신축위원회는 그가 제출한 보고서에 감명을 받아 그에게 설계를 맡겼다. 이 도서관의 특징은 중앙 공간의 채광 문제를 해결하기 위해서 큰 원통형 지붕에 높은 창을 낸 것이다. 원통형 지붕이 도서관 진입로로 쓰이는 공원을 내려다보고 있다(위). 이 공원 역시 아스플룬트가 설계했다. 도로에 면한 짧은 계단을 오르면 높은 천장이 딸린 현관실(오른쪽)이 나온다. 현관실에는 원통형 지붕의 중간 지점까지 곧장 이어지는 계단이 있다.

SKÖNLITTERATUR PÅ
FOLKDIKTNING

왼쪽, 오른쪽

스톡홀름 시립도서관

1928년, 스웨덴 스톡홀름

원통형 지붕에서 단연 돋보이는 특징은 책장 상단에서 지붕 측면에 난 창 사이에 넓은 면적의 빈 벽이다(왼쪽). 이 흰 벽은 실내로 들어오는 빛을 반사하는 효과가 있긴 하지만, 무엇보다도 외부에서 보이는 원통의 돌출부를 늘리기 위해서 의도적으로 원통을 수직 방향으로 높였다는 걸 뚜렷하게 보여준다. 도서관의 장식은 그다지 이목을 끌지 않게 되어 있다. 현관실 벽(오른쪽, 그리고 앞면)에는 얕은 돋을새김으로 일리아드의 장면들이 형상화되어 있는데, 이 부조들은 위에 있는 열람실로 가기 위해 그곳을 지나가는 방문객들의 눈에 거의 뜨이지 않는다.

한 그의 마지막 작품이다.[32] 그의 모더니즘 건축물들은 그의 초기 활동의 특징을 일부 지니고 있었지만, 초기에 비하면 독특함이 떨어진다. 이 시립도서관은 그의 대표작으로 도서관 설계에 지속적인 영향력을 미쳤다.

슬로베니아 국립도서관

이곳은 양 세계대전 사이에 지어진 도서관 가운데 독특하기로 손꼽히는 또 하나의 건물이지만, 철의 장막에 갇혀 바깥세상에 잘 알려지지 않았다. 슬로베니아 국립도서관은 요제 플레치니크(1872-1957)가 설계했고, 스톡홀름 시립도서관처럼 고전주의 양식에 현대적인 요소를 가미했다. 플레치니크는 이곳의 설계를 류블랴나의 중심부에서 연관된 건물 여러 채의 설계 작업 중 일부로만 취급했다.[33]

도서관의 외관은 석재(일부는 원래 이 부지에 있던 건물들에서 떼어낸 것도 있다)와 붉은 벽돌이 섞인 독특한 모습이다. 투르아스카 거리에 인접한 인상적인 청동 문을 지나가면 작은 현관실이 나온다. 현관실 한쪽에는 겨울에 외투를 벗어두는 옷 보관실이 있고, 현관실을 통과하면 웅장한 대리석 계단이 펼쳐진다. 건물 중앙부로 곧장 올라가는 계단은 뮌헨의 바예리쉐 국립도서관(프레드리히 폰 개르트너의 설계로 1843년에 완공되었으나 1943-5년에 파괴되었다가 나중에 일부만 복원되었다)의 웅장한 중앙 계단을 떠오르게 한다. 아스플룬트의 스톡홀름 시립도서관의 어두운 계단과도 비슷한 인상을 준다. 건축의 상징성을 신봉했던 프레치니크는 이 계단을 통해서 열람자가 무지의 어두움으로부터 배움의 광명을 상징하는 열람실로 올라간다는 것을 깨닫게 하려는 의도였다. 계단 끝에서 펼쳐지는 열람실은 건물의 동쪽 벽에서 서쪽 벽까지 이르는 넓은 공간이고, 동서 양쪽 벽에는 전면창이 나 있다. 남쪽 벽 높은 곳에도 창들이 있어 열람실 전체에 골고루 빛이 든다. 책은 대부분 서고에 보관되어 있고, 열람을 하려면 접수대에서 대출 신청을 해야 한다. 열람자가 대기하는 공간은 수납장들로 둘러싸여 있고, 수납장 위에 올린 갤러리에는 개가식 서가에 참고도서가 꽂혀 있다. 벽널과 갤러리, 마감재에서는 아츠 앤드 크레프트의 영향이 느껴진다. 이 도서관은 1934년에 건설이 시작되어 1941년에 개관했지만, 1944년에 독일 공군기가 열람실로 추락해 크게 파괴되어 1947년까지 폐관되었다.

모더니즘의 지배

모더니즘 운동은 1차 세계대전이 끝날 무렵부터 꾸준히 성장했지만, 건축의 주류 양식으로 자리 잡고 대규모 건축물에 적용되

아래, 오른쪽

슬로베니아 국립도서관

1941년, 슬로베니아 류블랴나

요제 플레치니크가 설계한 이 도서관에서는 장식을 거부하는 모더니즘 건축에 대한 의도적인 도전이 느껴진다. 건물 전면부(아래 왼쪽)는 피렌체의 팔라초 주카리에서 영감을 받은 것이다. 매너리즘 시기의 건축가 페드리코 주카리가 1570년에 설계한 팔라초 주카리의 전면부에는 매끈한 마름돌과 거친 바윗돌과 고고학적 유적에서 떼어낸 큰 돌조각이 섞여 있다. 프레치니크가 만든 전면부에는 중세 때부터 이 부지에 남아 있던 돌조각들이 섞여 있다. 오른쪽의 큰 창문은 열람실 양쪽 끝에 난 창 중 하나다. 실내장식이 고전주의의 영향을 받았다는 것은 주 출입구 위쪽에 있는 전시실 입구(아래 오른쪽)에서 확인할 수 있다. 주 열람실(오른쪽)은 건물 부지의 전체 너비를 꽉 채우고 있다. 주 열람실은 양쪽 끝에 난 창과 중앙 벽면에 높게 난 창으로 빛이 든다. 가구들 역시 모두 플레치니크가 설계한 것이다. 탁자를 받치는 대리석 기둥은 위로 갈수록 지름이 줄어들고, 전등은 회전식 걸이에 걸려 있다. 강철로 골조를 짠 갤러리에는 가스관으로 만든 난간을 달았다. 왼쪽에 있는 갤러리는 열람실 중앙에 있는 사서 책상 뒤편에 강철로 만들어 세운 계단으로 올라간다. 오른쪽 갤러리는 열람실 가운데로 가로지르는 다리를 통해서만 갈 수 있다.

다음면
슬로베니아 국립도서관
1941년, 슬로베니아 류블랴나
정문에서 이어지는 검은 대리석 계단을 오르면 열람실 전실이 나온다. 전실 문 상단의 유리창 너머로 열람실 맨 안쪽 끝 벽에 난 창문이 보인다. 중앙 출입구에 계단을 배치한 디자인은 러시아 국립도서관과 스톡홀름 시립도서관에서도 사용되었는데, 이것은 프리드리히 개르트너의 바이에른 주립도서관(1843)을 모방한 것이다.

기까지는 한 세대가 지나야 했다. 모더니즘은 1945년 이후에야 확립되었고, 전후 부흥기는 건축가들이 모더니즘의 장점을 입증할 수 있는 충분한 전환점이 되었다. 2차 세계대전 이후에 세워진 수많은 도서관들을 여기서 전부 다 골고루 다룰 수는 없다. 이 도서관들은 모두 장기적인 측면에서 호평을 받지는 못했다. 단열 효과가 부실한 얇은 콘크리트 벽과 넓은 면적의 유리, 평평한 지붕을 채택하면서 난방과 관리 문제가 나타났다. 사서들은 오래전부터 도서관 실내를 융통성 있게 사용할 수 없다고 불평했는데, 그 해결책으로 등장한 것이 도서관에 넓은 면적의 균일한 바닥 공간을 배치해 사서들이 원하는 설비를 갖추고 끊임없이 변화하는 요구에 부응하는 방향으로 이용할 수 있게 하는 것이었다. 그렇지만 이 방법을 채택했다고 해서 반드시 기대했던 것처럼 융통성 있게 사용할 수 있는 공간이 나오는 것은 아니었다. 그렇다고 전후에 세워진 도서관들이 모두 융통성을 제공하는 데 실패했다고 단정하는 것은 옳지 않다. 많은 도서관들이 아주 성공적인 공간을 창조했다. 몇몇 도서관들은 기능적인 면은 물론이고 미학적으로도 충실한 결과를 이루었다. 예일 대학의 바이네케 희귀도서 및 필사본 도서관이 그 대표적인 사례다.

바이네케 희귀도서 및 필사본 도서관

고든 번샤프트(1909-1990)가 바이네케 도서관(1960-3년에 건설)의 설계를 맡게 된 과정을 살펴보면 설계경기의 단점이 분

명히 드러난다.

코네티컷 뉴헤이븐에 있는 예일 대학 건축학교의 학장 폴 루돌프는 교무처장을 설득해서 도서관 신축을 위해 설계경기를 열기로 했다. 그가 번샤프트에게 전화를 걸어 경기에 참가하라고 권하자, 번샤프트는 뜻밖에도 거절 의사를 밝혔다. 그는 의뢰인이나 직접적인 사용자들과 대화하는 게 금지되어 있고 정해진 요강에 맞춰 설계를 해야 하는 설계경기 방식이 마음에 들지 않았다. 당선자는 대부분 설계의 지침으로 삼아야 하는 설계요강이 안고 있는 문제점을 알게 되지만, 설계요강을 따르지 않았다가는 경쟁에서 탈락한 사람들이 항의하는 사태가 일어날 수 있다는 생각에서 설계요강을 그대로 받아들일 수밖에 없었다. 번샤프트는 설계경기 방식이 건축가에게 큰 비용 부담을 줄 뿐 아니라 수준 이하의 건물이 나올 수밖에 없다는 의견을 밝혔다. 그는 루돌프에게 교무처장을 직접 만나게 해달라고 요청했고, 루돌프는 이를 받아들였다. 번샤프트는 교무처장에게 설계경기를 여는 것보다 인터뷰를 통해서 건축가를 선발하는 게 낫다고 설득했다. 예일 대학은 여러 건축가들로부터 상세한 정보를 받아 검토한 뒤 결국 번샤프트를 선택했다.[34]

번샤프트가 도서관 직원들과 함께 협력하여 작성한 설계지침은 간단했다. 뉴헤이븐의 기상조건에서는 밀폐형 서고를 만들고 인공적인 공기조절 설비를 갖추어 온도와 습도를 일정하게 유지해야 했다. 전시 공간과 열람실, 업무실도 마련해야 했지만, 여기에는 큰 어려움이 없었다. 번샤프트의 최종안의 핵심은 두 가지로 요약된다. 첫째는 도서관 서고 자체로 전시 효과를 낼 수 있으니 전시 공간의 중심에 서고를 두겠다는 발상이었다. 그는 서고를 둘러싸는 거대한 유리 상자를 만들고, 유리 상자 내부에 공기조절 장치를 두면 책을 안전하게 보관할 수 있는 밀폐된 공간이 완성될 거라고 판단했다. 둘째로, 그는 서고에는 채광이 필요하지만 햇빛이 곧장 책에 닿으면 책이 손상될 거라는 걸 깨달았다. 그는 해법으로 이 유리 상자형 서고와 서고를 둘러싼 전시 공간을 반투명 대리석 벽체를 이용한 더 큰 상자 안에 넣는 방안을 찾아냈다. 밖에서 보면 이 대리석 벽체는 불투명하게 보이지만, 햇빛을 받으면 대리석 벽체가 실내로 호박색 광선을 뿜어내 유리 상자 안에 든 가죽 장정의 책들을 돋보이게 만든다. 결국 이 계획은 탁월한 솜씨를 거쳐 도저히 상상할 수 없을 만큼 강렬하면서도 단순한 공간으로 탄생했다.

번샤프트는 후일 자신의 건축 경험을 돌아보는 솔직한 인터뷰를 할 때, 바이네케 도서관의 벽체 재료를 선택했던 경험을 이야기했다. 그가 이스탄불의 어느 르네상스의 양식 궁전에서 본 돔 천장이 줄마노(onyx)를 사용한 거라고 생각했는데, 알고 보니 설화석고였다. 그는 조사를 거쳐 과거에는 줄마노와 설화석고를 창으로 사용했다는 걸 확인했다. 설화석고가 비에 용해된다는 말을 듣고 그는 줄마노를 찾으러 다녔다. 그는 멀리 알제리와 페루까지 가서 줄마노를 구해보려고 했지만, 창으로 쓸 수 있을 만큼 큰 줄마노를 구할 수 없었다. 결국 그는 버몬트 주에서 구한 대리석을 창에 사용했고, 흰색 콘크리트 골조로 창을

예일 대학의 바이네케 도서관
1963년, 미국 코네티컷 뉴헤이븐

스키드모어 오윙스 앤 메릴(SOM) 건축회사의 고든 번샤프트가 설계한 예일 대학의 희귀도서 도서관의 현대적인 외관은 그 어떤 것도 드러내 보이지 않는다. 이 건물은 예일 대학 캠퍼스의 신고전주의 건물들과 고딕 복고조 양식 건물들 사이에서 두드러져 보이며, 안마당 안 약간 떨어진 곳에 독립적으로 서 있고, 건물 아래에는 받침다리 모양의 구조물이 있다. 전면 유리를 끼운 출입구는 돌출부의 그림자 속에 숨겨져 보이지 않는다. 건물 앞에 세워진 사람 가슴 높이의 벽은 보행자가 열람실 채광을 위해 마련해놓은 아래쪽 안뜰로 추락하는 것을 막아준다.

예일 대학의 비이네케 도서관
1963년, 미국 코네티컷 뉴헤이븐
햇빛은 반투명의 버몬트 대리석을 뚫고 들어오면서 흰색에서 신비로운 호박색으로 변한다. 이런 일광 조정 방식 덕분에 커다란 유리 상자 안에 보관된 책들은 완벽하게 보호를 받는다. 도서관 한가운데 놓인 유리 상자 안은 온도와 습도가 완벽하게 조절이 되며, 유리 상자를 둘러싼 공간에는 동일한 형태의 전시실이 마련되어 있다.

지지했다. 대리석 사용으로 엄청난 효과를 거두었지만, 번샤프트는 건물 전체를 설화석고로 덮는 편이 더 나았을 것이라는 미련을 접지 못했다.[35] 이 사례에서 알 수 있듯이, 건축가들은 머릿속으로 계획을 구상할 때 그 목표를 달성할 수 있는 방법을 전혀 알지 못하는 경우가 적지 않으며, 절충을 한다고 해서 반드시 최종 결과에 악영향이 미치는 것도 아니다.

바이네케 도서관을 도서관 디자인의 대표적인 모더니즘 양식이라고 보는 것은 옳지 않다. 실제로 '디자인 문제'에 대한 '논리적 해법'을 강조하던 모더니즘은 굉장히 다양한 도서관 배치 방식을 이끌어냈다. 번샤프트의 다른 건축물들은 바이네케 도서관처럼 대칭적인 배치를 거의 찾아볼 수 없다. 그는 많은 건축물을 지으면서 비대칭적인 해법을 적극적으로 추구했다. 여러 가지 기능이 중복해서 배치된 경우는 거의 없고, 대칭을 이루는 경우도 거의 없다. 비대칭성은 기능을 가장 중시하는 해법을 찾고자 하는 건축가의 욕구를 상징하는 것이기도 했다. 알바르 알토와 휴고 해링, 그리고 한스 샤로운 등의 건축가들은 신앙이나 다름없는 열정을 가지고 비대칭적 설계를 지향했다.

알토와 샤로운, 그리고 자유로운 설계

핀란드의 건축가 알바르 알토(1898-1976)는 여러 도서관을 설계했다. 그의 건축은 언제나 요강과 맥락에 충실하다. 따라서 그의 건축물 중에는 비슷한 것을 찾아볼 수 없다. 그러나 그의 도서관들이 흔히 채택하는 요소는 함몰형 구획(sunken enclosure)이다.[36] 1927년에 당시 핀란드의 비퓨리(지금은 러시아에 속하며 비보르크라고 불린다)에 신축될 도서관을 설계할 때 그는 처음으로 이 요소를 채택했다. 비퓨리 시립도서관은 1935년에 완

공되었다. 도서관의 곧게 뻗은 짧은 계단을 올라가면 책으로 둘러싸인 저층 공간이 나온다. 거기서 180도 방향으로 꺾어서 다시 곧게 뻗은 두 번째 계단을 올라간 곳에 중앙 안내소가 있다.[37] 그가 설계한 헬싱키의 국민연금공단 도서관 입구로 들어가면 직사각형 공간이 나오는데, 이 공간 가운데 움푹 팬 함몰 구획에는 책장들이 벽처럼 둘러서 있고 그 한가운데 긴 열람용 책상이 놓여 있다.[38] 1962년 독일의 볼프스부르크 문화센터 도서관과 핀란드의 로바니에미 시민회관 도서관에도 함몰 구획이 채택되었다.[39] 이런 공간의 특성이 뚜렷이 부각되는 곳이 알토가 1965년에 핀란드의 작은 마을 세이네요키에 세운 공공 대출 도서관이다.

세이네요키 공공도서관

이 도서관은 마을 광장의 한쪽 면을 이루고 있다. 마을 광장은 사면이 알토가 설계한 건물로 둘러싸여 있다.[40] 도서관은 지하에 서고와 서비스 공간이 설치된 단층 구조물이다. 입구에서 곧게 뻗은 짧은 계단을 오르면 약간 좁은 문들이 나오고 옷을 보관하는 선반과 사서의 책상이 열람자를 맞이한다. 도서관의 주요 공간은 비교적 좁지만 한가운데가 움푹 패인 함몰 공간으로 되어 있어 더 넓고 더 높아 보인다. 함몰 공간의 바닥이 주요 공간보

왼쪽, 오른쪽
세이네요키 공공도서관
1965년, 핀란드 세이네요키

이 도서관은 광장 주변에 들어선 교회와 시청, 업무용 건물, 극장 등 대규모 복합 단지의 일부이다. 이 복합 단지의 건물들은 모두 알바르 알토가 설계했다. 도서관 진입로에 난 짧은 경사로를 올라가면 비교적 소박한 문(왼쪽 아래)이 나온다. 이 문에는 알토가 디자인한 손잡이가 독특한 모습을 자랑한다. 문을 통과하면 천장이 비교적 낮은 공간이 나오고 이곳을 지나야 주 열람실(오른쪽)이 나온다. 평면도를 보면 열람실 공간은 곡선형 벽면에 수직 방향으로 책장들이 세워져 여러 개의 구획으로 나뉘어 있고, 책장 위로 난 큰 창으로 채광이 된다. 열람실 중앙 사서의 책상 옆에 난 짧은 계단으로 내려가면 반 층 정도 낮은 함몰 공간에 들어갈 수 있다. 이곳에서 다시 짧은 계단을 내려가면 지하 서고가 나온다. 이런 함몰 공간은 알토의 도서관 디자인에서 자주 쓰이는 특징이다. 함몰 공간의 책상에 앉으면 책에 완전히 둘러싸인 듯한 느낌이 들고 천장이 훨씬 높아 보여서 공간이 실제보다 넓게 느껴진다. 알토가 디자인한 삼각형 모양의 책상(오른쪽)은 개별 열람자가 제각각 책상 하나씩을 차지하고 독서를 할 수 있는 독립적인 공간을 제공한다. 이 책상들 역시 열람실의 곡선형 공간에 맞추어 곡선형으로 놓여 있다. 이 도서관은 어디에서도 밖을 내다볼 수 없다. 일단 도서관에 들어오면 열람자가 바깥세상에 관심을 빼앗기지 않고 책에 몰두하게 하려는 의도에 따른 설계다.

다 약 1m 낮고, 함몰 공간에 놓인 책장 상부가 주요 공간의 난간 역할을 한다. 함몰 공간에 선 열람자는 위에 갤러리가 있어서 책으로 완전히 둘러싸인 듯 느끼게 된다. 단면을 보면, 이 도서관 역시 불레의 프랑스 국립도서관을 연상시키지만, 알토가 불레의 설계에 영향을 받았다는 증거는 없다. 도서관의 함몰 공간은 20세기 후반에 많은 건물에서 모방된 장치이다. 특히 서점들에서 많이 모방되었는데, 함몰 공간을 배치하면 책장을 놓을 공간이 늘어나고 사람들의 눈에 서점의 아래쪽 공간이 더 들어오기 때문에 그곳까지 계속 둘러보게 할 수 있었다.

세이네요키 도서관은 비대칭이다. 건물은 기본적으로는 직선형이지만, 중앙 공간은 그렇지 않다. 중앙 열람실의 뒤편에는 물결 모양의 벽이 있고, 양쪽 벽은 뒤로 갈수록 벌어져 물결 모양의 벽 양끝을 에워싸고 있다. 하지만 샤로운의 건축물은 이런 식으로 설명하기 어렵다. 샤로운의 설계 도면은 아주 복잡할 뿐 아니라 서로 충돌하는, 얼핏 보기엔 무작위로 늘어놓은 것 같은 기하학적 도형들을 많이 사용하고 있다.

베를린 국립도서관
1978년, 독일 베를린

베를린 국립도서관은 1661년에 주립도서관으로 설립되었다가 현재는 국립도서관으로 쓰이고 있으며, 독일어권의 학술연구 도서관으로는 최대 규모를 자랑한다. 2차 세계대전 이후에 이곳의 장서가 나뉘어서 보관되었다. 원래의 도서관 건물은 동독에 있었기 때문에, 서독에 남아 있던 장서는 한스 샤로운이 설계한 건물로 옮겨지게 되었다. 커다란 하나의 공간으로 이루어진 이 도서관의 열람실에는 다양한 열람 공간이 마련되어 있다.

베를린 국립도서관

독일 건축가 한스 샤로운(1893-1972)은 평생 건축에 종사하고 건축을 가르쳤다. 그러나 그는 60대가 되어서야 중요한 건물들의 설계 의뢰를 받기 시작했고, 그중 대부분이 완공되는 걸 보지 못하고 눈을 감았다.[41] 그의 자유로운 설계는 특히 1990년대에 큰 영향을 미쳤다. 당시 해체와 혼돈의 철학 등의 개념에 관심을 가졌던 건축가들은 그가 대단한 선견지명을 지녔다고 여겼다. 샤로운은 이동 형태와 관점을 기준으로 제각각 완결성을 지닌 여러 요소들을 배치하는 방식으로 설계를 했다. 그가 처음 맡았던 중요한 건물은 베를린 필하모닉 공연장이었다. 주 공연장은 1956년에 건축이 시작되어 1963년에 완성되었고, 부속 공연장은 1979-84년에 지어졌다. 알토의 후기작인 헬싱키의 핀란디아 홀(1967-71)과 비슷하게, 이곳의 로비 공간은 평면상으로는 굉장히 복잡하고 자유로운 형식으로 이루어져 있다. 보자르 양식의 대칭 설계 방식은 전혀 사용되지 않았다. 방문객이 건물에 들어서서 처음 눈에 들어오는 것은 옷 보관실이다. 공연장 좌석까지 가려면 여기서부터 여러 층으로 된 계단을 올라가야 한다. 거대한 로비 공간은 여러 개의 단으로 이루어져 있으며, 윗단에 서면 아랫단이 내려다보인다.[42]

샤로운은 1967년에 베를린 국립도서관의 설계를 의뢰받았다. 그가 1972년에 사망하자, 국립도서관은 그의 제자였던 에드가 비스니에브스키의 지휘 아래 1978년에 완성되었다.[43] 2차 세계대전 동안 국립도서관의 장서는 안전을 위해서 여러 장소에 분산해서 보관되었다. 1945년에 베를린이 분할될 당시 이 장서는 베를린 장벽을 사이에 두고 절반씩 나뉘어 있었다. 동베를린에 있던 장서는 예전 국립도서관 건물로 돌아갔지만, 서베를린에 있던 장서는 돌아갈 곳이 없었다. 샤로운의 국립도서관은 장서 4백만 권을 수용할 뿐 아니라 소장 도서의 증가를 예상하여 추가로 4백만 권을 수용할 수 있도록 설계되었다. 도서관 입구가 있는 1층에는 옷 보관실과 대출 업무 공간, 운반구역이 있다. 열람자는 보안구역을 지나 계단을 통해 2층 열람실에 도착한다. 하나의 거대한 공간으로 된 열람실에는 계단과 테라스가 얼기설기 얽혀 여러 개의 단을 이루고 있다. 이런 배치 덕분에 열람자는 자신의 기호에 맞는 열람 공간을 찾을 수 있다. 작은 일인용 칸막이 책상도 있고, 모퉁이마다 잘 눈에 뜨이지 않는 벽감도 있고, 높은 지붕 밑에도 열람 공간이 있고, 창문 옆에도 책상

이 있고, 도서관 건물의 길이를 온전히 조망할 수 있도록 앞이 탁 터진 공간도 있다. 건물 후면의 긴 벽에는 서고와 사서 업무실이 배치되어 있다. 원래 이 벽은 새로 들어설 간선도로와 마주보게 될 예정이었다.

질서 찾기

샤로운의 열람실 배치는 극장의 로비와 놀라울 만큼 비슷하다. 이 유사성은 마치 극장처럼 지붕에서 돌출한 형태로 배치된 서고에서도 확인된다. '극장 로비 형식의 도서관' 배치 방식은 완전히 새로운 것이었다. 방문객들은 건물 이곳저곳을 다니면서 높은 공간과 낮은 공간, 위에서 채광이 되는 공간, 옆에서 채광이 되는 공간을 두루 체험한다. 평행을 이루는 벽 배치를 찾아볼 수 없기 때문에 거리를 가늠하기 어렵다. 이 건물을 호평하는 사람들의 입장에서 보면, 다양함은 물론이고 계속 변화하는 공간 구성을 즐길 기회를 주는, 별난 건물이다. 이 건물을 혹평하는 사람들의 입장에서 보면 불필요하게 복잡할 뿐 아니라, 방

왼쪽, 아래

베를린 국립도서관

1978년, 독일 베를린

도서관 맨 아래 지상층에는 옷 보관실과 대출 업무 공간이 있다. 웅장한 계단(왼쪽 위)을 올라가면 커다란 주 열람실이 나온다. 여러 단으로 이루어진 갤러리들(왼쪽 아래)에 열람석이 배치되어 있다. 극장의 로비 같은 느낌을 주는 열람실 공간은 샤로운이 극장 로비에서 착안하여 설계한 것으로 보인다. 특별한 행사나 전시회에 사용할 수 있도록 애초부터 가구를 배치하지 않은 공간도 있다(아래).

필립스 엑스터 아카데미 도서관
1971년, 미국 뉴햄프셔 엑스터

루이 칸이 설계한 이 도서관은 학교 내 다른 건물들의 네오조지안 양식과 조화를 이루도록 붉은 벽돌을 사용했다. 넓은 잔디밭 한가운데에 세워진 독립 건물이다. 지상층에 마련된 빈 통로는 옥내 통로로 이용된다. 최초의 설계안에 따르면 이 회랑은 높이가 훨씬 높게 설계되었지만, 비용을 줄이기 위해서 높이를 낮추었다. 도서관 출입구는 이 통로 안에 있다.

문객을 혼란스럽게 하고 방향감각을 잃게 하는, 종잡을 수 없는 건물이다. 이런 입장 차이는 로코코와 신고전주의의 차이만큼이나 현격하다. 물리적인 재료를 사용하긴 했지만, 샤로운의 건축에서는 재료가 중요치 않다. 중요한 것은 시각적 경험이다.

1945-80년에 줄을 이어 출판된 도서관 디자인 책들은 모더니즘 건축가들이 공간 계획과 모듈 방식, 소위 '기능적' 디자인에 매료되었음을 입증하고 있었다. 그중에는 마이클 브론의《도서관: 건축과 설비》(1970)처럼 건축가가 쓴 책들도 있지만, 키이즈 드윗 맷카프의《학술연구 도서관 건축 계획》(1965)과 고드프리 톰슨의《도서관 건물의 계획과 디자인》(1975)처럼 사서들이 쓴 책이 많았다.[44] 이 책들은 카드식 도서일람표의 적당한 배치 장소와 최신식 대출표 송수신관(지금은 구식으로 여겨지지만) 디자인에 대한 조언을 했다. 이들은 열람자와 책의 수용 능력을 최대화할 수 있도록 책장과 책상을 적절한 간격으로 배치하는 규칙을 제시하기도 했다. 이들은 거의 예외 없이 서고를 건물 한가운데 두고, 열람실은 건물 외곽 창문 가까운 곳에 두었다. 기둥 사이의 적정 간격과 융통성에 대한 강조도 있었다. 책에 삽입된 흑백사진들에는 단조로운 직사각형 모양의 공간 안에 책상들이 똑같은 간격으로 늘어서 있고, 책상마다 따분한 표정의 사람들이 앉아 있었다. 하지만 건축가들이 죄다 이들의 조언을 흔쾌히 따르지는 않았다. 일부 도전적인 건축가들은 자신만의 독창적인 사고를 고집했다. 건축가 루이스 칸은 이런 사고를 '제 1원칙으로의 회귀'라고 불렀다.

필립스 엑스터 아카데미 도서관

뉴햄프셔 엑스터에 있는 미국 사립학교 필립스 엑스터 아카데미는 1965년에 도서관 신축을 위해 저명한 건축가들을 직접 면담했다. I. M. 페이와 폴 루돌프, 필립 존슨, 그리고 에드워드 반스 등이 포함된 건축가 명단에서 루이스 칸(1901-1974)이 선발되었다.[45] 칸은 "세상에 도서관이 아예 존재하지 않았던 것처럼 도서관 설계를 하라."는 말을 한 적이 있다. 다시 말해, 그의 전략은 쓸데없는 시간 낭비가 될 수도 있었다. 하지만 실제로는 그가 많은 시간을 들여 옛 도서관들을 살펴보았음을 입증하는 증거가 많다. 그는 존 윌리스 클라크가《책의 관리》(1901)에서 영국 더럼의 수도원 회랑에 있었던 수사들의 일인용 열람석에 대해서 묘사한 내용을 알고 있었다. 또 그는 채광 문제와 관련해서도 "사람은 책을 손에 들면 자연히 햇빛이 드는 곳으로 간다. 도서관은 거기서 시작된다. 책을 든 사람은 전등을 찾아서 오십 걸음을 걸어가려 하지 않는다."라고 말했다.[46] 그는 불레의 프랑스 국립도서관에 대해서 "도서관 본연의 모습, 방 안에 들어서면 사방팔방에 책이 채워져 있는 느낌"을 주었다고 말했다.[47]

그는 필립스 엑스터 아카데미를 설계할 때 주변 환경을 고려하여 건축 재료를 선택했다. 그 학교의 다른 건물들이 붉은 벽돌을 사용한 네오조지안(Neo-Georgian) 양식이라는 점을 고려하여 도서관 건축 재료로 벽돌을 선택했다. 평면과 입면 모두 거의 정방형이다. 이 건물은 마치 성의 중심부 건물처럼 주위 건물들을 압도한다. 외부에서 보면 벽돌이 하중을 받고 있는 것처럼 보인다. 조지안 양식 건물들과 마찬가지로, 창문 위에 평아치(flat arch)를 두고 개구부도 조지안 양식 창문과 거의 같은 비례를 이루게 배치했다. 그러나 석조 장식이나 다른 외부 장식은 전혀 없다.

열람자는 건물 1층을 감싸고 있는 회랑을 통해서 도서관으

필립스 엑스터 아카데미 도서관
1971년, 미국 뉴햄프셔 엑스터

열람자는 지상층에 난 출입구에서 곧바로 지상층 열람실로 들어가거나 대리석 계단을 이용해 사진에 보이는 중앙홀로 들어간다. 건물 외관에는 특이한 열람실 공간을 예상할 수 있는 요소가 전혀 없다. 중앙홀에 들어선 뒤에야, 커다란 콘크리트 원이 상단에 위치한 서고들을 액자 모양으로 지탱하면서 동시에 지붕의 육중한 십자형 콘크리트 보(뒷면 참조)를 지탱하고 있는 도서관의 특이한 구조가 한눈에 들어온다.

로 들어간다. 하지만 회랑은 전통적인 회랑과는 반대로 되어 있다. 즉, 회랑은 건물을 감싸고 있는 게 아니라 정원을 마주보고 있다. 회랑의 한 면은 막아두어 입구 로비로 쓰인다. 입구에서 이어지는 대리석 계단을 오르면 건물의 중심부인 2층 공간이 나타난다. 이곳에 서면 위쪽으로 수많은 책장들이 늘어선 모습과 건물의 전체적인 형태가 눈에 들어온다. 이 중앙 공간의 비례는 발티모어의 피바디 도서관을 연상시킨다(236-8쪽 참조). 하지만 이곳의 중앙 공간은 주 열람실이 아니라, 핵심부인 옥내 안마당일 뿐이다. 책은 이 공간을 에워싼 서고에 배열되어 있다. 열람을 위한 공간은 한 층 걸러 한 층마다 마련된 두 개 층 높이의 공간, 큰 창 옆에 놓인 일인용 열람석이다. 다시 말해서, 칸은 당시의 저서들이 옹호하던 설계를 이어받아 더욱 확장시켰다. 서고는 중앙이 아니라 외곽에 배치되었고, 서고 둘레에 열람공간이 놓여 있다. 서비스 공간과 계단은 건물의 모퉁이에 놓았다. 이런 유형의 설계는 효율성을 고려하지 않은 것이다. 평면으로 그려보면, 각 층의 중앙은 쓸모없는 공간이다. 멧카프는 저서 《학술연구 도서관 건축 계획》에서 이런 유형의 공간을 "특정할 수 없는 건축적 공간"이라고 불렀다.[48] 그는 이런 공간이 필수적이라는 것을 인정하면서도 최소한으로 유지해야 한다고 말했다.

멧카프를 비롯해 도서관 디자인을 탐구한 여러 저자들은 평면에 집착해 있었다. 그러나 평면이 어떤 점에서는 건축의 '동력원'(스위스 건축가 르 꼬르뷔제가 처음으로 쓴 표현)이라는 생각은 줄곧 오해를 자아내고 있다. 평면과 다른 투박한 도면들이 디자인 과정의 다양한 단계에서 중요한 역할을 하는 것은 사실이지만, 이들을 우선시하게 되면 창조적이고 더 효율적인 해결안을 방해할 위험이 있고, 재료와 난방, 조명 그리고 시각적 경험 등 중요한 핵심 요소들이 고려 순위에서 밀려날 수 있다. 건물의 궁극적 성공은 바닥 공간에서 측정되는 것이 아니라, 건물이 삼차원에서 어떻게 활용되는지, 얼마나 많은 사람들이 그 공간을 이용하는 걸 즐기는가로 측정된다. 이런 측면들은 평면보다는 모형으로 더 쉽게 실험될 수 있다. 칸은 이 점을 이해하고 설계 작업에 물리적 모형을 두루 활용하였다. 책장과 책상 공간

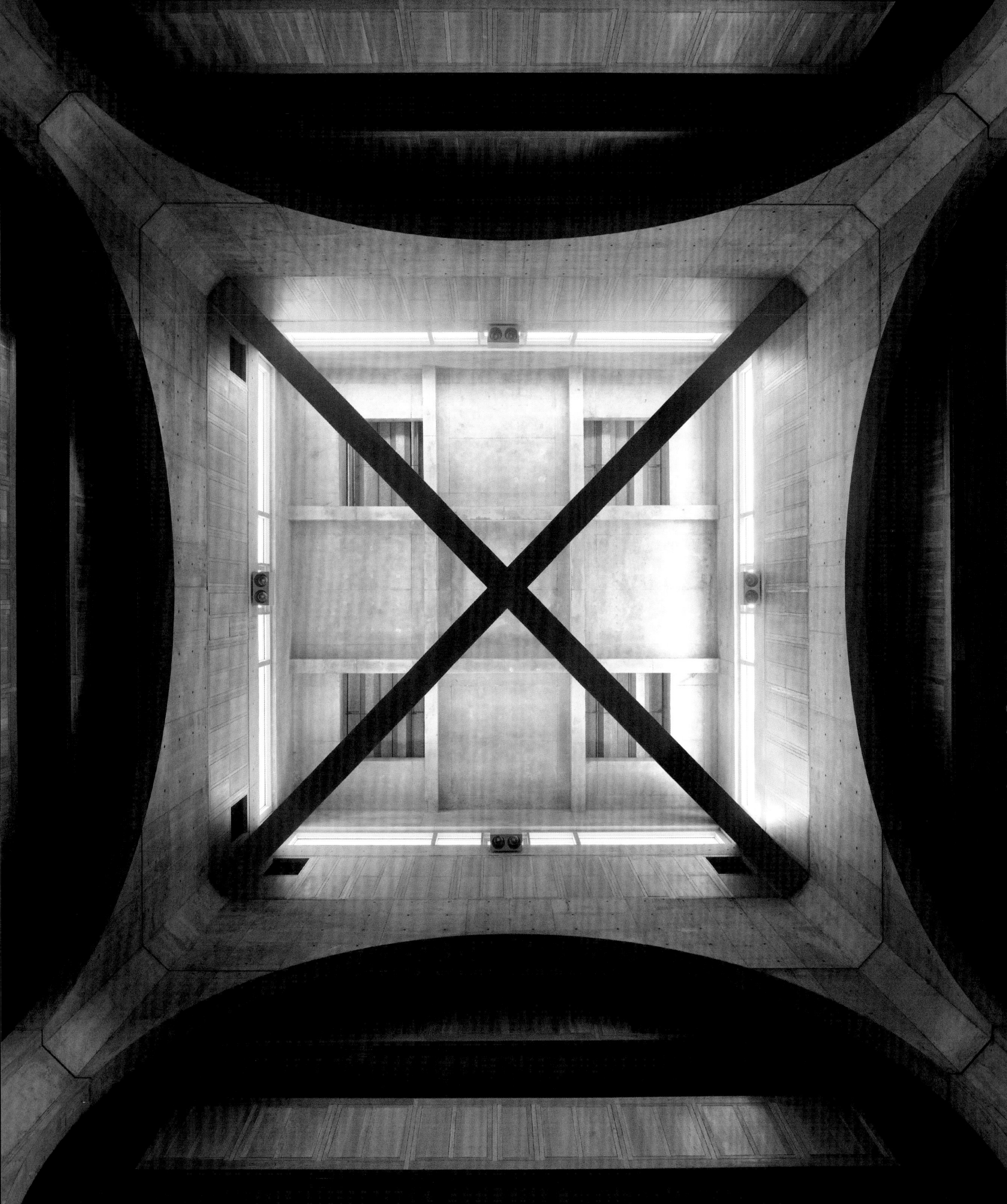

인쪽, 아래

필립스 엑스터 아카데미 도서관

1971년, 미국 뉴햄프셔 엑스터

중앙홀에서 고개를 한껏 젖혀 지붕을 올려다보면 평평한 지붕을 지지하는 십자형 보가 보인다(왼쪽). 중앙홀은 특별한 용도로는 쓰이지 않으며, 열람자가 도서관에서 어느 곳에 있더라도 건물 중앙이나 자신이 가고자 하는 지점이 어느 쪽에 있는지를 파악할 수 있는 지침을 제공할 뿐이다. 이곳은 순전히 건축가의 의도에서 빚어진 공간일 뿐이지만, 일단 이 공간을 보면 필연적으로 깊은 감동으로 빠져들 수밖에 없게 만드는 엄청난 힘을 발산한다. 서고로 쓰이는 층은 비교적 높이가 낮지만, 일인용 열람석들(아래)은 건물 맨 가장자리 공간에 빙 돌아가며 배치되어 있어서 위로 난 큰 창을 통해 빛이 듬뿍 들어온다.

은 모든 측면을 고려하여 디자인하였다. 덕분에 이곳은 여러 세대의 학생들로부터 많은 사랑을 받고 세계 곳곳에서 찾아온 방문객들로부터 호평을 받으며 강력한 영향력을 행사하는 건물로 자리 잡았다.

공간이 안고 있는 여러 가지 문제

필립스 엑스터 아카데미의 도서관은 당시의 도서관 디자인에 대한 저작들이 정해놓은 규칙 중 대부분을 거스르고 있었다. 무엇보다도 이 도서관은 독립적인 형태 때문에 장기적인 확장이 거의 불가능하다. 그러나 변호를 하자면 이 건물은 확장할 필요가 없을 것이다. 완공 당시에 수요량을 넘어서는 엄청난 수용 능력을 가지고 있었고, 지금도 학교 도서관 중에서 세계적으로 손꼽히는 규모를 자랑하고 있다. 지방 소규모 대출 도서관과 학교 및 대학 도서관을 비롯해서 대부분의 도서관들은 간행된 지 오래된 책들을 폐기하는 방식으로 장서 규모가 지나치게 늘어나는 걸 막을 수 있지만, 이를 실행에 옮기기까지는 먼저 많은 논의를 거쳐야 한다.[49] 납본 도서관들은 훨씬 더 큰 난관에 처해 있다. 사람들은 납본 도서관들이 출판된 책들을 빠짐없이 소장하고 있을 거라고 생각한다. 아무리 납본 도서관이라도 자료를 선별하여 폐기할 수밖에 없는데도 사람들은 출판사들이 납본 도서관에 제출한 도서의 대부분이 그대로 소장되어 있을 거라고 기대한다. 디지털 기술이 발전하면 출판물의 양이 줄어들 거라는 예측이 있었지만 실제로는 출판물의 양이 늘어났고, 20세기 후반기에 모든 납본 도서관들은 늘어나는 출판물의 양을 따라잡는 문제로 고심을 해야 했다. 이 문제를 해결하기 위해 가장 주목할 만한 시도는 파리의 프랑스 국립도서관과 런던의 영국 도서관의 건물 신축이었다. 영국 도서관은 36년 만에 완공되었지만, 프랑스 국립도서관은 7년 만에 완공되었다. 그 덕분에 프랑스 국립도서관은 영국 도서관이 겪어야 했던 끊임없는 설계 요강의 변동을 피할 수 있었다.[50] 그렇지만 이 도서관은 계속해서 많은 논쟁에 시달려야 했다.

프랑스 국립도서관

1980년대에 프랑스 국립도서관은 라브루스트가 설계한 건물로는 감당할 수 없을 만큼 규모가 커져서 파리 곳곳에 부속건물을 두었다. 새로운 부지를 공급하겠다는 결정은 순전히 정치적인

왼쪽, 아래 왼쪽, 오른쪽

프랑스 국립도서관

1996년, 프랑스 파리

프랑스 건축가 도미니크 페로가 설계한 이 도서관은 세느 강변 비탈진 부지에 있다(왼쪽). 도서관 건물 전면부 앞쪽을 꽉 채우는 넓은 계단을 올라가면 건물 지붕 위에 마련된 넓은 노천 공용 공간이 나오는데, 이곳은 부지 뒤쪽에 있는 도로와 같은 높이다. 부지의 네 모퉁이에는 네 개의 탑형 건물이 서 있다. 이 건물의 아래 몇 개 층은 사무 공간으로, 위의 몇 개 층은 서고로 쓰인다. 탑형 건물을 떠받치고 있는 기반 건물의 한가운데에는 소나무가 빼곡히 서 있는 넓은 정원이 있고, 이 건물 내부에는 열람실들이 배치되어 있다. 노천 공용 공간에는 건물 내부로 내려갈 수 있는 외부 에스컬레이터가 설치되어 있다. 첫 번째 층에는 평상시 일반인들이 이용할 수 있는 시설들(전시실과 개가식 서가)이 모두 모여 있다. 넓은 현관실(아래 왼쪽)을 이용해 한층 더 내려가면 연구자들을 위한 열람실(오른쪽)이 있다.

것이었다. 1989년에 프랑소아 미테랑 대통령은 프랑스 대통령직을 특징짓는 수많은 대규모 건설 사업의 일환으로 도서관 건물 신축을 인가한다는 내용의 대통령령을 발표했다. 국제 설계경기를 통해서 당시 36세였던 도미니크 페로(1953년 출생)가 도서관 신축 건물의 건축가로 선정되었다. 프랑스 건축가를 선발한 것은 대중적인 선호를 반영한 것이었는데, 페로의 디자인은 적대감을 불러일으킬 만큼 과감했다.[51] 1980년대 후반에는 서고는 건물 맨 아래층에, 가능하면 영국 도서관처럼 열과 태양광을 피할 수 있는 지하에 두어야 한다는 것이 사서들 사이의 일반적인 인식이었다. 페로는 신축 국립도서관의 부지가 세느강 바로 옆이라 지하 서고를 만들기가 어렵다는 것을 알고 있었다. 그렇다고 서고를 1층에 두면 공용 공간을 너무 많이 차지해서 구조물이 너무 비대하고 볼품이 없어질 거라고 판단했다. 결국 그는 부지의 네 모퉁이에 서고로 쓸 큰 탑형 건물을 짓자고 제안했다. 서고를 건물 본관에 두지 않으면, 열람실을 배치할 공간이 훨씬 넓어질 터였다. 페로의 계획안은 부지의 경사를 적극 활용했다. 도서관 지붕을 넓고 탁 트인 공용 공간으로 만들고, 그 중앙에 함몰형 정원을 만들고 소나무를 심어 광장에 들어간 방문객들이 소나무 윗부분을 볼 수 있게 하겠다는 계획이었다.

페로의 계획안에 대해 프랑스 언론은 독설에 찬 논평을 쏟아냈다. 필자들은 도서관 건물 상층부를 아무나 사용할 수 있게 하는 건 옳지 않다고 주장했다. 그렇게 되면 일반인들의 방문이

P.25
P.34
P.26
P.33

프랑스 국립도서관
1996년, 프랑스 파리

이 도서관에서는 특이하게도 주 열람 공간이 건물 중앙에 있는 정원 주위에 배치되어 있어서 바깥세상을 곧바로 내다볼 수 있다. 열람실들이 이어져 하나의 공간을 이루고 있지만, 여러 개의 다리가 일정한 간격으로 배치되어 있어서 분할된 공간처럼 보인다.

늘어나서 진지한 연구를 진행하는 사람들을 방해할 것이라는 주장이었다. 무엇보다 그들은 탑형 건물에 서고를 두면 그 공간이 지나치게 열을 받을 우려가 있으니 비효율적이라고 비난했다. 그러나 이 모든 주장들은 근거가 없는 것으로 판명되었다. 1990년 말에 부지 공사가 시작되어 1993년에는 구조물이 완성되었고, 1994년에 소나무 식재가 끝났고, 1996년 말에 드디어 도서관이 문을 열었다.[52]

페로의 계획안은 모든 공간에 넉넉한 여유를 제공한 것이 특징이다. 첫째, 도서관 덕분에 탁 트인 공간이 별로 없는 파리에 일반인들이 유용하게 이용할 수 있는 공용 공간이 생겼다. 이곳에 있는 목재 데크는 사람들이 누워서 일광욕을 하거나 세느강의 전망을 즐기며 앉을 수 있는 장소를 제공한다. 도서관 옥내 통로 역시 지상의 넓은 공용 공간과 비례를 이루어 넓은 공간과 높은 천장이 돋보인다. 지상의 목재 데크는 각종 전시회와 우연히 들른 방문객들을 수용할 수 있는 공용 공간이다. 하지만 가장 큰 성과는 주 열람실이다. 이곳에는 1,556명을 수용할 수 있는 열람석이 있다. 페로는 책장과 실내 기자재들을 서로 완벽하게 조화를 이루도록 설계했다. 요즘에 지어진 많은 도서관들은 건물이 완성된 후에야 책장 주문이 이루어지기 때문에 신중한 설계를 거치지 않아 볼품없는 기자재들이 실내의 미관을 망친다. 하지만 이곳에서는 모든 것들이 신중한 설계를 거쳐서 선정되고 배치된다. 넓은 열람실은 책장들과 갤러리들에 의해 분할되어 작은 구역으로 나뉜다. 모든 장소에서 정원을 바라볼 수 있다. 열람자는 어디에 있더라도 곁눈질만으로도 소나무를 볼 수 있다. 그래서 파리의 한가운데에 있는 이 국립도서관에 앉아 있으면 도시의 소음과 번잡함을 벗어나 전원 속에 있는 느낌을 받는다. 라브루스트가 벽에 정원을 그려 넣는 방법으로 루 드 리셸리유에 있는 열람실에 정원을 들여놓은 반면, 페로는 진짜 전원을 건물의 한가운데에 가져다 놓은 것이다. 이렇게 전례 없는 건축적 경험이 이 국립도서관을 역사에서 가장 위대한 도서관 가운데 하나로 꼽히게 만든다.

자연경관이 된 도서관

고전주의와 고딕 양식의 건물들은 일반적으로 실용적인 이유에서 지상에 건설되었다. 땅을 고르는 데는 많은 비용이 들었고, 지하 구조물에 방수처리를 하는 데도 어려움이 많았다. 물론 파리

아래

티유 델프트 도서관

1997년, 네덜란드 델프트

메카누 건축회사가 설계한 이 도서관의 넓은 실내 공간은 경사진 지붕으로 덮여 있다. 독특한 외관을 자랑하는 원뿔은 실내에 설치된 굵은 기둥 위에 놓여 있고, 원뿔 아래쪽에 있는 계단을 통해서 원뿔 내부로 올라갈 수 있다. 원뿔 내부에는 가운데가 뚫린 원반 모양의 열람 공간이 여러 개의 층을 이루고 있다.

와 런던의 제방처럼 규칙에도 예외가 있었다. 그러나 20세기 이전에는 대개의 경우 정지 공사는 가능한 한 피했다. 1890년대에 보강 콘크리트가 발명되고 19세기 말과 20세기 초에 굴착기가 발전하면서 건축계에는 새로운 가능성이 열렸다. 전후에 건축가들은 고가도로와 공중광장, 공중정원, 지하주차장을 건설하는 등 지표면의 다양화를 시도했다. 이렇게 조성된 부지를 걷는 보행자들은 실제 지표면이 어디인지 알아차릴 수 없을 정도였다. 이 작업이 이루어진 곳으로 가장 손꼽히는 곳이 바로 네덜란드의 델프트 기술대학(티유 델프트) 도서관이다.

티유 델프트 도서관

1992년에 델프트 기술대학은 도서관 신축을 위한 제한적인 설계경기를 개최했다. 세 곳의 건축사무소, 조 코넨과 벤텀 크라우엘, 메카누(델프트 시에 있는 건축회사)가 설계경기에 초청되어 계획안을 제출했고, 심사위원들은 코넨의 계획안은 너무 복잡하고, 크라우엘의 계획안은 "그다지 흥미롭지 않다"고 보았지만, 메카누의 설계안은 "매혹적이고", "소요비용이 적절하며", "실현 가능성이 있다"고 보았다.[53] 도서관이 새로 들어설 부지는 대학 캠퍼스 뒤쪽, 반 덴 브루크와 바크마가 설계한 도발적인 콘크리트 대강당 옆이라 건물 신축이 쉽지 않은 곳이었다. 당선된 메카누의 설계안에 따르면, 도서관 건물 일부가 지하에 들어가게 되어 있었다. 최종 계획안은 원안을 약간 변경했다. 현재 이 도서관은 대강당에 인접한 면이 지하에 묻혀 있고, 건물지붕에는 잔디를 덮어 인공적인 비탈을 만들어놓았다. 델프트의 대지에 세워진 인공 비탈은 특히 강렬한 인상을 준다. 학생들은 여름에는 이곳을 만남과 대화의 장소로 이용한다. 도로와 접하고 있는 면은 직원업무실이 있어 외관으로만 보면 평범하다. 가장 눈에 띄이는 것은 비탈 위로 우뚝 솟은 원뿔이다. 건축가는 아스플룬트의 스톡홀름 도서관에서 영감을 얻어 이 부분을 계획했다고 말했다.[54]

열람자는 계단이나 경사로를 이용해 이층으로 걸어 들어간다. 물론 비탈이 나 있기 때문에 지표면이 어딘지 분간하기 어렵다. 지하층 전체(실제로는 지표층)는 서고로 채워져 있다. 주 열람실은 경사진 천장이 있는 비탈면 아래 공간이다. 입구가 있는 면은 비교적 낮지만 입구 반대쪽 면은 높기 때문에 책장이 빼곡히 세워진 벽에 햇빛이 드는 인상적인 모습이 연출되는데, 바로 이것이 이 도서관의 핵심이다. 원뿔은 이 도서관이 지닌 가장 눈에 띄는 외관이지만, 실내에서는 그다지 효과적이지 않기 때문

위
티유 델프트 도서관
1997년, 네덜란드 델프트
외부에서 보면 이 도서관은 인공 비탈을 조성한 독특한 모습이다. 날씨가 좋은 날이면 학생들은 이 인공 비탈에 자유롭게 앉아서 주위의 평평한 경관이 뿜어내는 아름다운 경치를 즐긴다. 인공 비탈 한가운데 우뚝 솟은 콘크리트 원뿔은 마치 수직으로 세워놓은 닻처럼 신비로운 위용을 자랑하며, 원뿔 상단의 개구부를 통해서 실내 공간으로 빛이 들어간다. 열람자는 사진 왼쪽에 보이는 외부 경사로나 계단을 이용하면 2층에 있는 주 열람실에 들어갈 수 있다.

에 건축 잡지들에서는 이에 대한 평이 엇갈린다.[55] 원뿔은 단단한 소재로 되어 있어 바깥 경관이 전혀 보이지 않고, 폐쇄된 공간에는 만족스럽지 못하지만 열람석이 놓여 있다.

메카누의 도서관은 20세기 말 도서관 디자인이 직면한 난관과 문제들을 선명하게 드러내고 있다. 이 대학 캠퍼스는 주차장과 진입로에 둘러싸인 독립적인 건물들로 이루어져 있다. 도서관은 콘크리트 바다에 불쑥 솟아 있는 녹색 섬 같다. 도서관의 외관은 다소 황폐해 보이는 공간에 누구나 반길 만한 녹색 공간을 만들어냈다는 점에서 매우 성공적이다. 내부를 보면, 프랑스 국립도서관과 마찬가지로 이 도서관은 도서관 디자인 관련 도서들이 설정해놓은 의자와 책상, 책장, 조명의 인습적인 배치에 의도적으로 도전하고 있다. 메카누와 페로는 도서관이 반드시 책을 가운데 배치하고 열람석을 바깥쪽에 배치한 직육면체 꼴일 필요는 없다는 것을 보여주었다. 하지만 이런 혁신적 전략이 실패하는 경우에는 도서관 디자인과 관련해서 반대의 입장에 선 건축가들이 공격을 퍼부을 거리를 제공한다. 이런 새로운 접근 방식은 건축가들 사이에서 모더니즘이 기능주의와 표준화에 기반을 두고 있다는 주장에 대한 반감이 커지고 있음을 반증한다.

모더니즘의 초기 세대가 진정으로 원했던 것은 건축에서 피상적인 장식을 모두 벗겨내고 공간 효율의 극대화를 추구하는 것이었다. 이들은 이런 연구가 완벽한 해결책을 제시하여 표준화와 모듈화를 추진할 거라고 믿었다. 물론 몇 가지 뚜렷한 문제점이 있었다. 첫째, 이 시기에 가장 성공적인 건물들, 이를테면 바이네케 도서관이나 샤로운의 베를린 필하모닉 도서관은 기능적인 원칙을 기반으로 삼고 있는 듯이 보이는 경우에도 실제로는 기능주의가 아닌 다른 원칙들을 기반으로 삼고 있었다. 무엇보다도 중요한 문제는 20세기에 도서관들은 워낙 빠른 변화를 겪고 있기 때문에 설계 당시에는 제아무리 완벽한 기능을 충

티유 델프트 도서관
1997년, 네덜란드 델프트

실내에서 가장 독특한 특징은 소란하고 활기가 넘치는 주 열람실의 푸른 벽면을 가득 메운 거대한 책장이다. 조용한 열람실들은 주 열람실의 양쪽 옆 유리벽 뒤에 있다. 대부분의 장서는 주 열람실 아래층에 있는 이동형 폐가식 서고에 보관되어 있다.

족하는 건물이라도 일단 완공되고 책들이 들어올 즈음에는 대부분 시대적 요구를 충족할 수 없다는 점이다. 마지막으로, 사서와 건축가의 관계는 여전히 껄끄러울 수밖에 없었다. 사서들은 시간과 예산의 제약 속에서 실용적인 건물을 만들어내지 못하는 건축가들의 연이은 실패를 보며 실망감을 느꼈고, 건축가들은 사서들이 도서관 설계 작업을 공간 계획 작업쯤으로 과소평가하고 있지 않은가 하는 의구심을 품었다.

20세기의 끝

20세기 도서관의 역사는 우리의 예상과는 다르게 전개되었다. 20세기 전반부에 도서관은 변함없이 전통적인 방식으로 설계되었다. 세부적인 면에서는 장식을 배제한 고전주의(stripped classicism; 아르데코, 북유럽 고전주의, 아츠 앤드 크래프트)를 채택했지만, 전통적인 건축 양식과 비례를 채택하는 경향은 뚜렷이 두드러졌다. 20세기 전반부에는 모더니즘 도서관이 아주 희귀했다. 알토의 비퓨리 도서관 같은 모더니즘 도서관은 예외적인 경우다. 하지만 1945년 이전에 세워진 도서관들은 여러 가지 면에서 기술적인 진보를 이루어, 전등과 전기 승강기, 컨베이어 시스템, 강철 콘크리트 골조, 대량 생산을 거친 금속제 책장, 강철관과 합판을 이용한 가구를 도입했다.

2차 세계대전 이후에는 모더니즘, 그리고 모더니즘에 수반된 기능주의와 표준화에 대한 집착이 우세했다. 1980년대는 모더니즘 건축에 대한 확신이 위기를 맞자 건축가들은 다양한 길로 나아가기 시작했다. 극소수의 건축가들과 디자이너들은 종래의 유형학과 양식으로 회귀했지만, 대부분은 새로운 환경을 디딤돌 삼아 새로운 영역을 개척하고 건축의 가능성을 탐색했다. 건축가들은 다양한 접근 방식을 시도하는 과정에서 활력을 얻었고, 건축가들을 동일한 잣대로 평가하기는 어려워졌다. 뿐만 아니라, 도서관을 다루는 문헌에서도 새로운 주제, 즉 도서관의 소멸과 책의 종말을 예견하는 책들이 나타났다.

전자시대와 도서관의 미래

21세기 건축에 어떤 역사적 관점을 부여하는 것은 물론 시기상조이다. 이 장에서는 최근 경향에 대해 서술하려고 한다. 일부 비평가들은 현 시대를 도서관의 종말의 시대라고 여긴다. 도서관 디자인의 위기에 대한 담론이 광범위하게 퍼져나가고 있다. 컴퓨터와 인터넷이 탄생하면서 종이책의 임박한 종말을 예견하는 새로운 저술이 인기를 끌고 있으며, 경제적 위기와 공공지출 삭감, 그리고 공공 도서관들의 폐쇄 역시 사회 기관으로서의 도서관의 수명이 다했다는 담론의 형성에 기여하고 있다. 하지만 이러한 담론들은 금세기 들어서도 도서관 건설이 폭발적으로 증가하고 있고 수많은 도서관 건물들이 신축되고 있는 현실과는 결코 어울리지 않는다. 위기에 처한 건설 부문의 입장에서 볼 때, 도서관 건설 사업은 건설 경기 회생을 이끄는 묘약일 수 있다. 이 장에서는 2010년대에 건축된 중요한 도서관들 몇 곳을 살펴보고, 도서관의 미래는 열려 있는지, 만일 열려 있다면 그 길은 어떤 길인지 탐구해보려고 한다.

위트레흐트 대학 도서관
2004년, 네덜란드 위트레흐트
네덜란드 건축가 비엘 아레츠가 설계한 이 도서관의 실내는 검은색 일색의 소박한 공간이다. 복잡하고 거대한 공간이지만 갤러리에 있는 개방된 열람 공간(사진 오른쪽 하단)과 밀폐된 공간(사진 왼쪽 상단)이 조화를 이루며 뒤섞여 있어 억압적이거나 압도하는 느낌은 전혀 나지 않는다.

일본의 도서관

2차 세계대전이 끝난 뒤 일본은 전후 회복과 경제대국으로의 전환 과정을 거치면서 건설경기의 호황을 맞았다. 일본의 건축가들은 서구 모더니즘에 영감을 얻으면서도 거기에 안주하지 않고 독자적인 스타일을 발전시켰다.

덕분에 20세기 후반에 이르러 일본 건축은 유럽과 미국에서 큰 호평을 받았다. 이 시기에는 독특한 도서관 디자인들이 잇달아 탄생했다. 콘크리트와 철골의 노출을 선호하는 브루탈리즘 건축의 탄생지는 영국인지 모르나, 아라타 이소자키는 오이타 현립도서관(1962-6)을 설계함으로써 존 요한센이 설계한 매사추세츠 워스터시 클라크 대학의 로버트 허칭스 고다드 도서관(1965-9), 제임스 스털링이 디자인한 케임브리지 대학의 역사학부 도서관(1964-7) 등 서구의 도서관들보다 앞서서 브루탈리즘을 현실에 구현했다.[1] 1990년대에는 특히 도서관 신축이 폭발적으로 늘어났다. 그중 대표적인 것이 이소자키가 설계한 오이타 현의 포스트모던 토요노쿠니 도서관(1991-5)과, 하라 히로시가 강철과 콘크리트를 소재로 한 거대한 튜브 형태로 설계한 하이테크 미야키 현립도서관(1993-8), 이토 토요가 비스듬히 세운 가느다란 철제 기둥 다발로 평범한 장방형 건물을 관통시키는 역동적인 설계를 채택한 센다이 미디아테크(1994-2000)이다.[2] 모더니즘 양식의 일본 도서관 디자인 가운데 가장 아름답고 또한 가장 독특한 건물은 오사카에 있는 시바 료타로 기념관이다.

시바 료타로 기념관

이 기념관은 유명한 작가 시바 료타로(1923-1996)의 삶과 작품을 기리는 기념관이다. 시바는 2차 세계대전 때 학도병으로 참전하는 동안 군 지휘관을 비롯한 군인 집단의 야만성을 몸소 체험하면서 마음에 깊은 상처를 입었다. 그는 전쟁이 끝난 뒤 기자로 활동하다가 역사소설 집필과 연구에 매진하는 작가로 변신했다. 그가 쓴 소설《술에 취한 영주》,《최후의 장군》,《타올라라 검》등은 전후 세태를 완벽하게 그려내 세계적으로 호평을 받았다. 시바는 고향 오사카에 정착하여 근교의 평범하고 소박한 주택에서 살았다. 그가 사망하자, 그의 부인은 시바 재단을 세워 각종 상과 문학상을 제정하고, 시바가 살았던 주택에 기념관을 설립하기 위한 계획을 추진했다.[3]

시바 료타로 기념관은 평범한 근교 주택가에 있다. 입구에 들어서면 시바가 살던 때의 모습을 그대로 간직한 정원이 펼쳐진다. 시바는 꼼꼼한 자료 조사를 토대로 작품 활동을 했고, 평생 많은 책을 모았다. 결국 집안 구석구석까지 책장이 들어찼고, 책들이 방바닥에 수북하게 쌓인 모습이 언론에 보도될 정도였다. 수많은 사람들이 관람을 원할 것으로 예상되는 상황에서 단순히 자택을 개방하는 것은 비현실적인 방법이었다. 결국 기념관을 별도의 공간에 새로 짓자는 결정이 내려졌다. 새 건물에는 작가가 모은 책들을 효과적으로 보관하는 공간뿐 아니라, 그의 일생을 보여주는 상설 전시 공간과 열람과 강연을 할 수 있는 강당까지 마련해야 했다. 평범한 근교 주택의 정원 한쪽에 이 모든 시설이 들어서야 했다. 건축가 안도 타다오가 이런 까다로운 과제를 맡았다. 그는 독창적인 해결책을 찾아내 입구에서 기념관으로 이어지는 길을 길고 구불구불한 통로를 만들고 방문객들이 붐비는 날에 이용할 수 있도록 지붕을 덮은 공간을 만들었다. 이 통로는 기념관 지상층으로 이어지는데, 지하층의 서재가 내려다보이는 이곳에는 기념품점과 카페가 있다. 전시 공

아래, 아래 왼쪽, 오른쪽

시바 료타로 기념관

2001년, 일본 오사카

안도 타다오가 설계한 이 기념관에는 작가 시바 료타로가 평생토록 수집한 장서 2만여 권이 보관되어 있다. 시바가 역사소설을 집필할 때 참고했던 이 장서는 원래 그의 자택에 빼곡하게 쌓여 있었다. 자택 정원에 기념관이 세워지면서 그의 장서 규모가 온전히 드러나게 되었다. 지상층에 난 입구에 들어서면 도서관 전경(오른쪽)이 한눈에 들어온다. 이곳에서 시바의 삶과 작품을 다루는 전시 공간을 지나 지하층으로 내려가면 도서관이 나온다(아래, 아래 왼쪽).

간을 지나 이어지는 지하층에 들어서면 곡선 형태의 입구 벽면 안쪽에 물참나무로 짠 책장들이 키를 넘는 높이로 들어서 있고, 다양한 분야와 규모를 자랑하는 시바의 장서가 보관되어 있다.

이곳은 보통 도서관과는 다르다. 이곳엔 엄청난 양의 책들이 소장되어 있고 요청하면 모든 책이 열람이 가능하지만, 본질적으로 이곳은 도서 열람을 위해 마련된 도서관이 아니다. 이곳에 있는 책들은 작가가 일생에 걸쳐 도서를 수집했다는 걸 보여주는 전시물이다. 시바 작품의 각종 간행본들과 번역본들이 보관되어 있지만, 대부분은 다른 곳에서도 구할 수 있는 것들이다. 이 도서관은 본질적으로 박물관이며, 직원들은 사서가 아니라 박물관 큐레이터이다. 박물관과 도서관이 무세이온으로 불리던 알렉산드리아 도서관(1장 참조)이라는 동일한 기원에서 유래했음을 생생하게 확인시키는 공간이다. 인류 역사에는 도서관이 책뿐 아니라 인공물을 보관하는 곳으로 쓰이던 시대가 많았다. 이렇게 보면, 사서는 특화된 분야를 담당하는 박물관 큐레이터라고 볼 수 있다.

요즘 박물관은 많은 물품들이 어수선하게 널려 있던 옛날 박물관과는 천양지차다. 요즘에는 소장품의 전시 방식에 크게 신경을 쓰며, 물품들의 전시함을 정성들여 디자인하고, 적절한 조명을 배치한다. 전시 공간은 흠잡을 데 없이 깔끔하다. 얼기

아래
정보소통미디어센터, 베테우 코트부스
2004년, 독일 코트부스

이 건물을 설계한 에르조그와 드 뫼롱은 층마다 다른 색의 도료를 사용했다. 아연도금 강판으로 만든 책장을 배치하여 실내에서 산업시설 같은 분위기가 난다. 책장을 사다리 없이도 맨 위 선반에 손이 닿을 수 있는 높이로 제작하고 책장 높이에 맞추어 각 층의 높이는 최대한 낮췄다. 계단과 엘리베이터는 두 개의 원통형 코어 안에 배치했다. 사진 오른쪽에 보이는 부분이 그중 하나다.

설기 뒤엉킨 전선이나 페인트칠이 벗겨진 곳이나 눈에 거슬리는 설비가 방치되어 관람자의 집중력을 흩뜨리는 일은 결코 없다. 박물관 큐레이터 입장에서는 어떤 박물관 건물이 처음에는 완벽해 보이지 않을 수 있다. 그런 곳을 완벽하고 깔끔하게 만드는 게 박물관 큐레이터의 역할이다. 박물관은 관람객의 체험을 무엇보다 중시하는 곳이다. 박물관 큐레이터의 임무는 소장품을 돌보는 것이고, 따라서 소장품을 보관하는 건물을 돌보는 것 역시 큐레이터의 중요한 임무다. 건물 역시 박물관의 이미지를 결정하는 요소다. 요즘 마케팅 이론을 차용하자면, 건물은 브랜드의 일부이다. 이 모든 것이 사서에게도 똑같이 적용된다. 사서의 임무는 도서관에 소장된 책들을 돌보는 것이지만, 책을 소장하는 방법과 전시하는 방법 역시 소홀히 해서는 안 된다. 21세기에 도서관이란 단순히 책을 보관하는 곳이 아니라, 보존과 진열, 전시의 기능을 수행해야 하는 박물관이다. 도서관의 외관은 도서관을 찾는 대중들의 마음에 새겨지는 이미지의 일부다. 즉, 브랜드를 규정하는 요소다. 때로는 도서관의 외관이 도서관의 긍정적인 이미지를 형성하는 결정적인 요소가 되기도 한다. 독일 코트부스에 새로 지어진 브란덴부르크 기술대학 정보소통미디어센터(이하 베테우 코트부스)는 명칭 자체에서 이런 의도가 정확히 드러난다.

베테우 코트부스

브란덴부르크 기술대학은 독일이 통일된 후인 1991년에 토목공학 대학과 기타 관련 기관들이 있던 자리에 건물을 지었다. 대학의 새로운 기반이 된 건물들은 깔끔한 구도로 배치되었고 엄격한 고도 제한 규정을 준수했다. 코트부스는 과거 동독에 속했던 소도시이다. 중세풍의 양식이 남아 있는 이 도시의 중심부에는 흥미로운 건물들이 여러 개 있고 훌륭한 아르누보 극장이 있다. 인근의 소도시들과 마찬가지로 코트부스는 2차 세계대전 이후 산업이 붕괴되어 실업률이 높았고, 19세기부터 20세기 초에 지어진 훌륭한 건물들이 황폐한 모습을 드러내고 있다. 베테우 코트부스는 이 지역 경제에 활기를 불어넣기 위한 계획의 일환이었고, 건축 과정에 상당한 자금이 투자되었다. 캠퍼스 입구에 선 관문 건물을 지나면 광장이 나오고, 광장 주위에는 학생

아래

정보소통미디어센터, 베테우 코트부스

2004년, 독일 코트부스

도서관은 도로보다 약간 높은 둔덕에 서 있어서 대학 진입로를 굽어보고 있다. 건물 외벽은 연속된 형태의 유리벽이다. 이 건물은 낮에는 창문과 내부 벽체의 배치가 드러나지 않아 그저 하나의 입체로만 보이지만, 밤에 조명이 켜지면 내부의 다양한 공간이 그대로 드러나서 책장이 있는 공간은 1층 높이로, 열람 공간은 2층 높이로 되어 있는 것이 뚜렷이 구분된다.

식당과 강의실, 컨퍼런스 센터 등 공용 건물들이 있다. 관문 건물은 칼 마르크스 스트라쎄를 면하고 있는데, 대로 양측에는 넓은 잔디밭이 펼쳐져 있다. 정보통신미디어센터는 대로 건너편 잔디 둔덕 위에 서 있어서 어느 방향에서도 시야가 막히지 않고 캠퍼스가 내려다보인다. 이 건물은 목적지가 가까웠음을 알리지는 표지판이자, 대학 캠퍼스 입구가 이곳에 있음을 알리는 등대 불빛 같다.[4]

이 건물의 설계는 스위스 건축회사 헤르초크 앤드 드 뫼롱이 맡았다. 이 도서관의 외양은 매우 독창적이다. 유리로 된 외벽이 파도처럼 굽이치는 모양을 이루고 있고, 유리벽에는 흰색 글자

들이 겹쳐진 형태로 새겨져 있다. 이 글자들이 어우러지면서 만들어내는 무늬는 이 건물이 등대처럼 불을 밝히는 밤에 특히 두드러져 보인다. 곡선형의 유리벽이 건물 전체를 감싸면서 통로와 견고한 벽체를 가려주기 때문에 얼핏 보아서는 건물의 규모를 가늠하기 어렵다. 이 건물은 실제보다 훨씬 크게 보이고, 마치 캠퍼스의 관문을 지키는 성탑처럼 위용을 뽐낸다.

이 건물을 설계한 건축가들은 건물 평면도를 아메바 모양이라고 말한다. 엘리베이터와 비상계단, 화장실은 두 개의 원통형 코어 공간을 채우고 있고, 개방형 나선계단이 각 층의 공용 공간을 연결한다. 건물 곳곳의 바닥면을 잘라내어 높이가 다른 두 개의 공간을 만들었기 때문에 어느 층의 바닥면도 동일한 모양을 이루지 않는다. 역동적인 효과를 증폭시키기 위해 층마다 다른 색채를 입히고 전체적으로 밝은 색상을 사용하였다. 다양한 가구 배치를 통해서 라운지처럼 편안한 공간이 마련되기도 하고 사무실처럼 격식을 갖춘 공간이 마련되기도 한다. 학생들이 그룹 활동을 할 수 있는 공간뿐 아니라 주위에 신경 쓰지 않고 공부할 수 있는 비교적 독립적인 공간도 마련하였다. 책들을 여러 층에 분산 배치하여 자연스럽게 주제별 학업 공간이 구분된다. 얼핏 보기에는 매우 독창적일 뿐 아니라 다소 혼란스러워 보이기까지 하지만, 혼란스런 형식 이면에는 뚜렷한 질서가 있다. 자세히 살펴보면 이 건물은 현대의 일반적인 도서관의 여러 가지 특징을 품고 있다. 예컨대, 책들은 햇빛이 직접 닿지 않도

인쪽, 이래

정보소통미디어센터, 베테우 코트부스

2004년, 독일 코트부스

콘크리트로 만든 밝은 색상의 원통형 코어에 설치된 엘리베이터와 비상계단, 그리고 1층 또는 2층 높이의 공간들을 휘감고 내려오는 나선형 콘크리트 계단(위쪽)이 각층을 연결한다. 아래 사진에는 2층 높이의 공간에 배치된 학습 공간이 보인다. 공학과 수학 관련 책들에 둘러싸인 이 공간은 이 분야의 프로젝트를 함께 진행하는 학생들로 늘 붐빈다. 뒤편으로 이중창 구조를 얼핏 볼 수 있다. 안쪽과 바깥쪽 유리에 양쪽 모두 점으로 이뤄진 무늬가 새겨 있다. 건물 외벽에 설치한 돌출형 지지대에 부착된 바깥쪽 유리는 건물을 완전히 둘러싸고 있으며, 장식적인 역할뿐 아니라, 건물 벽을 비바람으로부터 보호하는 차단막 역할도 한다.

록 각 층의 중앙에 집중 배치하였고, 열람 공간은 벽면 근처에 분산 배치하였다. 특히 돋보이는 건축의 백미는 외벽을 굽이치는 파도 모양으로 설계함으로써 이용자들의 다양한 취향을 충족할 수 있도록 열람 공간의 면적과 규모를 다양하게 구성한 것이다. 도서관이 둔덕 위에 자리 잡은 것은 초기에 설계 변경이 있었기 때문이다. 애초의 설계에는 건물을 대로와 같은 높이의 대지에 짓고, 지하에 두 개 층을 만들어 부대시설을 둘 예정이었다. 그러나 이 설계를 그대로 진행할 만한 예산을 확보할 수 없었기 때문에, 지하층을 지상에 짓고 그 주변에 흙을 쌓아 지하층을 감춤으로써 건축비용을 줄였다. 형편에 맞추어 조정된 설계가 성공한 흥미로운 예이다.[5]

도서관에서 미디어센터로, 그리고 연구센터로

베테우 코트부스가 신축 도서관에 '정보소통미디어센터'라는 볼품없는 이름을 붙이기로 결정한 것은 요즘 들어 '도서관'이라는 단어가 얼마나 신용을 잃었는가를 반영한다.[6] 컴퓨터의 상용화가 시작된 지 얼마 되지 않은 1970년대에 책의 종말이 임박했으며 20세기 말에는 도서관이 쓸모없어질 것이라고 예견하는 새로운 저술들이 등장했다.[7] 하지만 40년이 지난 지금, 책은 그 어느 때보다 많이 생산되고 있다.[8] 컴퓨터의 등장은 또한 '종이 없는 사무실'에 대한 담론을 부추겼다. 그런데 실제로는 개인용 컴퓨터를 통한 손쉬운 인쇄가 가능해지면서 세계적인 종이 소비량이 크게 늘어났다.[9] 디지털 혁명이 우리의 작업 방식에 변화를 불러온 것은 틀림없지만, 변화의 양상은 예초에 예견했던 것과는 달랐다. 특정한 분야의 책들은 사라지고 있다. 예컨대, 과거에는 판례 등의 불문법을 중시하는 영국에서는 법률 문서가 학술 도서관 소장 도서 가운데 엄청난 양을 차지했다. 법학도서관들은 학생들과 실무 법조인들이 최근의 변화를 따라잡을 수 있도록 엄청난 양의 판례집을 소장해야 했다. 요즘은 판례들을 온라인 검색으로 쉽게 찾을 수 있기 때문에 대부분의 도서관들은 판례집 인쇄물을 폐기하고 그 공간에 다른 자료를 보관한다. 학술잡지 역시 점차 디지털화되고 있기 때문에 연구자들은 지구 어느 곳에 있더라도 온라인으로 학술잡지를 이용할 수 있다. 이제는 도서관에 가서 산더미 같은 과월호 잡지를 뒤적일 필요가 없다. 디지털화는 판례집이나 잡지에만 국한되지 않는다. 희귀도서의 디지털화 작업이 대대적으로 진행된 덕분에 15세기-18세기에 출판된 책들 가운데 상당 부분에 대해서는 연구자들이 원서 한쪽 한쪽의 이미지를 내려 받을 수 있게 되었다. 디지털 작업의 질은 그 편차가 굉장히 큰 편이지만, 어떤 형태로든 온라인을 통해 접근할 수 있는 책의 양은 엄청나게 많다. 당연히 의문이 제기될 수밖에 없다. 이런 상황에서도 사람들이 도서관을 찾는 이유는 뭘까? 2004년에 완공된 위트레흐트 대학 도서관에 한 가지 해답이 있다.

위트레흐트 대학 도서관

위트레흐트는 네덜란드에서 가장 큰 대학이다. 1960년대에 쓰이던 아우토프 캠퍼스가 15년 종합 계획에 따라 대대적으로 확충되고 개선되었다. 네덜란드 건축가 비엘 아레츠가 설계한 신축 도서관은 OMA 설계의 에뒤카토리엄(1997), 노이텔링스 리데이크의 자연과학부 건물(1997), 그리고 NL아키텍츠의 바스켓바(2003)와 함께 상위 계획안의 일부였다.[10] 새 도서관은 가게들과 카페들로 활기가 넘치는 거리에서 들어갈 수도 있고, 이웃한 캠퍼스 건물들에서 이어지는 다리를 건너거나 도서관의 일부를 이루는 주차장 건물을 통해서 들어갈 수도 있다. 이 캠퍼스에서는 건물들 대부분이 1층 높이에 연결 통로가 나 있어서 학생들이 추운 날씨에는 건물 밖으로 나가지 않고도 건물들 사이를 거침없이 이동할 수 있고, 따라서 자신의 현재 위치를 알기가 어려울 때도 있다. 하지만 도서관은 단번에 알아볼 수 있다. 에칭이 들어간 유리 벽(바깥세상이 흐릿해 보인다)과 검은색 도료만 사용한 내부 인테리어 때문이다.

19세기는 물론이고 20세기 대부분의 기간 동안 도서관들은 효과적인 감시 방안에만 골몰해 있었다. 따라서 도서관들은 가능한 한 많은 공간이 자신의 책상에 앉은 사서의 가시권 안에 놓이도록 설계되는 경우가 적지 않았다. 스털링이 설계한 케임브리지 대학 역사학부 도서관은 이런 발상이 초래한 터무니없는 결과였다. 이 도서관은 모든 서가를 중앙에서 방사형으로 뻗어나가는 형태로 배치했다. 그런데도 당시 학생들의 말에 따르면 서가 끝부분 주위를 어슬렁거리다 책을 슬쩍 훔치는 일이 가소로울 정도로 쉬웠다고 한다. 20세기 말에 전자 표식 기술의 도입으로 책 도난의 위험이 크게 줄어들고 감시 카메라가 보편화되기 시작하면서 이런 발상은 자취를 감췄다. 더 이상 사서의 책상이 소장 도서의 안전을 보장하는 곳에 배치될 필요가 없어진 것이다. 물론 희귀도서만은 예외다. 훼손과 도난에 노출될 위험이 상당히 높기 때문에 반드시 일반도서보다 엄격한 감시가 이루어져야 한다. 그러나 사서들은 주로 이용자들의 질문에 대답하고 열람자들에게 방해를 주지 않으면서 직무를 수행하기 위해 서고 밖에 있는 안내데스크에 앉아 있는 경우가 많다.

코트부스와 위트레흐트 류의 도서관들은 직접적인 감시라는 발상이 무의미해진 세계에서만 존재할 수 있다. 위트레흐트 대학 도서관은 열감 공간을 최대한 다양화하는 방향으로 설계되었지만, 도서 소장 공간이 부족할 일은 결코 없다. 420만 권을

아래, 오른쪽

위트레흐트 대학 도서관
2004년, 네덜란드 위트레흐트

외부에서 보면 이 도서관은 세련된 무늬가 장식된 상자처럼 보인다. 비엘 아레츠는 도서인쇄업자의 아들이라 어려서부터 책을 아꼈다. 도서관 창문(아래)은 사진작가 킴 쯔바르츠에게 특별히 의뢰해서 찍은 사진에서 딴 이미지를 이용해 에칭을 했다. 실내 콘크리트 벽체에도 같은 이미지가 새겨져 있다(아래). 대나무로 착각하는 경우가 많지만, 실제로는 버드나무잎이다. 풀잎처럼 보이게 표현한 것은 열람자들에게 주위 전원 지대를 떠올리게 하고 또한 종이의 재료(버드나무로도 종이를 만든다)를 떠올리게 하려는 취지다.

왼쪽, 오른쪽 위, 오른쪽 아래
위트레흐트 대학 도서관
2004년, 네덜란드 위트레흐트
지상층에서 안내대가 있는 층(오른쪽 아래)으로 올라가는 주 계단(왼쪽)의 모습과 위층에서 창문쪽을 향해 내려다본 모습(오른쪽 위). 이 도서관은 강렬한 대비를 이루는 색채를 사용하고 있다. 바닥은 흰색이고, 긴 의자와 정육면체 의자, 안내데스크만 선홍색이고, 나머지는 모두 검은색이다.

보유할 공간이 있고 대부분의 자료는 개가식으로 누구나 이용할 수 있다.[11] 하지만 이곳에서는 책이 연구 공간을 구성하는 배경막 기능을 한다. 서가는 하나의 커다란 공간 안에 분할된 공간을 만드는 수단으로 쓰인다. 커다란 공간 위에는 폐가식 서고와 특별 열람 공간이 얹혀 있다. 검정색 벽면과 대비되어 책들이 공간에 색을 입힌다. 평일에는 학생들이 열람 공간을 가득 채운다. 학생들은 대부분 이곳에 있는 책을 보러 온 것이 아니라 그 공간을 이용하려고 왔을 것이다. 요즘 학생들의 주거 공간에는 옛날에는 보기 힘들었던 욕실 등의 편의시설이 있지만 대개는 너무 비좁아서 공부하기가 어려울 정도다. 게다가 대개는 캠퍼스에서 멀리 떨어져 있다. 캠퍼스에 마련된 연구 공간은 강의가 빈 시간에 공부할 곳이 되고 그룹 스터디를 할 수 있는 기회를 제공해 주거나 그냥 친구를 만날 장소가 된다. 지정된 공간을 배정받을 수는 없지만, 학생들은 일반적으로 좋아하는 자리를 찾아 앉는다. 크고 개방된 공간에서 사람들에 섞여 공부하기를 좋아하는 학생이 있는가 하면, 서가로 둘러싸인 작은 공간을 찾는 학생도 있다. 도서관은 단지 책을 보관하는 장소가 아니라 연구하는 곳이다. 공간을 차지하려면 높은 비용을 치러야 하는 세상에서 공짜로 쓸 수 있는 작업 공간은 인기를 끌 수밖에 없다.

위트레흐트 도서관도 다른 대학 도서관들처럼 조만간 도서 소장 공간이 문제가 될 것이다. 하지만 이곳에서는 인접한 주차 건물이 기발한 해결책이 될 것이다. 첫눈에 봐도 주차장과 서고에는 공통점이 몇 가지 있다. 천장은 높지 않아도 상관없지만, 바닥 적재하중이 높아야 한다. 알고 보면, 주차건물에 요구되는 구조 하중은 흔히들 생각하는 것보다 훨씬 낮고, 서고는 흔히들 생각하는 것보다 3배 정도 높은 바닥 하중을 필요로 한다. 하지만 이 주차건물의 구조는 서고를 추가하려 할 때 천장의 높이를 늘릴 수 있도록 설계되었다.[12]

중국 국립도서관

문자해득률이 100퍼센트에 가까운 유럽과 미국에서도 도서관 쇠퇴에 대한 담론이 형성되고 있으니, 그 외의 지역에 속하는 나라들의 경우야 거론할 필요가 있겠느냐고 보는 사람들이 있다. 그러나 경제가 급속히 발전하는 나라들에서는 도서관 또한 급속히 늘어나고 있다. 이들은 경제부국의 도서관에 맞먹는 국립도서관을 세우는 것을 국가적 긍지의 상징이자 경제적 원숙

왼쪽, 오른쪽
중국 국립도서관
2008년, 중국 베이징
야간에 도서관 앞을 가로지르는 간선도로 건너편에서 바라본 도서관 외관(왼쪽). 독일 건축회사 위르겐 엥겔 아키텍츠가 설계했다. 공중에 붕 떠 있는 듯이 보이는 상단부 아래쪽 중앙에 열람실이 어렴풋이 보인다. 내부에서 본 주 열람실(오른쪽)은 평면도에서는 거의 정사각형 모양인데, 아래로 한 단씩 내려갈수록 크기가 점차로 줄어드는 구조로 열람 공간이 배치되어 있다. 맨 아래층에는 《시쿠첸슈四庫全書》 사본이 있고 원본은 유리벽 너머 보관실에 있다.

의 표식으로 여긴다. 21세기 들어 건설된 국립도서관 중에서 가장 눈에 띄는 것은 2008년 베이징에 신축된 중국 국립도서관이다.[13] 이 새 도서관은 1987년에 건설된 국립도서관 구관 바로 옆에 자리 잡고 있다. 하지만 건축학적인 면에서 두 건물은 대단히 이질적이다.[14]

도서관 구관은 1970년대식 평범한 호텔처럼 보인다. 전면부에는 수많은 창문들이 늘어서 있고, 외양은 구식이다. 새 도서관은 건물이라기보다 한껏 맵시를 부린 산업디자인 작품처럼 생겼다. 현대적인 금속판을 소재로 부드럽게 휘어 만든 거대한 관 모양의 상층부는 20세기 초에 유행하던 합판을 휘어 만든 가구를 연상시킨다. 상층부의 관 양쪽 끝은 유리벽으로 이루어져 있고, 상층부는 유리 상자 형태의 중층부를 기단으로 삼아 공중에 우뚝 서 있다. 도시라는 거대공간에서 독특한 디자인으로 이목을 끌려는 목적에서 시도된 건축이다. 베이징은 무질서하게 뻗어나가는 현대 도시이고, 새 도서관은 교통량이 많아 혼잡한 도심 고속도로를 바라보고 서 있다. 이런 번잡한 환경에서는 이 정도 규모의 건축적 표현을 채용하지 않고는 이목을 끌기 어렵다.

신관은 구관을 대체하는 개념이 아니라 확장하는 개념으로 설계되었다. 구관에는 열람실이 40개로 나뉘어 있지만, 신관은 거대한 개방형 공간에 2,900명이 앉을 수 있는 열람석을 배치했다. 신 · 구관을 합치면 일일 수용인원이 12,000명에 이른다.[15] 신관 중심부에는 아래로 갈수록 면적이 좁아지는 거대한 계단식 열람실이 있고, 양쪽 벽면에 개가식 서가가 있다. 맨 아래층은 특별한 곳이다. 이 층의 벽면에는 《시쿠첸슈》 사본이 보관되어 있고, 같은 층의 유리벽 너머 공간에는 온도 습도가 완벽히 조절되는 서고가 보인다. 이 서고에 보관된 것이 바로 1773년부터 1782년까지 편찬된 중국 최대의 문헌 총서인 《시쿠첸슈》 원본이다. 이 귀중한 문헌을 건물의 심장부에 놓은 설계는 중국의 모든 책을 소장하겠다는 신관의 목적을 그대로 반영하고 있다.

중국 국립도서관
2008년, 중국 베이징
주 열람실 이외에도 건물 네 면의 외벽을 따라 특별 열람실들이 배치되어 있다. 상단부에 있는 열람실들은 주 열람실과 곧바로 연결되어 있다. 강철과 유리로 만든 거대한 지붕이 열람 공간 위에 설치되어 독서에 알맞은 조도를 제공하고 있는데, 이 열람실에서는 이 지붕의 모습을 온전히 볼 수 있다.

중국의 국립도서관은 베이징만이 아니라 상하이에도 있다. 중국은 도서 소장과 관련하여 격동의 역사를 지니고 있다. 문화혁명 당시 중국 공산당은 지식인들과 학자들의 모든 활동을 공산당 강령에 저항하는 움직임이라고 판단하고 무자비하게 탄압했다. 도서관들은 문을 닫았고, 문을 연 곳이 있다 해도 사람들은 반역죄로 고발당할지도 모른다는 두려움에 완전히 발길을 끊었다. 이 시기에 재앙이나 다름없는 도서 파괴가 진행되었고, 많은 고대 문헌들이 은밀한 곳에 숨겨지거나 해외로 밀반출된 덕에 간신히 살아남았다. 문화혁명이 끝난 뒤에도 표현의 자유는 여전히 심하게 제한당했다.[16]

하지만 한때 도서관에 등을 돌렸던 중국 정부가 이제는 도서관 지원을 약속하고 있다. 중국 정부는 학문 연구와 도서관 공급을 현대화와 경제 성장을 추진하는 중요한 동력으로 인식하고 적극적으로 장려하고 있다. 베이징 국립도서관의 목표는 국내 출판된 모든 서적을 소장하는 것에 그치지 않고, 국내 최대 규모의 장서량을 자랑하는 서구 출판물을 일반인이 이용할 수 있게 하는 데 있다. 현재 소장 도서의 25퍼센트, 약 190만 종이 서구 출판물이다.[17] 법령에 규정된 납본제도에 따라 출간 도서들을 모두 소장할 의무가 있는 도서관들은 예외 없이 도서 보관이라는 엄청난 문제에 직면한다.

장서 보관

이 책은 열람실에 상당한 분량을 할애하고 있지만, 19세기 중반 무렵 열람실과 서고가 분리되기 시작했다. 니콜라스 펩스너는 도서관 디자인에 관한 저서 《건물 유형의 역사》(1976)에서 1761년 독일 카를스루에 도서관이 "열람실에서 서고를 분리시키는 양식과 관련하여 19세기 초반의 위대한 혁신"이 될 거라고 서술하였다.[18] 그는 자신의 책에 에드워드 에드워즈가 쓴 《도서관 회고》(1859)에 실린 카를스루에 도서관 도면을 재수록해놓았다. 이 도면에는 직사각형 건물 안에 길고 좁은 서고들이 복도로 연결되어 있다. 펩스너는 서고 사용의 역사를 더 거슬러 올라가 아우구스트 헤르만 프랑케가 1927년에 할레에 지은 바이젠하우스(고아원) 부속 도서관까지 다루고 있지만, 서고와 열람실의 분리가 일반화된 것은 레오폴도 델라 산타가 《보편적 공공도서관의 설립과 규제》(1816)에서 이를 다룬 뒤부터였다고 주장했다. 펩스너는 프리드리히 폰 개르트너가 뮌헨에 설계한 바예리쉐 국립도서관(1832-4)과 칼 프리드리히 쉉켈의 베를린 국립도서관 계획안(1835)을 초기 예로 인용했다.[19] 실제로 이 책에서 살펴본 바와 같이 서고와 열람실을 분리하려는 생각은 도서관의 역사만큼이나 오래된 것이다. 고대 메소포타미아에서 초기에 세워진 도서관들이 이런 전략을 택했고, 중세 도서관들과 일본 전통 가옥들에서도 이런 방식이 확인되었다. 역사적으로 보면, 진열과 보관을 한 방에서 같이 한 경우는 흔하기는커녕 드문 일이었다. 하지만 19세기 초에 이런 방식을 채택하는 도서관들이 급속히 늘어났다는 펩스너의 주장은 허무맹랑한 것이 아니다. 지상층에 도서 소장 목적으로 설계한 서고

를 지어 책을 보관하고, 그 위층에 열람실을 두는 곳이 점차 늘어났다. 서고는 디자인 측면에서 여러 가지 과제를 던졌다. 서고는 책이 훼손되지 않도록 서고의 온도와 습도가 일정하게 유지되어야 하기 때문에 단순히 밀폐된 형태의 방을 사용할 수는 없었다. 또한 서고는 보관해둔 책을 꺼내기 위해 조명이 필요한 때를 제외하곤 대부분의 시간 동안 어둡게 유지되어야 했다. 인화성이 큰 책들이 빼곡히 들어찬 밀폐된 방에 인공 조명을 사용하면 당연히 화재 위험이 커진다. 화재 위험을 줄이기 위해서 대개 벽돌로 서고를 짓고, 한 단계 더 나아가 내화재로 서가를 만든다. 당연히 선택된 해결책이 바로 철재였다.

철재 서가

철재는 18세기에도 쉽게 구할 수 있었지만, 19세기 전반기에 생산 기술과 기계화가 개선되어서야 건물에 대량으로 사용될 수 있을 만큼 상업성을 갖추게 되었다. 건축가들은 동일한 구조체에 철재 선반과 통로를 넣을 수 있음을 일찌감치 깨달았다.

철재를 이용한 최초의 보관소는 안토니오 파니치의 지휘 아래 1854-7년에 영국박물관에 채택된 시스템이었을 것이다. 이 보관소는 철재 선반과 그물형 철재 바닥으로 4개 층을 만들고, 천장에 유리지붕을 얹어 지붕에서 들어온 빛이 바닥까지 닿도록 설계되었다.[20] 라브루스트는 파리 소재 국립도서관에 파니치

의 아이디어를 본딴 서고를 만들었다(6장 참조).

미국에서는 토목공학자 버나드 리처드슨 그린이 1895년에 하버드 대학에 공급하기 위해서 부분별 교체가 가능한 자립형 철재 서가 시스템을 개발했다.[21] 이때 사용된 철재는 켄터키 루이스빌에 소재한 스니드 회사에서 제작한 것인데, 그 후 이 회사가 개발하여 특허를 받은 서가 시스템이 미국 의회 도서관과 펜실베이니아 대학 도서관, 그리고 매사추세츠 퀸시에 있는 리처드슨 공공도서관 증축(1908) 등 여러 도서관에서 채택되었다(7장 참조).[22]

이동식 강철 서가

철재로 서가를 만들고 금속과 유리 자재로 통로를 만들면서 제한된 높이의 건물에 설치할 수 있는 선반의 수를 극대화할 수 있었지만, 사서가 책을 꺼내기 위해 서가 주위를 돌아다닐 수 있는 공간은 반드시 필요했다. 서가를 최대한 효율적으로 배치한다 해도 바닥면적의 65퍼센트는 통로로 남겨두어야 했다. 바퀴가 달린 밀집형 서가가 한 가지 해결책이 되었다. 이 또한 19세기 발명품이다.

1886년에 영국 도서관 서고 통로에 최초의 이동식 서가가 설치되었다.[23] 이곳에는 천장에 이동 선로를 만들어 매달아두는 방식이 채택되었다. 요즘 도서관에서 주로 쓰는 바닥선로형 이동식 서가는 20세기 중반의 혁신작이었다.[24]

요즘은 도서관 선반을 제작할 때에 철재를 사용하지 않고 대신 강철을 사용한다. 라이브러리 뷰로라는 회사는 철재 서가가 통용되고 있던 1905년에 이미 강철 선반 시스템을 광고하고 있었다.[25] 강철은 처음에는 고가였지만, 곧 가격이 하락했다. 강철 선반은 경량이어서 건물 구조에 주는 하중을 줄일 수 있었다. 자일스 길버트 스콧이 설계하여 1934년에 완공된 케임브리지 대학 도서관 건물의 정면 중앙부는 자립형 강철 서가로 이루어진 6개 층으로 이루어져 있다. 철강을 사용한 덕분에 중간지지대를 설치하지 않고도 길게 뻗은 선반을 만들 수 있었고, 목재선반에도 선반 높이 조정을 쉽게 할 수 있도록 강철과 황동 부품을 사용했다. 강철은 주철보다 나은 이점을 또 하나 가지고 있었다. 바로 강한 인장력이다. 강한 인장력 덕분에 이론적으로는 강철 서가를 천장에 매다는 것이 가능했다. 이 방식을 실제로 채용한 곳이 바로 멕시코 건축가 알베르토 칼라치(1960-)가 설계를 맡아 2004년에 착공하여 2006년에 완공한 멕시코시티의 도서관이다.

위, 오른쪽
호세 바스콘셀로스 도서관
2006년, 멕시코 멕시코시티
멕시코 건축가 알베르토 칼라치가 설계한 이 도서관은 거대한 홀로 이루어져 있고, 천장에 매달린 강철 책장에 책들이 보관되어 있다. 칼라치는 이 건물을 "책을 실은 방주"라고 표현했는데, 이 주제는 홀 중앙에 매달려 있는 가브리엘 오로즈코의 조각 작품 〈발레나〉('고래')에도 반영되어 있다. 맨 아래층(맞은편)에 입구가 있고 열람석은 2층 외벽을 따라 놓여 있다. 2층에서 계단(위 왼쪽)을 올라가면 바닥에 유리가 깔린 통로(위)를 통해 서가에 접근할 수 있다.

인쪽
호세 바스콘셀로스 도서관
2006년, 멕시코 멕시코시티

높은 위치에서 내려다보면, 지붕에 매달린 봉을 유일한 지지대로 삼은 강철 선반들이 거대한 홀 위로 드리워져 있는 모습이 아찔할 정도로 인상적이다. 도서관은 누구나 이용할 수 있는 정원 안에 있고 인근에 기차역과 버스 정류장이 있기 때문에 누구나 이용할 수 있으며, 인근 주민들은 모임 장소로 이용하고 있다.

호세 바스콘셀로스 도서관

호세 바스콘셀로스(1882-1959)는 유명한 멕시코 저술가이자 철학자이며 정치가로, 한때 멕시코 국립도서관 관장으로 근무했다. 호세 바스콘셀로스 도서관은 중앙에 길이 210m, 너비 30m, 높이 26m 규모의 커다란 홀이 있다. 이 건물은 거대한 기둥 여러 개를 세워 강철 트러스를 지지하도록 설계되었다.[26] 일반적인 도서관 건물에서는 바닥에 서가를 두는데, 이것이 구조적으로 가장 합리적인 방식이다. 책의 엄청난 하중이 바닥에 직접 전달되고 밑에 세워진 벽체나 기둥이 이 바닥을 지지한다. 하지만 칼라치는 호세 바스콘셀로스 도서관에 바닥형 서가 대신에 지붕에 매다는 서가를 설치했다. 전체 서가 시스템을 강철 소재로 제작했기 때문에 가능한 일이었다. 지붕 트러스에 매달린 보에 연결된 연접봉이 서가 옆면을 지탱한다. 이 서가 시스템이 만들어 내는 효과는 넋을 잃을 만큼 황홀하지만 동시에 무섭기도 하다. 도서관 입구에 들어서면 곧바로 머리 위 높은 허공에 매달린 책들이 눈에 들어온다. 하지만 이 건물의 규모에 압도되기 시작하는 순간은 도서관 중앙에 설치된 여러 개의 계단 중 하나를 따라 올라갈 때다. 이용자는 지붕에 내려온 봉에 매달린 강철 계단을 타고 더 높이 올라가 우아한 유리 통행로를 딛고 가야만 허공에 돌출된 서가에 접근할 수 있다. 겁이 많거나 고소공포증이 있는 사람들에게 추천할 만한 경험은 아니다. 발 디딜 곳이라곤 얇은 유리판 한 장뿐이고, 추락 방지용 장치라곤 철사로 만든 난간뿐인데 아득히 허공에 매달린 서가에 올라가 책을 꺼내오는 일은 무서우면서도 흥미진진한 경험이다.

강철 서가와 이동식 서가의 도입으로 많은 도서관의 도서 소장 능력이 크게 향상되었다. 하지만 이런 방식으로는 훨씬 방대한 규모의 법률도서관이 직면한 문제들을 완전히 해결할 수 없다. 20세기에 영국 도서관을 비롯해 여러 도서관들은 점차 별도의 보관소에 의존하기 시작했고, 별도의 공간에 창고를 구입해서 알맞게 개조하여 사용했다. 현대 도서관들은 한 발 더 나아가 도서 소장 전용 시설을 세우고 있다. 그 대표적인 사례가 옥스퍼드 대학의 보들리안 도서관이 스윈든에 새로 신축한 시설이다.

보들리안 도서관 문서저장고

20세기 말에 보들리안 도서관은 문서저장 공간 문제에 직면했다. 토마스 보들리가 옥스퍼드 중심부에 마련한 시설은 한계치

17-B
18-A
18-B

왼쪽, 오른쪽
보들리안 문서저장고
2009년, 영국 스윈든

스코트 브라운릭이 설계한 이 문서저장고는 그 규모를 알아차리기가 쉽지 않다. 면적이 11,706m²에 이르는 주 공간(왼쪽)은 책 8백만 권을 보관할 수 있는 규모다. 책들을 수납한 플라스틱 상자들은 특수 지게차로 운반된다. 사진 뒤쪽에서 보이듯이, 사서들은 자신이 딛고 선 발판을 들어올리는 지게차를 이용해서 높은 선반에 놓인 플라스틱 상자를 열고 책을 꺼낼 수 있다. 책과 상자에는 빠짐없이 바코드가 붙어 있고, 전자 검색 시스템을 이용해서 대출 신청 접수에서부터 옥스퍼드에 있는 도서관까지 책을 배달하는 것까지 모든 상황이 추적된다. 지도 보관실에는 여러 개의 단으로 이루어진 특수 서가(오른쪽)가 있다. 이 건물은 온도와 습도가 엄격하게 조절된다. 이 건물은 넓은 부지의 일부만을 사용하고 있지만, 앞으로 충분히 확장할 수 있도록 설계되었다.

를 넘은 지 오래였다(4장 참조). 보들리안 도서관은 올드 스쿨스 쿼드랭글에 세워진 본관에서 확장을 거듭해 1909-12년에 건설된 래드클리프 카메라와 거대한 지하 저장 시설을 연결했고, 1940년대에는 자일스 길버트 스콧이 설계한 뉴라이브러리를 브로드 스트리트 건너편에 세웠다.[27] 하지만 이 모든 시설이 가득 찼고, 더 이상 확장할 공간도 없는 상황이 되었다. 보들리안 도서관은 법률 문서를 소장하는 도서관이라서 저장 공간 문제는 계속 악화될 것으로 예상되었다. 옥스퍼드 중심부는 땅값이 비쌌고 인근 지역은 개발 제한에 걸려 있어 인근에 새 저장고를 지으려면 막대한 비용이 들어갈 터였다. 결국 약 45km 떨어진 사우스 마스톤, 스윈든 인근에 새 저장고를 짓자는 결정이 내려졌다.

도서관에서 멀리 떨어진 곳에 문서저장고를 세우는 것은 흔한 방식은 아니었지만, 그렇다고 전례가 전혀 없는 일은 아니었다. 1880년대에 하버드 대학의 찰스 윌리엄 엘리엇 총장은 열람이 거의 이루어지지 않는 책들을 멀리 떨어진 외부 저장고에 보관하자는 착상을 내놓았다. 1940년대에는 미국의 여러 도서관들이 동떨어진 곳에 저장 시설을 세웠다.[28] 영국박물관은 20세기 후반부에 본관 부지 안에 저장고를 마련하는 데 어려움을 겪기 시작하면서 런던 주변 각지에 있는 창고들을 활용했다. 정부 출연 도서관들이 영국 도서관으로 통합되던 1973년에 영국박물관은 잉글랜드 북부, 요크셔의 보스턴 스파에 문헌공급소(Document Supply Centre, 앞으로는 DSC라고 한다)를 세웠다.[29] 이곳은 도서관 상호대차 서비스의 근거지로 자리 잡았다. 처음부터 DSC는 최소한의 열람 공간만을 둔 저장시설로 설계되었다. 2012년에는 연 300만 종의 신규도서 취득에 대처할 목적으로 2600만 파운드를 들여서 총 서가 길이가 262km에 달하는 저장고를 완공했다.[30] 스코트 브라운릭 건축사무소가 설계한 보들리안 문서저장고도 이와 비슷한 개념에서 설계되었다. 2009년에 문을 연 이 건물은 광대한 면적을 자랑할 뿐 아니라 추가 확장을 염두에 두고 설계되었다. 현재 이곳의 바닥면적은 축구장 면적의 1.6배이며, 총 길이 230km의 서가는 8백만 권을 보관할 수 있는 규모다.[31]

보들리안 문서저장고와 DSC에서는 바코드가 부착된 상자에 책들을 보관하고, 이 상자들을 특별제작한 수납선반에 보관한다. DSC는 자동화된 반출시스템이 설치되어 있기 때문에 수납공간을 훨씬 조밀하게 이용할 수 있다.[32] 보들리안 문서저장고는 목적에 맞게 개조된 지게차와 사서 인력을 운용한다. 이 방식을 채용하면 공간이 훨씬 많이 소요되지만 관리는 훨씬 쉬워진다. 보들리안 문서저장고와 DSC는 저장고에 서가를 빼곡하게 세우고 책 보존에 적합한 온도와 습도를 유지한다. 이런 시설들은 도서관의 기능을 완전히 대체하는 것이 아니라, 도서 소장 공간과 열람 행위를 분리하는 기능을 할 뿐이다. 열람자가 온라인으로 대출 신청을 하면, 요청된 책은 서가에 놓인 상자에서 반출되어 포장을 거쳐 도서관으로 배달되고, 이곳에서 열람자에게 전달되었다가 이곳으로 다시 반환된다. 이런 대규모 도서 저장 시설은 열람자가 자신이 찾고자 하는 책을 정확히 알고 있어야만 존립할 수 있다. 이런 시설은 특정한 문제를 해결할 수 있는 한 가지 방책이다. 하지만 이런 상황에서도 베를린의 그림 센

그림 센터
2009년, 독일 베를린

이 도서관은 스위스 건축가 막스 두들러가 훔볼트 대학을 위해 설계했는데, 지금은 독일 최대의 개가식 도서관이다. 건물 네 벽면에 서가가 놓여 있고, 천장에 채광창이 뚫려 있는 건물 중앙에 거대한 열람 공간이 마련되어 있다. 양쪽 내벽에 난 구멍들과 전면부에 난 창들은 고정형 서가의 최적 간격을 고려하여 똑같은 간격을 두고 배치했다.

터(야콥 빌헬름 그림 센터)처럼 온라인 대출과 서가를 둘러보면서 직접 책을 훑어보는 활동을 동시에 권장하는 도서관에 대한 수요는 여전히 남아 있다.

베를린의 그림 센터

그림 센터는 1812년과 1857년 사이에 여러 가지 우화집을 펴내 유명해진 야콥 그림(1785-1863)과 빌헬름 그림(1786-1859) 형제의 이름을 딴 곳이다. 그림 형제는 독일에서는 어휘가 가장 풍부하게 집대성된《독일어 사전*Deutsches Wörterbuch*》의 집필을 시작한 학자로도 유명하다. 그림 센터는 단순히 그림 형제의 책을 소장한 공간이 아니라, 베를린의 훔볼트 대학이 사용하는 도서관이기도 하다. 그림 센터는 2차 세계대전 때 파괴되었으나 오랜 세월 복원이 되지 못하다가 스위스 건축가 막스 두들러의 설계를 거쳐 2009년에 신축 건물로 완공되었다.[33] 그림 센터는 독일에서 가장 큰 개가식 도서관으로 개가식 서가가 가장 중요한 특징이다.[34] 건물 중앙에 있는 계단식 열람실의 양 벽면에 6개 층에 달하는 서가가 배치되어 있다.

열람자들은 도서관 서가를 훑어볼 수 있는 방식을 대체로 선호한다. 특정한 주제에 속하는 책들이 한군데 모여 있는 구조이기 때문에, 열람자들은 같은 주제에 속한 같은 종류의 책들을 빠르고 쉽게 찾을 수 있다. 굳이 저자의 이름을 알고 있어야 한다거나, 저장고에 보관된 책이 반출되어 나올 때까지 기다릴 필요가 없다. 물론 어떤 책들은 여러 주제에 걸리는 경우도 있으니 직접검색 방식이 완벽하다고 할 수는 없다. 하지만 선택권이 주어진다면 열람자들은 대부분 다른 곳에 보관된 책을 찾아달라고 신청하는 것보다는 개가식 서가에서 직접 책을 찾는 방식을 선호할 것이다. 개가식 서가에서는 열람자가 서가를 훑어보다가 의도치 않았던 분야인데도 관심이 끌리는 책을 꺼내보면서 개가식 서가가 아니었다면 결코 생각이 미치질 않았을 주제에 몰입하는 여유를 누릴 수 있다. 다시 말하면, 개가식 서가는 우리를 독서의 즐거움을 처음으로 맛보던 순간, 모든 책들이 새롭고 재미있게 느껴지던 순간으로 이끌어간다.

리위안 도서관

글을 읽고 쓰는 능력은 현대 세계에서 성공으로 이어지는 열쇠다. 따라서 요즘에는 어딜 가나 학교와 도서관의 네트워크가 형

왼쪽, 오른쪽

그림 센터

2009년, 독일 베를린

주 열람실의 계단형 열람 공간 (왼쪽)은 불레가 설계한 파리의 왕립도서관 도면을 연상시킨다 (214쪽 참조). 그러나 이 도서관이 열람 공간을 계단형으로 배치한 목적은 불레이 도서관이 계획했던 목적과는 전혀 다르다. 이 도서관은 주제별로 층을 달리 해서 개가식 서가를 배치했기 때문에, 열람자는 필요한 책을 서가에서 꺼내서 계단을 오르내릴 필요 없이 같은 층에 마련된 열람석으로 가져와 읽을 수 있다. 열람 공간 출입구에서 가장 가까운 곳에 여러 개의 층을 연결하는 계단이 설치되어 있다. 각층의 계단은 주 열람실의 계단형 구조를 따르고 있다.

성되어 읽고 쓰는 능력을 향상시키는 수단으로 이용되고 있다. 이런 면에서 가장 놀라운 변신을 이룬 나라는 바로 중국일 것이다. 중국 정부가 작성한 통계에 따르면, 2011년 중국에는 2,925개의 공공도서관이 있었다.[35] 물론 이 모든 도서관들이 독자적 건물을 가지고 있지는 않다. 돌이켜보면, 19세기에는 앤드류 카네기 같은 부자들의 거액 기부가 이루어지기 전이라 영국과 미국의 공공 도서관들은 대부분 시청과 공공건물 한 구석에 들어가 있었다.[36]

리위안 도서관은 베이징에서 자동차를 타고 북쪽으로 2시간을 달려야 하는 쟈오지에라는 작은 마을 산기슭에 있다. 설계는 중국 건축가이자 학자인 리 샤오동이 맡았다. '울타리를 두른 정원'이라는 뜻의 '리위안'은 이 건물 표면에 둘러쳐진 나뭇가지를 암시하는 명칭이다. 이 도서관은 마을에서 보이지 않는 곳, 산등성이 배경으로 개울이 지나가는 곳에 아늑한 보금자리를 틀고 있다. 작은 건물에 열람실은 하나뿐인데, 이 열람실은 놀이터 겸 거실처럼 쓰인다. 이용자는 맨 아래층에 난 입구에서 신발을 벗고 들어가 서가를 딛고 올라간다. 이 서가는 책 수납 공간 겸 계단 겸 의자로 쓰이는 다목적 가구다. 계단 맨 꼭대기 한쪽 모퉁이, 산과 개울이 내려다보이는 곳에 움푹 들어간 작은 좌식 공간이 마련되어 있어서 이곳에서 사람들은 난로 주위에 둘러 앉아 차를 마시거나 이야기를 듣거나 조용히 책을 읽는다. 리위안 도서관은 루첸슈(陸謙受)재단이 쟈오지에 마을에 기부한 건물이라는 점에서 헨리 홉슨 리처드슨이 설계한 토마스 크레인 기념도서관(240-1쪽 참조)의 현대판이라 할 만하다.[37] 이 건물은 도서관 건축사에서 차용한 발상이 많이 엿보이지만, 표준적인 도서관 설계 교본 내용에 의지하는 사람에게서는 결코 나올 수 없는 디자인이다. 사람들은 현실적으로 비실용적인 디자인을 채택한다는 이유에서 건축가들을 비판하는 일이 많다. 실용성이란 특정한 기능을 충족한다는 뜻이다. 앞에서 살펴보았듯이, 도서관이 감당해야 할 기능은 시대를 거치며 끊임없이 변화해왔다. 기술의 변화(책, 종이, 인쇄, 가스 조명, 서가, 전기, 그리고 컴퓨터의 이용)와 도서관의 목적과 운용방식에 대한 인식의 변화는 어제오늘에 시작된 문제가 아니다. 도서관은 수백 년에 걸쳐서 끊임없이 변화하고 있다. 이 책에서는 도서관 디자인의 실패 사례보다 성공 사례에 초점을 맞추었다.

리위안 도서관은 디자인이 어떤 성과를 이룰 수 있는가를 입증하는 적절한 사례다. 이 작고 아름다운 도서관의 형태는 기능별 배치도를 기준으로 나온 디자인이 아니다. 그러나 이 건물은 자연경관과 완벽한 조화를 이룬다. 우리는 지금까지 살펴본 도서관의 역사를 통해서 이 도서관의 입지와 나뭇가지로 둘러싼 입면에 도서관 속의 정원이라는 주제가 투영되어 있음을 알아차릴 수 있다. 이 주제는 의도적인 것이든 아니든, 중국의 텐이거와 라브루스트의 생트 쥬느비에브 도서관, 페로의 프랑스 국립도서관, 그리고 아레츠의 위트레흐트 도서관과도 연결된다. 리위안 도서관 내부는 불레가 프랑스 국립도서관에 계획했던 계단형 서가(214-15쪽 참조)를 재창조하여 어른과 어린이가 독서의 즐거움을 맛볼 수 있는 놀이터로 변모시켰다.

무엇보다도 리위안 도서관의 독창적인 디자인은 건물을 만드는 과정에서 디자이너와 예술가가 독특한 재능을 발휘한다는 것을 일깨워준다. 그것은 바로 상상력의 힘이다. 한마디로, 도서관은 상상력의 공간이며, 상상력은 일종의 놀이, 마음을 뛰놀게 하는 놀이다. 도서관은 우리를 동심의 세계로 이끌어가고, 상상의 세계로 안내한다. 이제껏 살펴보았듯이, 인류는 읽고 생각하고 꿈꾸며 지식을 향유할 공간을 놀라우리만큼 다양한 모습으로 창조해왔다. 이런 활동들을 소중히 여기는 마음을 잃지 않는 한, 인류는 앞으로도 계속해서 이를 수용할 공간을 지을 것이다. 그 공간에 책이 놓일지, 그 공간이 계속 도서관이라고 불릴지는 시간만이 알 일이다.

아래, 다음면

리위인 도시관

2012년, 중국 자오지에

중국 건축가 리 샤오동이 설계한 리위안 도서관은 베이징에서 차를 타고 북쪽으로 2시간을 달려야 하는 산기슭 작은 마을 개울가에 있다. 도서관은 주위 경관과 완벽한 조화를 이루고 있고 대체 어떤 용도인지 알 수 없는 외관(아래) 때문에 산을 오르내리는 사람들이 건물 안에 책들이 있다는 걸 전혀 눈치채지 못할 정도다. 입구가 있는 도서관 가운데의 뚫린 공간은 개울을 가로지르는 다리나 반대편 오솔길에서 걸어 들어갈 수 있다. 외벽은 홈이 파인 녹슨 강철 관 사이에 휘어지는 나뭇가지를 끼워 투박하게 마감해 놓았지만, 내벽은 목재를 이용한 깔끔한 마감(다음면)이 돋보인다. 실내에 있는 유일한 설비는 책상들뿐이다. 책상은 바닥으로, 계단으로, 의자로, 그리고 탁자로도 활용된다. 한 모퉁이에는 작은 벽난로가 있어서 방문객들이 둘러앉아 책을 읽으며 차를 마시는 공간이 된다.

미주

이 주석에서는 321-23쪽에 게재된 관련 문헌 소개에 포함된 문헌들을 언급할 때는 저자 이름과 출판연도만을 표시하고 꺾쇠 괄호([ ]) 안에 넣은 숫자를 추가해둔다. 관련 문헌 소개에서 이 숫자를 찾아보면 각 문헌의 자세한 정보를 얻을 수 있다. 웹사이트 주소는 바뀌기 쉽기 때문에 굳이 표시하지 않는다.

약어 해설

Cam.Hist.Bk. = D. McKitterick and L. Hellinga(eds), *The Cambridge History of the Book in Britain* (six vols, Cambridge, 1999-2011)

Cam.Hist.Lib. = P. Hoare (general ed.), *The Cambridge History of Libraries in Britain and Ireland* (three vols, Cambridge, 2006)

Cun.Arch.Lib. = K. Veenhof (ed.), *Cuneiform Archives and Libraries* (Leiden, 1986)

Hist.Bib.Fr. = C. Jolly, A. Vernet, D. Varry and M. Poulian (eds), *Histoire des bibliothèques Françaises* (four vols, Paris, 1988-92)

Sc.Civ.Ch. = J. Needham et al. (eds), *Science and Civilisation in China* (Cambridge, 1954-)

SCP = Statistical Communiqué of the People's Republic of China on the 2011 National Economic and Social Development (National Bureau of Statistics of China, 22 February 2012, accessed online)

머리말 (19-35쪽)

1 *SCP*.
2 [182] Breisch (1997), p. 13.
3 [207] Benson (2006), p. 117.
4 Ibid.
5 [60] Tsien (1985), p. 227.
6 Ibid., pp. 227-33.
7 [29] Clark (1901), p. 147.
8 Ibid., p. 167.
9 Ibid., p. 267.
10 [35] Masson (1981).
11 이 목록은 파편으로만 남아 있다. 다음을 참조하라. [36] Casson (2001), p. 39; [37] Macleod (2005), pp. 69, 98.
12 [77] Padover (1957), p. 361.
13 [5] Polastron (2007), *passim*.
14 해충의 목록과 퇴치법에 대해선 다음을 참조하라. [278] Pinniger (2012).
15 [144] Colvin (1995), p. 43 and pl. 23.

CHAPTER ONE

잃어버린 기원: 고대의 도서관 (36-59쪽)

1 [39] Potts (2005), pp. 19-33, p. 19; [41] Radner and Robson (2011), pp. xxvii-87.
2 K. Veenhof, 'Cuneiform Archives: An Introduction' in [40] *Cun.Arch.Lib.* (1986), pp. 8-10.
3 Ibid., p. 2.
4 Room ref. L2769: 다음을 참조하라. [42] Pettinato(1991); [43] Matthiae (1991).
5 [43] Matthiae (1991), p. 68; [42] Pettinato (1991), p. 54.
6 K. Veenhof, 'Cuneiform Archives: An Introduction' in [40] *Cun.Arch.Lib.* (1986), pp. 5-7.
7 J. Taylor, 'Tablets as Artefacts, Scribes as Artisans' in [41] Radner and Robson (2011), pp. 8-9.
8 K. Veenhof, 'Cuneiform Archives: An Introduction' in [40] *Cun.Arch.Lib.* (1986), p. 1.
9 [43] Matthiae (1991), pp. 64-5.
10 [39] Potts (2005), p. 22; K. Veenhof, 'Cuneiform Archives: An Introduction' in [40] *Cun.Arch.Lib.* (1986), pp. 11-3.
11 C. Woods et al. (eds), *Visible Language: Inventions of Writing in the Ancient Middle East and Beyond* (Chicago, 2010), p. 33.
12 [41] Radner and Robson (2011), pp. 83-5.
13 [39] Potts (2005), p. 19; [45] Reade (1986), p. 213.
14 이 수치에 대해선 논란이 많다. 다음을 참조하라. [39] Potts (2005), p. 23.
15 [44] Layard (1853) pp. 344-7; [45] Reade (1986), pp. 213-22.
16 K. Veenhof, 'Cuneiform Archives: An Introduction' in [40] *Cun.Arch.Lib.* (1986), p. 12.
17 제조법과 역사에 관해선 다음을 참조하라. [38] Bagnall (2009).
18 [36] Casson (2001), p. 25.
19 다음을 참조하라. J. Frosén, 'Conservation of Ancient Papyrus Materials' in [38] Bagnall (2009), pp. 79-99, p. 79.
20 [3] Harris (1999), pp. 27-35.
21 Ibid., p. 28.
22 [36] Casson (2001), pp. 17-19.
23 Pliny, *Historia Naturalis*, pp. 13, 74-82.
24 A. Bülow-Jacobsen, 'Writing Materials in the Ancient World' in [38] Bagnall (2009), pp. 4-11.
25 W. Johnson, 'The Ancient Book' in [38] Bagnall (2009), p. 257; [36] Casson (2001), p. 25.
26 [36] Casson (2001), pp. 28-9.
27 [47] Makowieka (1978), pp. 7-13.
28 [36] Casson (2001), pp. 48-9.
29 Ibid., p. 50; [49] Bagnall (2002), pp. 348-62, n. 24.
30 [36] Casson (2001), p. 49.
31 [48] Radt (1999), pp. 165-8.
32 이에 대한 논의는 다음을 참조하라. [47] Makowieka (1978), p. 17.
33 [37] Macleod (2005), pp. 1-5; [36] Casson (2001), pp. 35-6.
34 [37] Macleod (2005), pp. 3-5. 'Museion'을 둘러싼 논의는 다음을 참조하라. [49] Bagnall (2002), p. 351.
35 [37] Macleod (2005), pp. 4, 6, 69-70, 98, 102; [36] Casson, p. 33.
36 이 내용에 관해서는 다음을 참조하라. Letter of Aristeas to Philocrates (c. 180-145 bc), trans. in R. Charles, *The Apocrypha and Pseudepigrapha of the Old Testament in English* (Oxford, 1913), vol. 2, pp. 83-122. 여러 가지 문제에 대해선 다음을 참조하라. [49] Bagnall (2002), p. 349.
37 [36] Casson (2001), p. 34; [49] Bagnall (2002), p. 358.
38 [49] Bagnall (2002), pp. 349-51; [36] Casson, p. 34; [37] Macleod (2005), pp. 61-6.
39 [49] Bagnall (2002), pp. 351-4; [37] Macleod (2005), pp. 70-5.
40 이에 대한 논의는 다음을 참조하라. [49] Bagnall (2002), p. 353.
41 [37] Macleod (2005), pp. 67-9.
42 Ibid., pp. 9-11; 73-5; [49] Bagnall (2002), pp. 356-61; [5] Polastron (2007), pp. 16-23.
43 [37] Macleod (2005), p. 10.
44 [49] Bagnall (2002), pp. 359-60.
45 [50] Marshall (1976); [51] Dix (1994).
46 번역문은 다음 자료에서 구했다. [36] Casson (2001), p. 115
47 발굴 보고서 [53] Wilberg (1953); [47] Makowieka (1978), pp. 62-5.
48 [36] Casson (2001), p. 116.
49 Ibid., p. 97.
50 W. Johnson 'The Ancient Book' in [38] Bagnall (2009), p. 259.
51 [36] Casson (2001), p. 28.
52 [49] Bagnall (2002), p. 353.
53 [51] Dix (1994), p. 287.
54 [47] Makowieka (1978), pp. 55-9.
55 [36] Casson (2001), pp. 80-1; [47] Makowieka (1978), pp. 28-35.
56 [36] Casson (2001), pp. 84-88. 여러 가지 의문에 대해선 다음을 참조하라. [55] Richardson (1992), p. 177; [47] Makowieka (1978), p. 55.
57 여러 가지 의문에 대해선 다음을 참조하라. [55] Richardson (1992), p. 397; [51] Dix (1994), p. 288, citing [56] Seve (1990), pp. 173-9 and [57] Johnson (1984), pp. 149-84.
58 여러 가지 의문에 대해선 다음을 참조하라. [55] Richardson (1992), p. 389; [51] Dix (1994), p. 288.
59 [58] Sider (2005), pp. 16-23.
60 [36] Casson (2001), pp. 74-5.
61 Ibid., pp. 143-5; [5] Polastron (2007), pp. 36-7.

CHAPTER TWO

회랑, 코덱스, 책궤: 중세의 도서관 (60-89쪽)

1 [62] Haeinsa (2011), p. 10; UNESCO World Heritage Site Report online.
2 [63] *Korean Cultural Insights* (2011), pp. 70-1; UNESCO World Heritage Site Report, online.
3 [61] Sohn (1959), p. 99.
4 [64] Korean Ministry of Culture (2009), pp. 52-7.
5 [63] *Korean Cultural Insights* (2011), pp. 70-1; UNESCO World Heritage Site Report, online.
6 UNESCO World Heritage Site Report, online.
7 [61] Sohn (1959); [60] Tsien (1985).
8 [60] Tsien (1985), p. 1.
9 [59] McDermott (2006), p. 11.
10 [60] Tsien (1985), p. 325; [61] Sohn (1959), p. 98.
11 [66] Young (2004), pp. 94-5.
12 Ibid., p. 94.
13 기원후 757년으로 추정: [67] Kidder (1964), p. 156.
14 [66] Young (2004), pp. 56-7.
15 [65] Kornicki (2001), p. 367-8.
16 [69] Goodrich (1942), p. 132.
17 [70] Guo (1999), p. 96.
18 [65] Kornicki (2001), pp. 369-70.
19 [59] McDermott (2006), p. 49.
20 Ibid., p. 49.
21 Ibid., p. 50.
22 [76] Pederson (1984), p. 16
23 Ibid., p. 17
24 Ibid., pp. 101-2.
25 Ibid., pp. 62-6.
26 Ibid., pp. 104-5
27 [77] Padover (1965), pp. 360-1.
28 Ibid., p. 350; [1] Battles (2004), pp. 62-3, 66.
29 [77] Padover (1965), p. 356.
30 Ibid., p. 354.
31 [5] Polastron (2007), p. 55.
32 Bibliothèque nationale, MS. Ref. arabe 5847
33 [5] Polastron (2007), pp. 71-2; [1] Battles (2004), pp. 66-7; [77] Padover (1965), pp. 367-8.
34 [76] Pederson (1984), pp. 128-30.
35 [84] O'Gorman (1972), p. 44.
36 Ibid., p. 17.
37 Ibid., p. 44.
38 U. Eco, *The Name of the Rose* (London, 1983) p. 1.
39 J. Ward, 'Alexandria and its Medieval Legacy: The Book, the Monk and the Rose' in [37] Macleod (2005), p. 170.
40 Ibid., p. 170. 다른 해석도 있다. 다음을 참조하라. [94] Horn and Born (1986), pp. 16-47.
41 [59] McDermott (2006), p. 50; [77] Padover (1965), pp. 347-68.
42 J. Ward, 'Alexandria and its Medieval Legacy: The Book, the Monk and the Rose' in [37] Macleod (2005), pp. 171, 178; [84] O'Gorman (1972), p. 3.
43 J. Ward, 'Alexandria and its Medieval Legacy: The Book, the Monk and the Rose' in [37] Macleod (2005), p. 171.
44 [36] Casson (2001), p. 52; Bagnall (2009), p. 11.
45 [87] McKitterick (1989); R. Gameson, 'The Material Fabric of Early British Books' in [73] *Cam.Hist.Bk.*, vol. 1, pp. 13-93; P. Robinson, 'The Format of Books: Books, Booklets and Rolls' in [74] *Cam.Hist.Bk.*, vol. 2, pp. 41-74; R. Thomson, N. Morgan, M. Gullick and N. Hadgraft, 'Technology of Production of the Manuscript Book' in [74] *Cam.Hist.Bk.*, vol. 2, pp. 75-109; [89] Rouse and Rouse (1990), pp. 103-15.
46 R. Thomson, N. Morgan, M. Gullick and N. Hadgraft, 'Technology of Production of the Manuscript Book' in [74] *Cam.Hist.Bk.*, vol. 2, p. 75; [91] Bell (1936-7), pp. 312-32; [92] Szirmai (1999).
47 [34] Petroski, pp. 42-5; [29] Clark (1901), pp. 292-3; 책궤의 사용과 관련한 다양한 논의에 대해선 다음을 참조하라. [9] *Cam.Hist.Lib.* (2006), pp. 37, 49, 64, 164, 338, 428, 505.
48 [29] Clark (1901), pp. 51-94.
49 [94] Horn and Born (1986), p. 16; 스크립토리움 건물에 대한 보기 드문 언급에 대해선 다음을 참조하라. [95] Gullick (1988), p. 7.
50 [29] Clark (1901), pp. 70-1; [71] Thompson (1957), p. 597.
51 [96] Fowler (1903), p. 83; [29] Clark (1901), p. 83.
52 [29] Clark (1901), p. 89; [25] Pevsner (1976), pp. 92-3.
53 [98] Pradié, p. 170; [80] Gameson (2006), p. 21; [29] Clark (1901), pp. 84-9.
54 [80] Gameson, pp. 21-8; [29] Clark (1901), pp. 74-82.

55 [80] Gameson (2006), pp. 21-8.
56 [84] O'Gorman (1972), pp. 6-15.
57 Ibid., p. 16.
58 Ibid., p. 18.
59 [102] Le Goff et al. (2006).
60 [29] Clark (1901), pp. 147-54.
61 Ibid.; [81] Streeter (1931), pp. 9-13, 27, 138.

CHAPTER THREE

수납장, 사슬, 진열대: 16세기의 도서관 (90-119쪽)

1 [103] Situ (2007), pp. 421-30.
2 [104] Luo (1993), p. 3.
3 [106] Ren (2001), vol. 2, p. 1012.
4 Tsien in [60] *Sc.Civ.Chin.* (1954-), vol. 5, pt 1, p. 40.
5 [105] Tsien (2004), p. 81.
6 Hu Ying, 'Yunju Si Cangjing Dong 53 Zai Zai Kaidong'[Re-opening the Sutra Library Cave in Yunju Temple after Fifty-three Years'], *Beijing Daily*, 5 June 2009.
7 [60] Tsien (1985), pp. 29-33.
8 Ibid., p. 126.
9 Ibid., p. 32.
10 Ibid., p. 40.
11 Ibid., p. 126.
12 Ibid., pp. 84-132.
13 [105] Tsien (2004), pp. 150-4.
14 [59] McDermott (2006), p. 126.
15 [106] Ren (2001), vol. 1, p. 206.
16 다음을 참조하라. J. Needham and L. Wang, 'Mechanical Engineering', *Sc.Civ.Chin.*, vol. 4, pt 2 (1965), p. 162.
17 E. Wilkinson, *Chinese History: A Manual* (Cambridge, Mass., 1998), p. 474.
18 Ibid.
19 Ibid.
20 [106] Ren (2001), vol. 1, p. 86.
21 D. Twitchett and P. Smith, *The Cambridge History of China*, vol. 9, pt 1, *The Ch'ing Empire to 1800* (Cambridge, 2002), p. 283.
22 [59] McDermott (2006), p. 137.
23 [106] Ren (2001), vol. 2, pp. 1337-73.
24 [84] O'Gorman (1972), pp. 4, 57-9.
25 Ibid., p. 19.
26 [109] Howard (1975), p. 163, n. 41; [110] Labowsky (1980), pp. 4-100.
27 N. Mann, 'The Origins of Humanism' in J. Kraye, *Renaissance Humanism* (Cambridge, 1996), pp. 1-19, at pp. 1-2.
28 [110] Labowsky (1980), pp. 25, 32.
29 [109] Howard (1975), pp. 18-19.
30 Ibid., p. 20.
31 Ibid., p. 25.
32 [110] Labowsky (1980), pp. 95-7.
33 [109] Howard (1975), p. 21.
34 [112] Wittkower (1934), pp. 123-218; [113] Corti and Parronchi (1965), pp. 9-31.
35 [114] Argan and Contardi (1993), pp. 117-45.
36 [112] Wittkower (1934); [115] Hemsoll (2003), pp. 29-62.
37 [111] Ackerman (1986), p. 102.
38 [84] O'Gorman (1972), pp. 29-30
39 [114] Argan and Contardi (1993), p. 117.
40 [111] Ackerman (1986), pp. 37-8.
41 [117] Jardine (1996).
42 [8] Hobson (1970), pp. 85-91; [6] Staikos, pp. 339-56.
43 [112] Wittkower (1934), pp. 145-6.
44 [29] Clark (1901), pp. 202-26.
45 [8] Hobson (1970), pp. 79-80.
46 그 예로는 다음을 참조하라. [117] Jardine (1996), pp. 183-9.
47 다음을 참조하라. [118] Raggio and Wilmering (1999).
48 [29] Clark(1901), pp. 291-320; [34] Petroski (1999), pp. 100-28.
49 영국의 상황에 대해선 다음을 참조하라. F. Howard and F. Crossley, *English Church Woodwork* (London, 1917), p. 297; J. Cox and A. Harvey, *English Church Furniture* (London, 1907), p. 263.
50 [29] Clark (1901), Fig. 103.
51 [81] Streeter, pp. 35-41, 69-72; [88] Gameson (2012), p. 61.
52 [80] Gameson (2006), p. 35.
53 [84] O'Gorman (1972), p. 4.
54 [29] Clark (1901), pp. 147-53.
55 Ibid., pp. 233-4.
56 착오가 처음으로 시작된 곳은 다음 문헌이다. [81] Streeter (1931). 이를 분석한 내용으로는 다음을 참조하라. [122] Ker (1985), pp. 429-31. Streeter의 착오는 계속 되풀이되고 있다. 그 예로는 다음을 참조하라. [2] Lerner (2009), p. 73; [28] Cosme (2004), p. 70.
57 [124] Newman (1978), pp. 248-57; [125] Newman (1997), pp. 146-55.
58 [124] Newman (1978); [125] Newman (1997), pp. 147-8.
59 [124] Newman (1978), pp. 248-57; [125] Newman (1997), pp. 147-8.
60 [125] Newman (1997), pp. 146-8.
61 [81] Streeter (1931), pp. 273-9; [101] Wells (2006), pp. 19-21.
62 [122] Ker (1985), pp. 429-31.
63 [123] Sargent (2006), pp. 51-65, 57-9; replacing [81] Streeter, pp. 27-35.
64 [81] Streeter (1931), pp. 28-9.

CHAPTER FOUR

벽, 돔, 벽감: 17세기의 도서관 (120-51쪽)

1 [34] Petroski (1999), pp. 101-28; [29] Clark (1901), pp. 291-320.
2 [131] Kamen (2010), p. 142.
3 [132] Kubler (1982), pp. 95-7.
4 [93] Middleton (1963).
5 독서대에 놓을 수 있는 책의 양에 대해선 다음을 참조하라. [119] Gaskell (1980), pp. 6-7.
6 [241] Thompson (1973), p. 80.
7 [29] Clark (1901), pp. 269-70; [8] Hobson (1970), pp. 186-201.
8 다음 문헌에서 인용했다. [8] Hobson (1970), p. 194.
9 [126] Tyacke (1997), pp. 147-9, 659-66.
10 [125] Newman (1997), p. 138.
11 Ibid., p. 151
12 [123] Sargent (2006), p. 55.
13 [125] Newman (1997), p. 162.
14 [6] Staikos (2000), pp. 478-9; [26] Masson (1972), pp. 173-4.
15 [6] Staikos (2000), pp. 478-9; [26] Masson (1972), pp. 173-4.
16 [5] Polastron (2007), *passim*.
17 [132] Kubler (1982), pp. 119-122.
18 C. Mignot, 'Première "Bibliothèque Mazarine," rue de Richelieu' in [129] Bacha and Hottin (2002), pp. 68-70, and J. Barreau, 'Sainte-Geneviève du Mont' in [129] Bacha and Hottin (2002), pp. 73-6.
19 I. Rowland and T. Howe (eds), *Vitruvius: 'Ten Books on Architecture'*(Cambridge, 1999), pp. 21-4.
20 J. Rykwert, N. Leach, R. Tavenor, *Leon Battista Alberti: On the Art of Building in Ten Books* (Cambridge, Mass., 1988), p. x.
21 Claude Mignot, 'Première "bibliothèque Mazarine," rue de Richelieu' in [129] Bacha and Hottin (2002), pp. 68-71.
22 [139] Wren Society, vol. 13, pp. 40-3; M. Whinney, 'Sir Christopher Wren's Visit to Paris', *Gazette des Beaux-Arts*, 51 (1958), pp. 229-42.
23 [141] Linnell (1983), pp. 126-40.
24 [139] Wren Society, vol. 17, pp. 76-7; [144] Colvin (1995), pp. 33-4.
25 [142] Knoop and Jones (1935), p. 43.
26 [143] Newman (2006), p. 197; [139] *Wren Society*, vol. 5, p. 31; vol. 19, p. xi; [144] Colvin (1995), p. 30.
27 [145] Ramsay (2004), pp. 421-2; [143] Newman (2006), p. 200.
28 [124] Newman (1978), p. 253
29 [125] Newman (1997), p. 191; [127] Barber(1995), p. 102.
30 [125] Newman (1997), p. 191.
31 [135] McKitterick (1995), pp. 16-20.
32 Ibid., p. 5.
33 Ibid., pp. 6-8.
34 Ibid., pp. 52-5.
35 [144] Colvin (1995), p. 33.
36 Ibid., pp. 33-4; [143] Newman (2006), pp. 193-6.
37 [144] Colvin (1995), pp. 33.
38 Ibid., pp. 36.
39 [135] McKitterick (1995), p. 113.
40 Ibid., pp. 16-20.
41 [144] Colvin (1995), pp. 32-3.
42 [150] Gillam (1958), pp. vii-viii.
43 Ibid., p. xxi.
44 [8] Hobson (1970), pp. 202-11.
45 Ibid., p. 211.
46 [153] Colvin and Simmons (1989), pp. 19-46; [154] Maclean (2008), p. 20.
47 [153] Colvin and Simmons (1989), pp. 19-46; [154] Maclean (2008), p. 20.
48 [127] Barber (1995), p. 102.
49 [29] Clark (1901), pp. 318-19; [34] Petroski (1999), pp. 126-8; J.-P. Willesme, 'Saint Victor…' in [129] Bacha and Hottin (2002), pp. 77-9.

CHAPTER FIVE

천사, 프레스코, 비밀 문: 18세기의 도서관 (152-207쪽)

1 [155] Hitchcock (1968), pp. 1-17. 프랑스 기원 관련 문제들에 대해선 다음을 참조하라. [156] Harries (1983), pp. 1-47.
2 [160] Garberson (1998), pp. 103-4.
3 [161] Coimbra (1998), p. 7.
4 [84] O'Gorman (1972), p. 6.
5 [161] Coimbra (1998), pp. 8-11.
6 [1] Battles (2004), p. 92.
7 다음 문헌에서 인용했다. [8] Hobson (1970), p. 143.
8 B. de Andia, 'Les Temples du savoir' in [129] Bacha and Hottin (2002), p. 13.
9 다음을 참조하라. J. Levine, *The Battle of the Books: History and Literature in the Augustan Age* (Ithaca, NY, 1991); R. James, *Ancients and Moderns* (New York, 1982).
10 Library website.
11 Library website.
12 [8] Hobson (1970), p. 235.
13 [162] Smith (1973), p. 362.
14 Ibid., p. 363.
15 [18] Bosser and de Laubier (2003), p. 200.
16 Ibid., p. 200; [163] Pereira (1996-).
17 [18] Bosser and de Laubier (2003), p. 201.
18 Ibid., p. 201.
19 Ibid., p. 201.
20 [165] Dotson (2012), p. 7.
21 [167] Kubadinow (2004), p. 20.
22 축제와 행렬의 중요성에 대해선 다음을 참조하라. [165] Dotson (2012), pp. 5-17; [166] Strong (1984).
23 [165] Dotson (2012), pp. 19-23.
24 Ibid., pp. 5-21.
25 Ibid., pp. 133-56.
26 J. Barreau, 'Sainte-Geneviève du Mont' in [129] Bacha and Hottin (2002), pp. 74-75.
27 [170] Braham and Hager (1977), p. 16; [171] Hager.
28 [169] Pietrangeli (1993), pp. 13-14.
29 Library website.
30 [172] Pane et al. (1973), pp. 61-2.
31 [5] Polastron, pp. 124-6.
32 Ibid., pp. 126-7; D. Drew, *The Lost Chronicles of the Maya*(London, 1999), pp. 31-2 and 302-4.
33 [5] Polastron, p. 124.
34 T. D'Altroy, *The Incas* (Oxford, 2002), pp. 15-19.
35 [5] Polastron, p. 123.
36 Ibid., pp. 127-9.
37 F. Penalosa, 'The Development of Libraries in Mexico', *Library Quarterly*, v. 23 n. 2 (Apr. 1953), pp. 115-25 and p. 116.
38 Ibid.
39 [160] Garberson (1998), pp. 15-18.
40 [173] Ellegast et al. (2008), pp. 1-21.
41 Ibid., p. 18.
42 Ibid., p. 18.
43 [160] Garberson, pp. 86-88, 167-8, [157] Lehmann, pp. 99-100.
44 [160] Garberson (1998), pp. 100-4.
45 Ibid., p. 104.
46 Ibid., p. 86.
47 Ibid., pp. 82-3.
48 [157] Lehmann (1996), pp. 198-9.
49 [160] Garberson (1998), pp. 12-15, 86-7.
50 Ibid., vol. 1, p. 87.
51 [157] Lehmann (1996), p. 232, figs. 206, 298; [160] Garberson (1998), p. 156.
52 [157] Lehmann (1996), p. 112.
53 [160] Garberson (1998), p. 189.
54 Ibid., p. 189.
55 이 분류법에 대해선 다음을 참조하라. [158] Adriani and [157] Lehmann, 이 분류법을 비판하는 내용은 다음을 참조하라. [160] Garberson (1998), pp. 84-5.
56 [157] Lehmann (1996), vol. 1, p. 103; [160] Garberson (1998), p. 178.
57 I. Rowland and T. Howe (eds), *Vitruvius: 'Ten Books on Architecture'* (Cambridge, 1999), p. 25.
58 [160] Garberson (1998), pp. 65-71.
59 Ibid., pp. 89-90, 178.
60 Ibid., p. 93.
61 Ibid., pp. 46-50.
62 [176] Tremp et al. (2007), pp. 9-12.

63 Ibid., p. 25.
64 Ibid., p. 33.
65 Ibid., pp. 38-9.
66 Ibid., pp. 38-9; [160] Garberson (1998), p. 179.
67 포쪼의 일생에 대해선 다음을 참조하라. R. Bösel, 'Andrea Pozzo,' *Grove Dictionary of Art* (1998); B. Kerber, *Andrea Pozzo* (Berlin, 1971).
68 [160] Garberson (1998), p. 154.
69 A. Gerhardt, 'Admont Abbey', Grove Art Online.
70 [160] Garberson (1998), pp. 70, 80-1, 154-5.
71 Ibid., pp. 110-11.
72 Ibid., pp. 100-4.
73 Ibid., pp. 18-27.
74 Ibid., pp. 134-6.
75 Ibid., pp. 134-6.
76 [18] Bosser and de Laubier (2003), p. 25.
77 Library website.

CHAPTER SIX

철재 서고, 가스등, 카드식 목록: 19세기의 도서관 (208-47쪽)

1 [185] Girouard (1978), pp. 234-7.
2 다음을 참조하라. P. Harris, 'The First Century of the British Museum Library' in [10] *Cam.Hist.Lib.*, vol. 2, pp. 405-21, and M. Spevack, 'The Impact of the British Museum Library' in [10] *Cam.Hist.Lib.*, vol. 2, pp. 438-58.
3 [179] Port (2006), pp. 459-78.
4 [186] Snodin (2009), pp. 37-42.
5 [179] Port (2006), p. 208.
6 [187] Wesch (2003), pp. 31-3.
7 [188] Reid (2001), pp. 345-66.
8 [190] Wills (2002), pp. 5-86.
9 Ibid., pp. 89-113.
10 [193] Winckelmann (1756).
11 [194] Laugier (1753).
12 이 도서관들에 대해선 다음을 참조하라. G. Fonkenell, 'Projets au Louvre' in [129] Bacha and Hottin (2002), pp. 53-5; [179] Port (2006), pp. 463-8; and [196] Pérouse de Montclos in [129] Bacha and Hottin (2002), p. 56.
13 [196] Pérouse de Montclos in [129] Bacha and Hottin (2002), p. 56.
14 [184] Crass (1976).
15 [25] Pevsner (1976), p. 104.
16 [199] Chafee (1977), pp. 61-109; [201] Drexler (1977), pp. 417-93.
17 [202] Sérullaz (1977), pp. 187-91.
18 [203] Papworth and Papworth (1853); [178] Black et al. (2009), pp. 75-6.
19 [202] Sérullaz (1977).
20 [204] Watkin (1974), pp. 183.
21 Ibid., pp. 184-7.
22 Ibid., pp. 186-96, pls. 83-99.
23 [205] Watkin (1983), p. 90.
24 에딘버러에 대해선 다음을 참조하라. [179] Port (2006), pp. 462-8. 고어 홀과 더블린 트리니티 대학에 대해선 다음을 참조하라. [182] Breisch (1997), pp. 60-4.
25 [182] Breisch (1997), pp. 63-64, ns 17-18.
26 Ibid., pp. 462-9.
27 [209] Pöykkö, Grove Art Online.
28 Ibid.
29 D. Zanten, 'Architectural Composition at the Ecole des Beaux-Arts from Charles Percier to Charles Garnier', in [200] Drexler, pp. 111-323.
30 [210] Levine (1977), pp. 325-416.
31 [211] Vendredi-Auzanneau (2002), pp. 138-42; [210] Levine (1977), p. 340.
32 [213] Saint (2007), pp. 65-106.
33 가스등이 사용되면서 철재 골조가 나타났다는 논의는 다음을 참조하라. [210] Levine (1977), pp. 325-411. 조명을 강화하기 위해서 철재를 사용했다고 주장하는 라브루스트의 주장에 대해선 다음을 참조하라. ibid. and [34] Petroski (1999), p. 169; [178] Black et al. (2009), pp. 76-7.
34 [210] Levine (1977), p. 340
35 Ibid., pp. 338-49.
36 Ibid., pp. 350-2.
37 [201] Drexler (1977), pp. 468-9.
38 Ibid., pp. 430-1.
39 [214] Foucaud (2002), pp. 110-14.
40 [1] Battles (2004), pp. 128-34.
41 [215] Esdaile (1946), pp. 86-9, 117-24; [178] Black et al. (2009), pp. 78-80.
42 [178] Black et al. (2009), p. 78.
43 [18] Bosser and de Laubier (2003), pp. 218-20.
44 [182] Breisch (1997), pp. 68-71.
45 보스턴에 대해선 다음을 참조하라. [182] Breisch (1997), pp. 73-9; [178] Black et al. (2009), pp. 83-6; 신시내티에 대해선 다음을 참조하라. [182] Breisch (1997), pp. 77, 222-3; [217] Belfoure (2009), pp. 129-31.
46 [217] Belfoure (2009), pp. 63-5.
47 Ibid., *passim*.
48 Ibid., pp. 124-36.
49 G. Tweedale, 'Andrew Carnegie (1835-1919), Steelmaker and Philanthropist', *Oxford Dictionary of National Biography*; [178] Black et al. (2009), p. 138.
50 유익한 참고문헌 목록은 다음을 참조하라. [178] Black et al. (2009), p. 21, ns 36-7, pp. 435-53.
51 [182] Breisch (1997), pp. 5, 7, 152-91.
52 Ibid., p. 268.
53 [1] Battles (2004), pp. 148-55.
54 [182] Breisch (1997), pp. 73-83; [178] Black et al. (2009), pp. 211-40.
55 Ibid.
56 [1] Battles (2004), p. 142.
57 P. Moorish, 'Library Management in the Pre-Professional Age' in [10] *Cam.Hist.Lib.* (2006), vol. 2, p. 490.
58 [1] Battles (2004), p. 104.
59 [5] Polastron (2007), p. 154.
60 [1] Battles (2004), p. 142.
61 Ibid., pp. 137-45.
62 [178] Black et al. (2009), pp. 100-6.
63 [218] Nicolson and Tedder (1878), pp. 147-8. 다음 문헌에서 인용했다. [178] Black et al. (2009), p. 104.
64 [178] Black et al. (2009), pp. 27-63.
65 Ibid., p. 48.
66 [219] Bosley (1996), pp. 12-13.
67 Ibid., p. 8.
68 Ibid., pp. 22-3, 60.

CHAPTER SEVEN

전기, 콘크리트, 강철: 20세기의 도서관 (248-87쪽)

1 [25] Pevsner (1976), pp. 108-10.
2 [3] Harris (1999), p. 218.
3 [182] Breisch (1997), pp. 6, 256-69.
4 [178] Black et al. (2009), pp. 187-201.
5 [223] Macaulay (1993), pp. 2-3
6 Ibid., p. 5.
7 Ibid., pp. 3-4.
8 Ibid., p. 21.
9 Ibid., p. 21.
10 [224] Dain (2000), pp. 11-14; [225] Reed and Morrone (2011), pp. 19-21.
11 [225] Reed and Morrone (2011), p. 22.
12 [224] Dain (2000), pp. 19-23.
13 [18] Bosser (2003), pp. 228-9.
14 [225] Reed and Morrone (2011), *passim*.
15 [227] Burgoyne (1905), pp. 19-25.
16 [228] Brox (2010).
17 Ibid., pp. 110-27. 조지프 스완의 역할을 크게 보지 않는 논의에 대해선 다음을 참조하라. [229] Poulter (1986), pp. 23-6.
18 [228] Brox (2010), pp. 102-9.
19 [34] Petroski (2000), p. 174; [178] Black et al. (2009), pp. 285-6, 289; [230] Prizeman (2012), pp. 74-5; [228] Poulter (1986), pp. 22-3.
20 [229] Poulter (1986), pp. 30-9.
21 [230] Prizeman (2012), p. 61.
22 Ibid., pp. 65-9.
23 [178] Black et al. (2009), p. 22.
24 [184] Crass (1976), pls. 6-12.
25 [232] *University of London* (1938), *passim*.
26 A. Ikonnikov, 'Vladimir Shchuko', Grove Art Online.
27 [233] Blundell Jones (2006), p. 111.
28 Ibid., p. 112; [184] Crass (1976), *passim*; [226] Burgoyne (1905), pp. 279-82.
29 [233] Blundell Jones (2006), pp. 117-25.
30 C. Ledoux, *Architecture* (1847) (repr., Princeton, 1983), pls 25, 35; 그 영향에 대한 논의는 다음을 참조하라. [233] Blundell Jones (2006), p. 117.
31 [233] Blundell Jones (2006), p. 117.
32 Ibid., pp. 127-68.
33 [234] Gooding (1997), *passim*.
34 [235] Krinsky (1988), pp. 141-2; [236] 'Oral History of Gordon Bunshaft', accessed online.
35 [235] Krinsky (1988), pp. 144-5.
36 [33] Brawne (1970), pp. 22-9.
37 Ibid., p. 22; [237] Weston (2002), pp. 63-9.
38 [33] Brawne (1970), p. 23.
39 Ibid., pp. 24, 26.
40 [237] Weston (2002), pp. 172-84.
41 [239] Blundell Jones (1995), p. 196 and *passim*.
42 Ibid., pp. 174-95.
43 Ibid., p. 198.
44 [33] Brawne (1970); [240] Metcalf (1965); [241] Thompson (1975).
45 [242] Brownlee and De Long (1991), p. 390.
46 [243] McCarter (2005), p. 305.
47 Ibid., p. 305.
48 [240] Metcalf (1965), pp. 316-17.
49 [5] Polastron (2007), pp. 267-81.
50 [244] Spens (1997); [246] Stonehouse and Stromberg (2004).
51 [248] Perrault and Jacques (ed.) (1995), pp. 18-23.
52 [244] Spens (1997), p. 21.
53 [249] Wortmann, (1998), p. 67.
54 Ibid., p. 71.
55 Ibid.; [250] Lootsma (1999), p. 29; [251] Van Cleef (1999), pp. 45-9.

CHAPTER EIGHT

전자시대와 도서관의 미래 (288-317쪽)

1 이 도서관들에 대해선 다음을 참조하라. [252] 'Oita New Prefectural Library' (1993); [253] Moholy-Nagy (1969); [33] Brawne (1970), pp. 100-3.
2 이 도서관들에 대해선 다음을 참조하라. [254] Futagawa (2006), pp. 206-13, 240-7; [255] Spinelli (2012), pp. 154-6; [261] Arets (2005), p. 162.
3 [256] Webb (2003); [256] Martin (2008).
4 [258] 'Herzog and de Meuron' (2005); [259] Webb (2006); [260] Gänshirt (2005).
5 [260] Gänshirt (2005).
6 Ibid.
7 [279] Lyons (2011), pp. 204-13.
8 [278] Shepherd; [261] Arets (2005), p. 112.
9 [261] Arets (2005), p. 112.
10 Ibid., p. 330, and *passim*; [262] Betsky (2005); [263] 'Wiel Arets: Library Utrecht' (2005).
11 [264] 'Wiel Arets: Library Utrecht' (2012), p. 34.
12 Ibid., p. 137.
13 [265] Cilento (2009).
14 Ibid.
15 [266] BeijingReview.com (2008-9).
16 [267] Ting (1981), pp. 417-34.
17 이 통계자료는 베이징의 국립박물관 웹사이트에서 구했다; [268] Gu (1999) pp. 33-40.
18 [25] Pevsner (1976), p. 100.
19 Ibid., p. 106.
20 [34] Petroski (1999), pp. 170-4.
21 Ibid., pp. 176-84.
22 Ibid.
23 [227] Burgoyne (1905), p. 65.
24 [34] Petroski (1999), pp. 206-9.
25 [227] Burgoyne (1905), p. 56.
26 M. Adrià, 'L'arca primordiale come giardino della conoscenza', *Casabella*, No. 761/762(Dec/Jan., 2008), pp. 48-63.
27 [269] Hoare (2006), p. 343.
28 [34] Petroski (1999), pp. 209-12.
29 [270] Hopson (2006).
30 [271] Davis (2004), pp. 28-32.
31 Bodleian Library website.
32 [271] Davis (2004), pp. 28-32.
33 [272] 'Max Dudler: Jacob and Wilhelm Grimm Center, Berlin, Germany 2005-2009' (2010).
34 [273] Kaltenbach (2009), p. 1315.
35 *SCP*.
36 [182] Breisch (1997), p. 13.
37 [274] Chiorino and Zappa (2012), pp. 32-9; [275] Xiadong (2012), pp. 60-5; [276] Li (2012).

관련 문헌 소개

개괄적인 논의

도서관의 역사와 관련된 문헌은 상당히 많다. 그러나 많은 저자들이 언급하고 있듯이 이 문헌들은 대부분 수집된 장서들을 중점적으로 다루고 있을 뿐, 장서를 보관하고 있는 건물에 대해선 크게 다루지 않는다. 도서관의 역사와 관련한 영어권의 유익한 개론서를 소개한다.

[1] M. Battles, *Library: An Unquiet History* (London, 2003), **[2]** F. Lerner, *The Story of Libraries* (London, 2009) and **[3]** M. Harris, *A History of Libraries in the Western World* (4th ed., London, 1999). **[4]** L. Polastron, *Livres en feu* (Paris, 2004) J. Graham이 옮긴 이 책의 번역본 **[5]** *Books on Fire* (London, 2007)는 도서관의 상실과 파괴의 비극적 역사를 다루고 있다. **[6]** K. Staikos, *Great Libraries* (London, 2000)는 기원전 3000년부터 기원후 1600년까지의 시대를 다룬다. **[7]** K. Staikos, *The History of the Library in Western Civilization* (London, 2000-12), vols 1-4은 초기 시대를 다룬다. **[8]** A. Hobson, *Great Libraries* (London, 1970)는 건축물과 장서를 함께 탁월하게 다루고 있는 간략한 개론서로 훌륭한 참고문헌 목록이 추가되어 있다.

영국에서 이루어진 도서관 연구를 집대성한 *The Cambridge History of Libraries in Britain and Ireland* (Cambridge, 2006)가 최근에 세 권으로 출간되었는데, 앞으로는 *Cam.Hist.Lib.*라는 약어로 표시한다. 그중에서 **[9]** vol. 1, edited by E. Leedham-Green and T. Webber는 1640년까지를 다루고 **[10]** vol. 2, by G. Mandelbrote and K. Manley는 1640-1850년 사이를 다루며 **[11]** vol. 3, edited by A. Black and P. Hoare는 1850-2000년 사이를 다룬다. 이 저서는 이전에 출간된 연구 논문들의 내용을 포괄하고 있다. 이전에 출간된 대표적인 저서로는 **[12]** F. Wormald and C. Wright, *The English Library before 1700* (London, 1958)가 있다. 프랑스에서 출간된 저서로는 **[13]** C. Jolly, A. Vernet, D. Varry and M. Poulian (eds), *Histoire des bibliothèques Françaises*(4 vols, Paris, 1988-92)가 있는데, 앞으로는 *Hist.Bib.Fr.*라고 표시한다. 독일에서 처음으로 출간된 세 권으로 된 연구서 **[14]** L. Buzás, *Elemente Des Buch- und Bibliothekswesens*(Wiesbaden, 1975-8)는 W. Boyd이 번역을 맡아 **[15]** *German Library History, 800-1945* (London, 1986)라는 제목으로 한 권으로 묶여 출간되었는데, 이 저서에서는 도서관 건물을 몇 개의 장으로 나눠 간략하게 다루고 있다. 최근에 출간된 **[16]** W. Nerdinger (ed.), *Die Weisheit baut sich ein Haus* (Munich, 2011)에는 흥미로운 개론적인 논의가 들어 있다.

도서관 관련된 화보들은 여러 종이 있다. **[17]** W. Löschburg, *Historic Libraries of Europe* (Leipzig, 1974) and **[18]** J. Bosser and G. de Laubier, *Bibliothèques du monde* (Paris, 2003)는 L. Hirsch가 번역을 맡아 **[19]** *The Most Beautiful Libraries in the World* (London, 2003)라는 제목으로 출간되었다. 이 책에는 도서관 하나하나를 다룬 유익한 소개문이 들어 있다. **[20]** C. Hofer, *Libraries* (London, 2005)와 **[21]** A. Ertug, *Temples of Knowledge* (Istanbul, 2010)는 사진만 실려 있는 책이다. **[22]** D. Stam (ed.), *International Dictionary of Library Histories* (London, 2001)와 **[23]** W. Wiegand and D. Davis, *Encyclopedia of Library History* (New York, 1994)에는 건물을 다루는 내용이 아주 적다. **[24]** 저널인 *Library Literature and Information Science* (New York, 1980-)는 400개 이상의 표제 아래 도서관과 관련된 내용을 연도별로 소개해 놓았다.

도서관 건물의 역사

도서관 건물의 역사를 개관한 가장 훌륭하게 개관한 내용은 **[25]** N. Pevsner, *A History of Building Types* (London, 1976), pp. 91-110를 참조하라. 물론 이 내용은 시대에 뒤처진 느낌을 주긴 한다. **[26]** A. Masson, *Le Décor des bibliothèques de Moyen Age à la Révolution* (Geneva, 1972)와 **[27]** M. Baur-Heinhold, *Schöne alte Bibliotheken* (Munich, 1972)는 중세부터 1800년경까지를 다룬다. **[28]** A. Cosme, *Los Espacios del Saber: Historia de la Arquitectura de las Bibliotecas* (Gijón, 2004)에는 유럽 도서관의 역사에 대한 간략한 개관뿐 아니라 설계도면과 훌륭한 참고문헌 목록이 포함되어 있다. 영국에서 Pevsner의 저서보다 앞서서 출간된 중요한 연구서로는 **[29]** J. Clark, *The Care of Books* (Cambridge, 1901)가 있는데, 이 책에는 같은 저자가 **[30]** R. Willis and J. Clark, *Architectural History of the University of Cambridge* (four vols, Cambridge, 1886)에 썼던 도서관 건축의 역사에 관한 내용이 확장되어 있다. 이 저자의 연구는 대단히 상세해서 좋은 평가를 받고 있지만, 후대의 연구서들과 비교해보면 결론 부분에 많은 손질이 필요하다. 다음을 참조하라. **[31]** P. S. Morrish, 'John Willis Clark Revisited: Aspects of Early Modern Library Design', *Library History*, 3, no. 3 (spring 1974), pp. 87-107. **[32]** A. Thompson, *Library Buildings of Britain and Europe* (London, 1963)와 **[33]** M. Brawne, *Libraries: Architecture and Equipment* (London, 1970)는 역사를 다룬 간략한 장이 있긴 하지만, 유익한 내용은 20세기 건물을 설명한 내용에 주로 들어 있다. **[34]** H. Petroski, *The Book on the Bookshelf* (New York, 1999)는 서가의 역사와 도서관 디자인에 미친 영향을 다룬 흥미로운 책이다. 도서관 장식을 다룬 개론서로는 다음을 참조하라. **[35]** A. Masson, *The Pictorial Catalogue* (Oxford, 1981).

고대의 도서관

한 권으로 된 가장 훌륭한 개론서로는 **[36]** L. Casson, *Libraries in the Ancient World* (London, 2001)를 추천한다. **[37]** R. MacLeod, *The Library of Alexandria* (London, 2005)에 있는 논문들도 굉장히 유익하다. 이 책들은 고대부터 중세까지를 다룬다. 이 시기의 필사재료를 다룬 유익한 논문은 **[38]** R. Bagnall (ed.), *The Oxford Handbook of Papyrology* (Oxford, 2009)에 들어 있다. 메소포타미아 도서관에 대한 소개는 **[37]** MacLeod, pp. 19-34에 게재된 **[39]** D. Potts, 'Before Alexandria: Libraries in the Near East'에서 찾을 수 있다. **[40]** K. Veenhof (ed.), *Cuneiform Archives and Libraries* (Leiden, 1986)에는 유익한 논문들이 많은데, 앞으로는 *Cun.Arch.Lib.*라고 표시한다. 점토서판에 관해서는 **[41]** K. Radner and E. Robson, *The Oxford Handbook of Cuneiform Culture* (Oxford, 2011)를, 에블라 궁전에 대해선 **[42]** G. Pettinato, *Ebla* (Baltimore, 1991)와 **[40]** *Cun.Arch. Lib.* pp. 53-71에 게재된 **[43]** P. Matthiae, 'The Archives of the Royal Palace G of Ebla'를 참조하라. Sir Henry Layard는 **[44]** A. Layard, *Nineveh and its Remains* (two vols, London, 1848-9)를 비롯해서 자신의 발굴 경험과 성과를 다룬 저서를 여럿 출간했다. 니네베 도서관을 다룬 최근의 연구로는 **[40]** *Cun.Arch.Lib.*, pp. 213-22에 게재된 **[45]** J. Reade, 'Archaeology and the Kuyunjik Archive'를 참조하라. 이집트 도서관들을 간략히 개괄한 영어 논문으로는 **[3]** Harris, pp. 27-35를 추천한다. 가장 유익한 개괄 내용은 **[46]** G. Burkard, 'Bibliotheken im alten Ägypten', *Bibliothek Forschung und Praxis*, 4, no. 2 (1980), pp. 79-115에 있다.

그리스 도서관의 형태에 대한 논의로는 **[36]** Casson and **[47]** E. Makowiecka, 'The Origin and Evolution of Architectural Form of [the] Roman Library', *Studia Antiqua*, 1 (1978)을, 페르가몬에 관한 논의로는 **[36]** Casson and **[48]** W. Radt, *Pergamon: Geschichte und Bauten einer antiken Metropole* (Darmstadt, 1999), pp. 165-8을 참조하라. **[49]** R. Bagnall, 'Alexandria: Library of Dreams', *Proceedings of the American Philosophical Society*, 146, no. 4 (Dec. 2002), pp. 348-62는 고대의 장서 규모를 그리 크지 않게 보고 있다.

[50] A. Marshall, 'Library Resources and Creative Writing at Rome', *Phoenix*, 30, no. 3 (1976), pp. 252-64와 **[51]** T. Dix, 'Public Libraries in Ancient Rome: Ideology and Reality', *Libraries and Culture*, 29, no. 3 (1994), pp. 282-96는 로마 도서관들을 훌륭하게 개관하고 있다. 셀수스 도서관을 다룬 내용은 **[52]** V. Strocker, 'The Celsus Library in Ephesus', *Ancient Libraries in Anatolia* (Ankara, 2003), pp. 33-43를 참조하라. 셀수스 도서관 발굴 보고서는 **[53]** W. Wilberg (ed.), *Forschungen in Ephesos* (Vienna, 1953)라는 제목으로 발표되었다. 팀가드를 다룬 내용은 **[54]** H. Pfeiffer, 'The Roman Library at Timgad', *Memoirs of the American Academy in Rome*, 9 (1931) pp. 157-65를 참조하라. **[36]** Casson과 **[47]** Makowiecka는 로마 도서관들을 훌륭하게 개관하고 있다. 여러 가지 의문점에 대해선 **[55]** L. Richardson, *A New Topographical Dictionary of Ancient Rome* (Baltimore, 1992), p. 397; **[51]** Dix, p. 288, 그리고 앞의 논문이 인용할 때 사용한 **[56]** M. Sève, 'Sur le taille des rayonnages dans les bibliothèques antiques', *Revue de Philologie*, 117 (1990), pp. 173-9 의 내용과 **[57]** L. Johnson, 'The Hellenistic and Roman Library: Studies Pertaining to their Architectural Form' (Ph.D. dissertation, Brown University, 1984), pp. 149-84(나는 이 논문을 직접 보진 않았다)의 내용을 참조하라. 파피리 저택을 다룬 문헌으로는 **[58]** D. Sider, *The Library of the Villa Dei Papiri at Herculaneum* (Los Angeles, 2005), pp. 16-23을 참조하라.

일본과 한국의 옛 도서관들

중국과 한국, 일본의 도서관 건물들을 다룬 영어 문헌은 아주 드물다. 동아시아의 인쇄술을 다룬 유익한 개관은 **[59]** J. McDermott, *A Social History of the Chinese Book* (Hong Kong, 2006)과 **[60]** T.-H. Tsien, Science and Civilisation in China, vol. 5, *Chemistry and Chemical Technology: Part I: Papermaking and Printing* (Cambridge, 1985), **[61]** Pow-key Sohn, 'Early Korean Printing', *Journal of the American Oriental Society*, 79, no. 2 (1959), pp. 96-103을 참조하라. 해인사에 대해선 **[62]** Millennial Anniversary of the Tripitaka Koreana (Haeinsa, 2011); **[63]** Korean Cultural Insights (Seoul [2011]), 그리고 **[64]** Korean Documents on *UNESCO's Memory of the World Register* (Seoul, 2009)를 참조하라. 가장 믿을 만한 영어권 자료인 UNESCO World Heritage Site Report는 웹사이트에서 구할 수 있다. 일본 도서관들을 소개한 영어권의 유익한 자료로는 **[65]** P. Kornicki, *The Book in Japan* (Hawaii, 2001)을 추천한다. 일본 건축에 대한 기본 입문서로는 **[66]** D. and M. Young, *Introduction to Japanese Architecture* (Hong Kong, 2004)와 **[67]** J. Kidder, *Japanese Temples* (Tokyo, 1964)가 있다. 도쇼다이지의 불경보관소를 간략히 다룬 책은 **[68]** B. Kurata, *Tōshōdaiji* (Tōshōdai-ji, 1985)이다. 회전식 불경보관대에 대해선**[69]** L. Goodrich, 'The Revolving Book-Case in China', in *Harvard Journal of Asiatic Studies*, 7, no. 2 (July 1942), pp. 130-61와 **[70]** Q. Guo, 'The Architecture of Joinery: The Form and Construction of Rotating Sutra-Case Cabinets', *Architectural History*, 42 (1999), pp. 96-109를 참조하라.

중세의 도서관

중세에 수집된 장서를 다룬 문헌은 굉장히 많다. **[71]** J. Thompson (ed.), *The Medieval Library* (New York, 1957)는 오래전에 나온 책이지만 여전히 유익하다. 1965년 개정판에는 초판에 실린 착오를 지적하는 B. Boyer의 평론이 실려 있다. 영국의 상황에 대한 자세한 논의로는 **[9]** *Cam.Hist.Lib.*, vol. 1과 **[72]** D. McKitterick and L. Hellinga (eds), *The Cambridge History of the Book in Britain* (Cambridge, 1999-2012) 가운데 **[73]** R. Gameson (ed.), vol. 1 (c. 400-1100)과 **[74]** N. Morgan and R. Thomson (eds), vol. 2 (1100-1400)와 **[75]** L. Hellinga and J. Trapp (eds), vol. 3 (1400-1557)를 참조하라. 이슬람 도서관들의 소실에 관해서는 다음을 보라. **[76]** J. Pederson, *The Arabic Book* (Princeton, 1984); **[77]** S. Padover in **[71]** Thompson (pp. 347-68); Harris **[3]**, pp. 71-87; Battles **[1]**, pp. 60-7; Polastron **[5]**, pp. 42-72; **[78]** H. BenAicha, 'Mosques as Libraries in Islamic Civilization, 700-1400 A.D.', *Journal of Library History*, 21, no. 2 (spring 1986), pp. 253-60, and **[79]** R. Elayyan, 'The History of the Arab-Islamic Libraries: 7th-14th centuries', *International Library Review*, 22 (1990), pp. 119-35.

[29] Clark는 중세의 책들은 대개 자립형 수납장이나 문이 달린 벽감, 그리고 나중에는 서고에 보관되었다고 지적했다. **[9]** *Cam.Hist. Lib.*, vol. 1, pp. 13-50에 게재된 **[80]** R. Gameson, 'The Medieval Library (to c. 1450)'는 중세 도서관들의 물리적 잔해들을 대조하고 분석하는 시도가 전혀 없었다고 지적한다. **[81]** B. Streeter, *The Chained Library* (Cambridge, 1931)는 초기 도서관 가구들을 자세히 분석하고 있는데, 그가 제작 연도와 관련하여 내린 몇 가지 결론은 지금은 그릇된 것으로 평가되고 있다(뒤에서 다시 설명). 프랑스의 도서관들을 다룬 내용은 **[82]** A. Prache, 'Bâtiments et décor' in **[13]** *Hist.Bib.Fr.*, vol. 1, pp. 350-63과 **[83]** J. Vezin, 'Les mobilier des bibliothèques', in the same volume, pp. 364-71에 있다. 중세 이탈리아 도서관들을 다룬 영어권 자료로는 **[84]** J. O'Gorman, *The Architecture of the Monastic Library in Italy 1300-1600* (New York, 1972)가 가장 유익하다. 독일과 북부 유럽에 대해선 **[85]** E. Lehmann, *Die Bibliotheksräume der deutschen Klöster im Mittelalter* (Berlin, 1957)와 1950-65년 사이에 출간된 독일어 원본을 T. Otto가 맡아 번역한 **[86]** K. Christ, *The Handbook of Medieval Library History* (London, 1984)를 참조하라.

중세 초기의 책의 이용도와 가격, 제작과 문자해득률에 관한 논의로는 **[87]** R. McKitterick, *The Carolingians and the Written Word* (Cambridge, 1989)가 있다. 양피지와 책의 제조에 대한 상세한 논의는 **[9]** *Cam.Hist.Bk.*, vol. 1, pp. 13-93에 게재된 **[88]** R. Gameson, 'The Material Fabric of Early British Books'; **[10]** *Cam.Hist.Bk.*, vol. 2, pp. 41-109; **[90]** L. Brownrigg (ed.), *Medieval Book Production* (Los Altos, 1990), pp. 103-15에 게재된 **[89]** R. Rouse and M. Rouse, 'The Commercial Production of Manuscripts in Late Thirteenth and Early Fourteenth Century France'; **[91]** H. Bell, 'The Price of the Book in Medieval England', *Library*, 4th ser., 17 (1936-7), pp. 312-32; **[92]** J. A. Szirmai, *The Archaeology of Medieval Bookbinding* (Aldershot, 1999); and **[93]** B. Middleton, *A History of English Craft Bookbinding Technique* (4th ed., London, 1996)를 참조하라. 책 제작의 물리적 환경과 장크트 갈렌의 도면에 관해서는 **[94]** W. Horn and E. Born, 'The Medieval Monastery as a Setting for the Production of Manuscripts', *Journal of the Walters Art Gallery*, 44 (1986), pp. 16-47를 참조하라. 성 알바노 수도원의 스크립토리움 건물에 대한 흔치 않은 논의는 **[95]** M. Gullick, 'Professional Scribes in Eleventh- and Twelfth-Century England', *English Manuscript Studies 1100-1700*, 7 (1988), pp. 1-24를 보라. 회랑이 책을 읽고 글을 쓰는 데 사용된 것에 관해서는 **[80]** Gameson과 **[29]** Clark이 **[96]** J. T. Fowler (ed.), *Rites of Durham, Surtees Society*, 107 (Durham, 1903), p. 83에 게재된 논문 *the Rites of Durham*에서 인용한 부분을 참조하라. 글로스터의 일인용 독서구역에 대해선 **[29]** Clark와 **[81]** Streeter를 보라. 그 연대에 대해선 **[97]** D. Verey and A. Brooks, *Gloucester: The Cathedral Church* (London, 2002), pp. 34-7를 보라. **[29]** Clark와 **[80]** Gameson은 서고의 출현에 대한 유익한 설명이 있다. 뒤의 책은 9세기 최초의 서고에 대해서 **[98]** P. Pradié (ed.), *Chronique des abbés de Fontenelle (Saint-Wandrille)* (Paris, 1999), p. 170의 내용을 인용했다. 보관실의 기능을 넘어선 도서관의 기능으로 넘어간 다음 단계에 대해선 **[29]** Clark, **[84]** O'Gorman 그리고 **[80]** Gameson을 보라. 훔베르토가 쓴 글은 그의 저서 **[99]** *Opera de vita regulari*, ed. J. Berthier (Rome, 1888-9), II. 265에 실려 있다. 탁발수도회 회칙의 역할에 대해선 **[100]** K. Humphreys, *The Book Provision of the Medieval Friars, 1215-1460* (Amsterdam, 1964)를 보라. 지금까지 남아 있는 도서관의 물리적 구조에 대해선 **[101]** *Wells Cathedral Library* (Wells, 2006); **[84]** O'Gorman, pp. 1-4 and 44-5; **[102]** M. Le Goff, C. Batard and N. Petit, *La Bibliothèque du Chapitre* (Noyons, 2006)와 **[26]** Masson을 보라. 쥐트펜의 성 피터와 성 발부르가 교회의 교구 도서관을 다룬 영어 문헌은 많은데, 특히 **[81]** Streeter와 **[29]** Clark에는 설계도면이 실려 있다.

중국의 옛 도서관

톈이거는 중국 밖에는 널리 알려져 있지 않다. 영어로 된 최고의 논문은 **[103]** P. Situ, 'The Tianyige Library: A Symbol of the Continuity of Chinese Culture', *Library Trends*, 55, no. 3 (2007), pp. 421-30이다. 중국어를 이해하는 사람들은 **[104]** Luo Zhaoping, *Tianyi Ge Congtan* [Essays on Tianyi Pavilion] (Beijing, 1993)를 보라. 중국의 책 제작 과정을 다룬 영어 문헌으로는 **[60]** *Sc.Civ.Ch.*, vol. 5, pt 1, by Tsien Tsuen-Hsuin과 같은 저자가 쓴 **[105]** *Written on Bamboo and Silk; the Beginnings of Chinese Books and Inscriptions* (Chicago, 2004)가 있다. **[2]** Lerner에는 중국 도서관들을 다룬 영어권의 간략한 참고문헌 목록이 있다. **[59]** McDermott는 도서관과 책 제작을 다룬 영어 및 중국어 참고문헌 목록을 싣고 있다. 중국어로 된 최고의 논문은 **[106]** Ren Jiyu, *Zhongguo Cangshulou* [Traditional Chinese Libraries] (two vols, Liaoning, 2001)이다. 종이 발명에 관해서는 **[60]**을 보라. 서구권으로의 종이 전파와 종이를 사용한 책 제작에 관해서는 **[107]** R. Clapperton, Paper (Oxford, 1934)와 **[108]** D. Hunter, *Papermaking* (rev. ed., London, 1978)를 보라.

르네상스 시대의 도서관

이탈리아 르네상스 시대의 도서관 건물에 대한 개관서로는 **[84]** O'Gorman가 단연 최고이며 여기에는 도서관들의 자세한 목록과 참고문헌 목록, 설계도면이 실려 있다. 마르치아나 도서관에 대해선 **[109]** D. Howard, *Jacopo Sansovino* (London, 1975) 와 **[110]** C. Labowsky, *Bessarion's Library and the Biblioteca Marciana* (Rome, 1980)를 보라. 로렌티안 도서관에 대한 연구는 많다. **[84]** O'Gorman; **[111]** J. Ackerman, *Michelangelo* (2nd ed., Harmondsworth, 1986), pp. 95-119; **[112]** R. Wittkower, 'Michelangelo's Biblioteca Laurenziana', *Art Bulletin*, 16 (1934), pp. 123-218; **[113]** G. Corti and A. Parronchi, 'Michelangelo al tempo dei lavori di San Lorenzo in una "ricordanza" del Figiovanni', *Paragone*, 175 (1965), pp. 9-31; **[114]** I. Argan and B. Contardi, trans. M. Grayson, *Michelangelo Architect* (London, 1993); **[115]** D. Hemsoll, 'The Laurentian Library and Michelangelo's Architectural Method', *Journal of the Warburg and Courtauld Institutes*, 66 (2003), pp. 29-62; and **[116]** F. Salmon, 'The Site of Michelangelo's Laurentian Library", *Journal of the Society of Architectural Historians*, 49, no.4 (Dec. 1990), pp. 407-29를 보라.

책이 부의 과시용도로 쓰였다는 논의로는 **[117]** L. Jardine, *Worldly Goods* (London, 1996)를 보라. **[118]** O. Raggio and A. Wilmering (eds), *The Gubbio Studiolo and its Conservation* (two vols, New York, 1999)에는 르네상스 스투디올로를 다룬 상세한 참고문헌 목록이 있다. 바티칸과 레이든 대학의 도서관들을 다룬 논의로는 **[29]** Clark와 **[31]** Morrish에 게재된 수납장의 제작 연대를 바로잡은 내용을 보라. 독서대의 수납 용량에 대해선 **[119]** P. Gaskell, *Trinity College Library: The First 150 Years* (Cambridge, 1980), pp.6-7을 보라. 사슬로 책상에 묶인 책에 대해선 도서관 건축을 다룬 대부분의 논문에서 다루고 있다. 개관적인 내용은 **[29]** Clark에, 책상을 자세히 검토한 내용은 **[81]** Streeter에 있다.

독서대에서 진열대 도서관으로 변화한 과정을 처음으로 짚은 문헌은 **[29]** Clark이다. Streeter는 Clark가 언급한 제작 연대를 바로잡았지만, 문헌자료들을 면밀히 분석한 Nicholas Ker에 의해서 두 사람의 주장이 모두 착오라는 것이 확인되고 진열대 도서관이 16세기 말에야 출현했다는 이론이 확립되었다. **[12]** Wormald and Wright, pp. 236-55에 게재된 **[120]** J. Myres, 'Oxford Libraries in the Seventeenth and Eighteenth Centuries' 와 1978년에 처음 발표된 뒤 **[122]** N. Ker, Books, *Collectors and Libraries* (Hambledon, 1985), pp. 379-436에 다시 게재된 **[121]** N. Ker, 'Oxford College Libraries in the Sixteenth Century'를 보라. 최근의 논의에 대해선 **[123]** C. Sargent, 'The Early Modern Library' in **[9]** *Cam.Hist.Lib.*, vol. 1, pp. 51-65를 보라. 옥스퍼드 도서관들에 대해선 **[124]** J. Newman, 'Oxford Libraries before 1800', *Archaeological Journal*, 135 (1978), pp. 248-57; **[126]** N. Tyacke (ed.), *The History of the University of Oxford*, vol. 4, *Seventeenth-Century Oxford* (Oxford, 1997), pp. 135-177에 게재된 **[125]** J. Newman, 'The Architectural Setting', 그리고 사진 자료는 **[127]** G. Barber, *Arks for Learning* (Oxford, 1995)를 참조하라. 케임브리지의 트리니티 홀에 대해선 **[128]** L. Hinton, *Trinity Hall; The Story of the Library* (Cambridge [n.d.])를, 웰스에 대해선 **[101]**을 보라. 케임브리지의 퀸스 칼리지에 대해선 **[123]** Sargent 그리고 같은 저자가 곧 출간할 도서관 관련 저서를 참조하라.

17세기의 도서관

[29] Clark, pp. 291-320와 **[34]** Petroski, pp. 101-28는 벽 시스템의 기원을 다룬다. 프랑스의 상황에 대해선 **[129]** M. Bacha and C. Hottin, *Les Bibliothèques parisiennes* (Paris, 2002)를 보라. 이보다 앞선 논의는 **[13]** *Hist.Bib.Fr.*, vol. 2, pp. 359-71에 게재된 **[130]** C. Jolly, 'Bâtiments, mobilier, décors'를 보라. 독일에서는 Saal-system('hall library'란 뜻)이란 용어를 쓴다. 에스코리알에 관한 논의는 많다. 참고문헌 목록을 보려면 **[28]** Cosme; **[131]** H. Kamen, *The Escorial: Art and Power in the Renaissance* (New Haven, 2010); **[132]** G. Kubler, *Building the Escorial* (Princeton, 1982)를 보라. 암브로시아나에 관해서는 **[133]** P. Jones, *Federico Borromeo and the Ambrosiana* (Cambridge, 1993), **[29]** Clarke, pp. 269-70, and **[8]** Hobson, pp. 186-201을 보라. 아츠 엔드 건물에 대해선 **[126]** N. Tyacke, pp. 147-9, 659-66 와 **[123]** Sargent를 보라. 스트라호프 신학 도서관 건물에 대한 자세한 정보는 이 도서관 웹사이트의 역사 소개 부분과 **[6]** Staikos, pp. 478-9와 **[26]** Masson, pp. 173-4을 보라. 마자랭 도서관과 첫 생트 쥬느비에브 도서관 건축계획에 대해선 **[129]** Bacha and Hottin, pp. 68-70 and 73-6을 보라.

도서관 건물을 다룬 스페인어 문헌에서 발췌한 내용은 **[28]** Cosme, pp. 349-95를 보라. 17세기에 도서관 관련 책을 쓴 저자들에 대해선 **[13]** *Hist.Bib.Fr.*, vol. 2, pp. 380-5에 게재된 **[134]** C. Jolly, 'Naissances de la "Science" des bibliothèques'; **[135]** D. McKitterick, *The Making of the Wren Library* (Cambridge, 1995), pp. 1-27; **[136]** T. Walker, 'Justus Lipsius and the Historiography of Libraries', *Libraries and Culture*, 26, no. 1 (winter, 1991), pp. 49-65; **[137]** M. Rovelstad, 'Two Seventeenth-Century Library Handbooks, Two Different Library Theories', *Libraries and Culture*, 35, no. 4 (2000), pp. 540-56; **[138]** M. Rovelstad, 'Claude Clement's Pictorial Catalog: A Seventeenth-Century Proposal for Physical Access and Literature', *Library Quarterly*, 61, no. 2 (Apr. 1991), pp. 174-87를 보라. **[139]** The collected papers of Christopher Wren은 Wren Society의 의뢰를 받아 A. Boulton과 H. Hendry가 20권(Oxford, 1923-43)으로 엮어 출간한 책이다. 이 저서의 훌륭한 요약본으로는 **[140]** A. Geraghty, *The Architectural Drawings of Sir Christopher Wren at All Souls College Oxford* (Aldershot, 2007)를 보라. 링컨 수도원 도서관은 **[139]** volume 13 of the Wren Society, pp. 40-3, 그리고 **[141]** N. Linnell, 'Michael Honywood and Lincoln Cathedral Library', *The Library*, 6th ser., 5 (1983), pp. 126-40를 보라. 석조기술자 톰슨의 일생에 대해선 **[142]** D. Knoop and G. Jones, *The London Mason in the Seventeenth Century* (Manchester, 1935), p. 43를 보라. 렌의 케임브리지 세닛 하우스 설계안에 대해선 **[143]** J. Newman, 'Library Buildings and Fittings' in **[10]** *Cam.Hist.Lib.*, vol. 2, pp. 190-211; **[139]** Wren Society, vol. 5, p. 31, and vol. 9, p. xi; **[144]** H. Colvin, 'The Building' in **[135]** McKitterick, p. 30, 그리고 **[140]** Geraghty, pp. 27-9를 보라. 세인트 폴 수도원 도서관은 **[146]** D. Keene, A. Burns, A. Saint (eds), *St Paul's: The Cathedral Church of London 604-2004* (London, 2004), pp. 421-2에 게재된 **[145]** Nigel Ramsay 'The Library to 1897'를 보라. 트리니티 칼리지 도서관은 **[135]** D. McKitterick를 보라. 원형 계획안에 대해선 **[140]** Geraghty, pp. 32-43를 보라. 래드클리프 카메라에 대해선 **[147]** K. Downes, *Hawksmoor* (London, 1959), pp. 126-31; **[148]** S. Lang, 'By Hawksmoor out of Gibbs', *Architectural Review*, 105 (Apr. 1949), pp. 184-7; **[149]** T. Friedman, *James Gibbs* (London, 1984), pp. 240-55를 보라. 원문헌은 **[150]** S. Gillam, *The Building Accounts of the Radcliffe Camera* (Oxford, 1958)에 게재되어 있다. 볼펜뷔텔에 관한 영어 문헌이 있는데, **[151]** E. Edwards, *Memoirs of Libraries* (London, 1859)에는 그곳의 도면이 있고 **[8]** Hobson에 간략한 설명이 있다. 옥스퍼드 올 소울즈 칼리지의 코드링턴 도서관에 대해선 **[147]** Downes, pp. 132-43; **[152]** E. Craster, *The History of All Souls College Library* (London, 1971), pp. 66-81; **[153]** H. Colvin and J. Simmons, *All Souls* (Oxford, 1989), pp. 19-46; **[154]** I. Maclean, *All Souls Library 1438-2008* (Oxford, 2008), p. 20를 보라.

로코코 도서관

로코코의 정의는 **[155]** H.-R. Hitchcock, *Rococo Architecture in Southern Germany* (London, 1968)를 보라. 프랑스에서의 유래를 둘러싼 논의는 **[156]** K. Harries, *The Bavarian Rococo Church* (New Haven, 1983), pp. 1-47를 보라. 로코코 도서관을 다룬 최고의 연구서는 **[157]** E. Lehmann's magisterial two-volume *Die Bibliotheksräume der Deutschen Klöster in der Zeit des Barock* (Berlin, 1996)인데, 도서관 목록과 오스트리아와 독일의 로코코 도서관 디자인과 관련한 방대한 문헌 목록이 있다. 이보다 앞선 연구서로는 **[158]** G. Adriani, *Die Klosterbibliotheken des Spätbarock in Österreich und Süddeutschland* (Vienna, 1935)를 보라. 국립도서관과 수도원 도서관의 도상학에 대해선 **[159]** C.-P. Warncke (ed.), *Ikonographie der Bibliotheken* (Wiesbaden, 1992)를 보라. 영어권의 최고 문헌은 **[160]** E. Garberson, *Eighteenth-Century Monastic Libraries in Southern Germany and Austria: Architecture and Decorations* (Baden-Baden, 1998)이며, 도상학에 대한 문헌 목록과 자세한 분석이 들어 있다.

코임브라 도서관의 가장 좋은 정보원은 그곳의 웹사이트다. **[161]** *A Universidade de Coimbra* (Coimbra, 1998); **[28]** Cosme, p. 142; **[26]** Masson, p. 160도 참조하라. 마프라에 대해선 이상하게도 학계의 관심이 적다. 이에 대한 간략한 논의는 **[28]** Cosme, p. 142; **[157]** Lehmann; **[162]** R. Smith, 'The Building of Mafra', *Apollo*, 97, no. 134 (Apr. 1973), pp. 360-7; **[18]** J. Bosser and de Laubier; **[163]** J. Pereira in *The Grove Dictionary of Art*, vol. 19, pp. 775-8, and vol. 20, pp. 85-6를 보라.

J. B. Fischer von Erlach를 다룬 대표적인 연구서는 **[164]** H. Sedlmayer, *Johann Bernhard Fischer von Erlach* (Vienna, 1956)이다. 또 **[165]** E. Dotson, *J.B. Fischer von Erlach* (London, 2012)도 보라. 당대의 건축에 대해선 **[166]** R. Strong, *Art and Power: Renaissance Festivals 1450-1650* (Berkeley, 1984)를 보라. 호프비블리오테크에 대해선 **[167]** I. Kubadinow, *The Austrian National Library* (London, 2004)와 **[168]** W. Buchowiecki, *Der Barockbau der ehemaligen Hofbibliothek in Wien* (Vienna, 1957)을 보라. 호프비블리오테크가 다른 도서관의 모델이 되었다는 논의는 **[160]** Garberson, pp. 80-2을 보라.

카자나텐스 도서관의 건축에 관한 간략한 논의는 **[169]** C. Pietrangeli, *La Biblioteca Casanatense* (Florence, 1993), pp. 13-14; **[170]** A. Braham and H. Hager, *Carlo Fontana: The Drawings* *at Windsor Castle* (London, 1977), p. 16; **[171]** H. Hager, 'Carlo Fontana', *The Grove Dictionary of Art*; 그리고 **[28]** Cosme, p. 108을 보라. 안젤리카 도서관에 대해선 **[172]** R. De Fusco, et al., *Luigi Vanvitelli* (Naples, 1973), pp. 61-2와 **[28]** Cosme, p. 108을 보라. 오스트리아와 독일의 바로크 도서관에 대한 자세한 논의와 참고문헌 목록은 **[160]** Garberson and **[157]** Lehmann에 있다. 멜크에 대해선 **[173]** B. Ellegast, E. Bruckmüller and M. Rotheneder (English translation by K. Stumpfer), *Melk* (Melk, 2008), pp. 1-21; 알텐부르크에 대해선 **[174]** A. Gross and W. Telesko (eds), *Benediktinerstift Altenburg* (Vienna, 2008), 특히 Andreas Gamerith, pp. 112-28가 쓴 글을 보라; 장크트 플로리안에 대해선 **[175]** T. Korth, *Stift St Florian* (Nuremberg, 1975), 장크트 갈렌에 대해선 **[176]** E. Tremp, J. Huber and K. Schmukt, *The Abbey Library of Saint Gall* (St Gallen, 2007)을 보라. 아드몬트를 다룬 대표적인 연구는 **[177]** M. Mannewitz, *Stift Admont* (Munich, 1989), pp. 185-257이고, 같은 저자가 쓴 아드몬트의 도상학적 연구는 **[159]** Warncke, pp. 271-307를 참조하라. 스트라호프 도서관은 **[157]** Lehmann과 **[160]** Garberson을 보라. 가장 좋은 정보원은 도서관 웹사이트다.

19세기의 도서관

19세기 도서관을 다룬 대중적인 문헌은 대단히 많다. 관련 목록은 **[178]** A. Black, S. Pepper and K. Bagshaw, *Books, Buildings and Social Engineering* (Farnham, 2009)을 보라. 영국의 상황에 대한 논의는 이 책에도 있고 **[179]** M. Port, 'Library Architecture and Interiors' in **[10]** *Cam.Hist.Lib.*, vol. 2, 그리고 **[11]** *Cam.Hist.Lib.*, vol. 3에 게재된 **[180]** S. Pepper, 'Storehouses of Knowledge'에도 있다. 미국에 대해선 **[181]** A. Van Slyck, *Free for All: Carnegie Libraries and American Culture 1890-1920* (Chicago, 1995)와 **[182]** K. Breisch, *Henry Hobson Richardson and the Small Public Library in America* (Cambridge, Mass., 1997)를, 프랑스에 대해선 **[13]** *Hist.Bib.Fr.*, vol. 3와 **[183]** J. Bleton, 'Les Bâtiments', pp. 182-237를, 독일에 대해선 **[184]** H. Crass, *Bibliotheksbauten des 19. Jahrhunderts in Deutschland* (Munich, 1976)에 이미 사라진 많은 도서관들을 다룬 유익한 요약문과 훌륭한 도판이 있으니 이를 참조하라. 영국의 전원저택 도서관에 대해선 **[185]** M. Girouard, *Life in the English Country House* (London, 1978), pp. 234-7와 **[179]** Port를 보라. 각각의 저택을 다룬 연구로는 **[186]** M. Snodin, *Strawberry Hill* (London, 2009), pp. 37-42와 **[187]** P. Wesch, *Sanssouci: The Summer Residence of Frederick the Great* (Prestel, 2003)를 보라. 이 도서관들의 몰락에 대해선 **[188]** P. Reid, 'The Decline and Fall of the British Country House Library', *Libraries and Culture*, 36, no. 2 (spring 2001), pp. 345-66를 보라. 제퍼슨에 대해선 **[189]** M. Brawne, *University of Virginia: The Lawn* (London, 1994)과 **[190]** G. Wills, *Mr Jefferson's University* (Washington, dc, 2002), pp. 102-13를 보라.

신고전주의와 보자르에 대한 개론으로는 **[191]** A. Braham, *The Architecture of the French Enlightenment* (London, 1980)와 **[192]** R. Middleton and D. Watkin, *Neoclassical and 19th century architecture* (two vols, London, 1987)를 보라. 이 양식들의 기원에 대해선 **[193]** J Winckelmann, *Gedanken über die Nachahmung der griechischen werke in Malerei und Bildhauerkunst* (Dresden, 1756)와 **[194]** M.-A. Laugier, *Essai sur l'architecture* (Paris, 1753)를 보라. 건축되지 않은 루브르의 설계도에 대해선 **[195]** G. Fonkenell in **[129]** Bacha and Hottin, pp. 53-5을 보라. 아담의 설계안에 대해선 **[196]** J.-M. Pérouse de Montclos in **[129]** Bacha and Hottin, p. 56에 게재된 **[179]** Port, pp. 463-8, and by Boullée와 **[197]** J.-M. *Pérouse de Montclos, Étienne-Louis Boullée* (Paris, 1969), pp. 166-7, pls. 96-101를 보라. 판농할마에 대해선 **[25]** Pevsner와 **[157]** Lehmann을 보라. 에콜 드 보자르에 대해선 **[198]** D. Egbert, *The Beaux-Arts Tradition in French Architecture* (Princeton, 1980); **[200]** E. Drexler (ed.), *The Architecture of the Ecole des Beaux Arts* (London, 1977)에 게재된 **[199]** R. Chafee, 'The Teaching of Architecture at the Ecole Des Beaux Arts',), pp. 61-109와 앞서의 책 **[201]** Drexler, 'Beaux Arts Buildings in France and America' pp. 417-93를 보라. 프랑스 국회도서관의 건축에 대해선 **[202]** A. Sérullaz in **[129]** Bacha and Hottin, pp. 187-91를 보라. 가스조명에 대해선 **[203]** J. Papworth and W. Papworth, Museums, *Libraries and Picture Galleries* (London, 1853)와 **[178]** Black et al., pp. 75-6를 보라.

케임브리지 대학 도서관에 대해선 **[204]** D. Watkin, *The Life and Work of C.R. Cockerell* (London, 1974), pp. 183-96; **[205]** D. Watkin, 'Newly Discovered Drawings by C. R. Cockerell for Cambridge University Library', *Architectural History*, 26 (1983), pp. 87-91 and pls. 44-57; 그리고 **[206]** D. McKitterick, *Cambridge University Library, A History: The Eighteenth and Nineteenth Centuries* (Cambridge, 1986), pp. 472-92를 보라. 에든버러의 플레이페어에 대해선 **[179]** Port, pp. 462-8를, 고어 홀에 대해선 **[182]** Breisch, pp. 60-4를 보라. 더블린의 트리니티 칼리지 도서관에 대해선 **[207]** C. Benson, in **[10]** *Cam.Hist.Lib.* vol. 2, pp. 116-17와 **[208]** F. O'Dwyer, *The Architecture of Deane and Woodward* (Cork, 1997)를 보라.

핀란드 국립도서관의 웹사이트에 훌륭한 역사 소개가 있다. 또 K Pöykkö, 'Carl Ludwig Engel', in *The Grove Dictionary of Art*를 보라. 생트 쥬느비에브에 대해선 **[200]** Drexler, pp. 325-416에 게재된 **[210]** N. Levine, 'The Romantic Idea of Architectural Legibility: Henri Labrouste and the Néo-Grec', 그리고 **[129]** Bacha and Hottin, pp. 138-42에 게재된 **[211]** C. Vendredi-Auzanneau, 'Sainte-Geneviève'를 보라. 보스턴 공공도서관에 대해선 **[212]** R. Wilson, *McKim, Mead and White* (New York, 1983), pp. 134-45, 철재 건축에 대해선 **[213]** A. Saint, *Architect and Engineer: A Study in Sibling Rivalry* (London, 2007), pp. 65-106를, 프랑스 국립도서관 서고에 대해선 **[129]** Bacha and Hottin, pp. 110-14에 게재된 **[214]** J.-F. Foucaud, 'Les réalisations de Labrouste'를 보라. 영국 국립도서관에 대해선 **[215]** A. Esdaile, *The British Museum Library* (London, 1946)를, 파니치의 일생에 대해선 **[216]** E. Miller, *Prince of Librarians* (London, 1967)를 보라. 철제 서가 도서관과 피바디에 대해선 **[217]** C. Belfoure, *Edmund G. Lind* (Baltimore, 2009)와 **[182]** Breisch를 보라. 뒤의 책은 리처드슨이 지은 도서관들을 상세히 다룬다. 사서들과 건축가들 간의 분쟁에 대해선 **[178]** Black et al., pp. 100-6를 보라. 이 내용은 **[218]** E. Nicolson and H. Tedder (eds), *Transactions and Proceedings of the Conference of Librarians Held in London October 1877* (London, 1878), pp. 147-8에서 인용한 것이다. 마지막으로 퍼니스의 훌륭한 건축물에 대한 탁월한 연구서로 **[219]** E. Bosley, *University of Pennsylvania Library: Frank Furness* (London, 1996)가 있다.

20세기의 도서관

20세기의 도서관을 다룬 결정적인 연구서는 아직까지는 없다. 전체적인 개관은 **[32]** Thompson, **[33]** Brawne과 **[28]** Cosme를 보라. 프랑스에 대해선 **[13]** Jolly et al., vol. 4, pp. 446-71에 게재된 **[220]** J. Gasguel, 'Les Bâtiments'을, 독일에 대해선 **[221]** G. Liebers, *Bibliotheksbauten in der Bundesrepublik Deutschland* (Frankfurt, 1968), 영국에 대해선 **[178]** Black et al.과 **[222]** M. Brawne (ed.) *Library Builders* (London, 1997)를 보라. 이 책에서 다룬 각각의 도서관에 대해선 **[223]** J. Macaulay, *Glasgow School of Art* (London, 1993); **[224]** P. Dain, *New York Public Library: A Universe of Knowledge* (London, 2000), pp. 11-14; **[225]** H. Reed and F. Morrone, *The New York Public Library* (New York, 2011), pp. 19-21를 보라. 오사카 도서관에 대한 유일한 연구서는 일본어로 된 **[226]** *Nakanoshima hyakunen: Ōsaka furitsu toshokan no ayumi* [One Hundred Years of the Nakanoshima: A Look at the History of the Osaka Prefectural Library] (Osaka, 2004)이다.

조명에 대해선 **[227]** F. Burgoyne, *Library Construction* (London, 1905); **[228]** J. Brox, *Brilliant: The Evolution of Artificial Light* (New York, 2010); **[229]** J. Poulter, *An Early History of Electricity Supply* (Exeter, 1986); **[230]** O. Prizeman, *Philanthropy and Light* (Farnham, 2012); **[231]** M. Steane, *The Architecture of Light* (Abingdon, 2011)를 보라. 런던 대학에 대해선 **[232]** *The Senate House and Library/University of London* (London, 1938)을 보라. 스톡홀름 시립도서관에 대해선 **[233]** P. Blundell Jones, *Gunnar Asplund* (London, 2006)를, 플레치니크에 대해선 **[234]** M. Gooding, *National and University Library, Ljubljana* (London, 1997)를 보라. 바이네케 도서관에 대해선 **[235]** C. Krinsky, *Gordon Bunshaft* (London, 1988), pp. 141-2; **[236]** 'Gordon Bunshaft Interviewed by Betty J. Blum', Chicago Architects Oral History Project, *The Art Institute of Chicago*를 보라. 세이네요키 도서관에 대해선 **[237]** R. Weston, *Alvar Aalto* (London, 2002); **[238]** N. Ray, *Alvar Aalto* (London, 2005); **[231]** Steane를 보라. 베를린 국립도서관에 대해선 **[239]** P. Blundell Jones, *Hans Scharoun* (London, 1995)을 보라.

도서관 설계를 다룬 책들은 많이 있다. **[33]** Brawne; **[240]** K. Metcalf, *Planning Academic and Research Library Buildings* (New York, 1965); **[241]** G. Thompson, *Planning and Design of Library Buildings* (Norwich, 1975)를 보라. 필립스 엑스터 아카데미 도서관에 대해선 **[242]** D. Brownlee and D. De Long, *Louis Kahn* (New York, 1991)과 **[243]** R. McCarter, *Louis Kahn* (London, 2005)을 보라. 파리와 런던의 국립도서관 건축계획에 대해선 **[245]** M. Brawne (ed.), *The Library Builders* (London, 1997), pp. 20-5에 게재된 **[244]** M. Spens, 'The Tale of Two Libraries'; **[246]** R. Stonehouse and G. Stromberg, *The Architecture of the British Library at St Pancras* (London, 2004); **[247]** C. Wilson, *The Design and Construction of the British Library* (London, 1998); **[248]** D. Perrault and M. Jacques (eds), *Bibliothèque nationale de France 1989-1995* (Basel, 1995)를 보라. 티우 델프트 도서관에 대해선 **[249]** A. Wortmann, 'Mecanoo's Purgatorial Mound: University Library in Delft', *Archis* (Mar. 1998), pp. 66-73; **[250]** B. Lootsma, 'University Library, Delft, the Netherlands', *Domus* (Feb. 1999), pp. 22-9, 그리고 **[251]** C. Van Cleef, 'Book Bunker', *Architectural Review*, 125, no. 1225 (Mar. 1999), pp. 45-9를 보라.

21세기의 도서관

이 책에서 다룬 도서관들에 대해선 **[252]** 'Oita New Prefectural Library; Architects: Arata Isozaki & Associates', *GA Documents*, 36 (1993), pp. 48-51; **[253]** S. Moholy-Nagy, 'Robert Hutchings Goddard Library', *Architectural Forum*, Sept. 1969, pp. 41-7를, 제임스 스털링의 케임브리지 역사학부 도서관에 대해선 **[33]** Brawne를 보라. 일본에 대해선 **[254]** Y. Futagawa, *Library* (Tokyo, 2006)와 **[255]** L. Spinelli, 'Sendai Mediathèque; Architects: Toyo Ito', *Domus*, 957 (Apr. 2012), pp. 154-6를 보라. 시바 료타로 기념관에 대해선 **[256]** M. Webb, 'The Architecture of Books', *Domus*, 855 (Jan. 2003), pp. 62-73; **[257]** J.-M. Martin, 'Tadao Ando: Museo Shiba Ryotaro, Higashi-Osaka', *Casabella*, 72, no. 769 (Sept. 2008), pp. 75-83를 보라. 베데우 코트부스 도서관에 대해선 **[258]** 'Herzog & de Meuron: IKMZ BTU Cottbus, Germany', *GA Documents*, 86 (July 2005), pp. 30-41; **[259]** M. Webb, 'Cottbus Kaleidoscope: Library and Media Centre, Cottbus, Germany', *Architectural Review*, 219, no. 1310 (Apr. 2006), pp. 64-7; **[260]** C. Gänshirt, 'Bibliothèque universitaire (IKMZ), Cottbus', *L'Architecture d'Aujourd'hui*, 358 (May-June 2005), pp. 100-5를 보라.

위트레흐트 대학 도서관에 대해선 **[261]** W. Arets, *Living Library* (Munich, 2005), p. 330 and passim; **[262]** A. Betsky, 'Dark Clouds of Knowledge', *Architecture*, 93, no. 4 (Apr. 2005), pp. 52-61; **[263]** 'Wiel Arets: Library Utrecht', *Architecture and Urbanism*, Feb. 2005, pp. 32-41, 그리고 **[264]** 'Wiel Arets: Library Utrecht', *Architecture and Urbanism* (Jan. 2012), p. 34 and pp. 56-9를 보라. 중국 국립도서관에 대해선 **[265]** K. Cilento, 'National Library/ KSP Jürgen Engel Architekten', www.archdaily.com (posted 27 July 2009), 그리고 **[266]** 'National Library, World's 3rd Largest', BeijingReview.com (posted 25 Sept. 2008); **[267]** Lee-Hsia Hsu Ting, 'Chinese Libraries During and After the Cultural Revolution', *The Journal of Library History* (1974-1987), 16, no. 2, *Libraries and Culture II* (Spring 1981), pp. 417-34; **[268]** Gu Ben, 'Western Language Books in the Beijing Library', *Learned Publishing*, 12 (1999), pp. 33-40를 보라.

보들리안과 영국 도서관 서고에 대해선 **[11]** *Cam.Hist.Lib.*, vol. 3, pp. 321-44에 게재된 **[269]** P. Hoare, 'The Libraries of the Ancient Universities to 1960'; **[11]** *Cam.Hist.Lib.*, vol. 3, pp. 299-315에 게재된 **[270]** J. Hopson, 'The British Library and its Antecedents'; **[271]** N. Davis, 'A Surprise in Store', *The Times Eureka Magazine*, 34 (July 2004), pp. 28-32를 보라. 그림 센터에 대해선 **[272]** 'Max Dudler: Jacob and Wilhelm Grimm Center, Berlin, Germany 2005-2009', *Architecture and Urbanism* (Sept. 2010) pp. 72-9; **[273]** F. Kaltenbach, 'A Critical View: Jacob and Wilhelm Grimm Centre in Berlin', *Detail*, 49, no. 12 (2009), pp. 1314-15를, 리위안 도서관에 대해선 **[274]** F. Chiorino and A. Zappa, 'Biblioteca Liyuan, Jiaojiehe Village', *Casabella*, 814 (June 2012), pp. 32-9; **[275]** L. Xiaodong, 'Liyuan Library', *Space*, 530 (Jan. 2012), pp. 60-5; **[276]** M. Li, 'Liyuan Library', *Leap: The International Art Magazine of Contemporary China* (July 2012)를 보라. 도서관을 위협하는 해충을 다룬 간략한 소개는 **[277]** D. Pinniger, *British Library Preservation Advisory Centre: Pests* (London: 2012)를 보라. 마지막으로 책의 미래에 대해선 **[278]** Lloyd Shepherd, 'The Death of Books Has Been Greatly Exaggerated', Guardian.co.uk (posted 30 Aug, 2011) 와 **[279]** M. Lyons, *Books: A Living History* (London, 2011)를 보라.

도판의 출처

a=above, b=below, l=left, r=right

p. 33, pp. 280-3 Dominique Perrault © DACS, London 2013

p. 72 DeA Picture Library/The Art Archive

p. 78 Abbey Library of Saint Gall, St Gallen, Switzerland

p. 79 Biblioteca Medicea Laurenziana (Laurentian Library), Florence. Photo Scala, Florence-courtesy of the Ministero Beni e Att. Culturali

p. 105 Tallandier/Epic/Mary Evans Picture Library

p. 108 Trustees of the British Museum, London

p. 147l, p. 147r Herzog August Bibliothek Wolfenbüttel

p. 214a Archives G. Ermakoff Casa Editorial

p. 214b Bibliothèque Nationale, Paris

p. 232a Mary Evans Picture Library

p. 232b The Illustrated London News, 1857

p. 236 From the Collection of The Public Library of Cincinnati and Hamilton County, Ohio, USA

Drawings on pp. 139, 143 reproduced by the kind permission of the Warden and Fellows of All Souls College, Oxford.

찾아보기

도판이 게시된 쪽수는 이탤릭체로 표시한다.

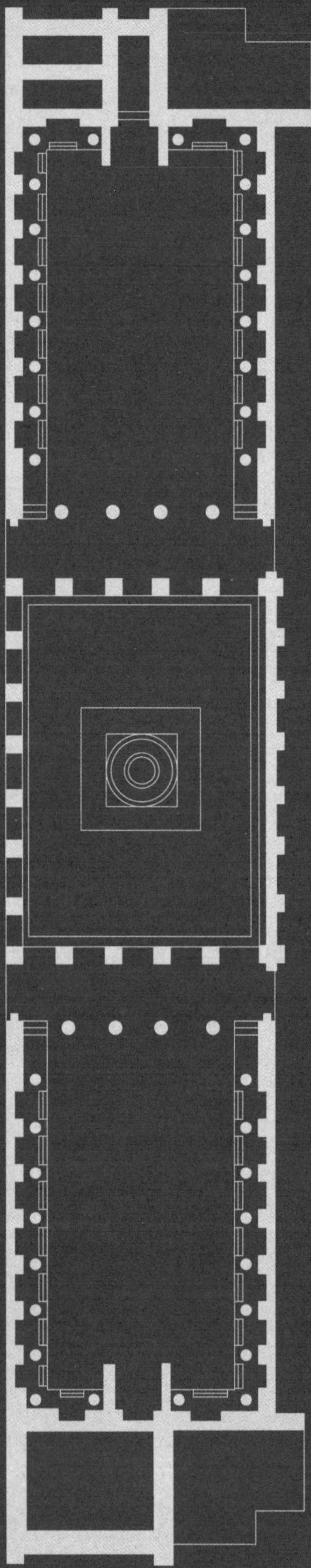
트라야누스 광장

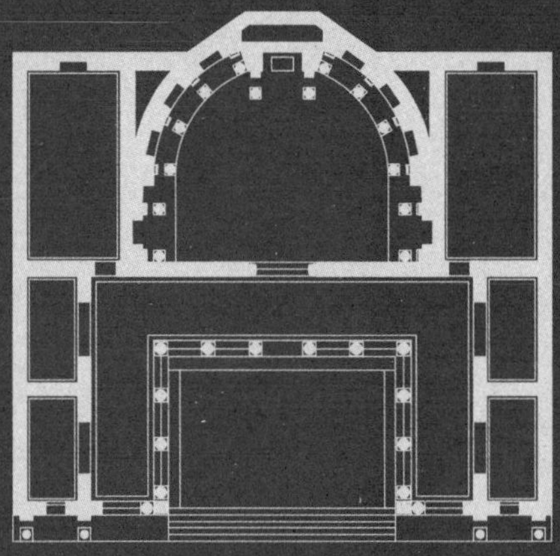
팀가드

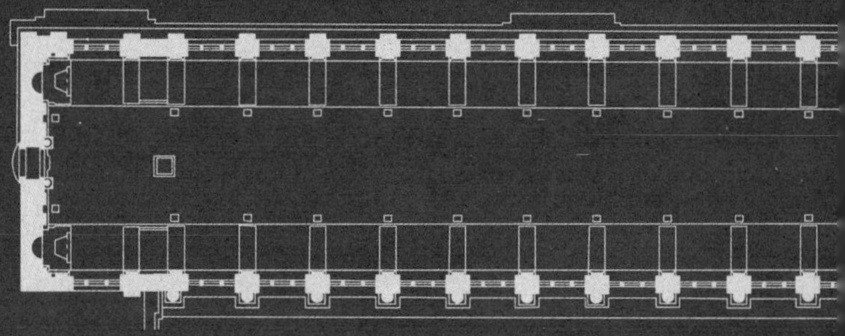
케임브리지 대학 트리니티 칼리지

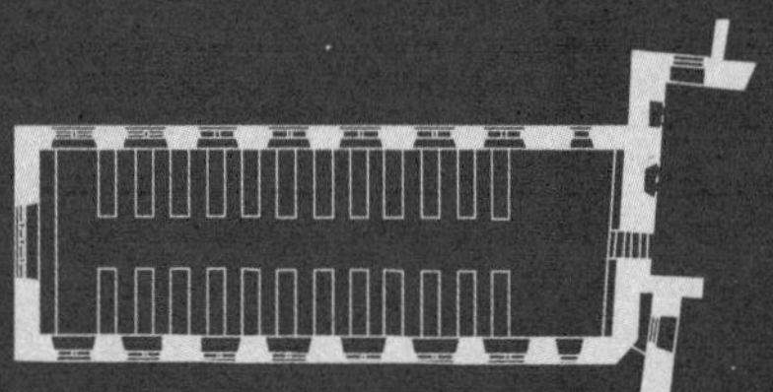
케임브리지 대학 트리니티 홀

로렌티안

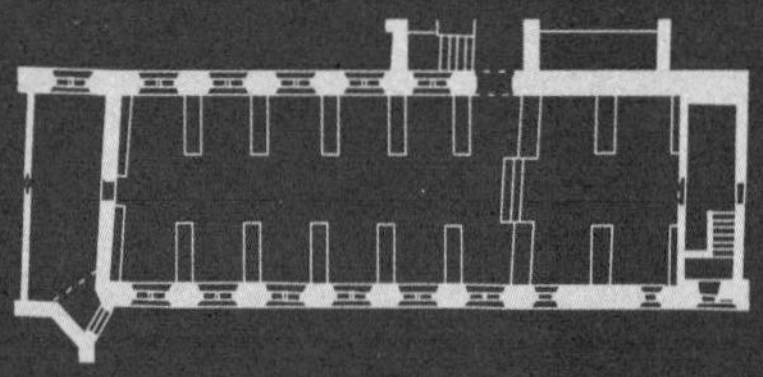
케임브리지 대학 퀸스 칼리지

말라테스타

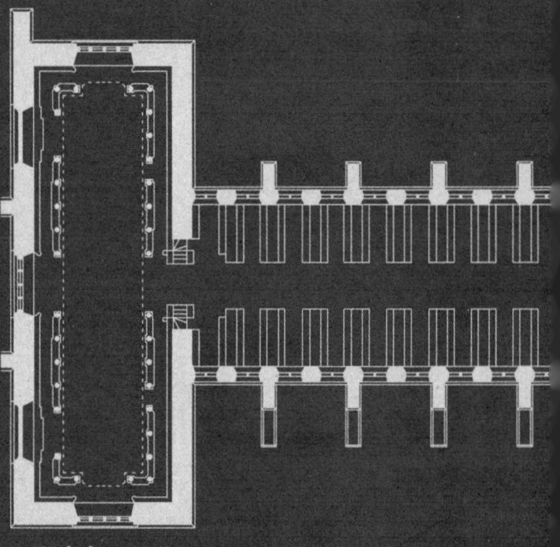
보들리안

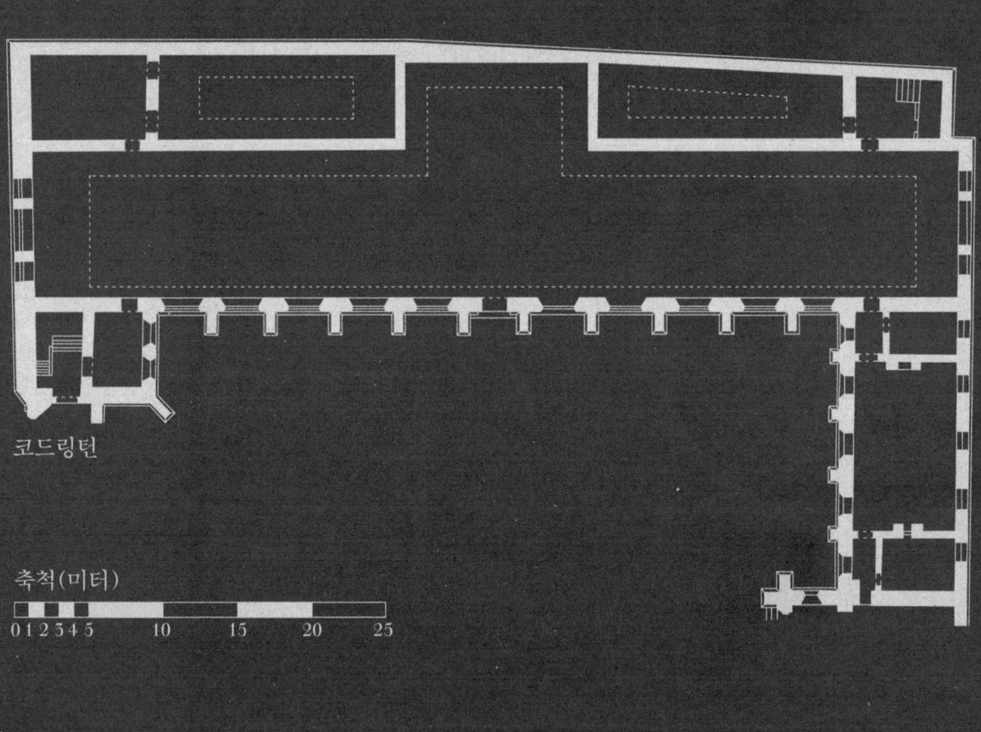
코드링턴

축척(미터)

0 1 2 3 4 5 10 15 20 25

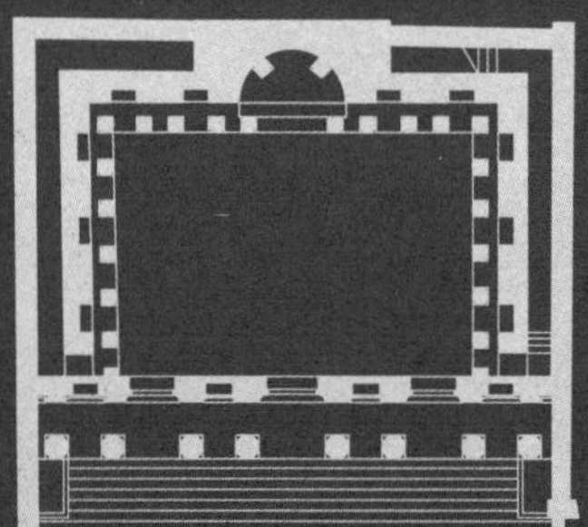
에페소